KB070302

의사소통장애의 이해

Introduction to Communication Disorders

심현섭 · 권미선 · 김수진 · 김영태 · 김정미 · 김진숙 · 김향희
배소영 · 신문자 · 윤미선 · 윤혜련 · 연석정 · 진인기 공저

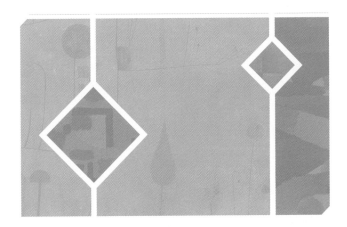

학지사

🍎 4판 머리말

본서가 2005년 출간된 이후 18년이란 세월이 흘렀으며, 3판이 2017년 출간된 후 6년이 지나 4판을 출간하게 되었습니다. 초판 출간 이후, 2012년 8월에 언어재활사 국가자격증 법제화가 이루어졌으며, 한국언어청각임상학회와 한국언어치료학회, 그리고 한국언어재활사협회에서도 다양한 전문가 교육 및 보수 교육이 이루어져, 언어치료 분야의 양적 및 질적인 발전이 이루어졌습니다. 따라서 본서도 교육현장과 임상현장의 요구를 반영하여 5년마다 개정판을 출간하면서, 학문적·임상적 변화를 반영하려고 노력하였습니다.

최근에 언어병리학의 커다란 변화는, 학문적 영역이 점차 확대되어 학제 간의 간격이 좁아졌을 뿐만 아니라, 융합적인 접근이 시도되고 있다는 것이라 할 수 있습니다. 이러한 추세에 발맞추어 다양한 의사소통장애에 대한 원인 및 특성을 밝히는 데 뿐만 아니라 진단평가 및 치료에도 융합적 접근이 이루어지고 있습니다. 특히 보완대체의사소통(AAC) 분야는 2013년 한국보완대체의사소통학회(KSAAC)가 창립된 이후 특수교육학, 언어병리학, 컴퓨터공학 및 재활공학 등이 분야에서 그동안 개별적으로 이루어져 왔던 보완대체의사소통 관련 연구들이 긴밀한 학문 간 소통과 융합을 통하여, 관련 분야의 학문적 임상적 지식이 많이 축적되어 왔습니다. 아울러 보완대체의사소통 전문가 교육 및 우수사례 발표를 통해 언어치료현장에서 보완대체의사소통에 대한 필요성에 대한 인식이 증가하였고, 언어치료를 처음 공부하는 학생들에게도 체계적인 교육이 요구되고 있는 실정입니다. 이러한 임상현장의 추세를 반영하여, 본 4판은 '보완대체의사소통'이 추가되어 총 14장으로 구성되었고, 인하대학교 연석정 교수님이 집필하셨습니다. 독자들은 이 장을 통해 보완대체의사소통의 기본 개념 및 평가, 적용에 대한 기본적인 관련 내용을 파악할 수 있을 것입니다. 또한 12장 '청각장애' 집필에 한림대학교 진인기 교수님께서 함께 공동저자로 참여하셨으며, 보청기와 인공와우 관련 내용을 수정·보완하였습니다. 마지막으로, 1장 '의사소통장애와 언어치료사'는 언어재활사 윤리강령 및 관련 통계 등 지난 5년 동안의 변경 사항을 기반하여 수정하였습니다. 이 밖에 나머지 장에서는 약간의 용어 수정과 띄어쓰기 등의 편집 수정이 이루어졌습니다.

본서가 처음 출간된 이후 4판이 출판되기까지 지속적으로 지원해 주신 학지사 김진환 사장님, 꼼꼼하게 편집을 맡아 주신 편집부 김준범 부장님과 선생님들께 감사드립니다. 또한 교정을 위해 수고한 이화여자대학교 언어병리학과 박사과정 강혜원, 김은나 선생님과 석사과정 김예진 학생에게 고마움의 말을 전합니다.

2024년 2월
저자 대표 심현섭

🎓 1판 머리말

1980년대만 해도 언어치료라는 단어가 낯설었습니다. 그러나 지금은 많은 아동과 성인이 언어치료를 받고 있는 실정이기에 전혀 낯선 용어가 아닙니다. 또한 노인 인구의 증가로 인해 보청기를 많이 사용함에 따라 청각검사, 청각재활이라는 용어도 점차 익숙해지고 있습니다. 이러한 언어 및 청각치료에 대한 사회적 인식의 발전은 언어장애와 청각장애 분야에 관련된 많은 분이 헌신적으로 일해 온 결과라고 생각합니다.

현재 우리나라에 언어병리학 및 청각학의 이론과 실제를 교육하기 위한 학부 및 대학원 과정이 전국에 걸쳐 설치되어 있고, 언어 및 청각장애를 다루는 치료실이 전국에 많이 생겼습니다. 그리고 학술대회, 연수회, 전문요원 교육 등을 통해 치료를 담당하는 치료사의 전문능력을 향상시켜 왔습니다. 그러나 전문가 양성을 위한 교육적인 측면에서 보면 언어치료 및 청각재활의 전문가를 양성하는 데 필요한 우리말로 된 교재 또는 전문서적이 많이 부족한 실정입니다.

이러한 취지에서 이 책의 필자들은 언어병리학과 청각학의 핵심적이 내용을 포괄적으로 다룬 개론서의 필요성을 절감하여, 집필방향 및 내용 선택을 위한 여러 차례의 회의를 통해 마침내 『의사소통장애의 이해』를 출간하게 되었습니다. 아직까지 우리나라에는 언어병리학과 청각학이 학문적으로 뿌리내리지 못한 상태이기 때문에 이 책에서 사용된 전문용어 중 통일되지 않은 전문용어도 아직 많이 있습니다. 의사소통장애 분야의 전문용어 통일은 앞으로 인접학문의 관련 전문가와 함께 언어치료사 및 청능치료사들이 함께 해결하여야 할 과제라고 생각합니다.

이 책의 내용 구성을 살펴보면, 1장은 의사소통장애에 대한 개괄적인 내용과 언어청능치료사에 대한 내용(이승환)이며, 2장부터 4장—2장 언어발달(배소영), 3장 말과학(심현섭), 4장 말·언어기관의 해부 및 생리(김영태)—까지는 말·언어의 산출 및 발달과정의 이해를 위한 기초적인 내용입니다. 그리고 5장부터 9장—5장 아동 언어장애(배소영·한재순), 6장 신경 말·언어장애(김향희), 7장 조음·음운발달 및 장애(김영태), 8장 유창성장애(신문자), 9장 음성장애(심현섭)—까지는 주요 의사소통장애에 대한 이론, 진단 및 평가에 대한 내용입니다. 10장과 11장은 청각기관의 해부 및 관련 질환과 청각장애(김진숙, 이정학)를 다루었습니다. 아직도 내용이나 편집에 부족한 점이 많이 있으리라 생각됩니다. 그러므로 이 책을 사용하시는 교수님들과 학생들의 많은 의견과 제안을 기다리겠습니다.

마지막으로, 언어병리학의 발전을 위해 헌신적인 삶을 보내신 고 이승환 교수님의 명복을 빌며, 아울러 『의사소통장애의 이해』 출판을 맡아 주신 학지사 김진환 사장님과 정성으로 편집을 도와준 학지사 편집팀, 그리고 이화여자대학교 언어병리학 협동과정 대학원생 송윤경, 김정서, 최현미, 김민영에게 감사의 말씀을 필자를 대표하여 드립니다.

2005년 7월
필자 대표 심현섭

🍎 차례

○ 4판 머리말 _ 3
○ 1판 머리말 _ 5

😊 제1장 의사소통장애와 언어치료사 · 13

1. 의사소통장애의 정의 _ 14
2. 의사소통장애 분류 _ 17
3. 출현율 _ 20
4. 의사소통장애와 국내 법제도 _ 20
5. 언어병리학과 언어치료사 _ 22

😊 제2장 언어발달 · 37

1. 시기별 언어발달 특성 _ 38
2. 언어발달 모델과 연구방법 _ 56

제3장 말과학 · 63

1. 말의 음향학 _ 64
2. 소리의 발생과 전파 _ 64
3. 말 산출과정 _ 70
4. 말 지각과정 _ 85

제4장 말·언어기관의 해부 및 생리 · 91

1. 호흡기관 _ 92
2. 발성기관 _ 94
3. 공명기관 _ 101
4. 조음기관 _ 104
5. 심리언어기관 _ 114

제5장 아동언어장애 I · 125

1. 언어장애 유형별 특성 _ 126

제6장 아동언어장애 II · 147

1. 지적장애를 동반한 아동언어장애 _ 148
2. 자폐범주성장애를 동반한 아동언어장애 _ 154

😊 **제7장 신경 말·언어장애 · 165**

1. 실어증 _ 166

2. 말운동장애 _ 181

😊 **제8장 말소리발달 및 장애 · 197**

1. 말소리의 산출과정 _ 198

2. 말소리의 분류 _ 199

3. 말소리의 발달 _ 203

4. 말소리장애의 하위 분류와 출현율 _ 210

5. 말소리장애의 관련 요인 _ 216

6. 말소리장애의 진단 _ 218

7. 말소리장애의 치료 _ 224

8. 말소리장애치료의 종결 _ 232

😊 **제9장 유창성장애 · 241**

1. 유창성장애 정의와 특성 _ 242

2. 유창성장애 발생 및 지속 요인   250

3. 정상 비유창성과 연령별 말더듬 특성 _ 253

4. 진단 및 평가 _ 260

5. 유창성장애의 치료 _ 268

제10장 음성장애 · 283

1. 정상 음성 산출의 생리학적 기초 _ 284

2. 음성장애의 원인 및 유형 _ 291

3. 음성장애의 진단 및 평가 _ 301

4. 음성치료 _ 306

5. 공명장애 _ 314

6. 공명장애의 평가 _ 315

7. 공명장애의 치료 _ 317

제11장 삼킴장애 · 323

1. 삼킴장애란 _ 324

2. 정상 삼킴의 해부 및 생리 _ 326

3. 삼킴장애의 평가 _ 336

4. 삼킴장애의 치료 _ 344

제12장 청각장애 · 353

1. 청각기관의 구조와 기능 _ 354

2. 청력의 측정 및 평가 _ 365

3. 청능재활 _ 376

4. 보청기와 인공와우 _ 381

제**13**장　**청각장애 언어재활** · 405

1. 청각장애인의 의사소통 _ 406

2. 청각장애인의 의사소통양식 _ 407

3. 청각장애인의 말과 언어 특성 _ 410

4. 청각장애인의 언어재활 _ 416

제**14**장　**보완대체의사소통** · 429

1. 보완대체의사소통 개념 _ 430

2. 보완대체의사소통 체계 _ 436

3. 보완대체의사소통 평가 _ 449

4. 보완대체의사소통 중재 _ 461

○ 찾아보기 _ 475

제1장

의사소통장애와 언어치료사

 ·· INTRODUCTION TO COMMUNICATION DISORDERS

　의사소통이란 사람과 사람 사이를 연결해 주는 가장 기본적인 통로로서, 한 사람이 상대방에게 자기 생각이나 의도를 알리기 위한 메시지를 전달하고자 할 때 상대방과의 상호작용을 통해 이루어진다. 메시지의 전달은 말, 표정, 몸짓, 문자와 같은 다양한 방법을 통해 이뤄진다. 그중에서도 말과 언어의 역할은 매우 큰 비중을 차지한다. 말하는 사람이 말을 산출하거나 이해하는 과정 중 어느 한 곳이라도 문제가 생기면 의사소통장애가 발생할 수 있다. 이때 중추신경인 뇌의 손상이나 불완전발달로 생긴 장애를 '언어장애'라 하고, 구어 형성에 관여하는 기관손상이나 잘못으로 생긴 장애를 '말장애'라고 하며, 이를 통합하여 '의사소통장애'라고 한다.

　이 장에서는 먼저 상호작용을 통한 의사소통이 무엇이며 언어는 어떻게 구성이 되어 있는지를 간략하게 생각해 보고, 의사소통장애의 정의와 유형에 대해 알아보고자 한다. 이울러 의사소통장애와 관련된 국내 법제도에 대해 살펴보고, 언어병리학 연구 분야에 대한 이해를 높이고자 한다. 마지막으로, 언어치료사의 역할과 자질은 무엇이며, 우리나라의 언어치료사 자격검정제도는 어떻게 이루어져 있는지를 살펴봄으로써 향후 전망에 대해 고찰해 보고자 한다.

1. 의사소통장애의 정의

1) '의사소통'이란

사람은 혼자서는 살지 못한다. 모든 사람은 가장 작은 규모인 가족으로부터 시작하여 학교, 지역사회, 국가와 같은 다양한 사회를 구성하는 구성원으로 한 평생을 살아간다. 한 사람이 태어나 사회 안에서 의미 있게 살기 위해서는 다양한 방법으로 다른 사람들과 적절한 관계를 형성하고 그 관계 안에서 활발한 소통을 하여야 한다. 따라서 의사소통이란 사람과 사람 사이를 연결해 주는 가장 기본적인 통로라 할 수 있다.

사람뿐 아니라 이 세상 모든 생물은 의사소통을 통해 존재한다고 하여도 과언이 아니다. 심지어 사람은 생물이 아닌 과거 역사 혹은 기술을 통해서도 의미 있는 의사소통을 활발하게 이루어 내고 있으며, 나아가 현재는 인공지능을 갖춘 기계와 사람 사이에도 의사소통이 가능해지고 있다는 것을 우리는 알고 있다. 이처럼 의사소통이란 인간 고유의 기능을 넘어서는 매우 광범위한 개념이라고 할 수 있다.

사람과 사람 사이에 나타나는 의사소통이란, 한 사람이 상대방에게 자기 생각이나 감정 혹은 의도를 알리기 위한 메시지를 전달하고자 할 때 이루어진다. 메시지를 전달하는 방법에는 말, 소리, 표정, 몸짓, 기호, 문자와 같은 다양한 행동이 포함된다. 의사소통은 메시지를 보내는 사람뿐 아니라 이를 받아들이는 사람 사이에 상호작용을 통해 쌍방향으로 이루어진다(Sussman, 1999; Papper & Weitzman, 2004). 따라서 의사소통이 잘 이루어지지 않는다고 할 때 메시지를 보내는 쪽에서만 문제를 가지고 있다고 단정할 수는 없으며, 메시지를 받아들이고 상호작용을 유지해야 하는 상대방도 일정 부분 책임을 가지고 있다고 할 수 있다. 특히 다양한 장애로 인해 원활한 메시지 전달에 어려움을 가지고 있는 사람과 의사소통을 하는 경우라면, 적절한 기능을 가진 상대방의 역할이 상호작용에 중요한 요인이 될 것이다.

2) 언어의 구성

　　사람이 다른 동물과 구분되는 가장 큰 차이는 사람에게만 언어가 있다는 사실이
다(이승환, 2005). 인간사회에서 언어가 중요한 까닭은 언어가 다른 사람과 의사소통
을 하기 위한 가장 중요한 수단이 되기 때문이다. 즉, 언어의 일차적인 기능은 나와
다른 사람과의 의사소통에 있다. 예를 들어, 아기가 태어나 배가 고프거나 몸이 불편
할 때 울음으로 자기 의사를 엄마에게 알리는 행동은 가장 최초의 초보적인 언어 형
태라고 할 수 있다. 이러한 초보적인 의사소통방법은 어느 수준에 이르면 그 소통의
한계에 도달하게 되고, 따라서 이를 해결하기 위해 고도화된 의사소통방법이 필요하
게 된다. 이것이 흔히 생각하는 말과 언어의 복잡한 규칙체계이다.

　　그렇다면 언어는 어떤 요소들로 구성되어 있을까? 우리는 흔히 "아이가 말을 잘
못해요."라고 할 때 몇 가지 추측을 할 수 있다. 어떤 아동이 '우유'를 달라고 요구할
때 "우우(우유) 두때우(주세요)."라고만 말하는 경우도 있을 수 있고, 그것이 '우유'라
는 이름을 가진다는 것을 잘 모르고 모든 먹을 것을 '부'라고 말하는 경우도 있을 수
있으며, "우유 먹고 싶으니까 우유 주세요."를 "우유 싫어 줘요."라고 말하는 경우도
있을 수 있다. 어떤 경우에는 다른 사람에게 자기가 원하는 것을 달라고 요구하는 방
법을 전혀 모르고 먹고 싶을 때마다 무작정 떼를 부리고 울기만 하거나, 이와는 달리
냉장고를 가리키며 "큰 냉장고에는 우유가 있어."라고 부적절하게 말하는 아동도 있
을 수 있다. 각각의 경우, 화자가 정확하게 표현하지 못했다는 것은 같을지라도, 표
현된 내용을 잘 살펴보면 네 가지 경우 모두가 서로 다르다는 것을 알 수 있다. 이제
부터 앞의 예를 통해 언어를 분석하는 네 가지 측면에 대해 생각해 보자.

　　먼저, 언어를 구성하는 요소로 가장 쉽게 이해할 수 있는 것에는 발음(음운론)이
있다. '우유'를 '우우'라고 하고 '주세요'를 '두때우'라고 하는 경우, 우리는 이 아동의
발음이 맞지 않다는 것을 쉽게 알 수 있다.

　　두 번째로는, 낱말과 그 낱말들 간의 관계(의미론)가 있다. 모든 사물에는 각 언어
마다 붙은 이름(명사)이 있으며, 움직임을 나타내는 낱말(동사)을 비롯해 상태나 모양

을 나타내는 낱말(형용사) 등 매우 다양한 뜻을 지닌 낱말들이 있는데, 앞의 두 번째 예에서 보듯이 어떤 낱말이 의미하는 바를 이해하지 못하기 때문에 적절한 의사소통을 할 수 없는 경우에는 발음과는 상관없이 의미 부분에 문제가 있다는 것을 알 수 있다. 의미관계는 개별 낱말에만 국한되는 것이 아니라 "엄마 우유 여기."라고 할 때 각각의 낱말로 구성된 문장의 뜻을 낱말들 간의 관계를 통해 이해할 수 있는 것도 포함된다.

세 번째로는, 낱말들이 모여 문장을 만드는 규칙(문법규칙, 구문론)이 있다. 이 규칙들은 각 언어마다 독특한 특성을 가지고 있다. 예를 들어, 한국어는 주어 생략이 많다거나, '-은/는, -이/가' 등의 조사가 있다거나, '주어 + 목적어 + 서술어'의 형태로 문장이 구성된다는 것 등을 구문론으로 설명할 수 있다. 앞의 예에서 "우유 싫어 줘요."라고 말하는 경우, 이 아동은 발음이나 의미가 아니라 구문에 문제가 있음을 알 수 있다.

네 번째로는, 상황에 맞는 적절한 표현인가(화용론)에 대한 요소가 있다. 앞의 네 번째 예를 보면, 말로 우유를 달라고 표현하지 못하더라도 여러 가지 몸짓이나 행동으로 또는 엄마를 냉장고 앞으로 끌고 가서 냉장고 문을 열게 한 다음 우유를 손가락으로 가리켜서 우유를 원한다는 것을 표현했다면, 비록 언어의 다른 측면에는 문제가 있을지라도 '요구하기'라는 의사소통의 기능은 갖추고 있는 것이며, 따라서 화용 기술이 가장 큰 문제가 되지는 않을 것이다. 반면에 우유를 먹고 싶다는 표현을 "큰 냉장고에는 우유가 있어."라고 표현한다면, 그 문장은 발음이나 의미, 구문 등에는 전혀 문제가 없지만 화용적으로는 매우 부적절한 표현이며, 실제로 자신이 원하는 의사소통에는 실패하게 될 것이다.

이상에서 설명한 언어의 네 가지 측면에 덧붙여서 언어장애아동에게 자주 나타나는 이상한 억양 등 기타 요인도 언어치료사가 알아야 할 언어 구성 요인이라 하겠다(윤혜련, 2002).

3) 의사소통장애란?

말·언어연쇄의 특정 지점에 잘못이 생기면 말·언어장애가 생길 수 있는 가능성은 매우 높다. 사람의 뇌에서 시작되는 신경계, 근육·연골들로 이어지는 신체 부위 등 어디에서든 잘못이 생길 수 있고, 이러한 병변들이 여러 곳에서 동시다발적으로 발생할 수도 있다. 그뿐만 아니라 어린이들의 인지발달에도 문제가 생길 수 있다. 신경·신체적 발달뿐 아니라 인지발달이 지연되거나 장애가 있을 경우에는 말·언어장애의 발생 가능성이 더욱 높아진다. 이때 중추신경인 뇌의 손상이나 불완전 발달에서 비롯된 장애를 '언어장애(language disorders)'라 하고, 입술, 혀, 입천장, 비강, 후두, 호흡기관 등의 주변 기관의 손상이나 잘못으로 인한 장애를 '말장애(speech disorders)'라고 한다(이승환, 2005). 물론 장애 증상에 따라 언어장애와 말장애가 같이 나타날 수도 있다. 최근에는 말과 언어의 궁극적인 기능이 타인과의 의사소통에 있다고 간주함으로써 말장애 혹은 언어장애라는 이분법적 정의에서 한 발 나아가 의사소통장애(communication disorders)로 통칭하기도 한다.

의사소통장애란 어떠한 원인에 의해서건 다른 사람과의 의사소통에 어려움이 있는 것을 뜻한다. 미국의 언어청각협회(American Speech-Language-Hearing Association: ASHA)에서는 언어장애를 "구어, 문어, 기타 상징체계를 이해하거나 사용하는 데에 손상을 입은 것으로, 여기에는 언어의 형식과 내용 및 의사소통에 있어서의 언어기능이 포함된다."(Paul, 2013)라고 정의함으로써 언어장애영역을 '의사소통장애'로 한 걸음 더 확장하였다.

2. 의사소통장애 분류

의사소통장애는 다양한 원인에 의해 여러 가지 유형으로 나타날 수 있다. 의사소통장애의 유형은 장애 대상자가 보이는 문제의 증상에 따라 혹은 그러한 증상을 유발한 원인에 따라 분류할 수 있으며, 경우에 따라서는 장애 대상자의 연령에 따라 분류하기도 한다. 대부분의 개론서에서 소개하고 있는 분류체계는 앞의 두세 가지 분류방법이 섞여 있는 경우가 많이 있다. 그 까닭은 의사소통장애를 유발시킨 원인이 같더라도 대상자에 따라 증상이 다르게 나타나거나, 반대로 같은 증상을 보이지만 기저 원인이 상이한 경우 그리고 한 사람이 두세 가지의 서로 다른 문제를 복합적으로 가진 경우 등 하나의 분류체계로 설명하기 어려운 사례가 빈번하기 때문이다.

가장 전통적인 분류방법은 드러나는 증상을 중심으로 말장애와 언어장애로 구분하는 것이다. 이 경우 말장애에는 조음음운장애, 유창성장애, 음성장애 그리고 운동말장애 등이 포함된다. 언어장애에는 주로 발달과정에 있는 아동이 대상이 되는 언어발달장애와 단순언어장애, 언어학습장애, 읽기 및 쓰기 장애 등이 있으며, 성인의 경우 실어증 등이 포함된다.

장애의 원인에 따른 분류는 의사소통장애를 동반하게 한 기저의 문제에 따라 분류하는 방법이다. 예를 들어, 뇌성마비장애를 가진 아동은 뇌성마비라는 원인으로 인해 지적장애를 나타낼 수 있으며, 이에 따라 정상적인 언어발달이 이루어지지 않아서 언어발달장애를 보일 수 있다. 동시에 신경학적인 문제로 인한 말운동장애를 동반할 수 있으며, 말운동장애의 결과 조음음운장애도 동반될 것이다. 아울러 말소리 형성의 어려움으로 정상범주에서 매우 벗어난 음성장애를 동반할 수도 있다. 다른 예로 청각장애를 가진 아동의 경우, 청력손상으로 인해 언어발달과정에 영향을 받을 것이며, 특히 조음에 특이한 문제를 나타낼 것은 자명한 일이다. 성인의 경우에도 다양한 원인으로 뇌손상을 입었을 때 언어를 처리하고 실행하게 하는 언어능력에 문제를 보일 수 있으며, 동시에 신경손상으로 인해 조음기관의 프로그래밍이 원활하지 못한 말장애를 동반할 수 있다. 이와 같이 동일한 사람이 다양한 언어와 말 문제를 복합적으로 가지고 있을 경우에는 증상을 중심으로 한 분류방법보다 원인에 따른 분류를 하는 것이 대상자의 의사소통문제를 이해하는 데에 조금 더 도움을 줄 것이다.

그런가 하면, 대상자의 연령에 따라 아동언어장애와 성인언어장애로 분류하는 경우도 있다. 이 경우에는 대부분 아동언어장애는 조음음운발달을 포함하는 넓은 의미의 언어발달장애를, 성인언어장애는 뇌손상으로 인한 신경 말·언어장애를 대표하는 용어로 사용된다. 2013년에 개정되어 발표된 『정신장애의 진단 및 통계 편람(Diagnostic and Statistical Manual of Mental Disorders5: DSM-5)』에서는 기존 분류체계인 〈유아기, 소아기, 청소년기에 흔히 처음 진단되는 장애〉 영역을 〈신경학적 발달장애〉로 진단명을 변경하면서 아동언어장애 분류에 변화를 가져왔다(상세 내용은 이 책의 제5장 참조).

이 책에서는 아동발달 시기에 나타나는 다양한 언어장애 유형을 '아동언어장애'로 묶은 후, 증상을 유발한 원인에 따라 분류하였으며, 그 외 모든 언어장애 유형은 연령이 아닌 증상에 따라 '신경 말·언어장애, 말소리장애(조음음운장애), 유창성장애, 음성장애'로 분류하였다. 또한 말·언어장애에 직접적인 영향을 끼치고 있는 '청각장애'를 별도 영역으로 구분하여 기술하였으며, 직접적인 의사소통장애영역은 아니지만 언어병리학의 담당 영역으로 자리 잡은 삼킴장애영역도 포함하였다.

언어치료사는 여기에 더하여 〈표 1-1〉과 같은 기타 장애 또는 문제도 담당할 수 있다.

표 1-1 기타 언어치료사의 치료 대상 영역

구분	주요 내용
다문화가정의 언어교육	2000년대에 이르러 우리 사회는 농어촌 지역을 중심으로 한 국제결혼이 성행하였으며, 이로 인해 한국인 아버지와 외국인(주로 동남아시아) 어머니로 구성된 다문화가정이 크게 증가하였다. 다문화가정의 자녀들은 특이한 이중언어 환경에 노출됨으로써 일반적인 이중언어아동들과도 구별되는 여러 가지 의사소통문제들을 나타내고 있다. 대표적인 다문화국가인 미국의 경우, 이미 오래전부터 다문화가정 자녀들의 의사소통문제를 언어병리학에서 다루고 있다. 우리나라에서도 다문화가정아동들을 위한 다양한 교육 서비스들이 속속 개발되어 활발히 진행되고 있는데, 이들의 의사소통문제를 담당할 수 있는 전문 언어치료사(언어발달지도사 자격증 필수)의 역할이 점차 확대되고 있다.

방언(사투리)의 교정	방언(dialect)을 사용하는 사람이 사회적인 문제로 인하여 사투리의 교정을 희망할 경우, 이를 언어치료사가 치료·교육한다.
이중언어 사용자의 언어교정	어려서부터 두 개의 언어를 습득하는 경우나 성인이 된 후에 이민 등의 이유로 다른 언어를 배우는 경우에 발생할 수 있는 언어의 문제를 다루는 기능도 언어치료사의 영역이 되고 있다. 이중언어의 경우, 모국어가 외국어 학습에 영향을 미치는 경우가 많다. 그렇지만 이를 장애로 여기는 오류를 범하지 않도록 주의해야 한다.

3. 출현율

의사소통장애의 출현율은 국내외 여러 연구보고서에서 전체 인구의 약 5~10%로 보고되고 있으며(김영태, 2004), 우리나라에서도 영·유아기부터 노년기에 이르기까지 전 연령층에 걸쳐 다양한 유형의 의사소통장애인들이 발생하고 있다. 김영태(2007)의 보고에 따르면, 관련 연구보고서 및 장애인실태보고서(2006, 보건복지부), 특수교육실태조사서(2007, 교육인적자원부) 등의 국내 통계 자료를 분석한 결과, 각 연령층에서 발생하고 있는 각종 의사소통장애의 출현율이 영·유아기에서 0.5%, 학령전기 및 학령기에서 5%, 성인기에서 3% 및 노년기에서 6%가량인 것으로 추정하고 있다. 특히 인구 고령화가 가속화되고 있는 우리나라에서는 노년층의 증가와 더불어 의사소통장애의 출현율도 더욱 증가할 것으로 추산되고 있다(김영태, 2007).

4. 의사소통장애와 국내 법제도

우리나라에서는 장애인들의 권익을 보호하기 위해 「장애인복지법」이 제정되었으며, 이를 통해 장애인의 복지에 기여하고 있다. 「장애인복지법」에서는 '장애인'을 "신체적·정신적 장애로 오랫동안 일상생활이나 사회생활에서 상당한 제약을 받는 자"

로 정의하고 있으며(「장애인복지법」 제2조 1항), 구체적으로 15개 유형의 장애인에 대한 기준을 제시하고 있다(「장애인복지법 시행령」 제2조). 「장애인복지법 시행령」에서 '언어장애인'은 "음성기능이나 언어기능에 영속적으로 상당한 장애가 있는 사람"으로 규정하고 있다. 「장애인복지법 시행규칙」에서는 음성기능이나 언어기능을 잃은 사람을 "장애의 정도가 심한 장애인"으로, 음성·언어만으로는 의사소통을 하기 곤란할 정도로 음성기능이나 언어기능에 현저한 장애가 있는 사람을 "장애의 정도가 심하지 않은 장애인"으로 장애 정도에 따라 두 유형으로 분류하고 있다. 이처럼 「장애인복지법」에서는 동반장애 혹은 중복장애를 가지지 않는 장애 유형만을 '언어장애'로 규정하고 있다. 이러한 언어장애인에 대한 정의는 앞에서 기술한 의사소통장애의 다양한 유형을 설명하는 데에는 매우 불충분하다. 그러나 이 법규정의 분류방법은 장애의 원인별 분류를 기본으로 하고 있기 때문에 실제로는 의사소통장애를 동반하는 여러 가지 장애영역을 포함하고 있다. 즉, 「장애인복지법」에 규정되어 있는 뇌병변장애인, 청각장애인, 지적장애인 그리고 자폐성장애인 등은 대부분 의사소통장애를 동반할 수 있는 직접적인 특정 장애영역이라 할 수 있다.

장애인의 교육권을 보장하고 실제적인 교육 서비스를 제공하기 위해 1977년에 「특수교육진흥법」이 제정되었으며, 2008년에 「장애인 등에 대한 특수교육법」으로 개정되어 현재 시행되고 있다. 이 법률 제15조에 따르면 특수교육의 대상자로 시각장애, 청각장애, 지적장애, 지체장애, 정서·행동장애, 자폐성장애(이와 관련된 장애를 포함한다), 의사소통장애, 학습장애, 건강장애, 발달지체, 그 밖에 두 가지 이상의 장애가 있는 경우 등 대통령령으로 정하는 장애를 선정하고 있다. 여기에서는 기존의 언어장애라는 명칭이 의사소통장애로 확대되어 사용되고 있다. 1차적인 장애가 청각장애, 지적장애, 정서·행동장애, 자폐성장애, 학습장애 그리고 발달지체범주에 속하는 대부분의 교육 대상자들은 공통적으로 의사소통장애를 포함하고 있다. 또한 「장애인 등에 대한 특수교육법」에서는 특수교육 대상자의 연령을 영·유아기에서부터 고등교육 및 평생교육의 기회로까지 확장함으로써 전 생애에 걸친 교육 서비스를 보장하고 있다. 따라서 의사소통장애를 가진 교육 대상자의 범위는 매우 넓다고 하겠다.

5. 언어병리학과 언어치료사

1) 국내 언어병리학의 역사

　말장애, 언어장애 혹은 의사소통장애를 연구하고 임상방법을 개발하는 학문을 언어병리학(speech-language pathology) 또는 언어치료학이라고 한다. 언어병리학과 매우 근접한 학문으로는 청각학(audiology)이 있다. 청각학에서는 청각장애의 진단 · 평가를 비롯하여 이들의 자활 및 재활을 연구하고 임상에 적용한다(Van Riper & Emerick, 1995).

　우리나라에 언어병리학이 처음 소개된 것은 1980대 초반으로, 처음에는 주로 특수 교육학의 언어장애 분과가 중심이 되어 다양한 관련 학과의 전공자들이 모여 연구하기 시작하였다. 1986년에 한국언어병리학회가 처음 발족되어 언어병리학 혹은 언어치료학에 대한 연구와 임상 모임이 본격적으로 전개되었고, 1988년에 국내에서 최초로 대구대학교에 언어치료학과가 개설되어 전공 학생들을 양성하기 시작하였다. 이후 한국언어병리학회(한국언어청각임상학회의 전신)와 1990년 창립한 한국언어치료학회에서 각각 학회장 명의로 수여하는 언어치료사 자격증제도를 통해 언어치료사를 양성하였으며, 2003년부터는 한국언어치료전문가협회[(사)한국언어재활사협회의 전신: www.kslp.org]에서 전국적으로 단일화된 민간 언어치료사 자격증을 수여하게 되었다. 2011년에 이르러 언어치료사 자격증을 국가에서 수여하고 관리하기 위한 법제화(「장애인복지법」, 2011년 8월 개정, 2012년 8월부터 적용)가 이루어짐으로써 2012년 8월 이후부터는 기존의 언어임상가, 언어치료사, 언어장애전문가 등의 명칭에서 국가자격증 명칭인 '언어재활사'로 통용하게 되었다(단, 이 책에서는 법률적 명칭인 〈언어재활사〉가 아니라 학술적 명칭으로 통용되는 〈언어치료사〉로 통칭함).

　1980년대 후반에 처음 한두 개 대학교에서 전공학과가 설립되었으며, 30여 년이 지난 2023년 2월 현재 전국 대학교 및 대학원 등에서 매해 많은 수의 언어치료학 전공 졸업생을 배출하고 있다. 이와 같은 획기적인 양적 발전에 걸맞게 질적인 연구활동도 활발히 전개되어 왔는데, 한국언어청각임상학회(www.kasa1986.or.kr) 와 한국언어치료학회(www.ksha1990.or.kr)에서는 한국학술재단에 등재된 학술지 『COMMUNICATION SCIENCES & DISORDERS』『언어치료연구』를 계간으로 발간하고 있으며, 해마다 학술대회를 개최하여 국내 언어병리학의 학문 및 임상 발전에 기여하고 있다.

2) 언어병리학과 관련 학문과의 관계

언어병리학은 다학문적(multidisciplinary/interdisciplinary/transdisciplinary)인 학문이다(김수진, 최승숙, 2006). 임상현장에서 언어치료사가 중심이 되어 팀 접근(team approach)을 해야 하는 경우가 많은 것도 그 이유에서다. 특수교육학, 청각학, 심리학, 유아교육학, 사회복지학, 언어학, 컴퓨터공학 등의 전문인들과 협력해야 하고, 나아가 의학의 여러 분야 전문인들과 팀을 구성해야 할 장애 유형도 많다. 그래서 상호 의뢰가 적극적으로 권장되어야 한다. 청각장애의 경우에는 청각학과 이비인후과학의 밀접한 협조가 이루어져야 하고, 음성장애의 임상에서는 언어치료사와 이비인후과 의사가 협동하여야 하고, 실어증의 언어재활을 위해서는 언어치료사와 신경과 및 재활의학과 의사들이 머리를 맞대야 한다. 또한 말·언어발달장애, 유창성장애, 기타 복합장애로 인한 말·언어장애 및 신생아의 청력검사에서는 언어치료사와 산부인과·소아과·이비인후과 의사들이 팀을 이루어야 한다. 복합장애를 가진 영유아의 경우에는 특수교사, 간호사, 임상심리사, 사회복지사 및 각종 재활 관련 전문인과의 유기적인 협력을 통해 치료와 교육이 이루어져야 한다. 언어장애를 동반한 학령기아동의 경우에는 해당 학교의 교사와 특수교사 그리고 교육청 관계자들의 적극적인 도움이 필수적이며, 보다 효율적인 치료와 교육을 위한 제도적 지원이 이루어져야 한다.

3) 언어치료사의 역할과 자질

언어치료사(Speech-Language Pathologist: SLP)는 다양한 의사소통장애인을 대상으로 그들의 원활한 의사소통을 돕기 위한 평가, 치료, 교육 그리고 임상연구 등의 제반 업무를 담당하는 전문직 종사자다. 언어치료사의 구체적인 역할은 다음과 같다.

의사소통장애의 선별검사   선별검사(screening test)란 검사 대상자가 의사소통문제를 가지고 있는지를 판별하기 위한 가장 기초적인 단계의 검사다. 선별검사는 대개 해당 문제의 고위험군을 중심으로 실시되는 1차 검사로, 해당 장애영역별로 개발되어 있는 다양한 선별검사용 검사도구를 사용하여 실시한다. 선별검사도구는 간단한 체크리스트 및 상담방식의 도구에서부터 직접적인 관찰과 검사방법을 사용하는 도구까지 매우 다양하게 구성되어 있으며, 언어치료사는 검사 대상자에게 적절한 도구를 선정하여 검사를 진행할 수 있다. 선별검사 결과, 문제가 발견되었을 경우에는 보다 정확한 문제 파악을 위해 전문적인 진단·평가를 실시한다.

의사소통장애의 진단·평가   선별검사를 통해 의사소통장애가 의심되는 대상자에게는 보다 상세하고 정확한 진단·평가(assessment)를 실시하여야 한다. 선별검사의 경우 전반적인 문제 여부 정도를 판별할 수 있으나, 실제 검사 대상자의 의사소통문제가 어떤 특성을 가지고 있는지, 중증도(severity)는 어느 정도인지, 문제의 원인은 무엇인지, 어떤 수준의 도움이 필요한지 그리고 향후 치료를 통한 예후는 어떠한지 등을 파악하기 위해서는 반드시 전문적이고 다각적인 평가가 필요하다. 진단·평가는 충분히 훈련받은 언어치료사에 의해 영역별 공식 검사도구(다양한 검사기기 포함)를 사용한 공식검사와, 보다 전문적인 지식과 경험을 요하는 비공식검사를 통해 이루어진다. 아울러 대상자에 따라 관련 영역의 전문가와 긴밀한 협진을 통해 진단·평가의 전반적인 과정이 진행되며, 그 결과는 언어평가보고서로 상세하고 명확하게 작성되어야 한다.

언어치료 · 중재   의사소통장애를 가진 대상자들이 보다 원활하게 의사소통을 할 수 있도록 원인 및 증상에 따른 치료를 실시한다. 효율적인 언어치료가 이루어지기 위해서는 우선 정확한 진단 · 평가가 기본이 되며, 대상자의 의사소통장애 유형에 따라 다양한 치료 접근방법이 시도된다. 진단 · 평가 후 언어치료사는 각 대상자에게 필요한 맞춤형 장단기 치료계획서를 작성하며, 이를 토대로 개별적 특성이 반영된 개별화된 치료 접근을 하게 된다. 언어치료의 대상은 1차적으로 의사소통장애를 가진 당사자를 중심으로 이루어지나, 최근에는 관심의 영역을 대상자의 전반적인 환경으로까지 넓힘으로써 가족 혹은 지역사회의 구성원이 직접적인 치료의 대상으로 확대되어 가고 있다. 장애영역에 따라 장기치료목표의 수행기간은 다소 차이가 있으나 대개는 6개월을 기준단위로 장기치료목표를 설정하여 치료활동을 진행하며, 6개월 후에는 재평가를 실시하여 차후의 치료목표를 다시 설정하게 된다.

가정지도와 부모교육   언어치료의 대상자가 너무 어리거나 직접치료에 어려움이 있는 경우, 보다 효율적인 치료효과를 위해 대상자 가족을 중심으로 가정지도와 부모교육을 실시한다. 또한 다양한 의사소통장애를 가질 수 있는 고위험군의 가족을 대상으로 예방교육이 이루어지기도 하며, 선별검사 결과 이상이 발견되지는 않았으나 지속적인 상담이 필요한 경우에도 가정지도가 이루어진다. 가정지도의 방법은 언어치료사가 직접 대상자의 가정을 방문하거나, 대상자의 보호자가 언어치료사를 찾아올 수도 있으며, 다양한 매체를 통한 온라인 상담 등으로 이루어지기도 한다. 대부분의 언어치료실에서는 직접적인 언어치료와 간접적인 가정지도, 부모교육을 병행함으로써 보다 효율적인 치료와 재활의 효과를 얻고 있다.

연구개발   언어병리학은 다학문적 성격을 가진 학문이며 임상 대상자에게 직접적인 치료 · 중재 · 교육을 실시하는 응용학문이다. 따라서 다양한 영역의 학문을 기초로 현장에 적용할 수 있는 임상연구가 이루어져야 한다. 이를 위해서는 관련 학문의 전문가들과 긴밀한 협조 아래 진행된 실증적인 연구가 기반이 된다. 언어치료사가 중심이 되어 이루어지는 연구 과제들의 주제는 매우 다양한데, 이를 분류하면 발달 및 특성 연구, 진단·평가도구 개발 연구, 치료 연구 등으로 나눌 수 있다. 특성 연구는 정상 언어발달 연구에서부터 시작하여 장애영역에 따른 언어 특성을 비교하는 가장 기초적인 연구다. 진단·평가도구 개발 연구는 정상 언어 특성과 장애영역별 언어 특성의 비교를 통해 각종 선별검사 및 평가도구들을 개발하는 연구다. 치료 연구는 각 장애영역의 특성과 중증도에 따른 언어치료 방법 및 효과에 대해 탐구하는 연구다. 모든 연구는 과학적이고 실증적인 연구절차에 의해 유기적으로 진행되어야 하며, 언어치료사들은 이러한 연구개발과정에 주도적으로 참여할 수 있는 능력을 갖추어야 한다.

예방을 위한 공공서비스   언어치료사는 다양한 의사소통장애의 예방과 평가, 치료에 대한 기본적인 지식을 일반인들에게 알리고 이에 대한 관심을 고무시키도록 노력해야 한다. 언어장애 고위험군에 대한 홍보와 아울러 예방을 위한 사전 교육을 통해 언어장애에 관한 사회적 인식을 촉진하여야 한다. 또한 도움이 필요한 사람들에게 강연, 도서, 안내문, 신문·방송, 온라인 프로그램 등을 통해 다양한 언어치료 서비스 관련 정보를 신속하게 제공하는 서비스체계를 구축하여야 한다. 아울러 언어장애를 가진 사람들과 더불어 살고 있는 비장애인들을 대상으로 장애 인식 개선 교육, 장애인 인권에 관한 교육에도 참여하여야 한다.

수련과정 감독   언어치료사는 다양한 영역의 기초지식뿐만 아니라 풍부한 임상경험을 통한 실무능력을 겸비하여야 한다. 한 사람의 언어치료사가 독립적인 전문인으로서의 자격을 갖추기 위해서는 충분한 실습과정을 거쳐야 하며, 이 기간 동안 숙련된 언어치료사로부터 지도·감독을 받아야 한다. 초보 언어치료사의 지도·감독을 담당할 수 있는 자격을 인정받은 1급 언어재활사는 초보 언어치료사의 실습 및 수련과정 동안 감독자로서의 책임을 다하여야 한다.

언어치료사는 일차적으로 다양한 장애를 가진 사람들의 복지와 복리를 돕기 위한 업무를 담당한다. 장애인 대상의 복지 관련 업무에 종사하는 직업에는 특별한 윤리관이 요구된다. 이에 (사)한국언어재활사협회(KSLP)에서는 '언어재활사 임상윤리강령'을 제정하여 모든 언어재활사가 갖추어야 할 기본적인 자질과 소양의 기초로 삼고 있다. 2023년 4월 현재 언어재활사 윤리강령은 9개 항목에 대해 〈표 1-2〉와 같이 규정하고 있다[(사)한국언어재활사협회 홈페이지: www.kslp.org. 참조].

표 1-2 언어재활사 윤리강령

언어재활사는 의사소통장애인의 기본권과 존엄성을 옹호하고 능력을 증진시키기 위한 노력에 최선을 다하여야 한다. 이에 언어재활사협회는 국민의 건강과 안녕에 이바지하는 장애인복지전문인력으로서 언어재활사의 위상과 긍지를 높이고, 윤리의식의 제고와 사회적 책무를 다하기 위하여 이 윤리강령을 제정한다.

(평등권)
1. 언어재활사는 대상자의 국적, 인종, 사상, 종교, 연령, 성별, 정치적, 경제적, 사회적 지위 및 장애의 종류와 정도에 차별 없이 언어재활 서비스를 제공한다.

(품위 유지)
2. 언어재활사는 장애인복지전문인력으로서의 권위와 품위를 유지·향상시키는 일에 최선을 다하여야 한다.

(대상자를 위한 전문적 활동 및 자기계발)
3. 언어재활사는 대상자의 의사소통능력 개선을 위하여 최신 학문적 지식과 임상기술을 증진시키기 위해 최선을 다한다.

(대상자의 사생활 보호 및 비밀 유지)
4. 언어재활사는 직무상 알게 된 대상자의 비밀과 사생활을 보호하며 임의로 타인에게 공개하여서는 안된다.

(대상자의 권익)
5. 언어재활사는 대상자 및 보호자의 권익과 자기결정권을 존중하며 판정 결과에 준거하여 언어재활 서비스를 제공한다.

(대상자를 위한 협력)

6. 언어재활사는 대상자의 의사소통능력 향상을 위하여 관련 전문인력과 상호 협력을 적극적
   으로 하여야 한다.

(대상자에 대한 서비스 비용의 청구)

7. 언어재활사는 정당한 언어재활 서비스 이외의 부당한 비용 또는 대가를 청구하거나 취득
   하여서는 아니된다.

(공동체 의식 고취)

8. 언어재활사는 회원 상호 간에 친목을 도모하며 본 협회의 무궁한 번영과 발전을 위하여 이
   바지하여야 한다.

(법의 준수)

9. 언어재활사는 장애인복지법 및 관계법을 준수하여야 한다.

아울러 언어재활사의 권리에 대한 내용을 언어재활사 권리 장전으로 규정하여 〈표
1-3〉과 같이 정리하였다(한국언어재활사협회, 2019).

표 1-3 언어재활사 권리 장전

언어재활사는 『장애인복지법』 제72조2에 의한 장애인복지전문인력으로 의사소통장애인
의 기본권과 존엄성을 옹호하고 의사소통능력 증진을 위한 책무와 함께 「헌법」 제10조에서 명
시한 인간으로서의 존엄과 가치, 행복을 추구하기 위해 다음과 같은 권리 장전을 선언한다.

(언어재활사의 치료권)

1. 언어재활사는 대상자나 보호자 또는 제3자(관리자나 동료치료사 등)에 의하여 방해받지
   않고 언어재활사의 학술적 · 임상적 근거에 따라 독립적인 치료를 할 권리를 갖고 있다.
2. 언어재활사는 언어치료전문가로서 의사소통장애에 대한 예방, 진단평가, 치료계획 수립,
   치료활동, 상담, 사후관리 등 독립적 언어재활 서비스 제공에 대한 권리를 갖고 있다.
3. 언어재활사는 치료에 관한 연구 및 직무와 연관성이 없고, 사회통념에 위배되는 부당한 요
   구에 대해 거부할 권리를 갖고 있다.

(언어재활사의 차별금지권)

5. 언어재활사는 언어치료 서비스 활동과 자신의 개인정보에 대해 보호받을 권리를 갖고 있다.

6. 언어재활사는 언어치료 대상자에게 최선의 언어치료 서비스를 제공할 수 있는 환경을 보장받을 권리를 갖고 있다.

7. 언어재활사는 신체적 · 언어적 · 성적 폭력으로부터 안전한 근무환경에서 일할 권리를 갖고 있다.

8. 언어재활사는 전문성 강화를 위한 보수교육, 학술 및 임상연구활동 등을 수행할 권리를 갖고 있다.

9. 언어재활사는 대상자와 보호자로부터 업무상 적합하고 정중한 대우를 받을 권리를 갖고 있다.

10. 언어재활사는 자신의 치료활동에 대한 정당한 대가를 요구할 권리를 갖고 있다.

4) 언어치료실 유형

언어치료사가 언어치료 업무를 담당하고 있는 언어치료실의 유형은 〈표 1-4〉와 같이 매우 다양하며, 각 기관의 특성에 따라 주요 대상자는 장애영역과 연령 등에서 차이를 가진다(윤혜련, 2005).

표 1-4 언어치료실 유형과 주요 대상군

기관 유형		주요 대상군
병원	재활의학과	기관손상으로 인한 장애(실어증, 삼킴장애, 치매 등 주로 성인 환자가 많은 편이며 뇌성마비, 지적장애 등으로 인한 언어장애아동도 다수 있음)
	신경과	
	이비인후과	조음장애, 음성장애(성인이 다수), 구개열 등의 말장애 및 청각장애
	소아청소년 신경정신과	자폐범주성장애, 지적장애, 유창성장애, 정서장애 등의 유아 및 청소년
	성형외과	구개열 혹은 안면장애 등으로 인한 말장애

학교	특수학교 내 언어치료실 운영. 일부 일반학교에서 방과후 언어발달장애, 언어학습장애아동(읽기 및 쓰기 장애) 대상의 지원 프로그램이 운영됨
복지관	다양한 장애영역의 아동들(단순언어장애, 언어학습장애, 읽기 및 쓰기 장애, 뇌성마비, 청각장애, 조음장애, 정서장애, 자폐범주성장애, 사회적의사소통장애, 유창성장애, 운동말장애, 이중언어로 인한 언어발달장애, 다문화가정 등)
사설치료실	
어린이집	다양한 언어장애를 가진 영유아
대학 부설 실습기관	사설치료실과 유사
특수교육지원센터	특수교육 연구와 관련된 각종 사업 지원

5) 언어치료 전공 교육과정

언어병리학의 다학문적인 특성으로 인하여, 언어치료사가 되기 위해서는 각 전공대학에서 법으로 규정된 다양한 유형의 교과목을 이수하여야 한다. 언어재활사 자격증을 취득하기 위해 이수해야 하는 전공 교과목은 「장애인복지법 시행규칙」에 〈표 1-5〉와 같이 규정되어 있다.

표 1-5 언어치료 전공 교과목

구분	교과목		비고
필수과목	신경언어장애 언어발달장애 유창성장애 음성장애 조음음운장애	의사소통장애 진단평가 언어재활현장실무 언어재활관찰 언어진단실습 언어재활실습	-언어재활관찰은 30시간 이상 이수 -언어진단실습 및 언어재활실습은 교내 수업 45시간 이상 포함하여 총 90시간 이상 이수

선택 과목	노화와 의사소통장애 다문화와 의사소통 말과학 보완대체의사소통 삼킴장애 심리학개론 언어기관해부생리 언어발달 언어학 의사소통장애개론 의사소통장애상담 의사소통장애연구방법론	재활학 청각학 특수교육학 구개열언어재활 뇌성마비언어재활 말운동장애 문제행동언어재활 자폐범주성장애언어재활 지적장애언어재활 청각장애언어재활 학습장애언어재활	선택과목 중 9과목을 선 택하여 이수

6) 국내 언어치료사 자격검정제도

우리나라의 언어치료사 자격검정제도는 2012년 8월까지는 민간기관인 한국언어치료전문가협회에서 주관하여 시행하였으나 2011년 개정된 「장애인복지법」 및 「시행령」에 따라 2013년부터 민간자격증이 아닌 국가자격증으로 전환되었다. 국가자격증의 명칭은 '언어재활사'이다.

「장애인복지법」(2012)에서 규정하고 있는 '언어재활사' 자격증의 종류는 1급 및 2급의 두 가지 유형으로, 유형별 자격증 취득의 요건은 〈표 1-6〉과 같다. 자격검정시험의 상세한 교과목은 「장애인복지법 시행령」을 참조하도록 한다.

표 1-6 | 언어재활사 자격증 취득 요건(「장애인복지법」제72조 2)

제72조의2 (언어재활사 자격증 교부 등)

① 보건복지부 장관은 제2항에 따른 자격 요건을 갖춘 사람으로서 제73조에 따른 국가시험에 합격한 사람(이하 '언어재활사'라 한다)에게 언어재활사 자격증을 내주어야 한다.

② 언어재활사의 종류 및 국가시험 응시 자격 요건은 다음 각호의 구분과 같다. 이 경우 외국의 대학원·대학·전문대학(보건복지부 장관이 정하여 고시하는 인정기준에 해당하는 학교를 말한다)에서 언어재활 분야의 학위를 취득한 사람으로서 등급별 자격기준과 동등한 학력이 있다고 보건복지부 장관이 인정하는 경우에는 해당 등급의 응시 자격을 갖춘 것으로 본다.

   1. 1급 언어재활사: 2급 언어재활사 자격증을 가진 사람으로서 다음 각목의 어느 하나에 해당하는 사람

       가. 「고등교육법」에 따른 대학원에서 언어재활 분야의 박사학위 또는 석사학위를 취득한 사람으로서 언어재활기관에 1년 이상 재직한 사람

       나. 「고등교육법」에 따른 대학에서 언어재활 관련 학과의 학사학위를 취득한 사람으로서 언어재활기관에 3년 이상 재직한 사람

   2. 2급 언어재활사: 「고등교육법」에 따른 대학원·대학·전문대학의 언어재활 관련 교과목을 이수하고 관련 학과의 석사학위·학사학위·전문학사학위를 취득한 사람

7) 언어치료사의 향후 전망

우리나라 언어병리학의 역사는 그다지 길다고 할 수 없으나 짧은 기간 동안 매우 빠른 성장을 해 왔다. 1990년 후반까지도 언어병리학, 언어치료, 언어치료사에 대한 사회적 인식은 매우 낮았으나 2020년대에 이르러서는 언어 및 의사소통장애 인식에 따른 치료 필요성 요구가 확대됨으로써, 전문 치료기관 및 언어치료사 수요가 매우 크게 증가하였다. 그러나 전체 인구 중 의사소통장애를 가지고 있거나 혹은 고위험군에 속하는 인구수와 비교한다면 지속적으로 수준 높은 언어치료사가 필요할 것으로 추산된다.

향후 시급히 해결되어야 할 국내 언어치료현장 과제들로는 학교언어치료사제도

의 확립, 영유아 고위험군의 조기 선별 · 평가 및 치료 프로그램의 개발, 급증하는 노인 의사소통장애인을 위한 치료 서비스 지원, 다문화가정아동의 언어 지도 지원, 임상현장에서 적용할 수 있는 기능적인 치료 프로그램 개발, 코로나19 이후 대두되고 있는 비대면 언어치료 프로그램 연구와 개발, 현장 언어치료사들을 대상으로 하는 수준 높은 재교육 프로그램 개발, 보다 엄격한 언어치료사 양성기준과 관리체계 강화를 위한 법제화, 급변하고 있는 인공지능 관련 적용 프로그램 연구와 개발, 다양한 의사소통장애를 예방하기 위한 홍보 및 교육 시스템 개발, 관련 전문가 사이의 효율적인 정보교환 서비스 시스템 개발 등이 있다.

연구문제

1. 언어의 구성 요소에 대해 설명하시오.
2. 의사소통장애의 유형을 각각 정의하시오.
3. 의사소통장애와 관련된 국내 법제도에 대해 설명하시오.
4. 언어병리학의 다학문적 성격을 설명하시오.
5. 언어치료사의 역할과 자질에 대해 설명하시오.
6. 언어치료사가 공부해야 하는 다양한 교과과정에 대해 설명하시오.

용어해설

말장애 (speech disorders)	말운동의 통제문제로 인해 말 산출에 어려움을 보이는 장애를 총체적으로 지칭함
삼킴장애(dysphagia)	기질적인 이유로 음식물을 삼키는 데 문제를 보이는 장애
실어증 (aphasia)	신경계손상으로 인하여 말하기, 듣기, 쓰기, 읽기의 모든 언어 능력에 손상을 입은 후천적 장애
언어 (language)	의사소통을 목적으로 사회 구성원이 공유하고 있는 자의적인 상징체계(symbol system)

언어발달지체 (language development delay)	아동의 언어능력이 발달적인 측면에서 볼 때 또래의 정상적인 말·언어발달 수준에 미치지 못한 상태
언어병리학 (speech–language pathology)	언어장애와 말장애를 연구하고 임상방법을 개발하는 학문
언어장애 (language disorders)	언어의 이해(수용언어) 및 산출(표현언어)에 문제를 보이는 장애를 총체적으로 지칭함
운동말장애 (speech motor disorders)	신경학적 원인에 의해 말운동에 어려움을 가지는 장애
유창성장애 (fluency disorders)	이른바 '말더듬'이라고 불리며 생리적·기질적·유전적·환경적 요인의 상호작용으로 말의 유창성에 문제를 일으키는 장애
음성장애 (voice disorders)	성대의 움직임이 기능적·기질적인 문제로 인해 정상적인 음성 산출에 문제를 일으키는 장애
의사소통장애 (communication disorders)	어떠한 원인에 의해서건 다른 사람과의 의사소통에 어려움이 있는 것을 총체적으로 지칭함
조음·음운장애 (phonological disorders)	음소를 계획하거나 발음하는 과정에서 기질적·기능적인 결함으로 조음에 문제를 보이는 장애

참고문헌

교육인적자원부(2007). 2007년도 특수교육실태 조사서.

김수진, 최승숙(2006). 학령기장애아동의 학교언어치료. 충남: 나사렛대학교 출판사.

김영태(2004). 특수교육현장에서 치료교육 제공의 문제점 및 전문가 양성 방안. 국회 연구 모임 장애아이 We Can 공청회 자료집.

김영태(2007). 한국언어치료사 국가자격증제도 마련을 위한 제안. 언어치료사 국가자격증제도 도입을 위한 토론회 자료집.

보건복지부(2006). 장애인 실태조사.

윤혜련(2002). 언어장애와 언어평가. 언어장애아동 부모교실: 2002. 한국언어청각임상학회.

윤혜련(2005). 언어치료실에서 교사와의 협력 방안. 2005년도 학술대회 발표논문집. 한국언어청각임상학회.

윤혜련(2007). 언어치료사가 본 언어치료현장에서의 문제점에 대한 토론. 언어치료사 국가자격증제도 도입을 위한 토론회 자료집.

이승환(1989). 말·언어장애의 이해와 가정지도. 언어장애아동의 가정지도. 한국언어병리학회.

이승환(2005). 의사소통장애와 언어·청능치료사. 의사소통장애의 이해. 서울: 학지사.

장애인 등에 대한 특수교육법(2008).

장애인복지법(2013).

한국언어재활사협회(2019). 언어재활 현장실무. 서울: 학지사.

ASHA (2007). *Incidence and Prevalence of Speech, Voice, and Language Disorders in Adults in the United States*: 2008 Edition.

Papper, J. & Weitzman, E. (2004). *It Takes Two To Talk: A Practical Guide for Parents of Children With Language Delays*. A Hanen Centre Publication.

Paul, R. (2013). *Language Disorders: from infancy through adolescence* (4th ed.). St. Louis, MO: Mosby, Inc.

Sussman, F. (1999). *More Than Words: Helping Parents Promote Communication and Social Skills in Children with Autism Spectrum Disorder*. A Hanen Centre Publication.

Van Riper, C., & Emerick, L. (1995). *Speech correction: An introduction to speech pathology and audiology* (9th ed.). Englewood Cliffs, NJ: Prentice-Hall.

웹사이트

(사)한국언어재활사협회(www.kslp.org)

한국언어청각임상학회(www.kasa1986.or.kr)

한국언어치료학회(www.ksha1990.or.kr)

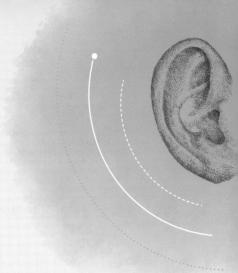

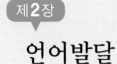
제**2**장

언어발달

.... INTRODUCTION TO COMMUNICATION DISORDERS

 만 1세가 되기 전인 언어 이전기에도 언어단계로 나아가기 위한 일들이 일어난다. 음절성 발음의 발달과 이해하는 낱말이 생기는 것은 언어단계로 나아가기 위해 매우 중요하다. 첫 낱말기는 만 1세 초반부를 말하는데, 이때 제스처와 함께 의사소통하려는 의도를 표현하는 일이 많다. 1세 6개월을 전후해서 아이들은 낱말을 붙여서 말하기 시작한다. 만 2세를 전후해 아이들은 활발하게 낱말 조합을 산출한다. 이때가 되면 제스처보다는 주로 말로 의사소통하게 된다.

 기본 문법 탐색기는 만 2~3세 아동들로, 우리말의 기본 구문구조나 문법 형태소를 활발히 탐색한다. 단문을 즐겨 사용하며 사용하는 낱말의 수도 수백 개를 넘는다. 기본 문법 세련기는 주로 만 4~5세 아동들로, 자기가 경험한 과거 사건에 대해 이야기할 수 있으며, 친구들과 공통주제를 놓고 협조적으로 대화할 수 있다. 초등학교기는 고급 문법기이며, 한국어에 나타나는 여러 가지 절을 보나 복잡한 문장 속에서 완성시켜 가는 한편, 추상적인 낱말의 사용이 종종 이루어진다. 이야기 말하기와 발표력이 향상되며, 읽기 및 쓰기의 발달이 이루어진다.

 이 장에서는 아동의 언어발달과정을 언어 이전기, 첫 낱말기, 낱말 조합기, 기본 문법 탐색기, 기본 문법 세련기, 고급 문법기의 단계로 나누어 살펴본다. 특히 의미, 문법, 화용 및 담화의 특성을 중심으로 한국어 언어발달과정을 살핀다. 또한 언어발달 이론과 아동언어 연구방법을 간략히 소개한다.

1. 시기별 언어발달 특성

1) 언어표현 이전기

아기가 엄마의 소리에 웃음 지으며 반응을 보이기 시작하고 '어마' '마마' 등으로 엄마의 말소리와 비슷한 소리를 내게 되면 어머니는 놀라움과 기쁨으로 아이를 키우면서 힘든 시간을 잊어버린다. 그리고 아이가 '아빠' 비슷한 소리를 먼저 내거나, 따라 하기를 요구해서 '엄마'나 '아빠'를 말하지 않으면 서운해지기도 한다. '엄마'라는 소리는 언어 이전 단계부터 첫 낱말단계에 이르기까지 다양한 용도로 사용된다. 사실 아이가 처음에 내는 '엄마'는 엄마의 언어적 의미를 알고 사용하는 말이라기보다 그냥 단순한 소리일 확률이 높다. '엄마'가 엄마라는 사람에게 일관되게 사용되기까지는 수개월 이상이 걸린다.

갓 태어난 아기는 울음으로 자신의 욕구를 표현한다. 2개월 정도가 되면 사람을 보고 사회적 미소나 웃음을 지을 수 있게 된다. 3~4개월이 되면 입 안쪽에서 뭔가 소리들이 만들어진다. 그리고 4~7개월 사이에는 자기의 소리를 가지고 놀고 있다는 느낌을 받을 수 있다. 특히 입 안쪽을 이용하여 여러 소리를 내기 시작한다. 아이는 점차 어머니나 친한 사람이 내는 특정 소리에 반응한다. 이러한 반응은 낱말이나 어구를 이해하는 전초단계가 된다. 언어단계로 가기 위해서는 아이가 말로 잘 표현하지는 않더라도 낱말이나 어구를 이해해야 한다. 즉, 특정한 소리가 특정한 사람, 사물 또는 상황에 사용된다는 것을 깨달아야 언어단계로 들어갈 수 있다.

아이에게는 자신이 아닌 다른 사람과 '의사소통할 의도(communicative intent)'가 있어야 한다. 엄마와 의사소통을 하겠다는 의도를 엄마가 알아듣는 소리, 몸짓, 손짓 등으로 표현하기 시작하면 이제 엄마와 아기는 서로 의사소통을 할 준비가 된 것이다. 아기가 소리나 제스처를 보이면 엄마는 적극적으로 아이의 의도를 해석한다. 이때는 종종 엄마의 해석이 아이의 의도와 별 관련이 없을 때도 있다. 아기가 일관된 소리나 제스처를 엄마에게 적극적으로 전하게 되면 엄마에게 의사소통할 의도가 좀 더 분명하게 전달된다.

언어 이전 단계와 언어단계를 잇는 데는 '음절성 발음(babbling)'의 역할이 크다. 아이는 몇 가지 모음과 비음, 파열음 등 일부 자음을 이용하여 우리말 음절의 특성이 분명한 말소리들을 산출한다. 이 소리들은 첫 낱말을 이루는 기본이 된다. '마마'나 '바바'와 같은 소리를 내다가 좀 더 진보한 '마미' '바빠' '어버비'와 같은 소리를 내게 된다. 첫 낱말에 '엄마' '아빠'가 포함된다는 사실을 고려한다면 음절성 발음과 첫 낱말 간에 관계가 있음을 짐작할 수 있다.

〈표 2-1〉은 한 남자 아기의 언어 이전기 특성을 정리한 것이다. 사람이나 사람의

표 2-1 언어 전 단계에서 낱말단계로

연령(월)	의사소통 특성
2~3개월	사람을 보고 미소 짓는다. 가끔 소리 나게 웃는다. 입안 뒤쪽에서 소리가 난다(ㅇ,ㄱ,ㅋ,ㄲ 비슷한).
4~7개월	소리내기를 좋아한다. 여러 모음 비슷한 소리를 낸다. 입 앞쪽 소리(ㅂ,ㅃ 비슷한)를 여러 모음과 함께 낸다. 음절 구분이 있는 소리를 낸다. 성인의 특정 어구에 반응하고 좋아한다(빠꾸야, 쪼막쪼막).
8~11개월	운율 변화가 있는 소리를 낸다. 음절성 발음이 많다(바바, 바다다, 빠빠빠, 맘마, 어마, 어버). "어, 어." 소리 내며 욕구를 표현한다. 자기 소리를 성인이 내면 가끔 모방하기도 한다. 손가락 가리키기에 "어, 어."를 동반한다. 특정 낱말에 대한 이해가 많아진다(빠이빠이, 시계, 곤지곤지, 엄마, 할머니)
12~13개월	이해하는 낱말이 많다. 상황과 연결해서 일관되게 표현하는 낱말이 있다(요구하며 "어마, 엄마." 싫다고 고개 흔들며 "아아이." 배고플 때 식탁 가리키며 "마마, 맘마.").

출처: 배소영(1998).

소리와 관련된 아기의 반응에서 출발하여 의사소통할 의도는 특정 어구나 욕구 표현과 연관되어 나타난다. 이해하는 낱말이 많아지고 특정 상황과 연관되서 특정한 표현들이 나타난다(엄마, 아아이, 맘마 등). 말소리뿐 아니라 가리키기나 몸짓을 통해서도 의사소통의도를 표현하기도 한다. 이런 아동의 경우 말소리에서는 비음, 긴장(경음) 및 기본 파열음과 'ㅏ / / ㅣ / / ㅓ' 모음을 중심으로 이루어진다. 음절과 낱말의 구조는 모음 나열이나 '모음 + 자음 + 모음'의 연결이 두드러진다.

2) 첫 낱말기

(1) 의미

돌이 지나면서 아기는 말로 의사소통하기를 시작한다. 아직 제스처나 발성도 많이 사용하지만, 이때부터는 아기의 의미 세계가 확대된다. 엄마, 아빠, 아뜨(뜨거워) 등의 낱말은 아이의 첫 낱말에서 빠지지 않는 표현들이다. 첫 낱말들은 흔히 아이가 접하고 필요로 하는 것 중에 선택된다. 이 낱말들 중 대다수가 구체적인 참조물이 있는 사물이나 사람인 경우가 많다. '맘마, 물, 까까, 엄마, 이모' 등이 그 예다. 한편, 아이의 동작이나 상태를 서술하는 것들도 있다. '줘, 가, 앉아, 없다, 있네, 됐다' 등이 그 예다.

첫 낱말이 나타난 이후 아이들이 10개 내외의 낱말을 습득할 때까지의 기간에는 상당한 개인차가 있다. 어떤 아동은 수 주일이 걸리기도 하고 어떤 아동은 수개월이 걸리기도 한다. 그렇다 해도 양적인 면에서 1세 6개월 정도가 되면 보통 50~100개 정도의 낱말이나 어구를 표현할 수 있다(Bates et al., 1994).

아동들이 표현하는 첫 낱말 50개를 분석해 보면, 아동들의 의미 습득에는 각 아동들의 개성이 드러나기도 한다. 즉, 각 아동이 선택하는 낱말들에는 구체적 참조물이 있는 명사가 많다. 그렇지만 아동에 따라 동작이나 상태를 서술하는 말과 사회적 표현이 많이 나타나기도 한다. 사물이나 사람, 나아가 상태나 동작에 대한 개념적 이해를 언어 의미로 표현하는 과정에서 이 시기의 아동들은 흥미로운 실수를 보인다. '의미의 과잉확대(overextension)'가 그 대표적인 예다. 한 아동은 '멍멍이'라는 낱말을 강아지뿐 아니라 고양이, 흰 솜, 미장원 문에 붙은 북실북실한 하얀 머리에까지 확대하여 사용하였다. 이는 아직 멍멍이를 구성하는 의미자질을 완전히 마련하지 못하였기 때문일 수도 있다.

(2) 화용

표현할 수 있는 낱말의 수가 그리 많지는 않지만, 아이는 첫 낱말 시기에 특정한 상황에서 벌써 다양한 의사소통기능을 언어로 표현한다. 특히 이 시기의 의사소통기능 중 '요구하기'와 '이름하기'는 매우 빈번하게 사용되는 기능들이다. 이 밖에 거부하기, 부르기, 따라 하기, 대답하기의 기능들이 사용된다. 이 시기의 아이들은 매우 자기중심적으로 자신의 관심사에 대해 이름하거나 서술하기 시작한다. 엄마가

표 2-2 의사소통기능과 첫 낱말 표현의 예

1세 5개월	
표현한 말(목표어)	의사소통기능
엄마	이름하기, 부르기, 따라 하기
아빠	이름하기, 부르기, 따라 하기
어(네)	대답하기, 요구하기
암(물)	요구하기
시어(싫어)	거부하기
아이, 아이야(아니야, 안 돼) (+ 고갯짓)	거부하기, 부정하기
하미(할머니)	부르기
여여(열어)	요구하기
시에(시계)	대답하기, 따라 하기
으짜(의자)	따라 하기
빠빠(빠방 차)	따라 하기

출처: 배소영(1998).

묻거나 요구해도 매번 응답하지 않는 특성도 보인다. 아이와 엄마가 공동 관심사를 가질 때 언어발달이 더 쉽게 이루어질 수 있다(Tomasello & Farrar, 1986).

〈표 2-2〉는 1세 5개월 된 한 남자아이가 어느 하루 동안 주로 사용한 낱말 표현과 의사소통기능을 정리한 것이다. 이 아동은 사람과 사물에 해당하는 낱말을 스스로 사용하거나 따라 말하였다. 표에서 보면 '싫어' '아니야' '열어'와 같은 서술어를 주로 사용하고 있다. 의사소통기능 면에서는 요구하기, 이름하기, 대답하기, 거부하기, 따라 하기 등을 주로 사용한다는 것을 알 수 있다.

3) 낱말 조합기

낱말 조합의 시작은 1세 6개월 전후가 평균적이지만, 다수의 1세 아동이 실제 대화에서 본격적으로 낱말 조합을 사용하는 것은 만 2세에 가까워지면서부터다. 낱말과 낱말을 붙여서 말한다는 것은 구문구조적으로 표현하는 언어의 길이가 길어진 것이다. 초기 낱말 조합기의 경우 조사나 어미 변화가 많지 않은 것이 특징적이다. 명사, 동사, 형용사, 부사를 중심으로 두 낱말 조합이 빈번하다. '맘마 줘' '엄마 이뻐' '아빠 차' '아빠 가' 등이 대표적인 낱말 조합의 예다.

(1) 의미

낱말 조합 시작기를 의미 면에서 분석해 보면 행위자, 대상, 행위, 실체, 수식, 소유자, 소유물, 장소, 부정과 같은 '의미범주' 또는 '개념'을 중심으로 활발한 두 낱말 조합이 이루어진다. 〈표 2-3〉은 1세 5개월 된 한 아동이 산출한 두 낱말 조합의 예 중 일부를 의미범주와 함께 제시한 것이다. 이 아동은 대상, 행위, 행위자, 소유자, 소유물, 장소, 부정의 의미범주를 사용하고 있다.

양적인 낱말 수의 증가 면에서 보면, 많은 아동은 1세 6개월에서 2세 무렵부터 폭발적으로 그 수가 늘어난다. 이 '낱말 급성장(naming spurt)'은 인지발달과 관련이 깊다. 이 시기에 인지적으로 사물에 뭔가 이름이 붙는다는 것을 알게 되거나 분류

표 2-3 두 낱말 조합과 의미범주

1세 5개월	
낱말 조합	의미범주
빵 먹어	대상-행위
문 닫아	대상-행위
엄마 가	행위자-행위
시계 아니야	대상-부정
아빠 없다	실체-서술
아가 이뻐	실체-서술
아빠 타이	소유자-소유물
엄마 신	소유자-소유물
집 가	장소-행위

(categorization)의 원칙이 세워진 아이들은 낱말습득에 가속도가 붙는다. 또 사물이 눈에 보이지 않아도 존재한다(사물영구성, object permanence)는 것을 알게 되는 것도 이 시기의 낱말이 폭발적으로 늘어나는것과 무관하지 않다.

(2) 문법

낱말 조합 시기에는 아동이 주어, 목적어, 서술어, 부사어 중 두 가지를 결합하여 사용한다. 한 낱말 시기에 아동들은 성인어에 있는 문법 형태소를 가끔 사용하기도 한다. 1세 후반부 아동들은 몇 가지 종결어미를 탐색하거나 조사 '가, 는', 보조용언 '-줘'를 사용하는 등 한국어에 예민한 특성도 보인다. 하지만 이 시기 문법 형태소의 탐색은 제한적인 면도 있다. 그 수나 질적인 면에서 생산성(productivity)이 높지 않기 때문이다. 한두 개의 낱말에 국한되어 있고, 따라 하기에서 사용하거나 집중적으로 들리거나 가르쳐진 표현에서 사용되는 것이 많다.

(3) 화용

낱말 조합의 초기에는 요구하거나, 서술하거나, 거부하거나, 이름 붙이기 위해 낱말들을 조합하는 경우가 많다(예: '물 줘' '아가 이뻐' '이거 아니야' '이거 빵' 등). 특히 요구하기 기능은 두 돌 전후의 아동들에게 다양한 방식으로 표현된다. 행위를 중심으로 행동 요구하기가 나타나고, 소유물이나 필요한 물품을 요구하는 경우도 있다.

(4) 실수

아이들의 낱말 조합에는 때로 성인어에서 사용되지 않는 창의적인 것들이 나타나기도 한다. 예를 들어, 한 아동이 '안녕, 아니야'를 낱말 조합에서 활발히 사용하는 경우를 들어 보자. 할아버지가 없어졌다는 것을 '하아버이 안녕', 아빠에게 샤워하지 말라고 '아빠 안녕', 고모에게 차 타도 안 아프다는 뜻으로 '아퍼 아니야', 형에게 피코 놀이 그만하라고 '형 안녕' 하는 것 등이 그 예다.

4) 기본 문법 탐색기

(1) 의미

2~3세 아동은 놀라운 속도로 표현하는 낱말의 수를 늘려 나간다. 아동들은 새로운 말소리 연결체와 참조물을 '재빠르게 연결(fast mapping)'할 수 있기 때문이다. 한편, 이 시기의 아동들은 '크다'와 '작다'를 중심으로 상대성이 포함된 관계 낱말들을 습득하기 시작한다.

(2) 문법

2세 후반기에 들어서면서 아동의 언어표현은 좀 더 한국어의 문법 특성에 맞추어진 것이 된다. 구문구조에서 명사구나 동사구가 빈번하게 사용되며, '거'를 중심으로 관형절의 발달이 활발해진다. 동사나 형용사를 나열하여 보다 긴 문장을 만들기도 한다.

3세 아동은 우리말에 있는 기본 구문구조를 활발하게 사용한다. '주어＋목적어＋

서술어' '주어 + 부사어 + 서술어' '주어 + 서술어 + 서술어' '주어 + 주어 + 서술어' '서술어 + (주어, 목적어) + 서술어'의 구조를 대화에서 빈번하게 사용한다. 종종 서술어가 두 개 이상인 문장을 사용하여 복문의 여지를 보여 주기도 한다.

제한된 범위 내에서 2~3세 아동은 한국어에 풍부한 문법 형태소를 탐색한다. 아직 제한된 낱말에 붙여 사용하는 것이기는 하지만, 어절 끝에 여러 가지 어미가 나타나기 시작한다. 주격조사나 여격 및 공존격조사를 중심으로 조사의 생산적인 사용이 관찰된다. 또 관형사형 어미를 시작으로 명사구가 확장되고, 과거시제나 추측을 나타내는 선어말어미의 사용도 활발해진다. 한편, 관형사형 어미나 부사형 연결어미의 사용이 나타난다.

(3) 화용: 대화자 특성

자기주장이 강하지만 점차 반응이 적절해진다. 만 2세 아동은 상대방과 함께 대화한다기보다는 자기의 관심사를 다른 사람이 따라가 주어야 매끄러운 대화가 가능하다. 3세 아동은 점차 대화자를 고려하게 되지만 아직 자기중심적인 입장에서 말을 한다. 이들은 집단 속 독백(collective monologue) 현상을 보이기도 한다. 즉, 친구와 서로 차례를 지키며 잘 대화하지만 각자의 대화 주제에 대해 이야기하거나 서로의 관심사는 별개인 경우가 종종 있다. 특히 이들은 집단 속에서 자신의 의사소통의도를 잘 전달하지 못하는 경우가 많다. 아직 자기중심적인 경우가 있고 과거나 눈앞에 보이지 않는 일에 대한 언어표현이 매끄럽지 못한 경우가 많다. 〈표 2-4〉는 두 3세 아동이 한 성인과 대화하는 장면을 일부 기술한 것이다. 이를 통해 두 아동이 서로 다른 관심사에 대해 성인과 대화하려는 특성을 엿볼 수 있다.

2~3세 아동의 말은 듣는 이가 이해할 수 없는 경우가 종종 있다. 만 2세 아동의 경우, 낯선 사람이 아동의 말을 이해해서 알아들을 수 있는 정도는 약 50~75%다. 그리고 만 3세가 되면 약 75% 내외가 된다. 이 시기에는 아직 음운발달이 완성되지 않아 이해 불가능한 요소를 포함하기도 하며, 상대방의 입장을 잘 고려하지 못해서 이해 불가능한 말을 하기도 한다. 한편, 30개월 전후에는 유창성에서 변화가 나타나

표 2-4 3세 아동들과 성인 대화 자료

태○○ (3 ; 8, 남)	성인 검사자	신△△ (3 ; 7)
나 이런 거 많아요.		
	그렇구나.	
이건 또 뭐예요?		
	갖고 노는 거.	
		이거 또 비행기 또 있다. + "비행기 또"를 "비엥이 터" 로 발음
이게 또 이 로보트 어떻게 하는 거 예요, 로보트?		
됐잖아요, 이거요.		
이렇게 하는 건데.		
	그래.	
그런데 이거 이건요, 이거 무 이거 변신하는 거죠.		
	응.	
근데 이게 왜 열어져요?		
	응.	
이게 왜 열어져?		
	글쎄 왜 그럴까?	
이거 이거 변신 안 해요? + "변신"을 "병신"으로 발음		
	응?	
변신하죠? + "변신"을 "병신"으로 발음		
이게 또 뭐예요?		
	그게 뭔가 말해 봐.	
발이에요.		
	응?	

발.		
((아까는 왜 여기.))	((와 △△는 비행기 가졌네.))	
이건 또 뭐.		
이 이거 넣어야 돼요?		
	응.	
근데 왜 이렇게 안 넣어져요?		
	그게 왜 안 넣어지지.	
우와, 이거 되잖아요, 씨이.		
로보트는 이거죠?		
	응.	
		여자 거다 이거.
	응 여자 거 왜?	
그거요, 얘들거 그래가 갖고 노는 거예요.		
	응.	
		아니고 (비행기 놓아두며).
	어떤 총 있니?	
		**총 많이 있다.
이거 어떻게 되는 거예요? + "되는"을 "되은"으로 발음.		
	응.	
이렇게 이 돼 이거 열어져요?		
이렇게 하는 거예요?		
	도깨비다.	
		와 이거 ** 도깨비다.
((근데 이거 로보튼데요.))		이((거 더*))
		나는 이거 차 맡어 이거.
		트럭차.
		트럭차 그렇구나.

(( )) 발화 겹침, + 상황 또는 실수 설명, * 이해 불가능한 음절
출처: 배소영(1998).

기도 한다. 언어표현의 길이가 길어지면서 가끔 낱말 또는 음절을 반복하거나 머뭇 거리는 등의 발달적 비유창성도 관찰할 수 있다.

(4) 실수

기본 문법 탐색기의 말에는 아직 통사 구성상 중요한 성분이 빠지는 경우가 종종 있다. 물론 이는 아동의 제한된 언어처리능력을 반영한 것일 수도 있다. 2~3세 아동은 부정어와 관련된 실수와 어순 실수를 종종 보인다(예: '안 다 먹었다' '안 공부해'). 상대방에게 내용을 잘 전달하기 위해 꼭 필요한 문장성분을 빼고 말하거나, 어순을 무리하게 바꾸기 때문에 상대방이 이해하기 어려운 경우도 많다.

바른 문법 형태소의 사용뿐 아니라 흥미로운 문법 형태소의 실수도 나타난다. 주격조사의 '과잉일반화(예: 곰이가, 삼촌가)'에서 보듯 이에 대한 문법적 인식이 활발해지는 것을 알 수 있다. 그런데 아직은 문법 형태소가 덜 갖추어지거나 문법 형태소 각각을 결합하였다기보다는 한 덩어리로 표현하는 경우도 있다. 가끔 '해야겠다'를 '하겠다'로, '바람 부네'를 '바람 부어네'로, '엄마 없고'를 '엄마 없어고'로 하는 것 등이 그 예다.

아직 표현할 수 있는 낱말이 많지 않으므로 자신이 알고 있는 낱말로 창의적인 낱말 표현을 하는 일이 빈번하다. 특히 2세 전후에 시작된 이런 표현들이 2~3세의 문장 속에서 쓰이는 것이 특징적이다. '과일가게'를 '딸기 집'으로, '마늘빵 만드는 바게트빵'을 '만들어 빵'으로 표현하는 것이 그 예다. 한편, 아직 의미 전달이 순조롭지 않아 듣는 이가 배경 정보를 잘 알고 있어야 생략된 부분을 추측하여 의미를 알 수 있는 경우가 많다.

5) 기본 문법 세련기

(1) 의미

구문구조나 문법 형태소의 발달 못지않게 의미의 발달도 놀랍다. 이 시기 아동들은 빠른 속도로 낱말의 수를 증가시킨다. 특히 유치원생활, 학교생활, 책 보기, 텔레

비전 시청, 비디오 보기 등을 통한 여러 언어 경험으로 다양한 낱말을 습득한다.

또한 본격적으로 관계를 나타내는 낱말의 습득이 이루어진다. '길다-짧다' '넓다-좁다' '두껍다-얇다'의 관계적 특성을 제대로 이해하고 사용할 수 있게 된다. 한편, 관점에 따라 표현되는 지시적 표현들이 상당히 자유롭게 사용된다. 특히 '이/그/저' '오늘/내일/어제' '오다/가다' 등의 표현을 꽤 적절하게 사용한다.

이 시기에는 낱말을 정의하는 능력도 발달하기 시작하는데, 이 경우 단편적 경험이나 지각적 특성에 의해 낱말을 정의한다.

(2) 문법

관형절이 보다 긴 복문 속에서 사용되고, 한 문장 안에서 서로 다른 주어와 서술어가 두 개 이상 사용되는 경우가 종종 있다. 4~5세가 지나면 이제 언어표현에 길이의 제약이 없어지는 듯 매우 긴 문장 또는 발화를 대화에서 사용한다. 물론 길이가 매우 길어질 경우, 내용이 상대방에게 잘 전달되지 못하는 경우도 있다. 5세 아동은 우리말에 있는 절을 꽤 자유롭게 사용한다. 간단한 구조의 관형절, 서술절 이외에 인용절, 부사절의 사용도 다양해진다. 흥미롭게도 명사절의 사용은 매우 드물다. 접사를 이용한 피동이나 사동 서술의 표현이 가끔 대화에서 사용된다. 이 밖에 '-지다' '-게 하다'의 구조를 활발하게 탐색한다. 이 시기의 사동과 피동 표현에는 실수가 따르기도 한다. 특히 주체와 객체를 완벽하게 문장 안에서 소화하지 못한 경우에는 피동과 사동 표현을 사용할 때 제한적일 수밖에 없다.

문법 형태소의 경우 보다 완벽하게 높임 '-요'를 사용하고, 4세 아동의 경우 목적격조사 '를/을'의 사용이 빈번하게 된다. 또 인용의 '-고'가 종종 등장하며 관형어를 만드는 경우 점차 시제가 적절하게 표시된다.

(3) 화용: 대화자 특성 및 이야기

대화의 경우, 아동은 자기주장과 반응이 적절하게 되고 적극적인 대화자가 된다. 언제 응답하고 언제 주장을 펴야 하는지 알고 있으며, 대체로 적절하게 대화가 이어져 나간다. 가족 및 친한 친구 몇 명과 기본적 의사소통방법을 익힌 아동은 이제 본격적으로 친구들의 세계로 언어 탐색의 장을 넓혀 간다. 가족의 영향으로 지역방언을 쓰던 아이가 유치원에 가면서 서울말을 쓴다든가 하는 것은 흔히 볼 수 있는 일이다. 특히 4~5세 아동은 교실이라는 세계, 친구라는 세계에서 자신의 언어를 활발하게 발달시킨다.

아동이 집단 속에서 자신의 생각이나 느낌을 언어로 잘 표현할 수 있게 되면, 이제 초등학교에 갈 준비가 되었다고 볼 수 있다. 유치원에 다닌다고 하더라도 기본 문법기에 있는 3세 아동과 기본 문법 세련기에 있는 5세 아동의 대화의 질은 매우 다르다. 5세 아동은 이제 과거의 일을 표현하거나 자신의 의도를 효율적으로 상대방에게 전달한다. 상대방이 어른이든 아동이든 한 주제 안에서 함께 대화를 엮어 갈 수 있다. 4세 아동은 과거의 경험에 대하여 서술할 수는 있지만 시간적·논리적 순서가 맞지 않는 경우가 종종 있다.

〈표 2-5〉는 한 성인 검사자가 두 5세 아동과 함께 대화한 내용의 일부를 기록한 것이다. 이 시기 아동의 언어 특성을 살펴보면 아동의 대화에 어른이 거의 끼어들 필요가 없는 듯이 보인다. 또 과거 경험을 효율적으로 전달한다. 〈표 2-5〉를 보면, 아직 구문구조가 완벽하지는 않지만 길이가 긴 문장의 사용이 보이고, 사동표현도 있으며, 조사의 사용도 다양해졌다.

이야기(narrative)의 발달은 언어의 여러 하위 영역이 복합적으로 작용하는 가운데 이루어진다. 인지발달수준도 이야기수준에 영향을 미친다. 단순하게 나열된 에피소드에서 복잡하게 얽힌 에피소드들을 표현하게 되기까지는 꽤 오랜 시간이 걸린다. 이야기하기는 짧은 시간에 아동의 언어발달수준을 살펴볼 수 있는 효율적인 방법이다. 이야기 문법에 대한 연구에 의하면, 아동은 이미 기본 문법 탐색 단계인 3세부터 이야기를 구성할 준비가 되어 있다. 하지만 3세 아동의 이야기는 도입이나 결말을 이야기하거나 부분 묘사를 하는 데서 출발한다. 기본 문법 세련기에 접어든 4세 아동은 이야기가 논리적으로 순서 지어져 있다는 것을 이해한다. 이 시기 아동의 이야기는 내용이 단순한 행동기술로 이루어진다. 생략이나 불분명한 표현이 많아 이

표 2-5 5세 아동들과 성인 대화 자료

김○○ (5 ; 7, 남)	성인 검사자	최△△ (5 ; 9)
일호기 이거 뒤로 타?		
나 반 변신해 주께 한번.		
너 한 대 맞고 싶으냐?		
+문석이가 태백호 노래 부르자.		
로보트 한 대 갈겨.		
		가자.
	쟤네 좀 끼워줘. 엄마 아빠 어떻게 된 거야.	
야 이것 봐.		
	또 봐.	
발가벗었어 잠바 입혀야지.		
안됐다 하지만 난〉		
		야 놀자.
		너희 이거 갖구 가졌다. +가졌다 또는 갖구 가의 뜻
안 하께 대장님 어휴 살았다.		
마징거 고오.		
		그런 거 별로야.
마징거 꼬우.		
주거 왜 그래 죽어야.		
야 저거 좀 봐 내가 도장 찍어서 주께.		
		아닌데.
알았어 넌 이 이거.		
	마징거 제 그게 뭔데?	
어 뿔이 좀 이렇게 생겼는데 입에서 바람이 나오고 눈 눈에서 마징가 제.		

무릎에서 미사일 나오구요 로케트 펀치.		
	응.	
사람같이 생겼어요.		
	으응 △△는 마징거 제 알아?	
		나 그런 거 못 봐.
	왜?	
		엄마 때문에 공부해야 돼.
다이앤 그거 여자 로보튼데.		
걔도 로봇처럼 하는 데 얘는 어제 마징거 제처럼.		
		레이더하고 조종사 앞으로 바이나 미사일.
		왜 뺏어(성훈이가 자기 로봇 뺏어가자).
	다이앤이 누군지 얘기해줘.	
눈도 있구요 여기에서 미사일이 가는데요 여기 배에요 다이아몬드 있거든요.		
야 너 와 그래 도장 갖구 그래 로봇으로 해.		

〉는 끝맺지 않은 발화
출처: 배소영(1998).

야기를 듣는 사람이 잘 알아듣지 못하는 경우도 종종 있다. 직접화법을 써서 이야기의 언어구조를 단순화하기도 한다. 여러 사건이나 내용을 구체적으로 표현해야 하는 경우, 4세 아동의 이야기는 논리적·시간적 순서가 불분명한 경우가 많다. 이 시기에는 불완전하기는 하나 직관적으로 이야기 내용을 연결하는 경우가 많다. 5세 아동의 경우, 짧은 이야기라면 이야기 내용을 대체로 적절하게 상대방에게 잘 전달할 수 있다. 물론 원인과 결과가 복잡하게 얽혀 있고 유추에 근거해야 한다면 아직 언어로 잘 표현할 수 없는 경우도 있다(배소영, 이승환, 1996).

(4) 실수

기본 문법 세련 단계에 있는 아동은 형태소가 음운, 통사와 복합적으로 관련되어 형태론적 실수를 종종 보인다. 기본 문법 단계부터 보이기는 하지만 '-으-' 삽입 현상이 두드러진다. 4세 아동들도 이러한 실수를 종종 보인다(예: '씻으는 거/씻는 거' '잡으자/잡자' '놀으구/놀구'). 한편, 복문의 경우 어미 사용이 부적절한 경우도 가끔 관찰된다(예: '내가 아프더니 아빠가 오셨지'). 좀 더 세분된 형태소 분절을 하기 위해 가끔 실수를 보이기도 한다(예: '그럼 그 살에 사 주세요' '아기 세 개가 있었는데'). 또 자기가 알고 있는 낱말에 대한 이름이 잘 생각나지 않을 때, 의미적으로 비슷한 단어로 말하는 오류를 보이기도 한다(McGregor et al., 2002).

6) 고급 문법기

(1) 의미

학령기아동의 경우, '한자어 + 하다' 류의 사용이 증가하고 추상적인 명사의 사용이 점점 늘어나 보다 어른스러운 대화를 하게 된다. 다양한 부사어가 대화에 사용되고 각 낱말의 의미가 좀 더 어른의 의미에 가까워진다. 예를 들어, '그때'라는 표현이 막연한 시간을 나타내다가 고학년으로 갈수록 구체적인 특정 시간을 지시하는 표현으로 사용된다.

그리고 어른에 가깝게 낱말을 정의하게 되어, 개인적 경험이나 단편적인 지각 특성보다는 상위어나 하위어를 사용하거나 객관적으로 낱말을 서술하는 것이 가능해진다.

(2) 문법

만 4~5년에 걸쳐 확립한 우리말의 기본 구문구조나 문법에 대한 능력을 바탕으로, 아이들은 그 후 긴 기간에 걸쳐 우리말 문장의 구문구조와 문법 형태소의 복잡한 세부적 특성을 습득한다. 관형절이 보다 복잡한 복문 속에서 사용된다. 복문에서의 부사절의 사용이 발달하며(이영옥, 안승신, 이영숙, 1982), 특정 문법 형태소의 한정 사용이나 시제 조건 등을 만족하는 절을 산출할 수 있게 된다.

(3) 화용 및 담화

5~6세 아동은 놀이현장 이외의 장소에서 아동끼리 이야기하는 것이 매우 어렵다. 그러나 학령기가 되면 듣는 사람의 입장을 고려하면서 대화하는 여유를 보여 고학년으로 갈수록 교실현장에서 특정 주제에 대한 대화나 질의응답이 자연스럽게 이루어진다. 이야기하는 능력도 발전하여 다양한 담화적 '결속장치(cohesive devices)'를 사용하고 참조 및 추론능력이 더욱 세련되게 된다. 한편, 학령기에는 언어발달이 읽기발달과 밀접하게 연관을 지으며 발달한다.

〈표 2-6〉은 학령기아동의 '개구리 이야기' 산출로 7세 아동의 경우, 이야기 전체 내용이 개략적으로 다 묘사되고 있다. 또한 도망갔다거나 '지난번에 잡은 개구리'라든가 하는 유추의 표현이 나타나기도 한다. 연결어미를 계속 쓰기보다는 '-ㅂ니다'형의 문어체 형식 종결어미를 사용하여 대화 장면들을 기술하기도 한다. 그러나 아직 장면 내용과 언어기술이 불일치하는 경우가 있다. 이 아동의 경우, 어렸을 때 사용하였던 직접화법 전략도 사용하여 '나쁜 개구리' '쉬'라고 표현하였다.

10세 아동의 경우, 보다 어른과 가까워져 원인과 결과 관계가 분명한 언어구조로 표현하고 있음을 알 수 있다. 또 7세 아동과 비교해 보면 언어구조가 보다 세련되어진 것을 알 수 있다. 예를 들어, 개구리를 데리고 가는 마지막 문장의 묘사를 보면, 7세의 경우 나열식으로 표현('저번 달에 잡은 개구리도 있어서 개와 소년은 그 개구리를 들고 집으로 무사히 왔습니다.')하였으나, 10세의 경우 포함식으로 표현('자기가 잡아 왔던 개구리를 가지 다시 데리고 가는 이야기입니다.')하고 있다. 언어구조 면에서 보다 어른에 가까운 절의 사용이 관찰된다. 특히 소년이 강아지에게 조용히 하라고 한 장면에서 10세 아동은 '그 소년이 강아지 보고 조용히 하라고 한 다음'이라고 묘사하였다. 즉, 핵명사(다음)를 중심으로 인용절과 관형절이 함께 사용되어 문장이 복잡해졌다.

표 2-6	학령기아동들의 '개구리 이야기' 산출
나이	**이야기 산출**
7;8	옛날에 소년과 개가 있었습니다. 소년은 개구리를 잡으러 시냇물에 가서 개구리를 잡았습니다. 그래서 개구리가 신기하였기에 와 소년은 어 개를 한참 보고 있었습니다. 밤이 깊어가서 소년과 개는 잠을 잤습니다. 병 속에 있던 개구리는 도망갔습니다. 날이 밝자 소년과 개는 없어진 개구리를 보고 옷도 찾아보았습니다. 소년과 개는 유리 어 창밖을 보았습니다. 그러다가 잘못하여 개가 떨어졌습니다. 소년은 내려와 이렇게 생각했습니다. '나쁜 개구리'. 소년과 개는 시냇물에 가서 개구리를 찾아보았습니다. 소년 어 시냇물 옆에는 구 구멍이 있었습니다. 그 구멍에서 두더쥐가 튀어나와서 서 소년의 코를 찔렀습니다. 소년은 나무를 찾아보았습니다. 그러자 나무에서 부엉 아 소년은 바위 위로 갔습니다. 바위에서 개구리를 찾으려고 보고 있는데 사슴이 이 뿔로 소년을 잡았습니다. 소년과 개 어 소년과 사슴은 소년을 낭떠러지 있는 데로 데리고 갔습니다. 거기서 개와 소년은 물에 빠뜨렸습니다. 소년과 개는 홀딱 뒤집어졌습니다. 그러나 기분이 좋아 물속에서 웃고 있었습니다. 밖으로 연못 밖으로 나 나가고 있었습니다. 거 옆에서 나무 크 빈 구멍이 난 나무가 있었습니다. 거기 뒤에서 개굴개굴 하는 소리가 들려 소년은 "쉬"하면서 통나무 뒤를 쳐다보았습니다. 거기에는 개구리와 두 마리가 있었습니다. 갑자 아니 갑자기 개구리 새끼들도 왔습니다. 자기가 어 소년이 저번 달에 잡은 개구리도 있어서 개와 소년은 그 개구리를 들고 집으로 무사히 왔습니다.
10;9	처음에는요 거 소년 소년하고 강아지가요 개구리를 유리병 속에 어 유리병 속에 넣고 어 재미있게 보다가 밤이 되어서 잠 잠을 자고 있으니까 개구리가 유리병 속을 나와가지고 다른 어 아니지 연못으로 도망을 쳤는데 다음날 아침에 일어나보니까 유리병 속에 개구리가 없어서 놀래가지고 어 유리병과 뭐 그 물건들 속의 개구리를 찾다가 어 개구리 어 창문 밖으로 개구리를 부 불러서 어 불렀는데 강아지가 유리병을 목에 어 얼굴을 집어넣은 채 떨어지니까 강 강 강아지가 미워서 소년이 강아지를 어 째려보고 있으니까 어 강아지는 실수로 그런 그랬다면서 어 수년을 부인했다가 다시 소년괴 강이지는 개구리를 찾아서 음 숲속으로 떠났는데 어 거기서 땅굴을 파다보면 두더쥐가 나오고 또 벌집을 찾 찾 찾아서 찾으니까 벌떼가 나와가지고 벌떼를 피해서 이리저리 헤매다가 또 부엉이를 만나서 그 바위 위를 지나가지고 어 바위를 넘어가려고 하니까 그 사슴 때문에 걸거쳐가지고 그 사슴과 사슴 때문에 강아지와 소년은 물속에 빠지고 말았습니다. 그런데 그 강아지는 물이 좋다고 시끄럽게 떠드니까 그 소년이 강아지 보고 조용히 하라고 한 다음 통나무를 넘어가니까 개구리 가족이 있어서 그 개구리에게 어 개구리들에게 어 안녕이라는 인사를 하면서 자기가 잡아왔던 개구리를 다시 데리고 가는 이야기입니다.

2. 언어발달 모델과 연구방법

1) 언어발달 모델

아동의 언어발달을 기술하거나 설명하는 여러 가지 모델이나 이론이 있다. 이러한 이론들은 언어발달의 구성 요소 중 특정 영역을 강조하는 경향이 있다. 언어발달의 구성 요소는 크게 세 가지가 있는데 모국어의 특성, 아동의 발달 특성 그리고 언어모델을 제공하는 언어환경이 그것들이다(Rice, 1989). 여기서 어떤 요소에 초점을 둔 것인가에 따라 여러 언어발달이론이 등장한다. 언어 보편적인 모국어 특성을 강조하는 언어학적 습득이론이 있는가 하면, 아동이 발달상황에서 경험하는 여러 가지 언어환경과 문화의 영향을 강조하는 언어발달이론도 있다. 또 아동의 발달 특성 중 인지발달이 언어발달에 미치는 영향을 강조하는 이론도 있고, 사회성발달이나 말운동발달이 언어발달에 기여함을 중시하는 이론도 있다.

언어발달이론들은 크게 선험론과 경험론으로 나눌 수 있다. 극단적 선험론에서는 아동이 언어를 습득할 수 있는 능력을 가지고 태어난다는 사실을 강조한다. 반면에 극단적 경험론에서는 아동의 타고난 언어능력보다는 언어환경이나 언어모델과의 상호작용을 중시한다. 이러한 선험과 경험의 양극단 사이에는 여러 가지 이론이 존재한다.

언어발달을 심리언어학적 측면에서 이해하고자 하는 모델들도 있다(Owens, 2005). 특히 언어의 하위 영역 중 구문적 발달을 중시하는 문법적 모델이 있다(Chomsky, 1965). Chomsky는 이 세상 아기들이 태어날 때부터 가지고 있는 '언어습득장치(language acquisition device: LAD)'를 설정하여 언어습득력을 설명하고자 하였다. 이것은 언어 간의 유사성과 언어 보편적인 습득을 중시한 것이다.

한편, 언어의 하위 영역 중 의미 또는 인지적 측면을 중시하는 의미−인지 모델이 있다. 이 모델에서는 의미적 요소가 습득에 매우 중요한 바탕을 제공한다고 본다.

특히 낱말 조합기에 나타나는 아이들의 표현을 의미 또는 인지범주로 해석하는 것이
그 예다. 이 모델은 의미 세계를 언어습득의 중심축으로 본다.

언어습득을 사회언어적으로 살펴보는 모델도 있다. 사회언어적 접근에서는 언어
가 사용되는 맥락이나 환경을 매우 중요시한다(Bruner, 1983). 특히 아기와 엄마의 상
호작용을 중시하거나 아이들이 또래나 형제와 사회적으로 상호작용하는 가운데 언
어가 발달한다고 보는 입장이다.

언어발달은 여러 학문영역에서 다루는데, 학문의 성격에 따라 다양한 언어발달
연구가 이루어진다. 아동언어장애의 입장에서는 언어발달장애아동에게 문제가 되
거나 될 만한 언어발달 하위 영역을 찾는 데 초점을 맞추는 경향이 있다(Bloom &
Lahey, 1978). 간접적으로 정상아동의 특정한 언어습득이론을 지지하는 자료를 보이
기도 한다. 또 개별 언어장애영역 아동들의 언어발달 모습을 기술하고 정상아동의
것과 비교・대조하는 연구들도 있다(Kaderavek & Sulzby, 2000).

구문론에 초점을 둔 아동언어학자들은 언어습득이론을 만들거나 특정 이론을 지
지하고 반박하는 연구들을 많이 하였다(Chomsky, 1965). 어떤 학자들은 언어발달단
계를 자세히 기술하는 데 주력하였다(Bloom, 1991). 또한 언어 보편적 특성과 문법
표지의 출현에도 관심을 많이 가졌다.

한편, 심리언어학자들은 언어발달과정을 밝히기 위한 연구들을 많이 하였다. 이
들은 인지와의 관계나 언어처리에 관한 연구들을 많이 하였다(이승복, 1994; 이현진,
박영신, 김혜리, 2001). 교육학자들은 언어를 교육하는 입장에서 연구를 하였다. 특히
발달심리와 연계하면서 집단교육에 사용할 수 있는 활동을 제안하는 경우가 많다.
아동을 임상현장이나 교육현장에서 다룰 경우 언어 수행력(linguistic performance)에
비중을 두는 경우도 많았다. 또한 다수의 아동이 문법 표지나 의미 내용을 습득하는
시기나 습득과정에 관심을 가졌다. 언어치료사를 위한 길잡이 역할로 언어발달에
관한 자세한 안내를 받을 수도 있다(배희숙, 2016).

2) 언어발달 연구방법

언어발달의 연구 대상은 언어발달기에 있는 아동들이다. 여기에는 언어발달장애를 보이는 아동들도 포함될 수 있다. 한 명이나 두세 명의 아동을 오랜 기간 동안 관찰하는 방법이 있는데, 연구 목적에 따라 여러 명의 아동을 포함한 비교군을 내세우는 방법을 취하기도 한다. 언어장애아동을 대상으로 하는 연구들도 있다. 이때에도 비교군을 두는 일이 종종 있는데, 생활연령 동년배, 정신연령 동년배, 언어능력 비교군을 두는 것이 보편적이다. 또 다언어 간 연구에서는 두 개 이상의 언어권 아동을 대상으로 한다.

언어발달 연구방법은 시간적인 관점에서 횡단연구와 종단연구로 나눌 수 있다. 횡단적 방법은 여러 연령대 또는 언어수준대의 아동을 한 관찰 시간대에 동시에 관찰한다(김영태, 1997). 이에 비해 종단적 방법은 한 아동을 여러 번 관찰하는 방법이다. 연령 또는 언어수준에 차이가 있는 여러 집단의 아동을 종단 관찰하는 절충적인 방법을 사용할 수도 있다.

관찰방법에 따라 자연적 방법과 실험조작적 방법으로 나눌 수도 있다(Gleason & Ratner, 2008). 자연적인 관찰방법은 아동이 활동하는 자연스런 상황에서 언어와 의사소통 표현을 연구하는 것이며(Bornstein, Painter, & Park, 2002), 관찰일기를 쓰거나 자발적인 발화를 수집하는 것이 그 예다. 특정 언어의 구조나 기능을 유도하기 위해 조작적 방법을 동원하여 실험적인 방식으로 언어를 관찰할 수도 있다(McGregor et al., 2002). 여기에는 조작을 할 때 언어유도상황은 최대한 자연스럽게 하되, 검사자의 언어표현을 조작하여 필요한 언어의 구조나 기능을 유도하는 소극적 방식이 있다. 반면에 좀 더 적극적으로 사물이나 그림카드를 이용하여 목표 언어구조나 기능을 유도하는 적극적 조작방법도 있다.

언어발달 연구는 특정 이론을 지지하거나 반박하기 위해 설계할 수 있다. 이에 반해 이론보다는 언어발달의 자료 수집과 대상 아동의 언어발달기술에 초점을 둔 연구설계를 할 수도 있다.

언어발달 연구는 언어 산출과 언어 이해의 두 측면에서 이루어진다. 산출 연구에서는 발화 수집, 유도반응, 모방 등의 방법을 취하는 경우가 많으며, 이해 연구에서는 가리키기, 실행하기(act out), 판단(judgement)하기의 방법을 많이 사용한다.

연구문제

1. 언어 이전기 영아의 의사소통 발달 특성을 기술하시오.

2. 아동의 문법이 낱말 조합기에서 고급 문법기로 가면서 어떻게 발달하는지 기술하시오.

3. 아동의 의미발달이 첫 낱말기에서 고급 문법기로 가면서 어떤 변화를 보이는지 기술하시오.

4. 3세 아동과 5세 아동의 대화 특성을 대조적으로 기술하시오.

5. 학령기아동의 이야기 특성을 기술하시오.

6. 5세 아동의 의미발달을 연구하고자 할 때, 자연 대 조작의 입장에서 하나씩 연구방법을 구체적으로 제안해 보시오.

7. 언어발달을 설명하려는 모델이나 이론을 한 가지 예를 들어 기술하시오.

 용어해설

의사소통할 의도 (communicative intent)	말하는 이가 듣는 이에게 소통하려는 의도로, 하나의 화행 (speech act)
음절성 발음(babbling)	영아가 자기의 모국어에 나타나는 자음과 모음 비슷한 소리로 음절경계를 보이며 내는 발성으로 반복형(예: 마마)과 변이형(예: 나쁘)이 있음
의미의 과잉확대 (overextension of meaning)	아이가 관습적으로 사용하는 낱말의 의미범주를 넘어 다른 낱말을 지칭하는 것으로, 예를 들어 남자이면서 안경을 꼈을 때 모두 "아빠."라고 하는 경우
요구하기(request)	의사소통기능 중 주장하기의 하나로 상대방으로 하여금 행동, 사물 이름, 명료화 또는 설명을 이끌어 냄

낱말 급성장 (naming spurt)	아기들이 습득하는 낱말의 수가 이전 시기에 비해 급격히 늘어나는 현상
주어＋목적어＋서술어 (subject＋object＋predicate)	주체와 객체 그리고 서술하는 말로 이루어진 발화를 뜻한다. 예를 들어, "엄마가 빵을 먹어요."가 있음
재빠른 연결 (fast mapping)	새로운 말소리연결체와 의미를 재빠르게 연결하는 능력이 있어 아이들이 많은 수의 낱말을 습득할 수 있다. 예를 들어, '고구마'를 모르던 아이가 "고구마."라는 말소리와 고구마의 의미를 재빠르게 연결하게 되는 경우를 들 수 있음
발달적 비유창성 (developmental dysfluency)	2세 후반에서 3세에 많이 나타나는 현상으로, 낱말을 반복하는 등 비유창하게 말하는 현상이 나타난다. 말더듬과 같은 유창성문제로 이어진다기보다 언어발달과정에 나타나는 현상으로 자연 소멸되는 경우가 대부분임
과잉일반화 (overgeneralization)	아이가 문법규칙을 과잉적용하는 현상으로, 예를 들어 영어권 아이가 과거시제 문법 형태소 ed를 과잉적용하여 "goed."라고 말하는 것을 들 수 있음
관형절 (relative clause)	관형사형 어미와 결합하여 관형어의 구실을 하는 절이다. 예를 들어 "엄마가 산 빵이 있네."라는 문장에서 "엄마가 산"은 관형절임
결속장치 (cohesive devices)	발화 또는 문장 간 연결을 더 세련되고 분명하게 하여 담화 명료도가 높아지도록 하는 장치로, 접속부사나 특정 구조상황에 적절한 내용어, 연결어미, 지시적 표현 등이 그 예임
언어습득장치 (language acquisition device)	한 아이가 언어를 습득할 수 있도록 태어날 때부터 가지고 있는 지적 구조물로, 보편문법학자들은 이 장치를 통해 아이가 선천적으로 언어를 습득할 수 있다고 봄

참고문헌

김영태(1997). 한국 2~4세 아동의 발화길이에 관한 기초연구. 말-언어장애연구, 1, 7-33.

배소영, 이승환(1996). 한국아동의 이야기 산출연구 I. 말-언어장애연구, 1, 34-67.

배희숙(2016). 언어발달. 서울: 학지사.

이승복(1994). 어린이를 위한 언어 획득과 발달. 서울: 정민사.

이영옥, 안승신, 이영숙(1982). 한국어린이의 언어발달연구. 서울:정민사.

이현진, 박영신, 김혜리(공역)(2001). 언어발달. 서울: 시그마프레스.

Bates, E., Camaioni, L., & Volterra, V. (1975). The acquisition of performatives prior to speech. *Merrill-Palmer Quarterly, 21*, 205-216.

Bates, E., Marchman, V., Thal, D.,Dale, P., Reznick, J., Reilly, J., & Hartung, J. (1994). Developmental and stylistic variation in the composition of early vocabulary. *Journal of Child Language, 21*, 85-123.

Bloom, L. (1991). *Language development from two to three*. New York: Cambridge University Press.

Bloom, L. & Lahey, M. (1978). *Language development and language disorders*. New York: John Wiley.

Bornstein, M. H., Painter, K. M., & Park, J. (2002). Naturalistic language sampling in typically developing children. *Journal of Child Language, 29*, 687-699.

Bruner, J. (1983). *Child's talk: Learning to use language*. New York: W.W. Norton.

Chomsky, N (1965). *Aspects of the theory of syntax*. Cambridge: MIT Press.

Dromi, E. (1987). *Early lexical development*. New York: Cambridge University Press.

Gleason, J. B., & Ratner, N. B. (2008). *The development of language*. Boston: Allyn & Bacon.

Kaderavek, J. N., & Sulzby, E. (2000). Narrative production by children with and without specific language impairment: Oral narratives and emergent readings. *Journal of Speech, Language, and Hearing Research, 43*, 34-49.

McGregor, K. K., Friedman, R. M., Reilly, R. M., & Newman, R. M (2002). Semantic representation and naming in young children. *Journal of Speech, Language, and Hearing Research, 45*, 332-346.

Owens, R. E. (2005). *Language development: An introduction* (6th ed.). Boston, Mass: Allyn & Bacon.

Rice, M. L. (1989). Synthesis/commentary: Teaching and learning strategies. In M. L. Rice & R. Schiefelbusch (eds.). *The teachability of language*. Baltimore, MD: Paul H. Brookes Publishing Co (pp. 351-355).

Tomasello, M. & Farrar, J. (1986). Joint attention and early language. *Child Development, 57*, 1454-1463.

제3장
말과학

'말한다'는 것이 대부분의 정상인에게는 너무나 쉬운 행동으로 생각되고 있으나, 말을 하는 동안에 배, 가슴, 성대, 턱, 혀, 입술 등은 뇌의 지시에 따라 복잡한 과정을 거쳐 서로 밀접한 연관을 맺으며 작동한다. 이러한 정상적인 말 산출(speech production)의 원리에 대한 이해는 말장애의 본질 및 특성을 이해하는 데 필수적이다. 말 산출에 관련된 일련의 과정을 대략적으로 살펴보면, 말하기 전에 우선 공기를 들이마셔야 하고, 들이마신 공기를 조금씩 내보내어 성대를 진동시킨다. 성대를 빠져나온 공기는 코 또는 입을 통해 빠져나감으로써 말소리(speech sound)가 생성된다. 이러한 말 산출에 관한 일련의 과정에 대한 해부학적 또는 생리학적인 설명을 추구하는 학문이 말과학(speech sciences)이다. 또한 말과학은 말하는 사람과 말을 듣는 사람 사이의 전체적인 의사소통과정에 초점을 둔다. 따라서 말과학은 사람이 말을 지각하는 과정을 음향학적 · 심리학적 · 생리학적 차원에서 연구하는 말음향학(acoustics of speech) 및 말지각(speech perception) 영역을 포함한다. 이와 같이 말과학은 다학문적(多學問的, multidisciplinary)인 속성을 지닌 학문이다. 따라서 영어로는 '말과학'을 단수 형태인 'speech science'가 아니고 복수 형태인 'speech sciences'라고 한다. 이 장에서는 말의 음향학에 관한 기초 개념을 설명하고, 말 산출과 말 지각의 과정을 살펴본다. 또한 이와 관련된 임상적 시사점을 제시하고자 한다.

말과학은 말소리가 산출(speech production)되는 것부터 시작하여 어떻게 청자의 귀에 전달(speech transmission)되고, 마지막으로 청자는 상대방의 말을 어떻게 지각하는(speech perception)가에 관한 일련의 과정을 연구하는 분야로서, 기초적인 음향학적 지식뿐만 아니라 조음기관, 발성기관 및 호흡기관의 해부학적 · 생리학적 지식 및 신경해부학의 기초적인 지식이 요구된다.

1. 말의 음향학

말소리(speech sound)는 물리적 실체다. 따라서 우리는 말소리를 음향학적으로 분석할 수 있고 주파수(fundamental frequency), 소리 강도(amplitude) 및 길이(duration) 등과 같은 측정치로 말소리의 특성을 파악할 수 있게 된다. 하지만 언어(language)는 말소리와는 달리 물리학적으로 측정 가능한 것이 아니고, 인간의 마음(mind)에 자리 잡고 있는 의사소통체계에 관한 지식이다(Ralphael, Borden, & Harris, 2007).

말과학(speech sciences) 분야에서는 소리를 인간의 청각기관을 통해 전달될 수 있는, 의사소통 정보(communicative information)를 실은 물리학적인 에너지로 정의한다.

2. 소리의 발생과 전파

1) 공기의 압축 상태와 희박 상태

한때 휴대전화 TV 광고를 통해 "소리가 보인다."라는 말이 유행하였다. 그러나 실제로 소리는 우리 눈에 보이지 않기 때문에 그 생성과정을 시각적으로 설명하기란 쉬운 일이 아니다. 특히 일상생활에서 듣는 소리는 여러 가지 소리가 복합되어 있으

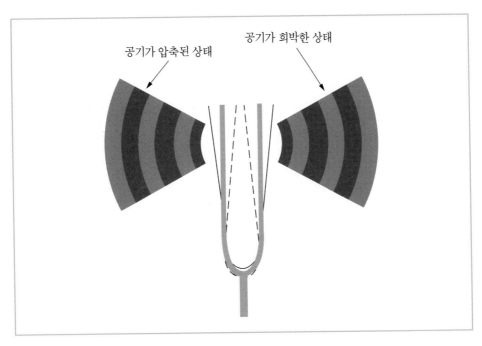

공기가 압축된 상태

공기가 희박한 상태

[그림 3-1] 공기의 압축과 희박 상태(Speaks, 1999)

므로 더욱 설명하기가 어렵다. 따라서 소리에 대한 이해를 위해 복잡한 소리보다는
단순한 소리를 예로 들어 설명하기로 한다.

일반적으로 순음(純音, pure tone)은 소리굽쇠(tuning fork)의 떨림에 의해 만들어지
는, 하나의 주파수(frequency)로 구성된 소리다. 소리굽쇠를 진동시키면 주위에 균일
하게 분포(uniformly distributed)되어 있던 공기분자들은 교란되어(disrupted) 그 균일
성이 깨지게 된다. 즉, [그림 3-1]에서 볼 수 있는 것처럼 어떤 특징한 곳에서는 밀
집되고, 다른 부분에서는 서로 멀리 떨어지게 된다. 공기분자가 서로 촘촘하게 몰
려 있는 부분은 공기가 압축된 상태(compression)이기 때문에 여기에서는 높은 공기
압이 측정된다. 반면에 공기분자가 듬성듬성 떨어져 있는 부분은 공기분자가 희박
한 상태(rarefaction)이기 때문에 낮은 공기압이 측정된다. 이와 같은 공기의 압력 변
화(variations in pressure)를 연속적으로 측정하면 [그림 3-2]와 같은 사인(sine) 곡선

으로 표시할 수 있다. 그림에서 X축은 시간을, Y축은 대기압력과 비교한 상대적 압력(relative pressure)의 최대 변화 정도(extent of maximum variation in air pressure), 즉 진폭(振幅, amplitude)을 나타낸다. 이렇게 시간에 따른 소리의 압력 변화를 나타내는 그래프를 소리파형(波形, waveform)이라고 한다. 특히 소리굽쇠에 의해 만들어진 파형을 정현파(正弦波, sinusoidal sound wave)라고 부른다.

2) 주파수, 스펙트럼과 위상

[그림 3-2]에서 보듯이 상대적 압력은 시간에 따라 계속 변화한다. 지점 1에서는 대기압과 공기압의 크기가 동일한 상태, 즉 상대적 압력이 0인 상태가 된다. 그러나 압력은 계속 증가하여 지점 2에서는 최고 압력을 보이다가 그 후 반대로 감소하여 지점 3에서 최저 상태에 도달한다. 지점 3~5는 지점 1~3의 역상이 된다. 이렇게 지

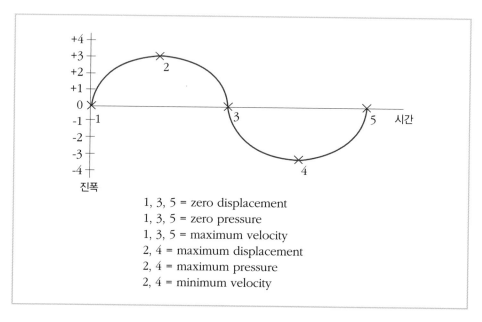

1, 3, 5 = zero displacement
1, 3, 5 = zero pressure
1, 3, 5 = maximum velocity
2, 4 = maximum displacement
2, 4 = maximum pressure
2, 4 = minimum velocity

[그림 3-2] 파형(Fucci & Lass, 1999)

점 1에서 시작하여 지점 5까지의 곡선은 일련의 공기의 압력 변화를 나타내는데, 이를 한 사이클(cycle)이라 부른다. 이러한 공기의 압력 변화가 1초 동안 얼마나 자주 반복되는가를 나타내는 횟수를 주파수(frequency: F)라고 한다. 주파수를 계산하기 위해서는 한 사이클 동안에 걸린 시간, 즉 지점 1~5의 시간 길이인 주기(週期, period: P)를 알아야 한다. 주파수는 주기의 역수, 즉 주파수(F) = 1/주기(P)로 정의된다. 따라서 동일한 모양의 파형이 0.01초마다 반복된다면 F = 1/0.01 = 100Hz가 된다.

소리굽쇠를 세게 치면 파형에 어떠한 변화가 일어날까? 중요한 것은 주파수는 변하지 않고 단지 진폭의 크기만 더 커진다는 것이다. 즉, [그림 3-2]에서 Y축의 최고점만이 변하고 X축에는 아무런 변화가 없다.

[그림 3-2]의 파형과 같이 동일한 모양의 파형이 반복되는 경우를 주기파(周期波, periodic wave)라고 부른다. 일상생활에서 접하는 주기파형은 [그림 3-3]과 같이 A, B, C 세 개의 정현파가 합하여진 파형(A + B + C), 즉 복합파(E)(複合波, complex wave)다. 19세기 프랑스의 수학자 푸리에(Jean Baptiste Joseph Fourier)에 의하면, 아무리 복잡한 파형이라도 서로 다른 주파수와 진폭, 위상을 가진 정현파들의 합으로 구성되어 있다. 이때 복합파를 구성하고 있는 각각의 정현파를 푸리에 성분음(Fourier component)이라고 한다. 복합파가 어떠한 정현파에 의해 구성되어 있는가에 대한 정보는 [그림 3-3]의 오른쪽 그림과 같은 파형의 스펙트럼(spectrum)에 의해 알 수 있다. 스펙트럼의 X축은 주파수를 나타낸다. X축의 어느 위치에 얼마나 긴 막대그래프가 몇 개 있는가를 확인함으로써 복합파를 구성하고 있는 주기파에 대한 정보를 알 수 있다. 스펙트럼의 왼쪽에서 첫 번째 막대그래프의 주파수를 기본 주파수(fundamental frequency)라고 한다. 나머지 주파수는 기본 주파수의 정수 배가 된다. 따라서 두 번째 주파수의 크기는 기본 주파수의 두 배고, 세 번째 주파수는 세 배가 된다. 그러나 [그림 3-4]와 같이 동일한 모양의 파형이 반복하지 않는 비주기파(非週期波, nonperiodic wave)에서는 기본 주파수의 정수 배에 해당하는 주파수에서뿐 아니라 그 외의 다른 주파수대에서도 성분음이 나타난다.

주파수 및 진폭과 관련된 음향학의 중요한 개념이 위상(phase)이다. 위상은 두 개

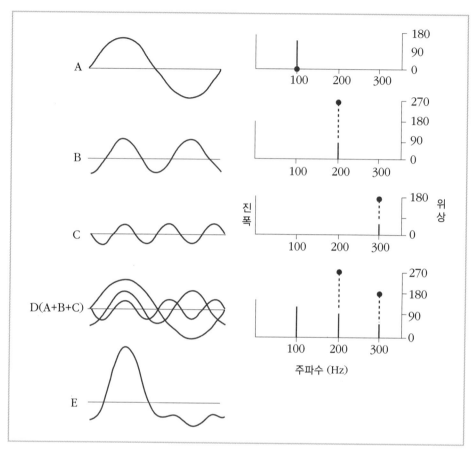

[그림 3-3] 복합파(Zemlin, 1998)

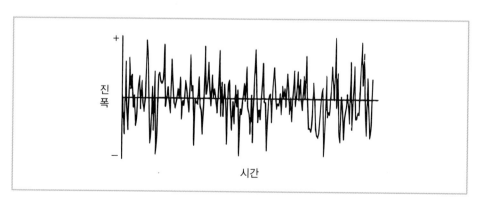

[그림 3-4] 비주기 복합파(Speaks, 1999)

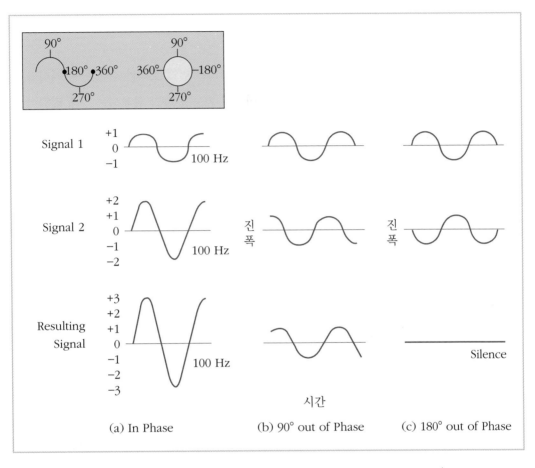

[그림 3-5] 서로 다른 위상을 가진 파형의 합(Borden, Harris, & Raphael, 1994)

의 시그널 사이의 타이밍 관계(timing relation)를 나타낸다. [그림 3-3]을 예로 들어 설명하면, 첫 번째 파형과 두 번째 파형은 한 사이클의 1/4, 즉 90°의 위상 차이를 보이고 있다. 따라서 주파수와 진폭이 동일한 두 개의 성분음 주파수를 합친다고 하더라도 두 주파수 사이의 위상이 무엇이냐에 따라 주파수가 합쳐진 결과는 [그림 3-5]에서 보듯이 달라진다.

3) 공명과 포먼트

성대의 떨림에 의해 생성된 소리는 '윙윙'거리는 벌레 소리와 같은 아무 의미가 없는 소리다. 이러한 무의미한 소리가 언어적인 기능을 하기 위해서는 성대 떨림이 인두-구강 및 입술로 전파되면서 말소리길(vocal tract)의 모양에 따라 어떤 주파수는 증폭되고, 또 어떤 주파수는 감폭되어야 한다. 어떠한 주파수대가 증폭 또는 감폭되는가는 말소리길의 모양에 영향을 받는다. [그림 3-6]은 모음 /ㅣ/ /ㅗ/ /ㅜ/에 해당하는 말소리길의 모양에 따른 스펙트럼을 보여 준다. [그림 3-6]의 스펙트럼에서 뾰족한 봉우리에 해당하는 주파수들을 포먼트 주파수(formant frequency)라고 한다. 첫 번째 봉우리에 해당하는 주파수를 제1포먼트, 두 번째에 해당하는 주파수를 제2포먼트 그리고 세 번째에 해당하는 주파수를 제3포먼트라고 부른다.

유성음에서는 성대를 통과한 준주기적(quasi-periodic)인 공기의 흐름이 말소리길을 지나면서 각 음소에 해당하는 고유한 공명이 일어난다. 이에 비해 무성음에서는 불규칙한 공기의 흐름이 말소리길을 통과하면서 말소리길의 협착점에서 공명이 발생한다. 따라서 무성음의 스펙트럼은 유성음보다 높은 주파수에서 포먼트가 형성된다. 포먼트는 음성의 운율적 정보를 결정하는 음도와 더불어 음성의 특성을 나타내기 때문에 음성인식, 화자인식, 음성 분석 및 합성을 위한 중요한 측정치가 된다.

3. 말 산출과정

말이 산출되기 위해서는 우선 들이마신 성대 밑에 있는 공기가 닫힌 성대를 빠져나갈 정도로 충분히 압축되어야 한다. 60dB의 소리 크기로 말하기 위해서는 성문 밑의 공기압력이 7~10cmH2O 정도로 커져야 하는데, 이를 위해 날숨에 관련된 근육이 작동하여야 한다. 그러나 말을 계속하기 위해서는 일단 들이마신 공기를 흉강에 가능한 한 오래 머물러 있게 하여야 하므로 날숨근육의 운동이 어느 정도 억제되어

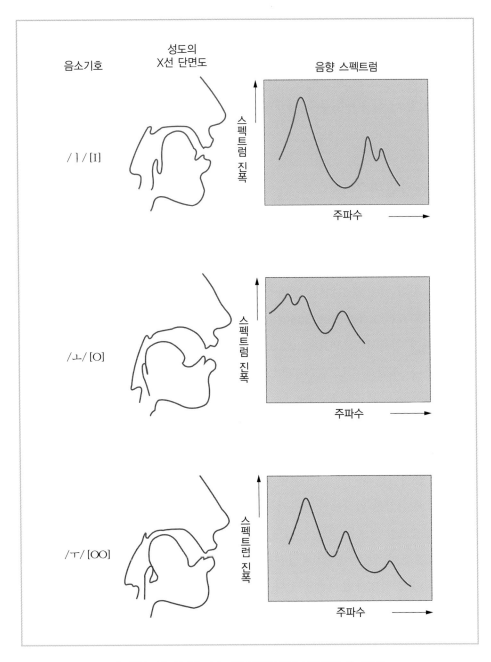

[그림 3-6] /ㅣ/ /ㅗ/ /ㅜ/의 포먼트 주파수(고도흥 외, 1995)

야 한다. 따라서 말하는 동안의 날숨시간은 연장된다.

압축된 공기는 성대를 빠져나가 말소리길을 따라 입 밖으로 흘러 나간다. 여기서는 말 산출을 위한 여린입천장(연구개), 혀, 입술, 턱 등의 조음기관의 기능을 살펴보고자 한다(말소리의 원천인 성대운동에 대해서는 이 책의 제10장 '음성장애'를 참고하기 바란다).

1) 조음기관의 기능

말이 산출되는 동안 조음기관들은 동시에 움직인다. 따라서 조음기관 각각의 독립적인 운동은 물론이고 다른 조음기관의 운동과 어떻게 협동하여 움직이는가를 이해하는 것이 매우 중요하다. 일반적으로 턱과 입술의 운동을 추적하기 위한 방법으로는 X-ray microbeam, strain-gauge 또는 ultra-sound가 사용되며, 혀운동을 측정하기 위해서는 EPG(electropalatography), 입천장그림(palatogram) 등이 사용되어 왔다. 최근에는 [그림 3-7]이 제시하는 MRI(magnetic resonance imaging)와 EMA(electromagnetic articulography) 등의 첨단 장비가 사용되고 있다. [그림 3-7]의 MRI 자료는 /s/와 /ʃ/를 산출할 때 혀의 상대적인 위치가 언어권에 따라 달라진다는 것을 보여 준다. [그림 3-8]은 전기자기장을 이용하여 말을 산출하는 동안에 여러 조음기관의 움직임을 동시에 감지할 수 있는 고가의 EMA 장비다. 이와 같은 조음측정 기기를 통해 다양한 말장애의 조음기관 운동 특성을 파악할 수 있고, 말장애의 진단 및 치료에 중요한 정보를 얻을 수 있다.

조음기관들이 말 산출에 직접적으로 어떻게 영향을 미치는가를 조음기관(articulator)별로 설명하면 다음과 같다.

(1) 여린입천장

여린입천장(velum/soft palate)의 근육인 구개올림근(levator veli palatine muscle)은 여린입천장을 비강 쪽으로 올림과 동시에 인후의 뒷벽(posterior wall of the pharynx)

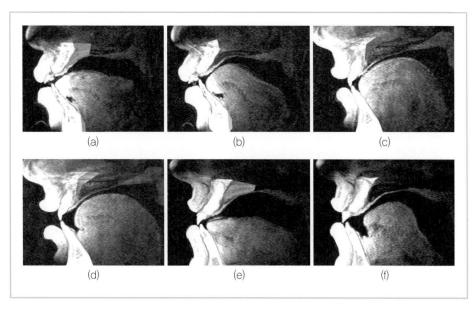

[그림 3-7] MRI를 사용한 언어권에 따른 조음패턴 차이(Toda & Honda, 2003)

[/s/: (a)−일본인 (c)−프랑스인 (e)−미국인, /ʃ/: (b)−일본인 (d)−프랑스인 (f)−미국인]

[그림 3-8] EMA 기기를 사용한 조음기관 운동측정 모습(Ridouane, R., 2006)

(구강 내의 움직임과 얼굴의 움직임을 감지하는 코일이 장착되어 있음.)

으로 이동시킨다. 이러한 조음기관의 움직임을 연인두폐쇄(velopharyngeal closure)라고 한다. 비음인 /ㅁ//ㄴ//ㅇ/과 같은 소리를 산출하기 위해서는 구개올림근육이 작동하지 않고 인두에서 비강으로 통하는 길이 열려 있어야 한다. 반면에 비음 외의 자음과 모음을 정상적으로 산출하기 위해서는 구개올림근육이 비강을 닫아야 한다. 만일 여린입천장의 운동이 적절히 이루어지지 않으면 말소리에 심한 콧소리가 들리거나(過大鼻聲, hypernasality) 비음을 산출하는 동안에 비성이 거의 들리지 않게 되는 경우(過少鼻聲, hyponasality)가 발생한다.

자음 중에서 /ㅅ/을 산출할 때 비강이 제대로 닫혀 있지 않은 경우, 구강을 통과하여 빠져나가야 할 공기의 일부가 비강을 통해 빠져나가므로 공기압이 떨어진다. 그러므로 혀와 잇몸 또는 굳은입천장 사이를 빠른 속도로 통과할 수 없어서 /ㅅ/ 소리보다는 코로 숨 쉬는 소리와 같이 들리게 된다.

(2) 혀

혀는 다른 어떤 조음기관보다도 말 산출을 하는 데 중요하다. 혀의 상하 및 앞뒤 운동은 모음과 자음의 산출 모두에 영향을 미치기 때문이다. 중요 모음인 /ㅣ//ㅏ//ㅜ/의 산출에 관여하는 혀의 외부 근육의 작용을 요약하면 다음과 같다.

전설모음이며 고모음인 /ㅣ/는 혀의 대부분을 차지할 정도로 큰데, 부채 모양으로 펼쳐진 턱끝혀근육(genioglossus muscle)이 혀를 앞으로 높이 올려 줌으로써 산출된다. 후설모음이며 저모음인 /ㅏ/는 혀밑뼈혀근육(hyoglossus muscle)에 의해 혀가 아래로 수축하고 뒤로 당겨짐으로써 산출된다. 후설모음 /ㅜ/는 경상혀근육(styloglossus muscle)에 의해 혀의 뿌리 부분이 뒤쪽으로 들어 올려짐으로써 산출된다.

다음으로 자음 산출에 관련이 있는 근육은 입천장혀근육(palatoglossus muscle)으로, 이 근육은 혀의 뒷부분을 여린입천장 쪽으로 올려 주며 /ㅋ//ㄱ/ 또는 비음인 /ㅁ//ㄴ//ㅇ/의 산출에 관여한다.

임상적으로 보면 혀의 내부나 외부 근육 중 어느 한 곳이라도 이상이 있으면 말장애가 발생한다. 혀운동을 담당하는 신경의 마비로 인한 말장애의 경우, 혀의 부적절한 운동은 말명료도를 저하시킨다. 예를 들면, 혀의 근육을 담당하는 혀밑 신경마비로 인해 혀의 기능이 제한되면 정확한 혀의 모양이 요구되는 /ㅅ/의 산출은 대단히 어렵게 된다. 참고로, 이 /ㅅ/는 다른 자음에 비해 매우 정교한 혀운동의 통제가 요구되기 때문에 아동의 말소리발달에서 가장 늦게 습득된다. 또한 혀가 정상보다 큰 경우인 큰혀증(macroglossia)이나 작은 경우인 작은혀증(microglossia)이 있는 사람도 혀의 정상적인 운동이 어렵다.

(3) 입술

양순음(/p/ /b/ /m/)의 산출을 위해선 두 입술이 닫혀야 하는데, 이는 입술둘레근육(구륜근, orbicularis oris muscle)이 담당한다. 또한 이 근육은 /ㅜ/의 산출에도 관여한다. /ㅣ/ 모음의 산출을 위해서는 양쪽 입술 가장자리가 옆으로 움직이는 운동이 요구되는데, 이를 위해 입꼬리당김근육(소근, risorius muscle)의 작동이 필요하다.

(4) 턱

턱은 혀와 아랫입술과 함께 공동으로(synergistically) 움직인다. 모음 산출에서 턱의 상하운동 통제는 고모음과 저모음의 변별산출능력과 밀접한 연관이 있다. 그러나 턱의 상하운동이 말명료도에 영향을 미치는 정도는 제한적이다. 예를 들면, 입을 거의 다문 상태에서 턱을 특정 위치에 고정시키고 혀의 위치만을 바꾸어 말하는 경우, 말명료도는 어느 정도 떨어지지만 상대방이 이해할 정도의 말은 산출될 수 있다.

잎에서 언급한 여린입천장, 혀, 입술 및 턱의 운동으로 인해 말소리길의 모양은 말하는 동안 변화한다. [그림 3-9]는 /다/를 산출하는 동안 말소리길의 모양이 어떻게 변화하는가를 보여 준다.

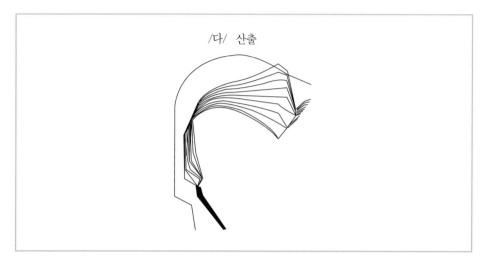

[그림 3-9] /다/ 산출 동안의 말소리길 모양의 변화(http://www.haskins.yale.edu)

2) 모음과 자음의 산출과정

(1) 음원필터이론

음원필터이론(Source-filter theory)(Fant, 1968)에 따르면 말 산출과정은 소리 에너지의 형성과정과 공명과정(resonance process)으로 나뉜다. 소리 에너지의 형성과정에서는 성대 진동(vocal fold vibration)이, 공명과정에서는 말소리길의 모양이 주요 역할을 한다. 이 두 과정을 차례로 살펴보면, 소리 에너지는 성대 진동에 의해 처음 만들어지는데, 여기에서 만들어진 소리는 앞서 언급한 것처럼 의미가 없는 소리다. 그러나 이러한 의미 없는 소리가 유의미한 소리로 바뀌기 위해서는 공명과정을 거쳐야 한다. 이는 성대에서 만들어진 소리 에너지가 말소리길을 통과할 때 여과(filter)되는 과정이다. 즉, 말소리길은 일종의 여과기 장치의 역할을 하게 되어, 특정 주파수대의 소리 에너지는 증폭되고 나머지 주파수대의 소리 에너지는 감폭된다. 그러나 성대에서 생성된 소리 에너지가 어떻게 여과되는가는 말소리길의 길이(length)나 모양(shape)에 의해 결정된다. 말소리길의 길이나 모양은 연령과 성별에 따라 다르다. 따라서 성인 남자의 목소리, 아동의 목소리, 여자의 목소리가 구별될 수 있는 것이다. 음원필터이론은 모음과 자음의 산출과정을 음향학적으로 설명해 주는 틀을 제공한다.

(2) 모음의 산출과정

말소리길을 한쪽이 막혀 있고 다른 한쪽이 열려 있는 튜브에 비유하면 모음의 산출과정을 이해하기 쉽다. 막혀 있는 쪽의 튜브에 작은 구멍을 만들어 그곳으로 소리를 넣으면 그 소리는 튜브의 길이나 모양에 따라 소리의 공명 정도가 달라진다([그림 3-10] 참조). 튜브의 길이가 길면 길수록 파장의 길이는 늘어난다. 일반적으로 파장(λ)은 튜브 길이의 4배다. 따라서 성인 남자의 말소리길의 길이를 17cm라고 하면 최소 공명주파수의 파장은 68cm(17×4)가 된다. 그러나 튜브와 달리 사람의 입속은 점막으로 둘러싸여 있기 때문에 소리 에너지가 열려 있는 쪽으로(즉, 입술 방향으로) 이동하면서 흡수된다. 따라서 단순히 물리학적으로 튜브 내에서 일어나는 공명과는 차이가 있다. 또한 사람의 말소리길은 굴곡이 있으며, 그 단면은 일정하지 않은 복잡한 모양을 하고 있다. 따라서 모음을 연구하는 데는 모음 각각에 따른 말소리길의 단면적을 구하는 것이 매우 중요하다.

최근에는 자기공명영상(Magnetic Resonance Imaging: MRI)을 사용하여 특정 모음을 발음하는 동안 성문부터 입술까지의 말소리길을 매우 좁은 간격으로 잘라, 그 단면적을 구하여 모음을 합성하는 기술이 활용되고 있다. 음향학적으로는 성문에서 시작된 시그널이 어떠한 공명이 되어 입 밖으로 나오는가에 대해 많은 관심을 가져왔다. 모든 모음의 성문 시그널이 동일하다고 하면 모음의 특성은 입 모양에 따라 변화하게 되는데, 이 변화에 따라 특정 주파수대는 증폭되고 다른 특정 주파수대는 감폭된다. 또한 음향학적으로 입 밖에서 측정한 소리를 가지고 성문에서의 시그널을 유추(inference)하는 방법으로 역필터링(inverse filtering)이 있다. 이 방법으로는 말소리길의 공명효과를 제거함으로써 성문에서 발생한 원래의 시그널, 즉 성대의 진동수인 기본 주파수를 확인할 수 있다.

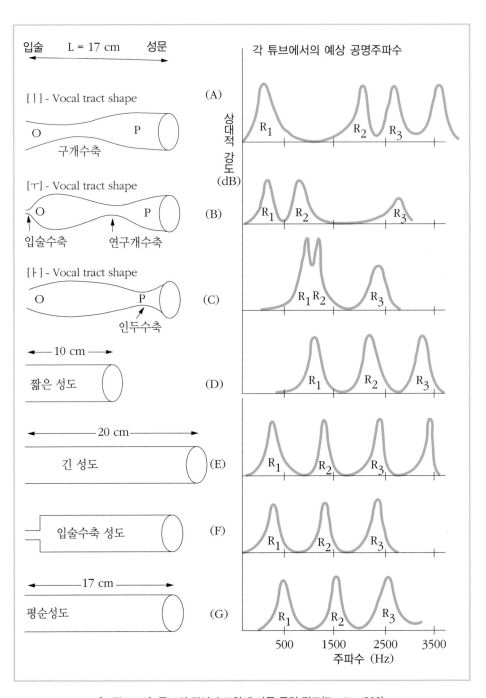

[그림 3-10] 튜브의 길이나 모양에 따른 공명 정도(Zemlin, 1998)

(3) 모음의 음향학적 특성

모음의 음향학적 특성은 입안에서 혀의 위치와 모양뿐만 아니라 입술돌출의 정도에 의해서도 영향을 받는다. 조음기관의 위치와 음향학적인 특성의 상호 관계는 [그림 3-11]에서 살펴볼 수 있다. 이 그림을 통해 혀의 높이와 인두강 부피의 상호 관련성을 알 수 있다. 즉, 입을 크게 벌릴수록 혀의 위치는 낮아지면서 동시에 혀뿌리(tongue root)는 인두강 뒤쪽으로 옮겨 가기 때문에 인두강의 부피가 줄어든다.

이러한 경향을 제1포먼트와 연결하여 생각해 보면, 높은 혀의 위치가 요구되는 고모음 / ㅣ /를 산출하는 동안에는 인두강의 부피가 커지기 때문에 낮은 주파수에서 공명현상이 일어난다. 반면에 저모음 / ㅏ /를 산출할 때는 인두강의 부피가 작아지기

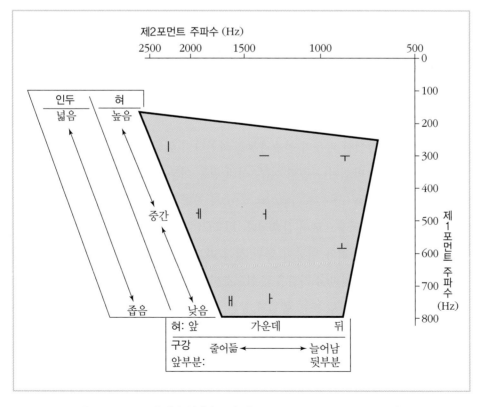

[그림 3-11] 조음기관 위치와 포먼트(Borden, Harris, & Raphael, 1994)

때문에 고주파수에서 공명이 일어난다. 다음으로, 제2포먼트는 구강 앞부분의 길이 (length of front oral cavity)와 밀접한 연관을 맺고 있다. 그림에서 볼 수 있듯이 모음 / ㅣ/에서 /ㅜ/로 이동할수록 혀는 점점 뒤로 이동하기 때문에 자연히 구강 앞부분의 길이는 늘어난다. 따라서 모음 /ㅜ/에서는 구강의 길이가 길어지기 때문에 저주파수에서 공명이 일어나게 된다. 모음의 포먼트와 관련 있는 요소는 혀 위치와 입술의 튀어나오는 정도가 아니라 앞 구강의 길이(front cavity length)다.

조음위치와 포먼트의 관련성을 요약하면 다음과 같다.

- 말소리길의 길이가 길수록 모든 포먼트의 수치는 낮아진다.
- 인후부가 좁아질수록 제1포먼트는 증가하고, 제2포먼트는 낮아진다(예: /ㅏ/).
- 구강의 전방부가 좁아질수록 제1포먼트는 낮아지고, 제2포먼트는 높아진다 (예: /ㅣ/).
- 턱이 많이 벌어질수록 제1포먼트는 증가한다.

(4) 자음의 산출과정

음향학적인 관점에서 자음의 산출과정을 파악하기 위해서는 자음 산출 동안의 성문, 구강, 인두강의 막힘이나 좁힘 여부, 성대 진동 여부를 우선 파악하여야 한다. 파열음(/ㅂ/ /ㄷ/ /ㄱ/ /ㅍ/ /ㅌ/ /ㅋ/ /ㅃ/ /ㄸ/ /ㄲ/)과 파찰음(/ㅈ/ /ㅊ/ /ㅉ/)은 말소리길의 특정 위치를 완전히 막음으로써 산출된다. 비음(/ㅁ/ /ㄴ/ /ㅇ/)은 파열음과 매우 비슷하나 여린입천장이 내려와 비강이 열린 점이 다르다. 마찰음(/ㅅ/ /ㅆ/ /ㅎ/)은 파열음, 마찰음, 비음과 달리 말소리길을 좁힘으로써 산출된다.

이러한 말소리길의 막힘 또는 좁힘과 같은 자음의 산출 특성으로 인해, 막힌 부분이 개방되면서 공기가 갑자기 입 밖으로 빠져나가거나 좁혀진 부분에서 공기의 흐름 속도가 빨라지게 된다. 이와 같은 공기역학적 특성은 자음의 음향학적 특성을 설명하는 데 매우 중요하다. 주요 자음인 파열음, 파찰음, 마찰음, 비음의 산출과정을 요약하면 다음과 같다.

- 파열음은 막음(shutting), 닫힘(closure), 개방(release)의 세 단계를 거치면서 산출된다([그림 3-12] 참조). 막음단계에서는 여린입천장 및 입술을 닫는다. 닫힘단계에서는 공기가 폐에서 구강으로 계속해서 흘러들어 구강 내 공기압(구강내압, intraoral pressure)이 증가된다. 개방단계에서는 갇혀 있던 구강 내 공기가 입술이 열림과 동시에 밖으로 빠른 속도로 빠져나가면서 파열음을 만든다.
- 파찰음은 막음, 지속, 부분개방, 마찰, 완전개방의 단계를 거치면서 산출된다. 막음단계에서는 혀를 굳은입천장 앞쪽으로 움직여 구강의 앞부분을 막고, 동시에 여린입천장을 올려 비강통로를 차단한다. 지속단계에서는 이러한 막힘 상태를 지속하는 가운데 구강 내의 압력을 상승시킨다. 부분개방단계에서는 막힌 구강의 앞쪽 일부분을 열어 공기가 흘러갈 수 있는 좁은 틈을 마련한다. 마찰단계에서는 압축되어 있던 공기를 마련된 좁은 틈새로 내보내어 마찰 소음을 만든다. 마지막 단계에서는 좁은 틈새를 완전히 개방한다.
- 마찰음은 좁힘, 마찰, 개방의 단계를 거쳐 생성된다. 좁힘단계에서는 두 조음기관을 접근시켜 구강 안에 공기가 빠져나가기 위한 틈을 형성하고, 동시에 여린입천장을 상승시켜 비강으로 통하는 길을 차단한다. 마찰단계에서는 좁혀진 틈 사이로 공기를 통과시켜 마찰 소음을 만든다. 마지막으로, 개방단계에서는 구강 안에 형성된 틈을 완전히 개방하여 마찰음을 생성한다.

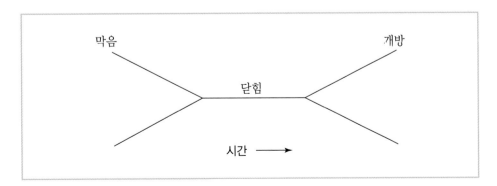

[그림 3-12] 파열음의 산출단계(Johnson, 1997)

• 비음은 파열음, 파찰음, 마찰음과 달리 성문에서 나온 공기가 비강으로 빠져나
  가는 동안에 생기는 공명으로 산출된다.

(5) 자음의 음향학적 특성

자음의 음향학적인 특성은 [그림 3-13]과 같은 스펙트로그램(spectrogram)을 사용
하여 시각적으로 파악할 수 있다. 스펙트로그램의 X축은 말 산출의 진행 시간을 나
타내며, Y축은 주파수를 보여 준다. 그리고 굵은 띠 모양의 진한 부분은 소리의 강도
가 큰 것을, 흐린 부분은 약한 것을 뜻한다. 앞서 언급한 파열음의 산출과정과 연관
하여 그림을 살펴보면, /ㅏ/ 다음은 전혀 소리 에너지가 없는 공백 상태다. 왜냐하면
이 부분은 /ㅍ/ /ㅌ/ /ㅋ/를 산출하기 위해 입이 닫혀 있는 시기이기 때문이다. 이 부
분을 묵음구간(closure duration)이라 부른다. 입술이 열리면서 압축된 공기가 갑자기
터지는 시점은 Y축 방향으로 뻗어 있는 가는 직선들로 구성된 부분이다. 이 기간은
매우 짧지만 입술이 열린 후에도 계속적으로 성문이 열려 있어 공기가 입 밖으로 나
온 시간을 뜻한다. 이 부분을 기식화 구간(aspirated duration)이라고 부른다. 이 기식
화 구간 다음에는 두 번째 모음인 /ㅏ/를 산출하기 위해 성대가 진동하게 된다.

입술이 열리면서 공기에 파열기류(transient noise)가 생기는 시점부터 성대울림
(voicing)이 시작된 시점까지의 구간을 발성시작시간(Voice Onset Time: VOT)이라고
한다. 일반적으로 VOT가 25msec 이상이면 무성자음으로 지각되며, 반대로 20msec
이하면 유성자음으로 지각된다([그림 3-14] 참조). 또한 VOT는 조음위치가 앞으
로 옮겨짐에 따라 증가한다. VOT는 조음기관과 발성기관 사이의 고도의 협응능력
(coordination)이 반영된 측정치이기 때문에 말더듬이나 마비말장애와 같은 장애의
특성을 파악하는 데 매우 유용한 측정치가 된다.

[그림 3-13]처럼 파열음 다음에 모음이 오는 경우에는 성대울림이 시작되자마자
다음에 오는 모음의 산출을 위한 조음동작으로 연계되어야 한다. 즉, 자음 산출을 위
한 구강협착(oral constriction) 상태에 있던 말소리길 모양(vocal tract shape)은 다음 모
음을 산출하기 위해 좀 더 열린 상태로 바뀌게 되어, 마침내 모음 산출을 위한 안정

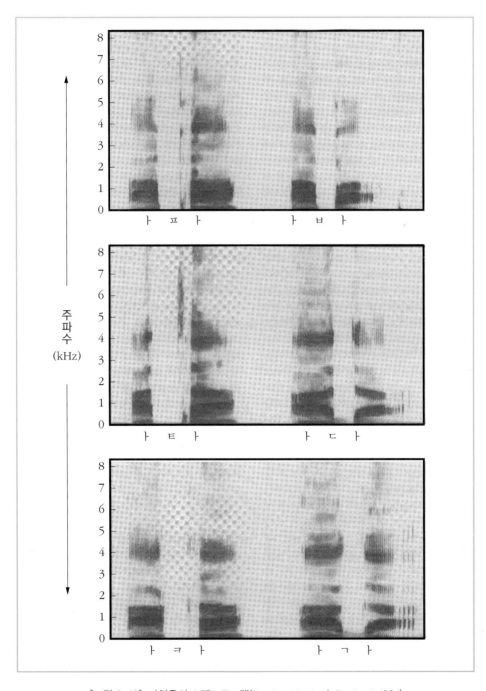

[그림 3-13] 파열음의 스펙트로그램(Borden, Harris, & Raphael, 1994)

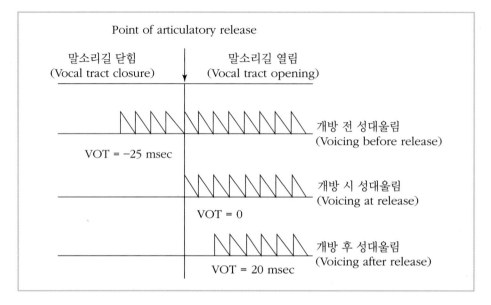

[그림 3-14] VOT의 개략(Zemlin, 1998)

된 말소리길 모양이 이루어지게 된다. 이처럼 말소리길 모양이 자음 산출 후 안정
된 상태로 진입(steady state)하기 바로 직전까지 변화되는 시간을 전이구간(transition
duration)이라고 하는데, 이 구간의 길이는 매우 짧다. 이러한 과정은 스펙트로그램
에서 자음과 모음 사이의 휘어진 포먼트로 나타난다. 전이구간과 안정된 상태를 도
식화하면 [그림 3-15]와 같다. 이런 포먼트 전이는 무성자음보다 유성자음 뒤에 모

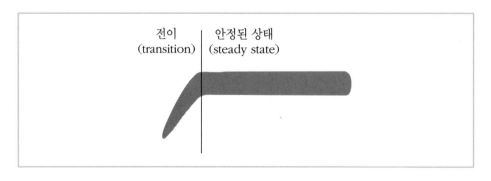

[그림 3-15] 포먼트 전이와 모음의 안정 상태(Fucci & Lass, 1999)

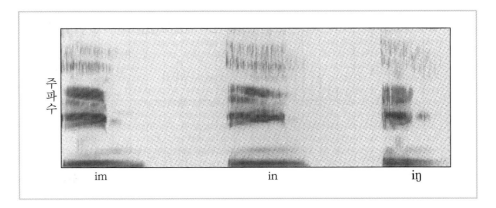

[그림 3-16] 비음의 스펙트로그램(Borden & Hams, 1994)

음이 오는 경우 뚜렷하게 파악할 수 있다.

　파열음의 포먼트 전이는 파열음의 지각에 중요한 음향학적 단서를 제공한다. 만일 스펙트로그램의 모음 부분에서 파열음 부분만을 따로 분리하여 사람에게 들려준다면 파열음으로 지각하지 못하게 된다. 파열음의 정확한 지각은 자음과 모음 사이에서 빠르게 일어나는 포먼트 전이에 의해 좌우된다.

　비음의 주요 음향학적 특징은 감폭현상(damping)이다. 이러한 현상이 일어나는 이유는 다른 자음에 비해 비음의 이동 길이가 길고, 소리 에너지가 비강 내의 막에서 흡수되기 때문이다. 이러한 감폭현상은 비음 산출 동안에 소리 강도가 갑자기 감소하여 포먼트가 도중에 끊긴 것에서 볼 수 있다([그림 3-16] 참조).

4. 말 지각과정

　갓 태어난 신생아는 끊임없이 특정 언어에 노출되면서 말의 홍수 속에서 살아간다. 태어난 지 얼마 안 된 젖먹이가 부모의 말을 과연 인지할 수 있을까? 또한 사람의 말소리와 주위 소음에 과연 각각 다르게 반응할까? 이러한 질문은 젖먹이의 말 지각능력이 생득적인가 후천적인가, 나아가 말 지각능력과 초기의 말·언어습득과 발달의 관계를 밝히는 데 중요한 역할을 한다. 최근에 모국어자기장이론(native magnetic theory)은 말 지각과정의 전반에 대해 설명하기보다는 젖먹이가 모국어를 어떻게 습득하는가에 대해 설명하려 한다. 이 이론에 따르면, 젖먹이가 자신의 모국어에 지속적으로 노출됨으로써 모국어 말 지각에 필요한 정보를 지각하는 능력은 계속 발달하는 반면, 모국어 말 지각에 중요한 역할을 하지 못하는 정보를 지각하는 능력은 쇠퇴한다고 주장한다. 따라서 이 이론은 아동이 모국어를 습득한 후에 외국어를 배우는 것이 왜 어려운가에 대한 설명을 제공한다.

일반적으로 말 지각에 대한 이론적 접근법은 말 지각과정에서 청자(listener)의 역할에 따라 크게 두 개의 유형으로 나뉜다. 첫째의 유형은 청자가 말 지각을 하는 데 능동적인(active) 역할을 한다고 본다. 이 접근법의 대표적인 이론으로는 1960년대에 제기된 말 지각운동이론(motor theory of speech perception)이 있다. 이 이론에 따르면 청자는 조음동작을 내적으로 모델링함으로써 상대방의 말을 지각한다. 즉, 말 지각을 하기 위해 청자는 들리는 말소리를 자신이 내적으로 그 음소 또는 단어를 산출해 본다는 것이다. 두 번째 유형에서는 말 지각과정에서 청자의 역할을 능동적인 것이 아니라 수동적인(passive) 것으로 본다. 이러한 입장에서는 앞의 능동적 접근법과는 달리 말 산출과 지각을 연결시키려고 하지 않는다. 단지 말 지각과정을 감각과정(sensory process)으로 본다. 즉, 말소리의 지각은 말소리자극의 특성을 감지할 수 있는 특별한 신경수용기(neural receptor)를 통해 가능하다고 본다. 앞에서 언급한 능동적·수동적 접근방법에는 각각 장단점이 있다. 예를 들면, 말소리의 음향학적 특성은 사투리 또는 말속도에 따라 변화된다. 하지만 음향학적 특성이 변화되어도 청자는 다른 말소리로 지각하지 않는다. 이러한 현상은 능동적인 접근법으로는 설명이 가능하지만 수동적 접근으로는 설명될 수 없다. 또한 병리적인 이유로 인해 말 산출을 제대로 하지는 못하지만 말을 잘 지각하는 경우도 있다. 따라서 다양한 말 지각의 현상을 설명을 하기 위해서는 말 지각과정과 말 산출과정을 완전히 분리하는 것보다는 능동적 접근법과 수동적 접근법을 절충하는 접근법이 요구된다.

한편, 말 지각을 정보처리과정(information processing)으로 간주할 때, 말 지각이론들은 접근방법에 따라 하상(下上, bottom-up)정보처리이론과 상하(上下, top-down)정보처리이론으로 대별된다. 하상정보처리이론에 따르면 말소리에 관한 음향학적 정보가 말 지각에 커다란 영향을 미친다고 본다. 예를 들면, 모음의 제1포먼트와 제2포먼트에 관한 정보가 모음 지각에 중요한 역할을 한다.

반면에 상하정보처리이론에서는 하상정보처리이론만큼 음향학적 정보를 중요하게 다루지 않는다. 이 이론에서는 말 지각을 감각적인 수준에서 이루어지는 것이 아니라 인지적·언어학적인 수준에서 이루어지는 가설검증과정이라고 본다.

하상정보처리이론에 따르면, 시끄러운 상황에서 말하게 되면 말소리에 대한 음향학적 정보가 변질 또는 왜곡되어 사람들은 상대방의 말을 알아들을 수 없어야 한다. 그러나 실제로 우리는 시끄러운 상황에서도 상대방이 무엇을 말하는지 알 수 있다. 이에 대한 이유를 상하정보처리이론의 입장에서 설명하면, 사람은 말소리에 대한 원래의 음향학적 정보가 음운 환경, 말하는 사람, 말속도 등과 같은 다양한 변인에 의하여 변화되어도 전과 동일하게 말 지각을 하려 하기 때문이라는 것이다(Kent, 1997).

연구문제

1. 소리에 대한 정의를 내리시오.
2. 소리가 전달되는 과정을 설명하시오.
3. 기본 주파수란 무엇인지를 설명하시오.
4. 공명과 포먼트에 대하여 설명하시오.
5. 여린입천장이 정상적으로 작동하지 못하면 어떠한 현상이 발생하는지 설명하시오.
6. 모음의 음향학적 특성에 영향을 미치는 요소에는 무엇이 있는지 설명하시오.
7. 자음 산출에서 조음기관은 어떠한 역할을 하는지 설명하시오.
8. 조음위치와 포먼트와의 관련성을 설명하시오.
9. 모국어자기장이론의 임상적 시사점은 무엇인지 설명하시오.
10. 말 지각이론의 접근방법에 대해 설명하시오.

용어해설

감폭현상 (damping)	비음 산출 시 일어나는 현상으로, 소리 강도가 갑자기 작아지는 현상
구개올림근 (levator veli palatine muscle)	여린입천장을 비강 쪽으로 올리면서 동시에 인후의 뒷벽으로 이동시키는 근육. 적절히 작동하지 않으면 심한 콧소리가 들림
기본 주파수 (fundamental frequency)	1초 동안에 완전한 사이클이 반복된 횟수
모국어자기장이론 (native magnetic theory)	영·유아가 모국어에 지속적으로 노출됨에 따라 모국어에 대한 언어지각능력은 증가하지만 반면에 외국어에 대한 지각능력은 감소한다고 주장하는 이론
발성시작시간 (Voice Onset Time: VOT)	정지음 산출을 위해 입술이 열린 순간부터 모음 산출을 위해 성대의 진동이 시작되는 사이의 시간 간격
배음 (harmonics)	복합적 진동에 의해 유발되는 기본 주파수의 정수 배수인 음조 하나하나를 지칭. 기본 주파수는 제1배음으로 불림
복합파(complex wave)	진동의 수가 서로 다른 순음들로 구성된 파형
비주기적(nonperiodic)	동일한 모형의 파형이 반복되지 않는 경우
상향적 분석 (bottom-up analysis)	메시지에 포함된 음향학적·음성적 특성을 분석함으로써 상대방의 말을 이해한다는 입장
음성 스펙트로그래프 (sound spectrograph)	복합파를 주파수에 따른 소리 강도의 변화를 시간을 축으로 하여 시각적으로 기록하는 기구
음원필터이론 (Source-filter theory)	성대에서 만들어진 소리 에너지가 말소리길을 지나며 공명현상으로 증폭 또는 감폭되면서 여과된다는 이론
입천장혀근육 (palatoglossus muscle)	혀의 뒷부분을 여린입천장 쪽으로 올리거나 혀 쪽으로 내리게 하며 /k/ /g/ 또는 비음의 산출에 관여함
포먼트(formant: F)	말소리 에너지가 특별히 높은 특정 주파수영역
푸리에 분석(Fourier analysis)	주기적 복합음은 단순파 배음 요소의 주파수로 구성된다는 수학자 푸리에에 의해 제안된 법칙

고문헌

고도흥, 구희산, 김기호, 양병곤 역(1995). 음성언어의 이해. 서울: 한신문화사.

Borden, G. J., Harris, K. S., & Raphael, L. J. (1994). *Speech science primer: Physiology, acoustics, and perception of speech* (3rd ed.). Baltimore, MD: Williams & Wilkins.

Fant, G. (1968). *Acoustic theory of speech production.* The Hague: Mouton.

Fry, D. B. (1979). *The physics of speech.* Cambridge: Cambridge University Press.

Fucci, D. J., & Lass, N. J. (1999). *Fundamentals of speech science.* Boston, MA: Allyn & Bacon.

Goodman, J. C., & Nusbaum, H. C. (1994). *The development of speech perception: The transition from speech sounds to spoken words.* Cambridge, MA: The MIT Press.

Johnson, K. (1997). *Acoustic & auditory phonetics.* Cambridge, MA: Blackwell Publishers.

Kent, R. D. (1997). *The speech sciences.* San Diego, CA: Singular Publishing Group.

Ladefoged, P. (1996). *Elements of acoustic phonetics* (2nd ed.). Chicago, IL: The University of Chicago Press.

Ladefoged, P. (2001). *A course in phonetics* (5th ed.). San Diego, CA: Hartcourt College Publishers.

Minifie, F. D. (Ed.) (1994). *Introduction to communication sciences and disorders.* San Diego: Singular Publishing Group.

Pickett, J. M. (1980). *The sounds of speech communication: A primer of acoustic phonetics and speech perception.* Baltimore, MD: University Park Press.

Raphael, L., Borden, G., & Harris, K. (2007). *Speech Science Primer* (5th ed.). Baltimore: Lippincott Williams and Wilkins.

Ridouane, R. (2006). *Investigating speech production: A review of some techniques.* Non-published manuscript.

Speaks, C. E. (1999). *Introduction to sound: Acoustics for the hearing & speech sciences* (3rd ed.). San Diego, CA: Singular Publishing Group.

Toda, M., & Honda, K. (2003). An MRI-based cross-linguistic study of sibilant fricatives. In proceedings of the 6th International Seminar on Speech Production, Sydney.

Webster, D. B. (1995). *Neuroscience of communication*. San Diego, CA: Singular Publishing Group.

Zemlin, W. R. (1998). *Speech and hearing science: Anatomy and physiology* (4th ed.). Englewood Cliffs, NJ: Prentice-Hall.

말·언어기관의 해부 및 생리

말·언어기관은 말하고자 하는 사람(話者)의 의사가 말(口語, spoken language)을 통하여 듣는 사람(聽者)에게 전달되는 과정에 관련된 모든 신체적인 구조와 계통을 말한다. 사람의 말·언어과정은 여러 단계로 이루어지며, 이 과정은 간단히 도식화한 말연쇄과정(speech chain)으로 흔히 설명된다. 다음 페이지의 [그림 4-1]에 제시된 말연쇄과정의 '도식'을 중심으로 말·언어과정을 살펴보면, 화자는 우선 뇌에서 전달하고자 하는 말의 내용을 언어학적으로 준비해야 한다. 이 단계를 대뇌단계(cerebration, 혹은 심리언어단계)라고 한다. 이 단계에서 화자는 말할 내용을 결정한 후 그것을 어떤 낱말이나 문법 형태(예: 시제, 존대, 문장어미 등)를 통하여 표현할 것인지, 말의 목적에 따라 어느 정도의 강세나 속도로 표현할 것인지 등을 결정한다. 이렇게 대뇌에서 말할 내용, 구조, 목적 등이 결정되면 그에 따라 말소리(音素)를 어떻게 연결하여 발음할 것인가를 계획하여야 한다.

대뇌단계에서 결정된 말을 산출하기 위해서는 신경전달과정을 통하여 신체의 하위구조로 운동명령을 내리게 된다. 이러한 과정을 화자 측의 생리단계(physiological level)라고 한다. 이 단계에서 호흡, 발성, 공명 그리고 조음이 잘 이루어질 수 있도록 해당 근육을 움직여 말소리를 산출한다.

생리단계를 거쳐 나온 말소리는 음향학적인 에너지를 가진 소리로서 공기분자의 진동을 유발시켜 청자의 귀에 전달된다. 이러한 소리의 전달과정을 음향단계(acoustic level)라고 한다. 이 단계에서는 청자뿐만 아니라 화자도 자신의 소리를 듣게 된다. 음향단계를 거쳐 청자의 귀(고막)에 전달된 소리는 청자 측의 생리단계인 청각과정을 거쳐 청자의 대뇌에 전달된다. 대뇌에서는 그 말소리들이 결합되어 이루어진 낱말이나 문장으로 뜻이 분석되고, 그 말의 의도 등이 해석된다. 이러한 과정이 청자 측의 대뇌단계다.

이 장에서는 말 산출과정에 필요한 호흡기관, 발성기관, 공명기관, 조음기관, 심리언어기관 등의 구조와 생리에 대하여 살펴보고자 한다.

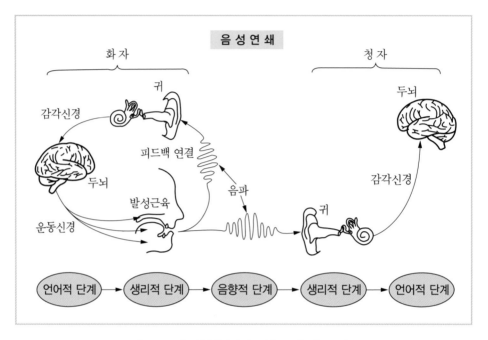

[그림 4-1] 말연쇄과정의 도식(고도흥 외, 1995)

1. 호흡기관

호흡기관은 숨을 쉬는 데 관련된 구조로, 기관(trachea) 및 기관지(bronchi)와 같은 호흡로(respiratory tract)와 폐(lung)를 내포하고 있는 흉곽(thoracic cavity)으로 이루어진다. 폐는 유연하고 수동적인 기관으로 그 자체의 적극적인 운동이 아닌 흉곽의 변화에 따라 그 모양이 변한다. 폐 안의 기압이 현재 대기압수준보다 낮을 경우에는 대기압과 같아질 때까지 공기가 호흡로 속으로 들어간다. 산소를 함유하고 있는 공기는 폐 조직 속으로 들어가서 작은 폐포(肺胞, air sacs)에까지 이르게 되고, 세포벽에 있는 모세혈관을 통하여 혈액 속에 용해된다. 그러므로 공기가 호흡로 속으로 들어간다는 것은 흉곽이 확대되어 폐 안의 기압이 떨어지는 상태를 말한다. 흉곽은 측면으로는 갈비뼈(늑골, ribs), 아래로는 횡격막(diaphragm) 그리고 위로는 쇄골(clavicle)

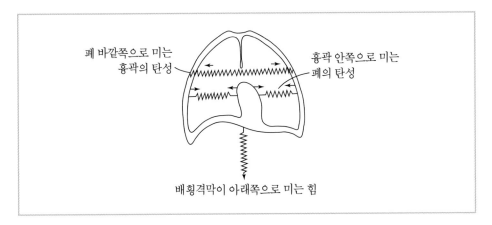

폐 바깥쪽으로 미는
흉곽의 탄성

흉곽 안쪽으로 미는
폐의 탄성

배횡격막이 아래쪽으로 미는 힘

[그림 4-2] 흉곽(Zemlin, 1998)

에 의해 그 우리(cage)가 형성된다. 흉곽이 확대될 때 갈비뼈는 바깥쪽으로 확장되고 횡격막은 아래로 내려간다([그림 4-2] 참조).

공기는 폐 안으로 들어가 혈액 속에 용해되는데, 이때 혈액 속의 노폐물은 폐포 속으로 들어가 폐에서 나가는 공기와 함께 방출된다. 공기를 방출하기 위하여 흉곽은 축소되어야 한다. 흉곽이 축소될 때 갈비뼈는 안쪽으로 들어가고 횡격막은 위로 올라간다. 우리가 말하려고 할 때 폐에서 나온 공기는 양쪽 성대에 의해 닫혀진 성문(聲門, glottis) 아래에서 기압(성문하압력, subglottal pressure)을 형성함으로써 성대를 진동시킬 힘을 제공한다.

호흡과정은 들숨단계(inspiratory stage)와 날숨단계(expiratory stage)로 나뉜다. 각 단계에서 흉곽은 흉부근육의 운동과 폐의 탄성 회복력에 의해서 확대되기도 하고 축소되기도 한다. 일반적으로 말하는 동안에는 일단 들이마신 공기를 폐에 저장하여 조금씩 사용하기 때문에 날숨단계가 들숨단계보다 길게 된다.

호흡에 관련된 근육들은 횡격막을 제외하고 모두 갈비뼈에 붙어 있다. 호흡을 담당하고 있는 근육들과 그 기능을 요약하면 〈표 4-1〉과 같다.

표 4-1 호흡근육의 종류와 기능

	근육	기능
들숨 근육	횡격막(diaphragm)	들숨의 주요 근육으로 흉곽의 상하 면적을 확장시킨다.
	바깥갈비뼈사이근 (external intercostal m.)	갈비뼈를 끌어 올린다.
	흉쇄유양돌기근 (sternocleidomastoid m.)	흉골(sternum)을 올림으로써 간접적으로 갈비뼈를 끌어 올린다.
	경추갈비뼈근(scaleni m.)	1번과 2번 갈비뼈를 끌어 올려 들숨의 보조기능을 한다.
	대흉근(pectoralis major m.)	흉골과 상층부 갈비뼈 6개를 들어 올리면서 들숨의 보조기능을 한다.
	소흉근(pectoralis minor m.)	3~6번의 갈비뼈를 들어 올리면서 들숨의 보조기능을 한다.
날숨 근육	배바깥경사근(external oblique m.), 뱃속경사근(internal oblique m.)	갈비뼈의 아랫부분을 내리눌러 내장을 압축한다.
	속갈비뼈사이근 (internal intercostal m.)	갈비뼈를 끌어 내린다.
	배곧은근(rectus abdominis m.), 배가로근(transverse abdominis m.)	내장을 압축한다.

2. 발성기관

신생아와 초기 젖먹이들은 자신의 신체적·감정적 욕구가 있을 때 생리적인 소리(vegetative sounds)를 낸다. 이러한 소리들은 젖먹이가 성장함에 따라 차츰 복잡하고 다양해지면서 실제로 다른 사람과의 의사소통을 위하여 사용하게 된다. 의사소통을 목적으로 소리내기를 할 때, 젖먹이는 소리의 강세를 다양하게 변화시켜 마치 대화하는 것처럼 들리기도 한다. 이러한 소리내기를 하기 위해서는 앞서 살펴본 호흡과정을 통하여 숨을 짧게 들이쉬고 길게 내쉴 수 있어야 하며, 날숨을 이용하여 후두의 성대(또는 성대주름, vocal folds)를 진동시킬 수 있어야 한다. 그러므로 발성기관을 공부하기 위해서는 성대를 진동시킴으로써 소리를 산출하는 후두의 구조와 생리를 잘 파악하는 것이 중요하다.

후두는 호흡로의 입구로서 사람이 숨을 쉴 때 공기가 호흡로로 들어가고 나오게 하는 역할을 하며, 성대를 진동시켜 말소리를 만드는 발성의 기능을 한다. 또한 성문 하압력을 형성해 줌으로써 무거운 물건을 들어 올릴 때 힘을 쓸 수 있게 도와준다. 이제 후두를 구성하고 있는 연결조직과 근육에 대해 살펴보기로 한다.

1) 후두연골

후두는 목의 앞쪽 부위에 위치한다. 목의 뒷부분을 지탱해 주는 척추(vertebrae)가 딱딱한 경골들(bones)로 구성되어 있는 반면, 목의 앞부분을 이루는 후두는 1개의 뼈(혀밑뼈, hyoid bone)에 의해 지지되고 5개의 주요 연골들(반지연골, 방패연골, 1쌍의 호미연골, 후두덮개)로 구성되어 있다. 이들의 상호 위치를 보면 [그림 4-3]과 같다. 이 외에도 보조 조직의 역할을 하는 4~6개의 부수적인 연골들(뿔연골, 쐐기연골, 맥립체연골, 종자연골)이 있는데, 사람에 따라 그 크기나 수가 다르다.

후두의 가장 아래쪽에 위치하는 연골은 반지연골(윤상연골, cricoid cartilage)로 기관고리(tracheal rings)의 위쪽 끝과 연결되어 있다. 기관고리들의 뒤쪽이 뚫려 있는데 비하여 반지연골은 반지 모양으로 연결되어 있다. 앞쪽은 가는 궁(弓, arch)을 이루고 뒤로 가면서 점점 확장되어 넓은 판(laminae)의 형태를 하고 있어 기념반지 모양과 유사하다. 반지연골의 앞쪽 부위인 궁의 위쪽으로는 방패연골(갑상연골, thyroid cartilage)이 자리 잡고 있으며, 반지연골의 뒤쪽 부위인 판의 위쪽에는 1쌍의 호미연골(피열연골, arytenoid cartilage)이 얹혀 있다. 방패연골은 후두연골 중 가장 크고 가장 앞쪽으로 돌출되어 있어 '아담의 선악과(Adam's apple)'라고 부른다. 이 방패연골은 2개의 판이 90~120°의 각(angle)을 이루며 연결되어 있는데, 대체로 남자들은

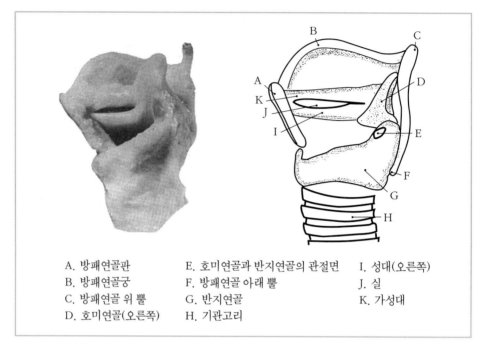

A. 방패연골판   E. 호미연골과 반지연골의 관절면   I. 성대(오른쪽)
B. 방패연골궁   F. 방패연골 아래 뿔   J. 실
C. 방패연골 위 뿔   G. 반지연골   K. 가성대
D. 호미연골(오른쪽)   H. 기관고리

[그림 4-3] 후두연골의 구조(Boone & McFarlane, 1988)

90° 정도의 각을 이루어 매우 돌출되어 보이고 여자들은 120° 정도의 각을 이루어 완만하게 보인다. 각의 위쪽 표면은 패임(notch)이 있어 손으로도 쉽게 만질 수 있다. 판의 위쪽으로는 위 뿔(superior horn)이, 아래쪽으로는 아래 뿔(inferior horn)이 양쪽으로 돌출되어 있다. 흔히 방패연골의 모양을 유추하기 위해서는, ① 두 팔을 앞쪽으로 쭉 펴서 양쪽 가운데 손가락 끝만이 맞닿도록 두 손을 편다. ② 양 손바닥이 90~100° 정도 각도가 되도록 좁힌다. 이때 양 손바닥은 방패판이 되는데, 이 상태에서 엄지손가락을 위로 뻗치면 위 뿔이 되고, 새끼손가락을 아래로 뻗치면 아래 뿔이 된다. 양쪽의 위 뿔은 후두를 위쪽에서 지지하고 있는 혀밑뼈(舌骨, hyoid bone)의 측면을 향하게 되고, 아래 뿔은 반지연골의 측면과 맞닿게 된다. 방패연골은 이 아래 뿔의 접점을 축으로 전후운동을 함으로써 성대의 길이와 긴장도를 변화시킬 수 있다.

후두의 주요 연골 중에서 가장 작은 호미연골은 발성 시 반지연골판 위에서 좌우 운동(활주운동, sliding)과 회전운동(rotating)을 하여 성대를 내전(adduction) 또는 외전(abduction)시키는 역할을 한다. 호미연골은 3개의 주요한 돌기들(성대돌기, 근육돌기, 정점)과 그로 인한 4개의 표면(관절면, 앞바깥쪽면, 안쪽면, 뒷면)으로 이루어져 있다. 호미연골의 모양을 유추하기 위해서는, ① 손등이 바깥쪽을 향하도록 두 주먹을 쥔다. ② 두 주먹 사이가 2~3cm가량이 되도록 벌린다. ③ 양쪽의 둘째손가락들이 평행하게 위를 향하게 편다. 위를 향한 둘째손가락 끝은 정점(apex)이 된다. ④ 양쪽 가운뎃손가락들을 평행하게 안쪽(가슴 쪽)을 향하게 편다. 이 가운뎃손가락은 성대돌기(vocal process)가 된다. ⑤ 양쪽 엄지손가락들을 바깥쪽을 향하게 편다. 이 엄지손가락들은 근육돌기(muscular process)가 된다. 가운뎃손가락에 해당하는 성대돌기들이 서로 붙게 하는 것을 내전이라 하고, 끝부분이 벌어져 '∧' 모양의 공간이 생기게 하는 것을 외전이라 한다. 그리고 후두덮개(epiglottis)는 발성과 직접적인 연관은 없지만, 음식을 삼킬 때 호흡로의 입구인 후두를 막음으로써 음식이 식도로 들어가도록 하는 꽃잎 모양의 매우 유연한 연골이다.

그 밖에 후두의 부수적인 연골 중에서 가장 찾기 쉬운 것은 뿔연골(corniculate cartilage)로, 이 연골은 좌우 호미연골의 윗면에 얹혀 있어서 호미연골의 정점 부분의 길이를 연장한다. 또한 1쌍의 쐐기연골(cuneiform cartilage)은 호미후두덮개주름(epiglottic folds, 양측 호미연골에서 후두덮개까지 연결하는 주름)을 지지하고 있다. 그 외 맥립체연골(triticeal cartilage)이나 종자연골(sesamoid cartilage)이 있으나 모든 사람이 갖추고 있는 것은 아니다.

2) 후두근육

후두근육은 크게 외부 근육(extrinsic m.)과 내부 근육(intrinsic m.)으로 나누어 볼 수 있다. 외부 근육은 후두구조가 아닌 다른 구조에서 후두의 연골에 접착되어 있는 근육을 말하는데, 그 주요 기능은 후두를 위아래, 앞뒤로 움직이게 하는 것이다. 외부 근육은 혀밑뼈윗근육(suprahyoid m.)과 혀밑뼈아랫근육(infrahyoid m.)으로 나눌 수 있다(〈표 4-2〉, [그림 4-4] 참조). 혀밑뼈윗근육이 수축하면 혀밑뼈를 위로 당기는 효과를 가져오고, 혀밑뼈아랫근육이 수축하면 혀밑뼈나 방패연골을 아래로 끌어 내린다.

내부 근육들은 실제로 발성을 하는 데 직접적인 기능을 하는 근육들로, 성문 (glottis: 양쪽 성대 사이의 공간)을 열고 닫거나 성대의 길이와 긴장도를 조절하는 데 기여한다. 성문은 평상시에는 약간 열려 있어 공기가 자유롭게 들어가고 나올 수 있게 되어 있다. 일단 소리를 내려면 먼저 성문이 닫혀서 성문하압력이 형성되어야 한다. 이때 작용하는 근육들로는 2쌍의 내호미근(내피열근, interarytenoid m.)과 1쌍의 바깥쪽반지호미근(외측윤상피열근, lateral crioarytenoid m.)이 있다. 일상적인 대화를 할 때는 내호미근의 수축으로도 충분하지만, 다소 큰 소리로 대화를 할 때는 바깥쪽 반지호미근의 수축도 필요하다. 내호미근은 양쪽 호미연골의 뒷면을 평행하게 연결하고 있는 가로내호미근(가로내피열근, transverse interarytenoid m.)과 호미연골 뒷면 위 부위에서 반대편 뒷면의 아래 부위로 연결하여 'X' 모양을 이루는 경사내호미근 (경사내피열근, oblique interarytenoid m.)으로 구성되어 있다. 내호미근들이 동시에 수축하면 양쪽 호미연골들이 중앙선 쪽으로 모여, 결국 성대돌기들이 중앙선 쪽으로 내전하게 됨으로써 성문의 폐쇄를 이루게 된다. 바깥쪽반지호미근은 호미연골 근육 돌기의 앞쪽 면과 반지연골궁의 위쪽 경계에 부착되어 있다. 이 근육이 수축하면 호미연골의 근육돌기는 반지연골궁 쪽(즉, 앞쪽 아래 방향)으로 움직이게 되어, 그 결과 성대돌기는 중앙 쪽으로 내전하게 됨으로써 성문의 폐쇄를 이루게 된다.

성대의 진동은 근육의 작용보다는 공기역학적으로 설명되어야 한다. 성문하 압력이 충분해졌을 때 성문을 통과하여 터져 나간 공기는 성대 부위에 뒤쪽 압력 (negative pressure)을 형성하여 성대를 진동시킨다. 성문을 여는 데 관련된 것으로 알려진 유일한 근육으로 뒤반지호미근(후윤상피열근, posterior cricoarytenoid m.)이 있다. 이 근육은 호미연골 근육돌기의 뒷면에서 같은 쪽 반지연골의 뒤판에 부채꼴로 퍼져 있는 근육으로, 이 근육이 수축하면 근육돌기를 뒤로 당김으로써 성대돌기를

표 4-2 후두근육의 종류와 기능

		근육	기능
후두 외부 근육	혀밑뼈 윗근육	경상혀밑뼈근(stylohyoid m.)	혀밑뼈를 끌어 올리며 뒤로 당긴다.
		두힘살근(digastric m.)	혀밑뼈를 끌어 올린다. 아래턱을 끌어 내린다.
		아래턱혀밑뼈근(mylohyoid m.)	혀밑뼈와 혀를 위, 앞으로 끌어 올린다.
		턱끝혀밑뼈근(geniohyoid m.)	혀와 혀밑뼈를 앞으로 끌어당긴다.
	혀밑뼈 아랫 근육	가슴혀밑뼈근(sternohyoid m.)	혀밑뼈를 아래로 끌어 내린다.
		가슴방패근(sternothyroid m.)	방패연골을 끌어 내린다.
		방패혀밑뼈근(thyrohyoid m.)	혀밑뼈를 끌어 내리거나 후두를 끌어 올린다.
		어깨뼈근(omohyoid m.)	혀밑뼈를 끌어 내리고 뒤로 당긴다.
후두 내부 근육	반지방패근(cricothyroid m.)		방패연골을 아래, 앞으로 끌어 내린다. 반지연골을 끌어 올린다. 성대를 길게 잡아당겨서 긴장시킨다.
	반지 호미근	바깥쪽반지호미근 (lateral cricoarytenoid m.)	호미연골을 앞으로 당긴다. 호미연골의 회전을 돕는다.
		뒤반지호미근 (posterior cricoarytenoid m.)	성대를 긴장시키고 내전시킨다. 호미연골을 회전시켜 성대돌기를 외전시킨다.
	내호 미근	가로내호미근	양측 호미연골을 가까이 당긴다. 성대를 내전시킨다.
		경사내호미근	양측 호미연골을 가까이 당긴다. 성대를 내전시킨다.
	방패호미근(thyroarytenoid m.)		호미연골을 앞으로 당긴다. 성대를 짧게 만들고 이완시킨다.
	성대근(vocalis m.)		성대를 변별적으로 긴장시킨다(방패호미근의 일부 섬유 포함).

외전시킨다. 이 근육은 후두의 유일한 외전근이므로 안전근(safety muscle)이라고도
부른다.

　성대는 하나의 근육으로만 구성되어 있지 않다. 우리가 성대라고 부르는 부위는 방

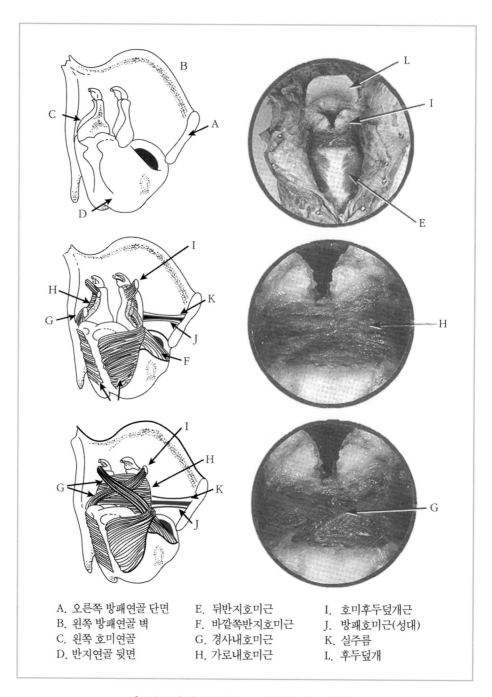

A. 오른쪽 방패연골 단면
B. 왼쪽 방패연골 벽
C. 왼쪽 호미연골
D. 반지연골 뒷면
E. 뒤반지호미근
F. 바깥쪽반지호미근
G. 경사내호미근
H. 가로내호미근
I. 호미후두덮개근
J. 방패호미근(성대)
K. 실주름
L. 후두덮개

[그림 4-4] 후두근육(Boone & McFarlane, 1988)

패연골의 안쪽 각과 호미연골의 성대돌기들을 연결하고 있는 일련의 근육섬유들을 일컫는다. 가장 가운데 쪽에는 인대(vocal ligament)가 있고, 다음으로는 성대근(vocalis m.), 가장 바깥쪽에는 방패호미근(갑상피열근, thyroarytenoid m.)이 있다. 성대근을 방패호미근의 일부로 간주하기도 하지만, 이 근육이 변별적으로 수축하기도 하기 때문에 독립적인 기능을 가진 근육으로 보기도 한다. 방패호미근의 근육섬유들이 성대의 가장 많은 부분을 차지하고 있다. 성대근은 성대돌기 끝부분에 부착되어 있지만, 방패호미근은 성대돌기의 안쪽 표면까지 덮고 있다. 이들 근육이 수축하면 성대의 길이가 짧아지면서 말소리가 높아지고, 반대로 이완되면 말소리의 높이가 낮아진다.

또한 성대의 길이와 긴장도를 조절하는 근육으로는 반지방패근(윤상갑상근, cricothyroid m.)도 있는데, 이 근육은 반지연골의 앞쪽에 있는 궁과 방패연골의 아랫면에 부착되어 있다. 근육섬유의 방향에 따라 곧은 부분과 경사 부분으로 구별되기는 하지만, 수축 시에는 모두 반지연골궁을 위로 당김으로써 반지연골의 뒤판을 뒤로 제쳐 놓게 된다. 그 결과 근육돌기가 뒤로 당겨지게 되어 성대가 늘어나고 긴장된다. 후두근육들과 그 기능을 요약하면 〈표 4-2〉와 같다.

3. 공명기관

공명은 후두에서 발성된 소리가 증폭·변형되는 과정을 의미하며, 공명기관은 성문을 통과한 소리가 증폭·변형되면서 지나가는 빈 공간을 의미한다. 이 공명기관에는 인두강(咽頭腔, pharyngeal cavity), 구강(oral cavity) 그리고 비강(nasal cavity)이 있다. [그림 4-5]에서 공명기관을 살펴보도록 한다. 인두는 밑으로는 후두에서 위로는 비강까지 수직으로 길게 뚫린 공간이다. 인두 앞쪽의 구조에 따라 후두인두(laryngopharynx), 구인두(oropharynx) 또는 비인두(nasopharynx)로 구분한다. 비인두 중에서 여린입천장(연구개, soft palate)이 뻗쳐 있는 수준의 인두 부위를 연인두(velopharynx)라고 한다.

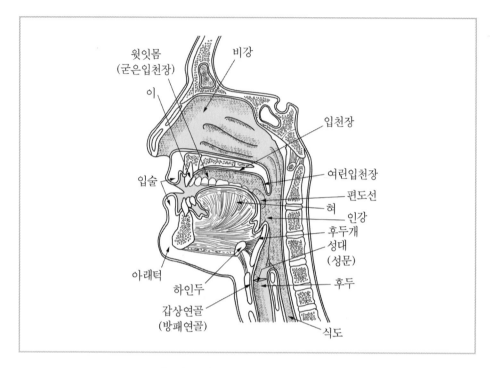

[그림 4-5] 공명기관(고도흥 외, 1995)

사람 목소리의 질은 인두벽의 크기, 모양 및 상태에 따라 달라진다. 인두의 모양과 크기의 변화는 주로 연인두의 상태에 좌우된다. 발성된 후인두를 통하여 올라온 소리는 연인두가 닫혀 있는 경우에는 구강으로 나가면서 공명되는 반면, 연인두가 열려 있는 경우에는 구강과 비강 양쪽으로 나가면서 공명한다. 우리 말소리에는 구강공명만을 사용하여 이루어지는 입소리(oral sounds)뿐만 아니라 /ㅁ/ /ㄴ/ /ㅇ/과 같이 비강공명을 사용하여야 하는 콧소리(nasal sounds)도 있다.

연인두가 폐쇄되기 위해서는 여린입천장이 올라가고 인두의 옆벽과 뒷벽이 안쪽으로 수축되어야 한다. 〈표 4-3〉은 여린입천장 폐쇄에 관련된 여린입천장 및 인두근육을 요약한 것이다. 그리고 [그림 4-6]은 인두근육들을 뒤쪽에서 살펴본 것이다.

표 4-3 여린입천장 및 인두근육의 종류와 기능

	근육		기능
여린 입천장 근육	입천장긴장근 (tensor veli palatine m.)		여린입천장을 긴장시킨다. 삼킬 때 귀인두관 (耳管, Eustachian tube, auditory ear canal)이 열리게 한다.
	입천장올림근 (levator veli palatine m.)		여린입천장을 올려서 뒤 인두벽과 맞닿게 한다. 귀인두관 구멍이 열리게 한다.
	목젖근(uvula m.)		목젖을 끌어 올리거나 짧게 만든다.
	입천장혀근 (glossopalatine m./palatoglossal m.)		혀의 뒷부분을 끌어 올린다. 목구멍을 좁힌다. 여린입천장의 측면을 끌어 내린다.
	입천장인두근(pharyngopalatine m./ palatopharyngeal m.)		여린입천장을 끌어 내린다. 목구멍을 좁힌다. 후두와 인두를 끌어 올리는 보조 역할을 한다.
인두 근육	인두 근육	위인두수축근(superior pharyngeal constrictor m.)	인두를 수축시킨다. 음식 조각을 식도로 넘기는 일을 돕는다.
		중간인두수축근(middle pharyngeal constrictor m.)	인두를 수축시킨다. 음식 조각을 식도로 넘기는 일을 돕는다.
		아래인두수축근(inferior pharyngeal constrictor m.)	인두를 수축시킨다. 음식 조각을 식도로 넘기는 일을 돕는다.
		연인두조임근(velopharyngeal sphincter m.)	인두벽의 일부를 돌출시키고 끌어 올린다. 여린입천장을 뒤로 당기는 데 도움을 준다.
		반지인두근(cricopharyngeal sphincter m.)	인두를 수축시킨다.
	인두 올림근	귀인두관인두근 (salpingopharyngeal m.)	인두를 끌어 올린다. 귀인두관융기(torus tubarius)의 위치를 바꾼다.

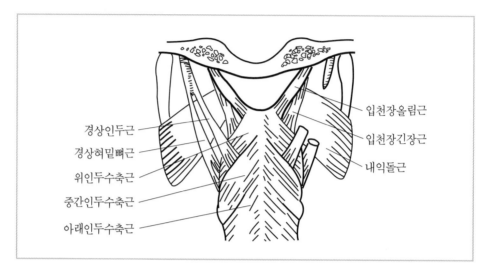

경상인두근

경상혀밑뼈근

위인두수축근

중간인두수축근

아래인두수축근

입천장올림근

입천장긴장근

내익돌근

[그림 4-6] 인두근육(Peterson-Falzone, Hardin-Jones, & Karnell, 2001)

4. 조음기관

조음과정은 발성된 소리가 공명과정을 거쳐 증폭·보완된 후 말소리의 단위인 음소를 형성해 가는 과정을 말한다. 우리는 조음기관으로 혀를 가장 중요하게 생각하지만, 실제로 음소를 만드는 데는 혀뿐만 아니라 안면의 여러 가지 구조가 관여한다. 이러한 조음기관에는 혀, 입술, 턱, 여린입천장 등과 같이 움직일 수 있는 구조와 치아나 굳은입천장과 같이 움직일 수 없는 구조들이 포함된다. 이러한 조음기관들이 어떻게 공기의 흐름을 막거나 제약하여 자음과 모음을 형성하는지를 알아보는 것은 언어병리학을 공부하는 학생들에게 매우 중요하다.

1) 혀

[그림 4-7]과 [그림 4-8]에서 볼 수 있는 것처럼 혀는 구강의 대부분을 차지한다.

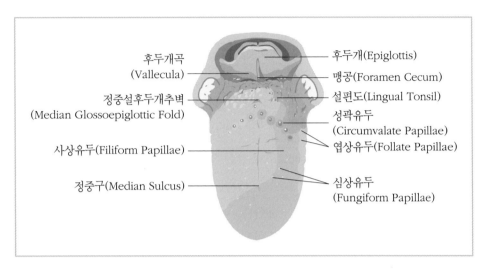

[그림 4-7] 혀의 구조(Zemlin, 1998)

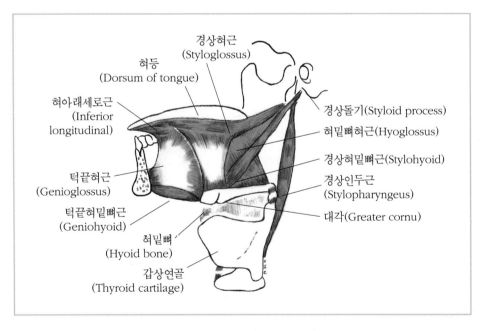

[그림 4-8] 혀근육(Zemlin, 1998)

혀의 부위들은 뚜렷한 경계선이 없으므로 구별하는 것이 쉽지는 않으나, 기능적인 측면에서 혀의 외부 구조를 구별하는 것은 정상적인 조음뿐만 아니라 병리적인 조음을 이해하는 데 도움이 된다. 혀는 앞부터 혀끝(apex, tip), 혀날(blade), 혀등(dorsum), 혀몸통(body) 그리고 혀뿌리(root)로 나눌 수 있다. 혀끝은 우리가 혀를 뾰족하게 내밀거나 음절의 첫소리로 오는 /ㄹ/(예: '라라라')을 조음할 때 사용하는 부위이고, 혀날은 잇몸소리(치조음, alveolar sounds)와 같은 입의 앞쪽에서 만드는 음소들을 조음할 때 주로 사용한다. 그리고 혀등은 여린입천장소리(연구개음, velar sounds)와 같은 뒷소리 음소들을 조음할 때 주로 사용한다. 혀몸통은 일반적으로 혀의 아래와 뒤쪽 부분을 가리킨다. 혀뿌리는 뒤로 향해 있는데 혀밑뼈혀근(hyoglossus m.)이나 턱끝혀근(genioglossus m.)을 통하여 혀밑뼈와 연결되어 있다.

혀의 아래 표면은 턱끝혀근을 통하여 아래턱과 연결되어 있으며, 혀주름띠(설소대, lingual frenum)를 통하여 혀의 아래 경계 부위의 연조직에 부착되어 있다. 혀주름띠가 너무 짧을 때(tongue-tie)는 혀짤배기소리를 유발하기도 한다. 또한 혀는 인두혀근(palatoglossal m.)을 통하여 인두와도 연결되어 있다.

혀의 근육들은 혀 자체의 모양을 바꿀 수 있게 하는 내부 근육들과 혀를 여러 방향으로 움직일 수 있게 하는 외부 근육들로 이루어져 있다. 우선, 혀의 내부 근육에는 혀끝 부근의 위 표면에서 아래 표면으로 뻗어 있는 혀수직근(vertical m.)이 있는데, 이 근육이 수축하면 혀끝은 넓고 평평해진다. 다음으로, 혀가로근(설횡근, transverse m.)은 혀의 중앙구조인 혀중격(설중격, lingual septum)에서 양쪽 경계 부분으로 가로로 뻗어 있어 혀를 길고 좁고 두껍게 할 수 있으며, 양옆을 들어 올릴 수도 있다. 또 혀의 위 표면과 아래 표면에는 각각 세로 방향으로 뻗어 있는 혀위세로근(superior longitudinal m.)과 혀아래세로근(inferior longitudinal m.)이 있다. 혀위세로근은 혀를 짧게 하고 혀끝과 양옆을 위로 올려서 혀등을 평평하게 하며, 혀아래세로근은 혀를 짧게 하되 혀끝을 아래로 향하게 하여 혀등을 볼록하게 만든다.

또 혀에는 네 개의 외부 근육이 있는데, 이들은 혀의 위치를 적절하게 변화시키기 위하여 다양한 두개골의 부위 및 혀밑뼈에 붙어 있다. 첫 번째 경상혀근(경돌설근,

styloglossus m.)의 근섬유들은 [그림 4-8]에서와 같이 귀 부위의 측두골 경상돌기에서 시작하여 아래·앞쪽으로 뻗어, 일부는 혀등 부분의 혀 옆쪽으로 들어가 혀아래세로근과 합쳐지고 일부는 혀밑뼈혀근과 합쳐진다. 이 근육이 수축하면 혀를 뒤·위쪽으로 당기게 된다. 또한 혀등 부분의 양측면을 들어 올림으로써 혀등이 오목하게 되도록 돕는다. 두 번째 근육인 턱끝혀근(이설근, genioglossus m.)은 아래턱뼈의 아래쪽 중심선 부근에서 시작하여 혀의 끝에서 몸통에 걸쳐 부채꼴 모양으로 뻗어 있다. 이 근육이 수축하면 경상혀근과는 반대로 혀를 아래로, 또 앞쪽이나 뒤쪽으로 당긴다. 세 번째 근육인 혀근(입천장혀근, glossopalatine m.)은 여린입천장의 앞부분에서 시작하여 바깥쪽으로 뻗어 혀의 측면으로 들어감으로써 앞쪽 목구멍의 협부를 형성한다. 이 근육이 수축하면 여린입천장을 끌어 내려 목구멍을 좁히거나 혀의 뒷부분을 끌어 올린다. 마지막으로, 혀밑뼈혀근(혀밑뼈설근, hyoglossus m.)은 혀밑뼈의 큰뿔에서 시작하여 혀의 뒤쪽으로 들어간다. 이 근육이 수축하면 혀를 아래·뒤로 당긴다. 혀의 내부와 외부 근육들은 모두 대뇌신경 12번(CN XII, 혀밑신경, hypoglossal m.)에 의하여 작동된다.

2) 입술

입술은 입의 입구를 이루는 부분으로 얼굴 표정이나 조음에 중요한 기능을 한다. 특히 여러 가지 모음은 혀의 움직임뿐 아니라 입술의 모양에 의해서도 음소가 구별되며, 두입술자음들(양순자음, bilabial sounds)은 입술이 닫혀야만 발음될 수 있다. 입술의 모양은 주변 근육들에 의하여 변형된다. 예를 들어, 입술 주변을 둘러싸고 있는 입둘레근(구륜근, orbicularis oris m.)은 입술을 다물거나 오므라들게 하여 두입술자음이나 /ㅜ/와 같은 원순모음을 발음하는 데 중요한 역할을 하며, 윗입술올림근(quadratus labii superior m.)과 아랫입술내림근(quadratus labii inferior m.)은 입술을 열게 한다. 또한 입꼬리당김근(소근, risorius m.)은 입술의 모서리를 잡아당겨 미소를 짓거나 입술을 수축시켜서 발음해야 하는 /ㅣ/와 같은 소리를 낼 때 중요한 역할을

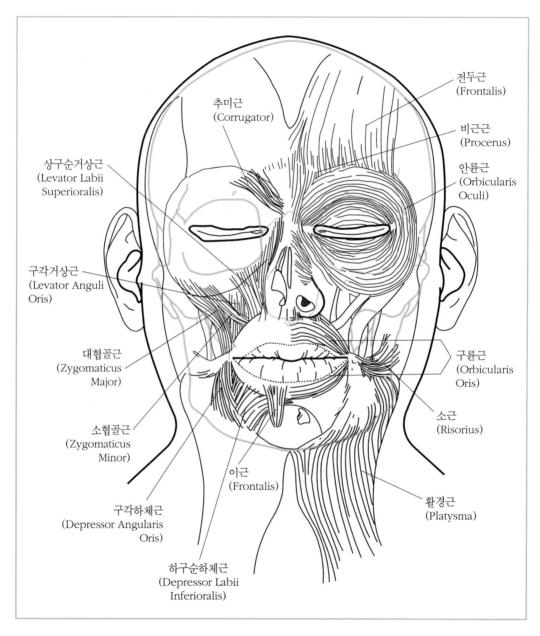

추미근
(Corrugator)

전두근
(Frontalis)

비근근
(Procerus)

안륜근
(Orbicularis
Oculi)

상구순거상근
(Levator Labii
Superioralis)

구각거상근
(Levator Anguli
Oris)

대협골근
(Zygomaticus
Major)

구륜근
(Orbicularis
Oris)

소근
(Risorius)

소협골근
(Zygomaticus
Minor)

이근
(Frontalis)

활경근
(Platysma)

구각하체근
(Depressor Angularis
Oris)

하구순하체근
(Depressor Labii
Inferioralis)

[그림 4-9] 안면근육(Zemlin, 1998)

한다. [그림 4-9]는 이들 입술근육들을 보여 주고 있다.

입술의 외관은 말을 산출할 때 그다지 중요하지는 않지만 입술 파열 또는 입술·입천장 파열 환자에게서 수술 후에도 흔히 남게 되는 문제는 큐피드궁(Cupid's bow)의 부재나 결함이다. 큐피드궁은 입술피부(紅脣, vermilion)의 위쪽 경계와 인중(philtrum)이 만나는 곳의 움푹한 굴곡을 가리킨다.

3) 턱과 치아

턱은 움직이지 않는 위턱(상악, maxilla)과 상하 및 좌우운동을 하는 아래턱(하악, mandible)으로 구분된다. 이들 턱의 치조돌기에는 치아가 배열되어서 치열(dentition)을 형성한다. 정상인의 위턱은 아래턱보다 다소 크기 때문에 위 앞니가 아래 앞니보다 다소 돌출되어 있고, 아래 앞니를 약 1/3 정도 덮고 있다. 또한 정상인의 첫 번째 어금니는 위 어금니가 아래 어금니를 약간 덮고 있고, 아래 어금니보다 약간 더 옆쪽(중앙에서 먼 쪽)으로 배열되어 있다. 치열은 유치에서 서서히 영구치로 대치되는데, 유치는 위턱과 아래턱 좌우에 각각 2개의 앞니, 1개의 송곳니 그리고 2개의 어금니가 있어서 총 20개지만, 영구치는 2개의 작은어금니(소구치, premolar)와 1개의 어금니(대구치, molar)가 각 턱 좌우에 첨가되어 모두 32개가 된다.

위턱은 입천장, 코의 바닥과 옆벽, 눈이 위치하는 안와의 바닥을 형성하는 중요한 얼굴뼈이며, 아래턱은 얼굴뼈 중에서 가장 튼튼하고 큰 뼈로 4쌍의 근육에 의해 움직인다. 아래턱의 움직임은 입안의 크기를 변화시키기 때문에 씹기뿐 아니라 모음 산출에서도 중요하다. 아래턱을 끌어 올리는 데는 측두골(temporal bone)에 연결된 측두근(temporal m.)과 광대뼈(zygomatic bone)에 연결된 교근(masseter m.)이, 턱을 앞으로 내미는 데는 접형골(sphenoid bone)에 연결된 안쪽날개근(internal pterygoid m.)이 중요한 역할을 한다. 또한 접형골에 연결된 바깥쪽날개근(external pterygoid m.)은 턱을 끌어 내리며, 좌우로 움직여 씹기나 갈기를 하는 데 중요하다([그림 4-10] 참조).

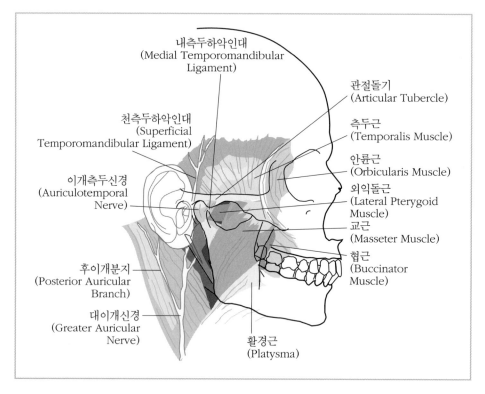

[그림 4-10] 턱의 근육과 운동(Zemlin, 1998)

4) 잇몸과 굳은입천장

코와 입의 경계가 되는 입천장은 앞쪽은 뼈질로, 뒤쪽은 근육질로 이루어져 있다. 입천장 뼈구조의 앞쪽 2/3 부분은 위턱의 안쪽돌기인 입천장돌기(palatine process)로, 뒤쪽 1/3 부분은 입천장뼈(palatine bone)의 수평 부분(horizontal portion)으로 이루어져 있다. 입천장돌기는 앞쪽이 매우 두꺼운데, 여기서 잇몸궁(alveolar arch)과 병합하여 잇몸(alveolar ridge)을 이루고 그 뒤로는 차츰 얇아져 굳은입천장을 형성한다. 잇몸와 굳은입천장은 점막으로 덮여 있다.

외형적으로 잇몸은 윗니의 뒤쪽 잇몸 부분을 형성하며, 융기된 뼈구조를 가지고 있어 우리가 혀를 윗니의 뒷면에 대고 뒤쪽으로 서서히 옮겨 가면 느끼게 되는 급격

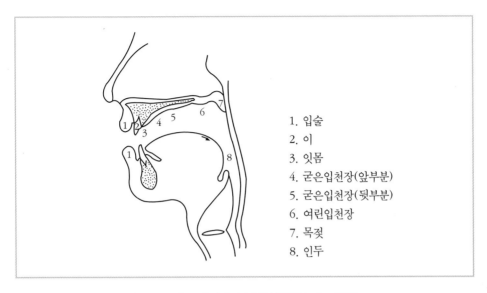

1. 입술
2. 이
3. 잇몸
4. 굳은입천장(앞부분)
5. 굳은입천장(뒷부분)
6. 여린입천장
7. 목젖
8. 인두

[그림 4-11] 조음기관과 조음의 위치(Zemlin, 1998)

한 융기 부위다. 잇몸은 /ㄷ/이나 /ㅅ/ 계열의 말소리들이 조음되는 부위며, 굳은입천장은 잇몸 뒤의 단단하고 다소 편평한 부분으로 /ㅈ/ 계열의 소리들이 조음되는 부위다([그림 4-11] 참조).

5) 여린입천장

여린입천장은 근육질의 입천장으로, 우리가 입천장을 따라 혀를 옮겨 가다 보면 가장 뒤에서 느껴지는 부드러운 부분이다. 여린입천장은 앞쪽으로는 구개널힘줄(palatine aponeurosis)에 의하여 굳은입천장의 끝부분을 이루는 입천장뼈에 부착되어 있으며, 옆으로는 인두의 가장 위쪽 근육인 위인두수축근(superior pharyngeal constrictor m.)에 연결되어 있다. 여린입천장의 끝은 목젖(uvula)이다. 입을 크게 벌리면 목구멍 앞에 수직으로 매달려 있어 눈에 잘 띄는 것이 목젖이다.

여린입천장은 움직이는 조음기관으로 분류된다. 이는 여린입천장의 근육들이 수축함으로써 연인두폐쇄(구강과 비강이 통하는 입구를 차단)를 이루고, 그에 따라 입소

표 4-4 연구개 움직임과 관련된 근육

근육	부착점	기능
구개범거근 (Levator Veli Palatini: LVP)	측두골과 이관 연골의 가운데 벽으로부터 구개건막에 부착	연구개를 상승시킴
구개수근 (Muscles Uvuli: MU)	구개골의 후부와 구개건막으로부터 연구개 점막 덮개에 부착	연구개 길이를 짧게 하고 상승시키며 연인두폐쇄를 도움
구개범장근 (Tensor Veli Palatini: TVP)	두개골의 접형골과 이관의 외측벽으로부터 구개건막을 형성하기 위해 확장되는 건(힘줄)에 부착	이관을 열어 줌
구개설근 (Palatoglossus: PG)	구개건막의 전면과 측면으로부터 혀의 후부외측경계에 부착	연구개를 내리거나 혀를 올림
구개인두근 (Palatopharyngeus: PP)	경구개의 앞부분과 연구개의 중앙선을 포함하여 다양한 기시점으로부터 갑상연골 후부에 부착	인두강을 좁혀 줌

출처: Ferrand (2007).

리들(oral sounds)을 조음하기 때문이다. 여린입천장은 5개의 근육으로 이루어져 있고, 이에 의하여 위, 아래, 뒤로 움직인다(〈표 4-4〉 참조). 우선, 여린입천장의 위쪽에 위치하여 여린입천장을 끌어 올리는 근육들로는 여린입천장올림근(levator veli palatine m.)과 여린입천장긴장근(tensor veli palatine m.)이 있다. 이 두 근육은 그 위치가 비슷하다. 실제로 여린입천장올림근은 측두골이나 귀인두관 주위에 있고, 여린입천장긴장근은 접형골(sphenoid bone)부터 여린입천장에 부착되어 있다. 특히 여린입천장긴장근은 침이나 음식을 삼킬 때 귀인두관(耳管, Eustachian tube, auditory ear canal)을 열리게 하는 데 주요한 역할을 하는 것으로 알려져 있다. 또한 여린입천장의 끝부분인 목젖을 짧게 하거나 위아래로 움직이게 하는 목젖근(uvular m.)은 여린입천장과 비슷한 높이로 뻗어 있다. 여린입천장 아래쪽으로 뻗어 있어 여린입천장을 끌어 내리는 근육들로는 여린입천장혀근(glossopalatine m.)과 여린입천장인두근(pharyngopalatine m.)이 있다. 여린입천장혀근은 혀와 연결되어 있고, 여린입천장

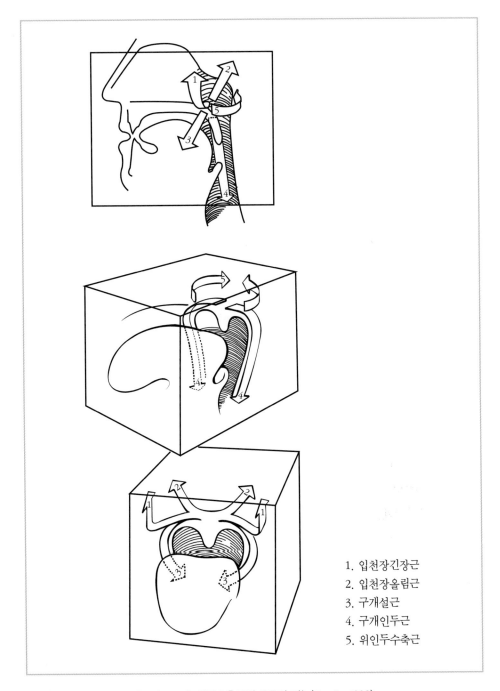

1. 입천장긴장근
2. 입천장올림근
3. 구개설근
4. 구개인두근
5. 위인두수축근

[그림 4-12] 인두수축근의 종류와 기능(Zemlin, 1998)

인두근은 방패연골 또는 인두널힘줄과 연결되어 있다([그림 4-12] 참조).

6) 인두

인두(pharynx)는 구강, 비강 및 후두 사이의 연결기관으로서, 말소리의 산출을 위하여 공명강들 사이에서 주요한 연결 역할을 하며, 식도와 구강을 연결하고 음식물이 들어가기 전에 통과되는 관인기관 뒤에 위치한다.

인두는 호흡을 위해 비강과 구강, 후두를 연결할 뿐만 아니라 비강과 중이를 연결하여 외부와 중이강의 기압이 같아지게 한다. 음향학적인 말소리의 조음관점에서 보면 인두는 후두의 성문에서부터 입술까지 확장된 성도의 한 부분으로 볼 수 있다. 인두는 조음과정 동안 혀의 뒷부분을 조음지점에 접촉하게 할 뿐 아니라, 비음 산출에 중요한 연인두문(velopharyngeal port)의 개폐와도 관계가 있다.

5. 심리언어기관

심리언어기관은 말·언어과정을 명령하고 조절하는 신경계를 가리킨다. 신경계 (nervous system)는 구조적으로는 중추신경계(central nervous system)와 말초신경계 (peripheral nervous system)로 나눌 수 있으며, 기능적으로는 운동신경계, 감각신경계 그리고 자율신경계로 나눌 수 있다. 신경계의 작용은 매우 복잡하므로 여기에서는 말·언어와 관련된 영역만을 살펴보겠다.

1) 중추신경계

뇌는 머리뼈(skull) 중에서 두개골(cranium)에 의하여 지지되고 보호된다. 두개골은 이마 부위의 전두골(frontal bone) 1개, 양쪽 귀 부위의 측두골(temporal bone) 2개, 전두골과 양쪽 측두골 사이의 두정골(parietal bone) 2개, 뒤통수 부위의 후두골(occipital bone) 1개, 안와(眼窩, orbit)와 두개골 바닥을 이루는 접형골(sphenoid bone) 1개 그리고 전두골의 뒤쪽 아래에 위치하여 두개골 바닥, 코의 천장, 안와 등을 이루는 사골(ethmoid bone) 1개로 구성되어 있다.

　　두개골 속에는 뇌가 자리 잡고 있다. 뇌는 경질막(경막, dura mater), 연질막(연막, pia mater), 거미막(지주막, arachnoid mater)으로 이루어진 세 겹의 뇌막(meninges)으로 덮여 보호되고 있다. 또한 뇌의 가운데에는 대뇌척수액(cerebrospinal fluid)으로 채워진 뇌실(ventricle)이 있어 외부의 충격을 받았을 때 그 충격을 어느 정도 완화시키는 역할을 한다.

　　뇌의 구조는 양쪽이 거의 대칭인 우반구와 좌반구로 나뉘는데, 이 양쪽 반구는 뇌량(corpus callosum), 전교련(anterior commisure), 후교련(posterior commisure)으로 연결되어 있다. 두 대뇌반구의 밑부분은 붙어 있지만 중앙선(midsagittal)을 따라서는 대뇌세로틈새(대뇌종렬, longitudinal fissure)에 의해 갈라져 있다.

　　뇌는 신경원(神經元, neuron)으로 구성되어 있다. 신경원은 핵(nucleus), 운동을 전달하는 축삭(axon) 그리고 감각을 수용하는 수상돌기(dendrites)로 구성되어 있다. 핵이 모여 있는 곳은 약간 진한 색을 띠는 회백질(gray matter)로 나타나고, 축삭이나 수상돌기들이 지나가는 곳은 희게 보이는 백질(white matter)로 나타난다. 청각이나 말산출 대뇌과정을 공부하기 위해서는 대뇌피질과 피질하영역의 회백질구조에 대해 잘 알고 있어야 한다.

　　뇌는 계통발생학적인 측면에서 전뇌(forebrain), 중뇌(midbrain) 그리고 능뇌(菱腦, hindbrain)로 구분할 수도 있다. 전뇌에는 대뇌피질(cerebral cortex)과 간뇌(diencephalon)가, 중뇌에는 상구(superior colliculus)와 하구(inferior colliculus)가, 능뇌에는 소뇌(cerebellum)와 뇌간(brainstem)이 포함된다. 감각정보(예: 시각, 청각, 체성감각)는 말초신경을 통해 뇌간으로 진입하여 감각중추신경로를 거쳐 해당 대뇌피질에 전달된다. 운동명령은 반대로 대뇌피질에서 내려와 해당 운동중추신경로를 거쳐 뇌간에서 뻗어 나오는 말초신경을 통해 운동기관에 전달된다.

(1) 대뇌피질

대뇌의 표면 부위를 대뇌피질(cerebral cortex)이라고 한다. 이 부위는 감각을 최종적으로 전달받아 인식하는 곳이기도 하고, 운동이 계획되고 명령이 출발하는 곳이기도 하므로 말·언어과정에서 매우 중요한 부위다. 대뇌피질은 그 기능에 따라 엽(lobe)으로 세분화되는데, 각 엽의 이름은 주로 그 부위를 덮고 있는 두개골의 이름에서 비롯된다. 즉, 대뇌피질에는 전두엽(frontal lobe), 두정엽(parietal lobe), 측두엽(temporal lobe), 후두엽(occipital lobe)과 같이 바깥쪽에서 잘 보이는 엽들과 안쪽에 있는 변연엽(limbic lobe)이 있다. 대뇌피질의 표면은 많은 굴곡이 있어 울퉁불퉁한 형태로 되어 있다. 이러한 표면은 깊숙이 들어간 뇌고랑(구, sulcus/fissure)과 그로 인해 튀어나오게 된 뇌두둑(회, gyrus)으로 이루어져 있다. 이들 뇌고랑이나 뇌두둑은 대뇌피질의 부위를 구분하는 데 매우 중요한 기준이 된다. 두드러진 것으로는 좌반구와 우반구 사이에 깊숙이 패여 있는 대뇌세로틈새(longitudinal fissure), 전두엽과 두정엽을 구분 짓는 중심고랑(중심구, central sulcus), 측두엽을 전두엽과 구분 짓는 옆고랑(외측구, lateral sulcus/Sylvian fissure) 등이 있다.

각 엽들은 고유한 기능을 가지고 있지만 때로는 다른 엽들과 정보를 통합하기도 한다. 전두엽은 운동과 관련된 기능을 가지고 있어 말·언어과정에서는 표현언어와 관계가 깊다. 전두엽에서 기억해야 할 부위들로는 일련의 운동과정을 계획하는 운동연합영역(motor association area)과 계획된 일련의 운동과정을 실행하기 위하여 근육에 구체적인 운동명령을 내리는 일차운동피질(primary motor cortex)이 있다. 이 두 부위는 전두엽 쪽에서 중심고랑과 평행하게 뻗어 있는 전중심고랑(precentral sulcus)에 의해 구분된다. 특히 운동연합피질 중에서 옆고랑에 가장 가까운 아래쪽 뇌두둑인 브로카영역(Broca's area)은 말을 위한 일련의 운동을 계획하는 부위로 알려져 있다.

측두엽은 청각적인 인식과 관련된 기능을 가지고 있어 말·언어과정에서는 수용언어와 관계가 깊다. 측두엽에도 일차청각피질(primary auditory cortex)과 청각연합영역(auditory association area)이 있다. 일차청각피질은 일차운동피질과 달리 대뇌의 표면에서는 관찰되지 않고 옆고랑을 벌렸을 때 나타나는 것으로 청각정보가 가장 먼

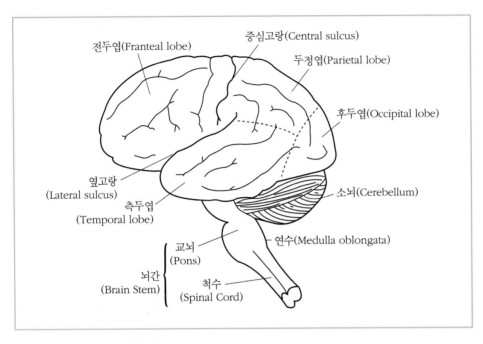

[그림 4-13] 대뇌피질의 주요 영역(Owens, 1999)

저 전달되는 부위다.

　청각연합영역 중에서 말의 이해와 관련이 깊은 곳은 베르니케영역(Wernicke's area)인데, 이 영역은 옆고랑을 따라 뒤쪽에 위치한다. 브로카영역과 베르니케영역은 외관으로는 관찰할 수 없는 활모양섬유다발(궁형섬유속, arcuate fasciculus)에 의해 옆고랑을 따라 연결되어 있다. 그 외 두정엽은 몸의 체성감각과 관련되고, 후두엽은 시각과 관련된다. 이들 부위에도 일치적으로 감각을 전달받아서 감지하는 일차피질과 그 정보의 의미를 파악하는 연합영역이 있다([그림 4-13] 참조).

(2) 백질

　백질(대뇌수질, white matter)은 신경원 중 축삭이나 수상돌기들로 구성된 신경섬유들로 뇌에서 희게 보이는 부분이다. 이 대뇌수질의 신경섬유를 통하여 감각이나 운동명령이 효율적으로 전달된다. 즉, 백질의 신경섬유를 통하여 대뇌피질과 피질하 영역이 연결되며, 나아가 말초신경에도 연결된다.

(3) 변연계

변연계(limbic system)는 신경계 안에서 감정과 본능적 충동(예: 성욕, 식욕, 충만감), 그리고 자율신경계의 기능에 관여한다. 그러므로 감정과 관련된 언어표현은 변연계와 대뇌피질의 조화된 기능으로 보기도 한다. 변연계는 피질부와 피질하부로 구분되는데, 피질부(변연엽)는 대뇌세로틈새 사이에 위치한다.

(4) 대뇌피질하영역

대뇌피질 아래에 있는 회백질 부위를 대뇌피질하영역이라고 한다. 우선, 간뇌는 시상(thalamus), 시상상부(epithalamus), 시상하부(hypothalamus)와 같은 시상 부위들로 이루어져 있다. 시상 부위들은 감각정보가 대뇌피질로 들어가기 직전 신경원들이 모이는 곳이다. 그러므로 시상은 더 아래쪽에 위치하는 중뇌나 능뇌(후뇌)뿐만 아니라 소뇌를 포함한 다른 뇌 부위들과도 많은 연결 부분을 가지고 있다. 능뇌에서 가장 넓은 부위를 차지하는 것은 교뇌(뇌교, pons)다. 교뇌에는 머리와 목근육으로 퍼지는 여러 가지 신경핵이 들어 있다. 교뇌와 연수(medulla oblongata)를 합친 부위를 뇌줄기(뇌간, brainstem)라고 한다. 뇌줄기에서 가장 아래쪽에 있는 연수에는 의사소통과정의 기초적인 기능을 담당하는 신경섬유와 신경핵이 있다. 예를 들어, 설인신경, 미주신경, 부신경, 혀밑신경의 핵 등이 여기에 위치한다.

말 산출에는 많은 근육의 매우 정교한 협응이 요구되는데, 이러한 협응은 운동피질영역에서만 이루어지지 않는다. 운동피질에서 내린 운동충동은 뇌간과 척수에 구체적인 명령을 내리기 전에 뇌의 다른 부위의 도움을 받아야 한다. 이 경우 시상과 비슷한 위치에 있으면서 여러 운동신경핵과 연결되어 있는 기저핵(basal ganglia)과 소뇌(cerebellum)가 그러한 기능을 담당한다.

(5) 소뇌

대뇌피질은 자연스럽고 협응된(coordinated) 운동을 실현하기 위해 소뇌와 상호작용을 해야 한다. 대뇌피질에서 뇌교핵(pontine nuclei)까지 내려온 축삭은 소뇌다리(cerebral peduncle)에 의해 다른 쪽의 소뇌로 내려가서 소뇌의 신경원과 연결된다. 만일 소뇌가 손상되면 근육의 협응능력을 잃게 되어 부자연스럽게 걷거나, 익숙해져 있던 악기나 키보드의 사용이 어렵게 된다. 또한 수의적인 운동을 할 때 떨림현상을 일으키기도 한다.

2) 말초신경계

말초신경계에는 뇌줄기에서 뻗어 나간 뇌신경(cranial nerves)과 척수에서 뻗어 나간 척수신경(spinal nerves)이 있다. 척수신경은 수의근의 운동이나 감각체계 그리고 반사작용과 연관된다. 말·언어과정과 좀 더 관련된 말초신경은 뇌신경으로 모두 12쌍으로 이루어져 있다. 이들 중 어떤 것은 감각정보만, 어떤 것은 운동정보만, 또 어떤 것은 감각과 운동정보를 모두 전달하는 기능을 한다. 뇌신경은 I-XII의 로마 숫자로 나타내거나 각각의 이름으로 부른다. 그 이름들은 기능(예: 후각신경, 시각신경, 청각신경), 모양(예: 삼차신경), 위치(예: 혀밑신경, 안면신경)에 근거하여 붙여진다(〈표 4-5〉 참조).

특히 청각과정과 말과정에 관련된 신경은 뇌신경 5번(CN V), 7번(CN VII), 8번(CN VIII), 9번(CN IX), 10번(CN X), 11번(CN XI) 및 12번(CN XII)이다. 우선 5번은 뇌신경이 세 가지로 갈라져 있어 삼차신경이라 하는데, 이들 가지들은 안구쪽, 아래턱쪽, 그리고 위턱쪽으로 향하고 있다. 이 가지들 중, 특히 아래쪽 신경가지는 음식을 씹거나 입을 벌려 조음할 때 중요하게 작용하는 씹기근육(저작근육, mastication muscles)들의 운동을 명령한다. 안면신경이라 불리는 7번 뇌신경은 안면 부위의 운동과 감각에 관여한다. 특히 말·청각과정에서 중요한 근육들인 얼굴 표정 근육들, 등자골근, 경상혀골근 그리고 두힘살근의 운동에 관여한다.

표 4-5 뇌신경의 종류와 기능

이름	기능	관련된 말·언어구조
CN I 후각신경(olfactory n.)	감각(후각)	
CN II 시각신경(optic n.)	감각(시각)	
CN III 동안신경(occulomotor n.)	운동(눈동자)	
CN IV 도르래신경(trochlear n.)	운동(눈동자)	
CN V 삼차신경(trigeminal n.)	감각, 운동(하악)	
CN VI 외향신경(abducens n.)	운동(눈동자)	하악(씹기근육)
CN VII 얼굴(안면)신경(facial n.)	운동(얼굴)	
CN VIII 전정달팽이/청각신경	감각(청각)	얼굴(입술근육)
(vestibulocochlear/auditory n.)		와이(달팽이)
CN IX 설인신경(glossopharyngeal n.)	감각, 운동(삼키기)	혀, 인두
CN X 미주신경(vagus n.)	감각, 운동(후두)	후두
CN XI 부신경(accessory n.)	운동(어깨, 머리)	흉곽(흉부근육)
CN XII 설하신경(hypoglossal n.)	운동(혀)	여린입천장

청각신경이라고 불리는 8번 뇌신경은 청각, 평형 유지에 주로 관여하는 감각신경이며, 설인신경으로 불리는 9번 뇌신경은 혀의 뒷부분, 입안 인두 부위의 운동과 감각을 담당한다. 미주신경으로 불리는 10번 뇌신경은 귓바퀴에서 복부 내장 부위까지 넓게 퍼져 여러 부위의 운동과 감각기능에 관여한다. 특히 이 신경의 운동섬유들은 자율신경계 신경절을 통하여 흉곽과 복부의 내장뿐만 아니라 인두, 혓바닥, 후두 등의 운동에도 관여한다. 이 뇌신경은 여러 가지로 나뉘어 있는데, 그중에서 특히 되돌이후두신경(후두반회신경, recurrent laryngeal nerve), 아래후두신경(하후두신경, inferior laryngeal nerve), 위후두신경(상후두신경, superior laryngeal nerve)은 후두의 운동을 중재한다.

부신경으로 불리는 11번 뇌신경은 어깨와 머리 부분의 운동에 관여하면서 흉부근육(예: 흉골쇄골유돌기근)의 운동과 관련된다. 마지막으로, 혀밑신경으로 불리는 12번 뇌신경은 혀의 운동과 관련된 신경으로 미주신경의 중재를 받는 입천장혀근을 제외한 혀의 모든 내부 근육과 외부 근육의 운동에 관여한다.

연구문제

1. 말연쇄과정이란 무엇이며, 그 단계와 각 단계에 관여하는 기관들에 대해 설명하시오.
2. 말을 할 때 흉곽우리를 축소시킴으로써 날숨이 가능하도록 하는 구조와 근육들을 설명하시오.
3. 후두에서 발성에 직접 관련된 주요 연골들과 그 세부 부위들을 설명하시오.
4. 성대가 진동하기 위해서는 어떠한 과정이 필요한지, 또한 각 성대 내부 근육과 외부 근육의 기능은 무엇인지 설명하시오.
5. 연인두폐쇄를 이루기 위해 인두와 여린입천장에서 일어나는 변화를 설명하시오.
6. 여린입천장 근육들의 기능을 설명하시오.
7. 조음기관에는 어떠한 구조들이 포함되며, 각 구조의 하부 부위에는 어떠한 것들이 있는지 설명하시오.
8. 얼굴근육 중에서 원순모음(rounded vowels: /ㅗ/ /ㅜ/)과 평순모음(unrounded vowels: /ㅡ/ /ㅣ/)을 발음할 때 관여하는 근육과 뇌신경을 각각 설명하시오.
9. 대뇌피질 중에서 수용언어 및 표현언어와 관계가 깊은 엽(lobe)이나 영역(area)을 지적하고 그 위치를 설명하시오.
10. 변연계, 시상, 기저핵 그리고 소뇌의 주요 기능을 설명하시오.
11. 말 산출 운동과정에 관여하는 뇌신경에는 어떠한 것이 있으며, 각 뇌신경의 주요 기능은 무엇인지 설명하시오.

용어해설

공명(resonance)	후두에서 발성된 소리가 증폭되고 변형되는 과정
뇌신경 (cranial nerves)	말·언어과정과 좀 더 관련되는 말초신경으로 모두 12쌍으로 구성됨. 감각/운동정보를 전달하는 기능을 수행
대뇌피질 (cerebral cortex)	대뇌의 표면 부위로서 감각을 최종적으로 전달받아 인식하고, 운동이 계획되고, 명령이 출발하므로 말·언어과정에서 매우 중요함

말연쇄과정 (speech chain)	화자의 말·언어가 청자에게 전달되는 과정. 대뇌단계, 생리단계, 음향단계 등을 포함
발성 (vocalization)	호흡과정을 통해 제공된 공기가 성문을 통과하면서 성대를 진동시켜 소리를 만들어 내는 과정
백질 (대뇌수질, white matter)	신경원 중 축삭이나 수상돌기들로 구성된 신경섬유들로 뇌에서 회계 보이는 부분. 대뇌수질의 신경섬유들을 통하여 감각이나 운동명령을 효율적으로 전달
베르니케영역 (Wernicke's area)	측두엽의 연합영역 중에서 말의 이해와 가장 관련이 깊은 곳. 옆고랑을 따라 뒤쪽에 위치
변연계 (limbic system)	신경계 안에서 감정과 본능적 충동(예: 성욕, 식욕, 충만감) 그리고 자율신경계의 기능에 관여함. 따라서 감정과 관련된 언어표현은 변연계와 대뇌피질의 조화된 기능으로 보기도 함
브로카영역 (Broca's area)	전두엽의 운동연합피질 중에서 옆고랑에 가장 가까운 아래쪽 뇌두둑으로 말을 위한 일련의 운동을 계획하는 부위
신경계 (nervous system)	구조적으로는 중추신경계(central nervous system)와 말초신경계(peripheral nervous system), 기능적으로는 운동신경계와 감각신경계 그리고 자율신경계로 구분함
연인두폐쇄 (velopharyngeal closure)	구강과 비강이 통하는 입구를 차단하는 것으로 그에 따라 입소리들(oral sounds)의 조음이 가능해짐
전두엽 (frontal lobe)	대뇌피질구조 중 하나. 운동과 관련된 기능을 가지고 있어서 말·언어과정 중 표현언어와 관계가 있음
조음 (articulation)	발성된 소리가 공명과정을 거쳐 증폭과 보완된 후, 말소리의 단위인 음소를 형성해 가는 과정
측두엽 (temporal lobe)	대뇌피질구조 중 하나. 청각적인 인식과 관련된 기능을 가지고 있어서 말·언어과정에서는 수용언어와 관계가 깊음
호미연골(피열연골) (arytenoid cartilage)	후두의 주요 연골 중 가장 작은 연골로 발성 시 반지연골판 위에서 좌우운동(활주운동, sliding)과 회전운동(rotating)을 하여 성대를 내전(adduction) 또는 외전(abduction)시키는 역할을 수행
후두 (larynx)	호흡로의 입구로서 사람이 숨을 쉴 때 공기가 호흡으로 들어가고 나오게 하며, 성대를 진동시켜 말소리를 만드는 발성기능 등의 역할을 수행

참고문헌

고도흥, 구희산, 김기호, 양병곤 역(1995). 음성언어의 이해. 서울: 한신문화사.

Boone, D. R., & McFarlane, S. C. (1988). *The voice and voice therapy* (4th ed.). Englewood Cliffs, NJ: Prentice-Hall.

Owens, R. E. Jr. (1999). *Language disorders: A functional approach to assessment and intervention* (3rd ed.). Boston, MA: Allyn & Bacon.

Peterson-Falzone, S. J., Hardin-Jones, M. A., & Karnell, M. P. (2001). *Cleft palate speech* (3rd ed.). St. Louis, MO: Mosby Inc.

Zemlin, W. R. (1998). *Speech and hearing science: Anatomy and physiology* (4th ed.). Englewood Cliffs, NJ: Prentice-Hall.

제**5**장

아동언어장애 I

 .... INTRODUCTION TO COMMUNICATION DISORDERS

앞서 살펴본 바와 같이 대부분의 아동은 성장하면서 예측할 수 있는 순서대로 언어를 습득해 나간다. 개인 차가 있기는 하지만 한 살 정도가 되면 한 낱말을 산출하기 시작하고, 18개월에서 24개월이 되면 두 낱말을 조합하여 문장을 산출하기 시작한다. 그러나 모든 아동이 그렇게 할 수 있는 것은 아니다. 일부 아동들은 각기 다른 원인과 정도로 다양한 범위의 특성을 보이면서 언어장애나 지연을 갖는다. 이렇게 언어발달에 어려움을 보이는 복합적인 집단을 아동언어장애라고 한다. 따라서 아동언어장애에는 지적장애나 자폐스펙트럼 장애와 같은 기질적 장애에 의한 언어장애, 방치나 학대와 같은 환경적 원인에 의한 언어장애 그리고 동반된 장애 없이 일차적으로 언어에만 어려움을 보이는 언어장애 모두가 포함된다. 그러나 학자에 따라서는 일차적으로 언어에만 어려움을 보이는 경우를 언어장애라고 부르기도 한다(Nelson, 2010).

이 장에서는 기실석 상애에 의한 언어장애를 제외하고 일차적으로 언어에만 어려움을 보이는 언어장애인 말늦은 아동, 단순언어장애아동 그리고 언어학습장애아동을 먼저 소개하고, 최근 이슈가 되고 있는 사회적 (화용적) 의사소통장애와 다문화가정아동에 대해서 다루고자 한다.

1. 언어장애 유형별 특성

아동언어장애 집단 중에서도 일차적으로 언어에만 어려움을 보이는 집단에는 말늦은 아동, 단순언어장애아동, 언어학습장애아동이 포함된다. 이 아동들은 다른 동반장애 없이 일차적으로 언어발달에 어려움을 보이는 아동들이다. 이 부문에서는 유형별로 정의와 그 언어적 특성에 대해서 살펴보고자 한다.

1) 말늦은 아동

일반아동은 대개 2세가 되면 약 50개의 낱말을 산출할 수 있다. 그러나 표현언어능력을 기준으로 볼 때 전체 아동 중 10~20%는 이러한 기준에 도달하지 못한다 (Desmarais et al., 2008; Rescorla, 1989). 이러한 아동들을 말늦은 아동(late talker)이라고 부르며, 말늦은 아동 중 일부 아동들은 3~4세에 일반아동과 유사한 범주로 따라잡는다. 반면에 일부 아동들은 지속적으로 언어장애, 정서 및 행동장애 그리고 학습장애를 가질 위험이 높은 것으로 알려져 있다(Rescorla, Roberts, & Dahlsgaard, 1997).

(1) 정의

그동안 많은 학자가 말늦은 아동을 대상으로 연구해 왔다. 말늦은 아동이란 청력손실이 없고, 반복적으로 중이염을 앓은 적이 없으며, 지적장애, 행동장애 및 신경장애가 없으며, 다음과 같은 조건 중 하나에 해당되는 경우를 말한다. 첫째, 18~32개월에 단어 조합을 못하거나 표현어휘능력이 또래아동의 10퍼센타일 이하에 해당하는 경우, 둘째, 2세에 표현어휘 수가 50개 미만이거나 단어를 조합하지 못하는 경우, 셋째, 18~23개월에 명료하게 발음하는 단어의 수가 10개 이하 혹은 24~34개월에 사용하는 단어의 수가 50개 미만이거나 단어 조합을 못하는 경우이다(Thal & Bates, 1988; Thal, Tobias & Morrison, 1991; Rescorla, 1989; Paul, 1991). 이와 같이 연구자들은 말늦은 아동을 진단할 때 주로 표현어휘 수나 단어 조합을 기준으로 사용하였다.

(2) 언어적 특성

연령이 높아지면서 말늦은 아동 중 일부 아동은 일반아동의 언어능력을 따라잡는데, 이런 아동들을 늦되는 아동(late bloomer) 혹은 정상화된 말늦은 아동(resolved late talkers)이라고 부른다(Rescorla & Dale, 2013). Rescorla와 동료들(Rescorla et al., 1997)이 34명의 말늦은 아동을 대상으로 3세에 이들의 언어능력을 재평가한 결과, 표현어휘검사에서 79%, 표현언어검사에서 58%, 평균발화길이(MLU)에서 35%, 구문 및 형태소능력평가에서 24%의 아동들이 정상범위에 도달해 있는 것으로 나타났다. 또한 2개월 간격으로 말늦은 아동들의 어휘발달과정을 살펴본 연구(Rescorla, Mirak, & Singh, 2000)에서는 28명 중 11명의 아동들이 어휘능력 성장을 보여 2세 6개월에 150~180개의 어휘능력을 보였다. 반면에 17명의 아동들은 2세 6개월에 평균 어휘 수가 30개 이하인 것으로 나타났다.

말늦은 아동을 17세까지 종단적으로 추적하여 살펴본 연구에서는, 대부분의 말늦은 아동들이 학교에 입학하여 청소년기까지 표준화된 언어와 읽기검사 모두에서 평균적인 수행을 보였다. 그러나 이들을 사회경제지표가 동일한 일반아동들과 비교한 결과, 어휘, 문법, 언어적 기억력에서 유의미하게 낮은 수행을 보였다. 연구자들은 이러한 결과를 바탕으로 말늦은 아동들이 2세경에 보인 언어발달지체문제가 청소년기에 가서 일반아동들과 비교하였을 때 언어 관련 기술에서 취약함으로 연결된다고 결론짓고 있다(Rescorla, 2002, 2005, 2009).

2) 단순언어장애

학자들은 지적 기능에 결함이 없고 뚜렷한 신경적 손상이 없으면서 일반 또래아동에 비해 언어능력이 부족한 아동들을 오랫동안 연구해 왔다. 초기에는 이러한 아동들을 의학적인 관점에서 '선천적 실어증' '유아실어증' '발달적 실어증' 등으로 부르

기 시작하였다. 이후 언어에 초점을 두면서 이들을 '언어장애' '발달적 언어장애' 등
의 이름으로 불렀으며, 현재 언어병리학 임상과 연구 분야에서 가장 많이 사용되는
용어는 '단순언어장애(Specific Language Impairment)'이다. 단순언어장애아동의 출현
율은 진단준거를 어떻게 정하느냐에 따라 다르지만 미국의 경우 약 7%로 추산되고
있으며, 남자아동의 출현율이 여자아동보다 2.8:1 정도로 더 높은 것으로 나타났다
(Tomblin et al., 1997).

(1) 정의

다른 장애의 정의와 달리, 단순언어장애는 배제적인(exclusive) 진단준거를 사용한
다. 즉, 단순언어장애란 언어에만 어려움을 보이는 장애로, 언어장애가 인지장애, 청
각장애, 신경학적인 결함이나 자폐증에 의한 것이어서는 안 된다. Leonard(1998)가
제시한 진단준거는 다음과 같다. 첫째, 표준화된 언어검사에서 −1.25 SD 이하이고,
둘째, 비언어성 지능검사 결과가 85 이상이며, 셋째, 청력검사에서 이상이 없어야 하
고, 넷째, 최근 중이염에 걸린 적이 없어야 하며, 다섯째, 신경학적인 이상이 없고,
여섯째, 구강구조 및 구강운동기능에 이상이 없어야 하며, 일곱째, 사회적 상호작용
에 어려움이 없어야 한다.

그러나 이렇게 엄격한 기준에도 불구하고 단순언어장애아동 집단은 매우 이질적
이다. 단순언어장애아동들은 공통적인 특성이 있지만, 그러한 특성을 전혀 보이지
않는 아동들도 있다. 즉, 아동마다 언어의 세부 영역에서 보이는 약점과 강점이 각각
다르다.

(2) 언어적 특성

의미　　단순언어장애아동들은 대부분 첫 낱말의 습득이 느리다. 일반아동들은 약
11~12개월에 첫 낱말을 습득하는 반면, 단순언어장애아동들은 평균적으로 23개월
에 첫 낱말을 습득한다(Leonard, 1998). 초기 낱말습득 특성을 살펴본 연구에서 단순
언어장애아동들은 일반아동과 마찬가지로 이해와 산출 간 차이를 보였으며, 새로운

낱말습득 시 행동단어보다는 사물단어를 쉽게 이해하고 산출하는 것으로 나타났다 (Leonard et al., 1982).

단순언어장애아동들은 새로운 낱말을 습득하는 데 어려움을 보이며, 이는 부분적으로 일반아동에 비해 **빠른 연결**(fast mapping)능력이 부족한 데에 기인한다(Rice, Buhr, & Nemeth, 1990). **빠른 연결**이란 낱말습득과정의 초기단계에서 아동이 낱말을 처음 접할 때 낱말의 음운적 표상을 창출하고, 그것의 의미에 대해 가설을 형성하여 이러한 표상 간에 음운적·의미적 연결을 창출하는 과정이다. 일반아동들은 보통 2세에 빠른 연결이 가능하며, 이러한 능력이 어린 아동들의 낱말습득능력을 가속화시키는 것으로 알려져 있다.

의미능력과 관련한 영역 중에는 낱말찾기(word-finding) 혹은 이름대기(naming)능력이 있다. 낱말찾기란 특정한 상황이나 자극이 주어졌을 때 특정한 낱말을 산출하는 능력을 말한다. 단순언어장애아동들은 낱말찾기에 어려움을 보인다. 낱말찾기능력을 살펴본 연구에 의하면, 단순언어장애아동들은 생활연령이 같은 일반아동에 비해 낱말찾기 과제에서 반응속도가 느리고 덜 정확한 것으로 나타났다(이윤경, 김영태, 2002; 이윤경, 김영태, 2003; Lahey & Edward, 1996, 1999). 단순언어장애아동들이 낱말찾기 과제에서 보인 느린 반응속도와 부정확성에 대한 원인에 대한 가설로는 비언어학적인 처리과정의 결함, 정교화되지 않은 낱말지식, 낱말 인출의 문제 등이 제시되었다.

문법 형태소　단순언어장애아동들은 공통적으로 문법 형태소의 사용에 어려움을 보인다. 영어권 연구에 의하면 단순언어장애아동들은 동사의 과거, 3인칭 단수 및 조동사와 관련되어 시제를 나타내는 문법 형태소에 주로 어려움을 보인다. Rice와 Wexler(1996)의 연구에 따르면, 단순언어장애아동들은 같은 연령의 아동들은 물론이고 언어능력이 같은 어린 아동들보다 시제를 나타내는 문법 형태소를 정확하게 사용하지 못하는 것으로 나타났다. 연구자들은 시제를 나타내는 문법 형태소가 단순언어장애를 파악하는 데 중요한 임상적 표지가 된다고 제안하였다.

우리나라 단순언어장애아동의 문법 형태소 사용능력을 살펴본 연구에서도 단순언어장애아동들이 언어능력을 일치시킨 일반아동에 비해 문법 형태소의 사용능력이 떨어지고 오류율이 높은 것으로 나타났다. 학령전기아동들의 보조사의 이해와 산출을 살펴본 연구에서 단순언어장애아동들은 보조사의 이해에는 어려움을 보이지 않았으나 보조사의 산출에 어려움이 있는 것으로 나타났으며(문현아, 황민아, 최경순, 2014), 일반아동에 비해 부사격 조사의 사용에 어려움이 있는 것으로 나타났다(이정미, 최소영, 황민아, 2014). 또한 담화상황별로 문법 형태소 사용을 살펴본 연구에서는 단순언어장애아동들이 대화상황보다 이야기와 설명담화와 같은 비대화 담화상황에서 문법 형태소 오류율이 더 높은 것으로 나타났다(정경희, 배소영, 2010).

구문   문법 형태소와 마찬가지로, 단순언어장애아동들이 취약함을 보이는 영역이 구문이다. 단순언어장애아동들은 낱말 조합의 시기가 늦어 3세가 되어서야 문장을 사용하기 시작한다. 이들은 주요한 문법범주를 생략하기도 하며 일반아동에 비해서 실수가 매우 잦은 편이다. 또한 언어능력이 같은 일반아동과의 비교연구에서, 단순언어장애아동들의 구문규칙 사용능력은 어린 일반아동과 유사하였지만 명사, 동사 및 내포문과 같이 중요한 구문적 범주를 다양한 문장에서 사용하지는 못하였다(Morehead & Ingram, 1973). 문장 따라 말하기 과제로 아동들의 구문능력을 살펴본 연구(안지숙, 김영태, 2000)에서도 단순언어장애아동들은 구문구조능력에 취약한 것으로 나타났다. 단순언어장애아동들은 모든 구문적 난이도에서 일반아동보다 유의하게 낮은 수행을 보였다. 또한 단문과 연결문에서보다 내포문에서 수행력이 떨어졌다. 대화와 설명담화에서의 구문능력을 살펴본 연구에서, 단순언어장애아동들은 대화에서는 차이를 보이지 않았으나 설명담화에서는 구문능력이 일반아동에 비해서 낮았으며 구문 오류율이 유의미하게 높은 것으로 나타났다(이현정, 김영태, 윤혜련, 2008).

음운   학령전기의 아동들이 의미나 형태소 혹은 구문에 어려움을 보이면 대부분 음운영역에서도 문제를 보인다. 음운능력의 문제가 먼저 파악이 될 경우에도 대부분은 언어의 다른 영역에도 어려움을 보인다(Leonard, 1998). 3세에서 11세의 발달적 음운장애를 가진 아동들을 대상으로 조사한 연구에 의하면, 일반아동 중 7.5%의 아동들이 발달적 음운장애를 보였으며, 이 중 1/3 아동은 생략이나 대치와 같은 말장애를 약 4세 이상까지 지속적으로 보였다. 또한 이 아동들 중 50~75%의 아동이 언어 관련 문제를 갖게 되는데, 이 중 10~40%의 아동들은 언어 이해와 산출문제를 동시에 갖는 것으로 나타났다(Shriberg & Kwiatkowski, 1994). 이를 기초로 추론할 때 단순언어장애아동들이 음운기술에 있어서 어려움을 가질 확률은 높다고 할 수 있다.

화용   단순언어장애아동들은 언어적 어려움으로 인해 또래 집단에서 놀림을 당하거나 소외를 당하기 쉽다. 또한 부적절한 언어의 사용은 친구관계에 부정적 영향을 주기도 한다(Brinton & Fujiki, 1995). 단순언어장애아동의 진단준거를 볼 때 이 아동들의 화용적인 문제는 언어의 형식이나 내용의 어려움에 따른 부수적인 문제라고 생각할 수도 있다. 그러나 선행연구의 결과로는 이러한 관계가 확실하지 않다(Leonard, 1998).

한 낱말단계 단순언어장애아동의 의사소통기능을 살펴본 결과, 언어능력이 같은 일반아동과 비교할 때 두 집단 모두 비슷하게 요구하기와 설명하기의 기능을 사용하였다. 그리고 단순언어장애아동들은 낱말보다는 몸짓을 더 자주 사용한 반면, 일반아동들은 낱말을 더 자주 사용하였다. 의사소통기능에 필요한 어휘능력을 통제한 다른 연구에서 단순언어장애아동은 일반아동과 비슷하게 낱말을 사용하여 의사소통기능을 표현하는 것으로 나타났다. 또한 이름대기와 요구하기 외에 기술하기, 거절하기 등의 16개의 의사소통기능을 살펴본 연구에서는 단순언어장애아동은 일반아동보다 대답하기 기능이 더 많은 반면, 자발적 이름대기가 더 적었다(Leonard et al., 1982).

단순언어장애아동들은 언어능력이 같은 나이 어린 아동들과 비교할 때 대화를 시작하는 정도는 비슷하나, 질문에 대답하고 새로운 정보를 추가하는 기술에 있어서는 어린 아동들보다 더 나은 수행을 보인다. 또한 이들은 대화상대가 성인일 때보다 아동일 때 더 적극적인 태도를 보이며 대화의 상대자가 두 명 이상이 될 때 대화능력이 감소한다. 그리고 단순언어장애아동들은 언어를 사용하여 갈등을 해결하는 데 어려움을 보여 신체적으로 공격적인 행동을 하거나 쉽게 위축되기도 한다.

활발한 대화 진행을 위해서는, 메시지가 잘 전달되지 않았을 경우 상대방에게 명료화를 요구하고 상대의 명료화 요구에 대해서는 자신의 메시지를 수정해야 한다. 그런데 단순언어장애아동은 일반아동에 비해 명료화를 잘 요구하지 않으며, 상대방의 잘못으로 메시지를 이해하지 못한 경우에도 자신의 탓으로 돌리는 경우가 많다. 또한 상대방의 요구로 수정을 하는 경우에도 부적절한 경우가 많다. 또한 단순언어장애아동은 이전 발화나 상식을 이용하여 메시지를 이해해야 하는 화용적 이해능력이 일반아동에 비해 떨어지는 것으로 나타났다(김정미, 김영태, 2006).

단순언어장애아동의 이야기 이해 특성을 살펴본 '윤혜련과 김영태(2005)'는 이야기 이해 과제에서 단순언어장애아동들은 사실적 정보 이해에서는 어려움을 보이지 않았으나 텍스트 연결 추론 이해와 빠진 정보 추론 이해에서는 어려움을 보였다고 보고하였다. 또한 '김유정과 배소영(2004)'은 단순언어장애아동이 이야기 산출률, 회상률, 이해율 모두에서 일반아동에 비해 유의하게 낮았다고 보고하였다.

(3) 비언어적 특성

단순언어장애아동의 진단준거에 의하면, 이 아동들의 비언어적인 능력은 정상범주에 있다. 그럼에도 불구하고, 단순언어장애아동은 다양한 비언어적인 과제에서 일반아동에 비해 다소 낮은 수행을 보인다. 그리고 어떤 연구자들은 이러한 낮은 수행능력이 단순언어장애에 동반된 결함이라기보다는 이 아동들의 근본적인 문제라고 주장하기도 한다(Leonard, 1998).

'제한된 처리용량(Limited Processing Capacity)' 가설은 작업기억과 처리속도의 차원으로 설명되었다. 작업기억이란 복잡한 인지적 활동에 필요한 정보를 일시적으로 저장하고 조작하는 능력이다(Baddley, 2003). 들려준 문장을 이해하면서 문장의 마지막 낱말을 기억해야 하는 과제로, 작업기억을 실험한 연구에서 단순언어장애아동은 문장이해에서는 일반아동과 차이를 보이지 않았으나, 낱말을 기억해야 하는 과제에서는 일반아동보다 매우 낮은 수행능력을 보였다(Weismer, Evans, & Hesketh, 1999). 작업기억과 문장이해능력을 살펴본 연구에서 단순언어장애아동들은 작업기억과 문장이해능력이 유의하게 정적인 관계가 있는 것으로 나타났다. 그러나 이 관계의 정도는 문장이해 과제에서 사용한 문장의 유형에 따라 다른 것으로 나타났다(Montgomery, 2000a; Montgomery, 2000b). 또한 다양한 과제로 단순언어장애아동들의 처리속도를 살펴본 결과, 단순언어장애아동 대부분이 처리속도가 느렸으며, 이러한 제한은 다양한 범위의 언어학적이고 비언어학적인 분야에서 나타났다. 그러나 단순언어장애아동 모두가 느린 처리속도를 보인 것은 아니었으며, 최근의 연구 결과 대부분의 느림 정도가 영역마다 그리고 동일한 영역 내에서도 다르게 나타났다(Leonard, 2014).

3) 언어학습장애

학령기가 되면, 학령전기와 달리 아동들은 좀 더 정교화되고 질적으로 높은 수준의 언어능력을 요구받게 된다. 추상적인 어휘를 접해야 할 뿐 아니라 속담이나 비유 등의 간접적인 표현을 이해하고 사용하게 된다. 또한 단순한 문장보다는 길고 복잡한 문장을 접하게 된다. 그리고 고학년이 되면 대화나 이야기와 같이 구어적인 담화를 사용할 뿐만 아니라, 실명문과 같은 높은 수준의 담화를 읽고 쓰기 시작한다. 따라서 언어에 어려움을 가진 아동들은 학교생활에 실패하기가 쉽다.

(1) 정의

학습장애 진단은 학령전기에도 이루어질 수 있으나 일반적으로 아동이 학령기에 이르렀을 때 교육평가팀에 의해 이루어진다. 학습장애 진단은 아동들이 학교수업에 어려움을 가질 때 내려지며, 학습장애로 파악된 아동 중 약 80%의 아동들이 읽기에 장애를 가지고 있다(Nelson, 2010).

학교에서 학습장애라는 진단을 받은 아동 중 일부는 구어의 어려움을 가진 전력이 있다. 읽기 혹은 쓰기를 포함하는 언어장애는 구어에서의 명확한 증상과 연합되지 않았을 수도 있으나, 읽기와 쓰기를 배우는 데 어려움을 가진 아동들에게 경미한 (subtle) 구어 증상은 지나쳐졌을 수도 있다. 학습장애의 기저에 흐르는 다양한 형태의 언어학적 기초를 강조하기 위해서, 특별히 언어병리학 분야에서는 구어와 문어 학습장애 모두를 보이는 아동을 언어학습장애(Language Learning Disabilities)라고 정의한다(Silliman, Butler, & Wallach, 2002).

(2) 언어적 특성

음운　언어학습장애아동들이 보이는 많은 문제의 기저에는 미묘한 음운적 결함이 자리하고 있으며, 난독증은 기본적으로 음운처리과정의 결함에 의한 것으로 알려져 있다. 언어학습장애아동은 음운 산출에 있어서 일반적으로 명료하나 일반인구(4~6%)에 비해서 말장애의 비율이 높다(25%)고 알려져 있다. 또한 음운장애가 없는 경우에도, 언어학습장애아동들은 복잡한 음운을 산출하는 과제에서 어려움을 보인다(Paul, 2012).

음운인식능력이란 낱말의 말소리에 주의를 기울이고 생각하며 조작할 수 있는 능력으로, 읽기능력과 매우 밀접한 관계에 있다(김정미 외 공역, 2014). 학령전기에 언어발달에 어려움을 보인 아동들은 이후에 명백한 언어문제가 없음에도 불구하고 음운인식능력과 같은 높은 수준의 기술에 어려움을 보이기 쉽다. 따라서 학령전기에 언어발달이 느린 아동들은 언어학습장애를 가질 위험이 높다.

구문　언어학습장애아동들은 복잡한 구문을 이해하는 데 어려움을 보인다. 학령전기에 언어문제를 가졌던 아동들을 대상으로 2년과 4년 후에 재조사한 결과, 대부분의 아동은 또래아동과의 차이를 극복하지 못하여 문장 이해와 산출에 여전히 어려움을 보였다(Tomblin et al., 2003). 언어학습장애아동들을 대상으로 자발화를 분석한 연구에서, 언어학습장애아동의 구문 오류율은 3~11%로 높지 않았고 연령이 증가함에 따라 낮아졌으나, 일반아동에 비하면 유의하게 높은 것으로 나타났다. 이 아동들은 쓰기에서는 높은 오류율을 보였으며, 단순하고 미성숙한 쓰기능력을 보였다. 특히 종속절이나 내포문과 같은 장치를 통해 복잡하지만 효율적인 구조의 문장을 사용하기보다는 단순하고 긴 문장을 사용하는 것으로 나타났다(Eisenberg, 2006).

의미   언어학습장애아동들은 사용하는 낱말의 수가 적으며, 주로 빈도가 높고 길이가 짧은 낱말을 사용한다(Catts, Fey, & Tomblin, 1999). 이 아동들은 낱말의미의 지식도 제한되어 있으며, 낱말과 낱말을 연합시키고 의미적인 부류로 범주화시키는 능력의 발달에 어려움을 보인다. 또한 은유와 속담 같은 비유어를 이해하고 산출하는 능력에도 어려움을 보인다(Nippold, 2007).

화용   언어학습장애아동들은 말을 많이 하지 않으며, 짧고 단순한 구조로 말하는 경향이 있다. 이들은 또래아동에 비해 더 적대적이며, 덜 주장적이고, 덜 설득적이며, 덜 공손하고, 표현이 덜 명확하고, 불완전하다. 또한 이들은 청자의 요구에 덜 민감하며, 청자의 연령이나 사회적 지위에 적절한 말을 하는 데 어려움을 보이기도 한다(Paul, 2012). 언어학습장애아동들의 언어결함과 사회성의 관계를 살펴본 연구에서, 언어학습장애아동은 일반아동에 비해서 다른 아동들과의 상호작용이 적었으며, 언어결함의 정도와 사회적 기술이 어느 정도 관련이 있는 것으로 나타났다. 즉, 언어 이해나 표현이 심하게 떨어지는 아동들이 그렇지 않은 아동들보다 친사회적 행동(도와주기, 위로하기, 공유하기, 동정하기)이 부족한 것으로 나타났다(Hart et al., 2004).

이야기(narrative)는 구어와 문어의 중간단계의 형식성을 지녀 구어중심에서 문어중심으로 변화되는 과정을 자연스럽게 연결하는 역할을 하는 담화 장르로 학령기아동에게 중요한 위치를 차지한다. 이야기는 여러 개의 일화로 구성되어 있으며, 각각의 일화는 이야기 문법이라는 구성 요소들로 구조화되어 있다(Stein & Glenn, 1979).
언어학습장애아동은 이야기 문법에 대한 기본적인 감각은 갖고 있으나, 이야기를 엮
어 주는 인과적이거나 시간적인 연결어가 일반아동에 비해 적다. 그리고 언어학습
장애아동들은 등장인물의 목표, 내적 반응과 관련된 요소와 완전한 일화의 수가 적
다. 이야기 이해와 산출 결함은 읽기 이해 결함과 서로 얽혀 있다. 학습장애아동의
80%는 읽기 이해와 같은 문제를 포함하여 읽기학습에 심각한 어려움을 경험한다
(Nelson, 2010).

읽기에 있어 고학년이 되면 설명담화에 대한 비중이 증가된다. 설명담화는 구어
적인 이야기와 달리 문어적이며, 문맥적인 지지 없이 오로지 언어학적인 처리과정
에 의존하는 장르다. 즉, 설명담화를 이해하기 위해서는 세세한 정보를 모두 기억하
여 자신이 이미 알고 있던 지식들과 통합하여야 한다. 설명담화 말하기와 쓰기 수행
을 비교한 연구에서 언어학습장애아동은 일반아동에 비해 어려움을 보였다. 말하기
과제에서 언어학습장애아동들은 총 T-unit의 수, 총 낱말 수, 분당 낱말 수, T-unit당
낱말 수는 유의하게 낮았으며 T-unit당 문법적 오류 수는 높았다. 또한 이러한 차이
는 쓰기 과제에서 더욱 두드러졌다(Scott & Windsor, 2000).

읽기   읽기는 언어에 기초한 기술로 구어와 같은 기저를 갖고 있다(김정미 외 공
역, 2014). 언어학습장애아동들은 구어 기저에 약점을 지니고 있으며 종종 언어발달
지체의 전력을 가진다. 언어학습장애아동들 대부분은 취약한 구어기술로 인해 문어
발달을 위한 기초가 약한 편으로 결과적으로 읽기문제를 갖게 된다(Paul, 2012).

4) 사회적(화용적) 의사소통장애

의사소통을 성공적으로 하기 위해서는 단어의 글자 그대로의 의미 이상을 이해
해야 하며, 의미를 구성하기 위해서는 지식과 경험을 이끌어 낼 수 있어야 한다. 또
한 사회적 맥락에 적절한 언어를 사용할 수 있어야 한다. 이와 같이 화용적 언어 혹

은 사회적 의사소통기술에 어려움을 보이는 아동들 중에는 이 영역에 특히 취약하다고 알려져 있는 자폐스펙트럼장애의 진단기준을 충족시키지 못하는 아동들이 있다(Norbury, 2014). 그동안 이 아동들을 '화용언어장애'(Bishop, 2000)라고 부르기도 하였는데 최근 DSM-5(APA, 2013)에서는 의사소통장애영역의 하위범주로 사회적(화용적) 의사소통장애를 추가하였다.

(1) 정의

사회적 의사소통장애는 화용 또는 언어 및 의사소통의 사회적인 사용에 어려움을 보이는 것이 가장 핵심적인 문제로, DSM-5(2013)에서는 다음의 네 가지 진단준거를 제시하고 있다. 첫째, 구어 및 비구어적 의사소통의 사회적 사용에서의 지속적인 어려움을 보이며 다음과 같은 특성을 보인다. ① 사회적 맥락에 적절한 방법으로 인사하기, 정보 나누기와 같은 사회적 목적을 위해 의사소통을 하는 데 어려움을 보인다. ② 교실과 운동장에서 다른 방식으로 말하기, 아동과 성인에게 다른 방식으로 말하기 그리고 지나치게 형식적인 언어 사용 피하기와 같이 청자의 요구나 맥락에 적절하게 의사소통을 변화시키는 데에 어려움을 보인다. ③ 대화에서 말차례 바꾸기, 이해되지 못할 때 바꾸어 말하기, 상호작용을 조절하기 위해 구어적·비구어적 신호 사용하기와 같이 대화와 이야기, 말하기의 규칙 따르기에 어려움을 보인다. ④ 명시적으로 언급되지 않은 것(예: 추측하기)을 이해하기 그리고 언어의 비축자적 혹은 애매모호한 의미(예: 관용구, 유머, 은유, 해석시 문맥에 따른 중의적 의미) 이해에 어려움을 보인다.

둘째, 이러한 걸힘은 효과적인 의사소통, 사회적 참여, 사회적 관계, 학업적 성취혹은 직업적 수행에서 기능적인 제한을 초래한다.

셋째, 증상의 시작은 발달 초기에 나타난다(그러나 결함은 사회적 의사소통 요구가 제한된 능력을 넘어설 때까지는 완전히 나타나지 않을 수 있다).

넷째, 이 증상은 다른 의학적 혹은 신경학적인 조건 혹은 낱말 구조나 문법영역에서의 낮은 능력에 의한 것이 아니며, 자폐스펙트럼장애, 지적장애, 전반적 발달지연 또는 다른 정신질환에 의해 더 잘 설명되지 않는다.

DSM-5에서 이와 같이 진단적 준거를 제시하였음에도 불구하고 사회적(화용적) 의사소통장애는 단순언어장애와 자폐스펙트럼장애 간 변별 진단이 쉽지 않다는 점들이 지속적으로 지적되고 있다. 이는 이들을 변별 진단할 수 있는 문화적으로 타당한 평가도구가 부족하며, 일관성 있고 지속적인 임상적 조건을 확인하는 연구 결과 또한 부족한 것에 기인한다(Brukner-Wertman, Laor & Golan, 2016; Norbury, 2014).

5) 다문화가정아동

한국사회는 1990년대 중후반부터 다문화사회로 접어들었으며, 현재 우리 사회로 편입되는 외국인의 수는 지속적으로 증가하고 있다. 2015년 통계청 자료에 의하면 우리나라에 거주하고 있는 외국인의 수는 2,106,604명으로, 그중 외국인 근로자와 외국인 유학생, 외국국적 동포를 제외한 다문화가족은 887,804명이다. 또한 전체 출생아 대비 다문화가정 출생아의 비중이 2008년도 2.9%에서 2014년 4.9%로 증가하였다. 또한 초중고에 재학 중인 다문화가정 배경을 가진 아동들이 82,536명으로(교육부, 2015), 다문화가족의 자녀 중에서 60% 이상이 학령전기아동인 것을 감안하면 훨씬 더 많은 다문화가정 자녀들이 있음을 알 수 있다.

이와 같은 다문화가정아동의 양적인 증가 및 성장과 함께 다문화가정 자녀에 대한 사회적 관심도 증대되고 있으며, 2008년부터 「다문화가족지원법」 제정에 따라 전국에 다문화가족지원센터가 건립되어 다문화가족에게 다양한 서비스를 제공하고 있다(김수진, 윤철수, 이봉원, 2014). 다문화가족지원센터에 근무하는 언어발달지도사는 다문화가정아동의 언어발달을 평가하고 교육하는 역할을 담당하고 있다.

(1) 정의

다문화가정이란 가족 중 한 구성원이 외국인인 가족이다. 그러나 통상적으로 다문화가족은 주로 결혼이민자를 지칭하는 개념이다(김수진, 윤철수, 이봉원, 2014). 우리나라 다문화가정아동의 언어발달 연구를 살펴보면, 주로 한국인 아버지와 외국인 결혼이민자 사이에서 태어난 아동들을 대상으로 하였다(김영란, 김영태, 2011; 오소정, 김영태, 2014;정은희, 2004; 황상심, 2010; 배소영, 김미배, 2010).

(2) 언어적 특성

부모 중 한 명, 특히 어머니가 한국어가 유창하지 않은 다문화가정 자녀의 경우, 언어발달에 불리하다는 것은 어느 정도 예측이 가능하다. 실제로 2012년 다문화가족지원센터를 방문한 다문화가족 자녀 중 60.7%가 또래아동보다 언어발달이 지연된 것으로 나타났다(김수진, 윤철수, 이봉원, 2014).

다문화가정 아동과 일반아동의 언어능력을 비교한 연구 결과들을 종합해 보면, 언어이해능력과 언어표현능력 모두 지체되는 것으로 나타났다(김영란, 김영태, 2011; 정은희, 2004). 반면에 읽기발달에 기초가 되는 음운인식은 대체로 일반아동을 살펴본 연구 결과는 다소 불일치하여, 음운인식능력이 일반아동에 비해 낮거나 차이가 없는 것으로 나타났다(배소영, 김미배, 2010; 안성우, 신영주, 2008; 양성오, 황보명, 2009). 또한 학령기아동을 대상으로 한 연구에서 대체로 일반아동에 비해 어휘량이 부족하고, 낱말재인과 덩이글 이해력이 일반아동에 비해 낮았으며, 특히 글말에서 어휘력의 차이가 큰 것으로 나타났다(배소영, 김미배, 2010; 김선정, 강진숙, 2009).

다문화가정아동들은 언어발달지체를 보이는 대부분의 아동들처럼 학령전기에 보이는 언어발달의 문제가 학령기가 되어 읽기와 학습 등의 문제로 확대될 가능성이 높다. 학업성취는 결국 진학과 진로의 문제로 연결되기 때문에 다문화가정아동들에 대한 조기 진단과 중재는 필수적이다.

연구문제

1. 말늦은 아동들의 진단준거를 제시하시오.
2. 단순언어장애아동의 언어적 특성을 기술하시오.
3. 언어학습장애아동의 언어적 특성을 기술하시오.
4. 사회적(화용적) 의사소통장애의 진단준거를 기술하시오
5. 다문화가정아동의 언어적 특성을 기술하시오.

 용어해설

T-unit (Terminable unit)	종속절과 같은 하나의 수식구가 있는 독립절. 예를 들어, 제일 일찍 간 사람이 돌아오지 않았다(1개의 T-unit). 너는 어제 집에 그냥 갔지만 나는 늦게까지 공부했다(2개의 T-unit).
난독증(dyslexia)	신경생리학적인 원인에 의한 특정 학습장애로, 정확하고 유창한 낱말재인에 어려움을 보이고 철자와 해독능력에 어려움이 있는 장애
빠진 정보 추론 (gap-filling inference) 이해 과제	이야기 이해를 살펴보는 과제에서 텍스트에 표면적으로 표현되지 않은 정보에 대해서 청자가 자신이 이미 알고 있는 지식을 이용하여 통합적으로 정보를 추론해야 하는 과제
사실적 정보 이해 과제	이야기에서 들려준 내용을 그대로 질문하는 과제로, 질문에 사용된 어휘와 구문을 이해하고 있고 기억하면 대답이 가능한 과제
서로 다른 낱말 수(Number of Different Words: NDW)	전체 발화에 사용한 서로 다른 낱말의 수
설명담화	주로 설명과 기술로 이루어져 있으며 수신자에게는 새로운 정보를 포함하고 있는 문어 스타일의 담화. 맥락적인 지지가 적고 전적으로 언어적인 처리과정에 의존함
일화 (Episode)	이야기는 배경과 일화로 구성되어 있으며, 일화는 전체 행동의 순서. 대부분의 이야기는 두 개 이상의 일화를 포함하며, 일화는 이야기의 기본적인 상위의 단위. 일화는 등장인물, 등장인물의 내적 반응, 등장인물의 목표에 대한 외적 반응, 그의 명백한 반응으로 인해 초래된 결과에 영향을 주는 외적 혹은 내적 사건이 포함됨

이야기 문법 (Story Grammar)	이야기를 구성하는 내적 구조로서, 이야기의 구성 요소에는 배경, 등장인물, 계기 사건, 내적 반응, 계획, 시도, 결과, 반응 등이 포함됨
총 낱말 수(Total Number of Word: TNW)	전체 발화에 사용한 낱말의 수
텍스트 연결 추론 (text-connecting inference) 이해과제	이야기 이해과제 중에서 두 개 이상의 문장에 따로 명시되어 있는 내용을 연결하여 통합된 정보로 이해해야 하는 과제
평균발화길이(Mean Length of Utterance: MLU)	아동이 산출한 발화를 낱말이나 형태소 단위로 세어서 합을 낸 후 총 발화 수로 나눈 값. 아동의 표현언어수준을 보여 주는 척도

참고문헌

교육부. http://www.moe.go.kr/sub/info.do?m=040602&s=moe

김선정, 강진숙(2009). 다문화가정자녀의 어휘력 고찰. 이중언어학, 40, 31-55.

김수진, 윤철수, 이봉원(2014). 다문화가족자녀 언어발달지원사업 효과분석 및 개선방안연구. 여성가족부.

김영란, 김영태(2011). 취학전 저소득층 다문화가정아동의 언어능력. 언어치료연구, 20(3), 73-88.

김유정, 배소영(2004). 학령전 단순언어장애아동과 정상발달아동의 이야기능력. 한국심리학회지: 발달, 17(1), 41-58.

김정미, 김영태(2006) 학령기 단순언어장애아동의 화용적 이해능력: 상호지식이용능력을 중심으로. 언어청각장애연구, 11(2), 90-105.

김정미, 윤혜련, 이윤경, 정부자 공역(2012). 언어와 읽기장애. 서울: 시그마프레스.

문현아, 황민아, 최경순(2014). 단순언어장애아동들의 보조사 이해 및 산출: '은/는' '만' '도'를 중심으로. Communication Science and Disorders, 19(4), 447-455.

배소영, 김미배(2010). 초등학교 저학년 다문화가정아동의 읽기와 언어. 언어청각장애연구, 15, 146-156.

안성우, 신영우(2008). 저소득층 일반아동과 다문화가정아동의 음운인식능력 비교연구: 음절과 음소 측면. 언어치료연구, 17(4), 81-94.

안지숙, 김영태(2000). 단순언어장애아동과 정상아동의 구문적 난이도에 따른 문장 따라 말하

기: 수행력 및 명료도 비교. 음성과학, 7(3), 249-262.

양성오, 황보명(2009). 취학 전 다문화가정아동과 일반가정아동의 음운인식능력 비교연구. 언어치료연구, 18(1), 37-56.

오소정, 김영태(2014). 다문화가정 언어장애아동의 어휘지식 및 구어처리 과제 수행 특성. 언어치료연구, 23(1), 55-88.

윤혜련, 김영태(2005). 학령기 단순언어장애아동의 이야기 이해 특성. 언어청각장애연구, 1(3), 41-56.

이윤경, 김영태(2002). 단순언어장애아동들의 낱말찾기 특성. 언어청각장애연구, 7(1), 65-80.

이윤경, 김영태(2003). 단순언어장애아동들의 낱말 산출능력: 명사와 동사를 중심으로. 언어청각장애연구, 8(1), 1-19.

이정미, 최소형, 황민아(2014). 문장 따라말하기에서 나타난 단순언어장애아동의 조사처리능력. Communication Science and Disorders, 19(4), 477-485.

이현정, 윤혜련, 김영태(2008). 담화 유형에 따른 학령기 단순언어장애아동의 구문 사용 특성: 대화와 설명담화를 중심으로. 언어청각장애연구, 13(1), 103-121

정경희, 배소영(2010). 담화 유형에 따른 문법 형태소 사용 특성. 언어치료연구, 19(4), 161-176.

정은희(2004) 농촌지역 국제결혼가정아동의 언어발달과 언어환경. 언어치료연구, 13(3), 33-52.

통계청 http://kostat.go.kr/portal/index/statistics.action.

황상심(2010). 다문화가정유아의 초기 표현어휘발달과 성차. 언어치료연구, 19(1), 193-209.

American Psychiatric Association. (2013). *Diagnostic and statistical manual of mental disorders* (5th ed.). Washington, DC: American Psychiatric Association.

Baddley, A. (2003). Working memory and language: Overview. *Journal of Communication Disorders, 36,* 186-208.

Bishop, D. M. V. (2000). Pragmatic language impairment: A correlate of SLI, a distinct subgroup or part of the autistic continuum? In D. V. M. Bishop & L. Leonard (Eds.), *Speech and language impairment in children; Causes, characteristics, intervention and outcome*(pp. 193-113). Hove, England: Psychology Press.

Brinton, B., & Fujiki, M. (1995). Conversational intervention with children with language impairment. In M. Fey, J. Winsor, & S. Warren (Eds.), *Language intervention: Preschool through the primary school years* (pp. 183-212). Baltimore: Paul H. Brooks.

Brukner-Wertman, Y. Laor, N, & Golan, O. (2016). Social(pragmatic) communication disorders and its relation to the autism spectrum: Dilemmas arising from the DSM-5 classification. *Journal of Autism and Developmental Disorders, 46*, 1-24.

Catts, H. Fey, M., & Tomblin, B. (1999). Language basis of reading and reading disabilities: Evidence from a longitudinal investigation. *Scientific Studies in Reading, 3*, 331-361.

Desmarais, C., Sylvestre, A., Meyer, F., Bairati, I., & Rouleau, N. (2008). Systematic review of the literature on characteristics of late-talking toddlers. *International Journal of Language & Communication Disorders, 43*(3), 361-389.

Eisenberg, S. L. (2006). Grammar: How can I say that better? In Ukrainetz, T. A. (Eds.) *Contextualized lanuage intervention: Scaffolding preK-12 literacy achievement.* (pp. 145-194). Austin, TX: Pro-ed.

Hart, K. I., Fujiki, M., Brinton, B., & Hart, C. (2004). The relationship between social behavior and severity of language impairment. *Journal of Speech, Language, and Hearing Research, 47*, 647-662.

Lahey, M., & Edward, J. (1996). Why do children with specific language impairment name pictures more slowly than their peers? *Journal of Speech and Hearing Research, 39*, 1081-1098.

Lahey, M., & Edward, J. (1999). Naming errors of children with specific language impairment. *Journal of Speech and Hearing Research, 42*, 195-205.

Leonard, L. B. (1998). *Children with specific language impairment.* Cambridge, MA: the MIT Press.

Leonard, L. B. (2014). *Children with specific language impairment.* Cambridge, MA: the MIT Press.

Leonard, L. B., Camarata, S., Rowan, L., & Chapman, K. (1982). The communicative functions of lexical usage by language impaired children. *Applied Psycholinguistics, 3*, 109-125.

Montgomery, J. (2000a). Relation of working memory of off-line and real-time sentence processing in children with specific language impairment. *Applied Psycholinguistics, 21*, 117-148.

Montgomery, J. (2000b). Verbal working memory and sentence comprehension in children with specific language impairment. *Journal of Speech, Language, and Hearing Research, 43*, 293-308.

Morehead, D., & Ingram, D. (1973). The development of base syntax in normal and linguistically deviant children. *Journal of speech and Hearing Research, 16*, 330-352.

Nelson, N. W. (2010). *Language and literacy disorders: infancy through adolescence.* Boston: Allyn & Bacon.

Nippold, M. (2007). *Later language development.* Austin, TX: Pro-ed.

Norbury, C. F. (2014). Practitioner review: Social(prgmatic)communication disorder conceptualization, evidence and clinical implications. *Journal of Child Psychology and Psychiatry, 55*(3), 201-216.

Paul, R. (1991). Profiles of toddlers with slow expressive language development. *Topics in Language Disorders, 11*, 1-13.

Paul, R. (2012). *Language disorders from infancy through adolescence.* St. Louis, Mo: Mosby.

Rescorla, L. (1989). The language development survey: A screening tool for delayed language in toddlers. *Journal of Speech and Hearing Disorders, 54*, 587-599.

Rescorla, L. (2002). Language and reading outcomes to age 9 in late-talking toddlers. *Journal of Speech, Language, and Hearing Research, 45*, 360-371.

Rescorla, L. (2005). Age 13 language and reading outcomes in late-talking toddlers. *Journal of Speech, Language, and Hearing Research, 48*, 459-472.

Rescorla, L. (2009). At 17 language and reading outcomes in late-talking toddlers. *Journal of Speech, Language, and Hearing Research, 52*, 16-30.

Rescorla, L. & Dale, P. (2013). Late talkers: Language development intervention, and outcomes. *Paul H. Brooks Co.* Baltimore: ML.

Rescorla, L., Mirak, J., & Singh, L. (2000). Vocabulary growth in late talkers: lexical development from 2;0 to 3;0. *Journal of child language, 27*(2), 293-311.

Rescorla, L., Roberts, J., & Dahlsgaard, K. (1997). Late talkers at 2: Outcome at age 3. *Journal of Speech, Language, and Hearing Research, 40*, 555-566.

Rice, M. & Wexler, K. (1996). Toward Tense as a clinical marker of specific language impairment in English-speaking children. *Journal of Speech and Hearing Research, 39*,

1239-1257.

Rice, M., Buhr, J., & Nemeth, M. (1990). Fast mapping word-learning abilities of language-delayed preschoolers. *Journal of speech and Hearing Disorders, 55*, 33-42.

Scott, C. M., & Windsor, J. (2000). General language performance measures in spoken and written narrative and expository discourse of school-age children with language learning disabilities. *Journal of Speech, Language, and Hearing Research, 43*, 324-339.

Shriberg, L. D., & Kwiatkoski, J. (1994). Developmental phonological disorders I: A Cinical Pofile. *Journal of Speech and Hearing Disorders, 37*, 1100-1126.

Silliman, E. R., Butler, K. G., & Wallach, G. P. (2002). The time has come to talk of many things. In K. G. Butler & E. R. Silliman (Eds), *Speaking, reading and writing in children with language learning disablties* (pp. 3-25). Mahwah, N. J.: Lawrence Erlbaum.

Stein, N., & Glenn, C. (1979). An analysis of story comprehension in elementary school children. In R. Freedle (Ed.), *New directions in discaurse processtny* (vol. 2, pp.53-120). Norwood, Nj: Ablex.

Thal, D., & Bates, E. (1988). Language and gesture in late talkers. *Journal of Speech and Hearing Research, 31*, 115-123.

Thal, D., Tobias, S., & Morrison, D. (1991). Language and gesture in late talkers: A 1-year follow-up. *Journal of Speech and Hearing Research, 34*, 604-612.

Tomblin, J. B., Records, N. L. Buckwalter, P. Zhang X. Smith, E., & O'Brien, M. (1997). Prevalence of specific language impairment in Kindergarten Children. *Journal of Speech, Language, and Hearing Research, 40*, 1245-1260.

Tomblin, J. B., Zhang X., Buckwalter, P., Smith, E., & O'Brien, M. (2003). The stability of primary language disorders: Four Years after kindergarten diagnosis. *Journal of Speech, Language, and Hearing Research, 46*, 1283-1296.

Weismer, S. E., Evans, J., & Hesketh, L. (1999). An examination of verbal working momory capacity in children with specific language impairment. *Journal of Speech, Language, and Hearing Research, 42*, 1249-1260.

아동언어장애 II

....

아동의 언어장애는 제5장에서 고찰한 바와 같이 중복되는 장애 없이 언어문제만 나타내는 경우와, 다른 장애를 동반하면서 언어문제를 나타내는 경우가 있다. 다른 장애를 동반하는 아동들은 그들이 사용하는 언어 현상 자체뿐 아니라 그들의 동반장애로 인해 초래되는 부가적인 문제들도 고려되어야 한다.

언어에 영향을 미칠 수 있는 동반장애는 다양하다. 예를 들어, 인지적인 문제를 보이는 지적장애, 사회성 및 의사소통에 문제를 보이는 자폐범주성장애, 구어경험에 제한을 주는 청각장애, 신체적인 제한으로 인해 말이나 의사소통에 제한을 주는 뇌병변장애 등 다양하다. 이들 동반장애를 가지고 있는 아동들은 1차적인 장애와 그로 인해 초래된 말, 언어, 의사소통발달문제를 드러내는 경우가 많은데, 이러한 말, 언어, 의사소통 문제는 다시 이상행동과 같은 또 다른 문제를 초래하기도 한다. 그러므로 동반장애 문헌에서는 말이나 언어 혹은 의사소통 중재를 통해 상호작용이나 문제행동 개선이 종종 보고되고는 한다.

언어치료사들은 언어장애현상을 평가하고 치료하지만, 그 아동이 가지고 있는 동반장애에 대한 기본적인 이해도 필요하다. 그 장애로 인해 언어와 관련된 인지력의 결함은 어느 정도인지, 말을 통해 수용언어가 표현될 수 있을 정도의 말운동이 가능한지, 다른 사람과 대화나 의사소통을 시도할 수 있는 사회성이나 상호작용은 어느 정도인지, 의사소통이 안 될 때 어떠한 문제행동을 보이는지, 동반장애 자체는 어떠한 유형들이 있는지 등 장애로 인한 문제들을 이해하면 언어중재에도 많은 도움을 받을 수 있다. 이 장에서는 언어장애를 많이 동반하는 지적장애와 자폐범주성장애, 두 장애의 유형을 살펴보고 그들의 언어결함 특성을 고찰하고자 한다.

1. 지적장애를 동반한 아동언어장애

1) 지적장애의 정의

지적장애(intellectual disability)를 판단할 때는 인지적인 결함뿐 아니라 사회적응능력의 결함도 함께 고려하여야 한다. 가장 널리 사용되는, 미국 지적장애 및 발달장애협회(AAIDD, 2010)와 DSM-5(APA, 2013)에서 제시하는 주요 특징을 살펴보면 다음과 같다.

• 지적 기능성(intellectual functioning)이 평균보다 현저하게 낮다.

지적 기능성은 지능지수(IQ)로 흔히 표현되며, '현저하게'라 함은 지능검사를 실시했을 때 평균보다 −2표준편차(SD) 이하의 지능지수를 나타낸다는 의미한다. 예를 들어, 평균이 100점이고 1표준편차가 15점인 지능검사를 실시했을 경우, 지적장애의 기준은 70점 이하가 된다. 그러나 평균이 100점이고 1표준편차가 16점인 지능검사를 실시했을 경우라면 지적장애의 기준은 68점 이하가 된다.

• 적응행동(adaptive behaviors)에서 현저하게 제한을 보인다.

여기에서의 적응행동이란 가정이나 사회 속에서 다른 사람들과 같이 살아가기 위해 필요한, 기본적인 생활 개념이나 기술을 의미한다고 할 수 있다. AAIDD에서는 적응행동을 ① 언어와 문해기술, 금전, 시간개념 등과 같은 개념적 기술과, ② 대인기술, 사회적 문제해결기술 등과 같은 사회적 기술, 그리고 ③ 일상생활활동이나 직업기술 등과 같은 실제적 기술, 세 가지로 설명하고 있다(김영태, 2014).

• 18세 이전에 시작된다.

18세 이전이라 함은 성인기 이전에 그 현상이 나타난다는 뜻으로, 성인기에 발병

되는 신경언어장애와 구분하기 위한 것이다. 물론 지적장애 중에는 유전적 · 선천적인 원인으로 유발되어 어려서부터 진단되는 경우도 많지만, 경도나 중등도 아동의 경우는 학령기가 되어서야 그 인지기능을 의심받아 진단되는 경우도 있다.

2) 지적장애의 유형

지적장애의 유형은 그 장애의 정도, 필요한 지원의 정도 혹은 발병원인에 따라 분류된다. 언어치료 임상현장에 따라 다른 분류방법을 사용할 수 있으므로, 이 장에서는 임상현장에서 자주 만날 수 있는 유형중심으로 간단히 설명하고자 한다.

(1) 지적 기능성에 따른 분류

가장 많이 쓰이는 분류는 지적 기능성의 결함 정도에 따라 경도, 중등도, 중도, 최중도로 나누는 방법이다. 이 분류에서는 지적장애를 지능지수(IQ) 수준에 따라서 ① IQ가 70~50-55 정도의 경도 지적장애(mild ID), ② 50-55~35-40 정도의 중등도 지적장애(moderate ID), ③ 35-40~20-25 정도의 중도 지적장애(severe ID), ④ 20-25 미만인 최중도 지적장애(profound ID)로 분류한다(이소현, 박은혜, 2011; AAMR, 2004; Grossman, 1983; Polloway, Smith, Chamberlain, Denning, & Smith, 1999). 이 방법은 객관화된 수치를 통해 그 장애의 정도를 예측하기에 편리하다는 장점이 있기는 하지만, 실생활에서의 적응행동수준이나 어떠한 지원이 필요한지가 고려되지 않는 문제점이 있다.

(2) 필요한 지원의 정도에 따른 분류

필요한 지원의 정도를 고려한 분류는 교육현장에서 많이 사용하는 분류로, ① 필요할 때만 지원을 제공하는, 흔히 인생의 전환기에 단기간의 지원을 필요로 하는 간헐적 지원(intermittent support), ② 제한적이지만 일정한 시간에 걸쳐 일관된 지원을 필요로 하는 제한적 지원(limited support), ③ 적어도 몇몇 환경에서 정기적이며 장기적인 지원을 필요로 하는 확장적 지원(extensive support), ④ 전반적인 환경에서 항구적이며 고강도의 지원을 필요로 하는 전반적 지원(pervasive support)이 있다. 지원의 정도를 수치화하기는 쉽지 않으나 지원강도척도(Support Intensity Scale: SIS) 등을 활용해서 가정생활, 지역사회생활, 평생교육, 고용, 건강 및 안전, 사회활동 등의 영역에서 필요한 지원 요구의 정도를 평가하게 된다(AAMR, 2004). 예전에 사용하던 교육가능급(educable mental retardation: EMR), 훈련가능급(trainable mental retardation: TMR) 등의 용어는 더 이상 사용하지 않는 추세이다(이소현, 박은혜, 2011). DSM-5(2013)에서도 '지적장애(지적발달장애)'라는 용어를 채택하고 있으며, 지능지수에만 의존하기보다는 적응행동을 고려한 임상적 평가에 비중을 두고 중증도를 결정하도록 하고 있다.

(3) 원인에 따른 분류

원인에 따른 분류는 의료현장에서 많이 사용하는 것으로, 지적장애를 유발하는 원인에 근거한 분류이다. 실제 지적장애인 중에는 정확한 원인을 알 수 없는 경우가 많기 때문에 크게는 원인불명의 지적장애와 생물학적 원인에 의한 지적장애로 나눌 수 있다. 일반적으로 원인불명의 지적장애는 경도나 중증도 지적장애에서 더 흔하며 사회-환경적 요인을 의심하게 되는 경우가 많다. 지적장애아동의 대다수를 차지하는 원인불명 집단의 발달 양상은 전체적으로는 정상발달아동과 유사하지만 발달 속도가 늦은 편이다. 즉, 같은 연령의 또래아동보다 더 어린 아동의 행동과 유사한 양상을 보인다. 그러나 인지능력이나 언어능력 등에서 단순한 지체라고 볼 수 없는 차이점들도 몇 가지 발견된다. 경도 및 중등도 지적장애아동들의 일반적 특성으로는 주의력과 기억력, 일반화, 학습동기의 문제가 많이 거론된다. 그 외 다양한 생물학적 원인을 보이는 지적장애도 있는데, 이 장에서는 언어장애를 동반하여 언어치료 지원을 필요로 하는 증후군 몇 가지만 소개하기로 한다. 첫째, 지적장애 중 언어치료 지원을 많이 받는 가장 대표적인 증후군은 다운증후군(Down's syndrome)이다. 다운증후군은 21번째 염색체가 2개가 아닌 3개가 된 증후군이며 지적장애의 약 5~6%

에 달한다(Beirne-Smith, Patton, & Kim, 2005). 동서양을 막론하고 비슷한 신체적 특징 (예: 밋밋한 코, 올라간 눈꼬리 등)을 보이지만 성격이 명랑하고 사회성이 좋아 적절한 지원을 통해 지역사회에 통합되어 살아가는 경우가 많다(이소현, 박은혜, 2011). 다운 증후군은 대체로 경도나 중등도의 지적수준을 보이며 언어발달도 구문이나 어휘 등 의 발달이 지체되어 언어치료 지원을 필요로 하는 경우가 많다.

둘째, 지적장애 중 언어의 기본적인 구문이나 의미 능력은 습득하지만 화용적인 측면에서 결함을 보이는 장애군은 약체 X 증후군(fragile X syndrome)이다. 약체 X 증 후군은 X 염색체의 하단 부분이 접혀 있거나 좁은 모양으로 나타나며, 약체 X 유전 자를 포함하고 있는 부위가 끊어져 나타나기도 한다(Barker, 1990). 약체 X 증후군 도 독특한 신체적 특징을 보이는데, 흔히 얼굴은 길고 좁은 데 반해 코는 넓으며 이 마와 턱이 튀어나온 경우가 많다. 약체 X 증후군 역시 아동기에는 경도에서 중등도 지적 결함을 보이며, 성인이 되어서는 중등도에서 중도 지적장애를 나타낸다. 대부 분의 약체 X 증후군 아동들은 자폐범주성장애의 특징을 나타내는 경우가 많아서 눈 맞춤이나 접촉을 꺼리며 주의집중장애를 보이기도 한다. 특히 대화에서 부적절하 거나 이미 언급되었던 한 가지 주제를 지나치게 반복하는 구어적 보속현상(verbal perservation)을 나타낸다(Owens, 2014; Sudhalter et al., 1990; Wolf-Schein et al., 1987).

셋째, 지적장애 중 가장 표현언어가 뛰어나다고 느껴지는 장애군은 윌리엄스증후 군(William's syndrome)이다. 이 증후군은 7번 염색체상의 단백질 생산 유전자의 결함 으로 나타나는 장애라고 추정된다(Ewart et al., 1993; Korenberg et al., 2001). 이 증후 군은 흔히 요정 같은 외모(치켜올라간 코, 작은 턱)를 가졌다고 기술되는데, 대부분 경 노 및 중능도 수준의 지적장애를 동반한다. 수다스럽다고 느껴질 정도로 말이 많으 나, 반향어나 상투적인 구, 구어적 보속현상을 보이기도 한다.

3) 지적장애의 언어 특성

일반적으로 경도 및 중등도 수준 지적장애아동들은 정신연령 10세 이전까지는 느리지만(delayed) 일반아동의 언어발달 형태를 따라가는 것으로 보고되어 왔다(Weiss, Weisz, & Bromfield, 1986). 물론 말속도, 발화길이, 발화량 등의 일부 형태는 차이를 보인다고 보고되었는데, 이러한 차이는 10세 이후가 되면서 매우 커져서 일반아동과는 질적으로도 다른 언어형태를 나타낸다(Owens, 2014; 김영태, 2014).

일반적으로 경도 및 중등도 수준의 지적장애아동들은 구문능력 및 의미능력의 발달에서 지체(delayed)를 보이는데, 그 지체의 정도는 아동의 정신연령수준이나 그 이하의 수준을 나타낸다. 즉, 경도 지적장애아동들은 일반아동보다 느린 구문구조의 발달속도를 보이지만 그 발달순서는 유사하다. 예를 들어, 경도나 중증도의 지적장애를 보이는 대표적인 지적장애군인 다운증후군(Down's Syndrome)의 경우, 평균발화길이(Mean Length of Utterance: MLU) 증가속도는 또래에 비해 훨씬 느리지만 청소년기까지는 꾸준히 증가하는 것으로 보인다(Rondal, 2001).

경도 및 중등도 수준 지적장애아동들의 화용능력은 초기 의사소통기능을 습득하는 시기에는 크게 지체되지 않는 경향이 있지만, 연령이 높아짐에 따라 요구되는 전제능력이나 참조능력 등에서는 지체를 나타내어 이 또한 자신의 정신연령이나 그 이하의 수준을 나타낸다. 반면, 앞에서 살펴본 약체 X 증후군이나 윌리엄스증후군과 같은 아동들은 구문이나 의미에 비해 화용언어능력에 결함을 보이기도 한다.

중도 및 최중도 지적장애아동들은 구어습득이 어려운 경우도 많다. 이들의 경우는 자신의 의사를 표현할 수 있는 보완적 혹은 대체적인 방법을 사용하여 의사소통하게 된다. 예를 들어, 소리 지르기, 제스처, 실물 교환, 사진이나 상징그림 교환, 수화, 음성산출 기기(speech generating device: SGD) 등의 다양한 방법들이 사용될 수 있다. 이러한 보완적이거나 대체적인 의사소통을 보완대체의사소통(augmentative and alternative communication: AAC)이라고 하는데, 자신이 가지고 있는 의사소통 욕구나 요구를 자신의 신체나 도구를 써서 소통하는 것이다. 중도 및 최중도 지적장애아동들의 언어치료 지원은 주로 이러한 AAC를 통하여 이루어지는데, 지적능력이 너무 떨어지는 경우 수단(예: 소리, 제스처)을 써서 의사소통 목적(예: 사물 요구하기, 행동 요구하기)을 이룰 수 있다는 인식(수단-목적 인식)부터 습득시켜야 하는 경우가 많다.

물론 언어치료 지원에서는 다른 이의 말을 이해하는 수용언어능력을 증진시키고, 구어를 촉진하는 것도 병행되어야 한다.

4) 지적장애아동의 언어중재

경도 및 중등도 지적장애아동의 언어중재는 기본적으로 다른 언어발달지체아동의 언어중재와 크게 다르지 않다. 단, 목표를 설정하고 중재방법을 결정할 때 아동의 인지발달수준과 인지적 특성을 고려해야 한다. 대체로 경도 및 중등도 지적장애아동의 언어중재는 언어발달지체에 초점을 맞추어, 일반아동의 언어발달지표를 기준으로 아동의 언어발달수준을 평가하고 지체된 부분들을 발달순서에 따라 순차적으로 중재해 나가는 상향식 접근법(bottom-up approach)을 적용하는 경우가 많다(김영태, 2014). 언어발달의 초기단계에서는 아동이 몸짓이나 그 밖의 다른 방법으로 이미 표현하고 있는 의사소통의도를 찾아내서 한 낱말로, 다음에는 두 낱말 조합으로 표현하도록 돕는 식으로 점점 정확하고 세밀하게 의사 표현을 하도록 돕는다. 지적장애아동 중에는 반향어나 틀에 박힌 말을 사용하는 아동도 있지만, 대부분은 발화빈도가 낮다. 즉, 할 수 있는 말도 자발적으로 하는 경우가 적다. 그러므로 새로운 표현이나 어휘를 가르치거나 문장 길이를 증가시켜 주는 것뿐만 아니라, 할 수 있는 표현을 자주, 다양한 상황에서 사용하도록 기회를 만들어 주는 것도 중요하다. 또한 지적장애아동은 일반화시키는 능력이 낮다는 것을 염두에 두고 언어중재의 맥락에 신경을 더 써야 한다. 즉, 그 언어를 실제로 사용할 상황과 유사한 환경에서, 또 가능한 다양한 환경에서 습득하도록 해야 한다.

지체의 정도가 심한 중도나 최중도 지적장애의 경우에는 구두 언어(구어)를 가르칠 것인지, 보완대체적인 의사소통수단(AAC)을 가르칠 것인지 혹은 두 가지를 어느 정도로 병행할 것인지를 고려해야 한다. 이들에게 구어를 가르칠 경우, 표현언어 결함으로 인해 저평가되기 쉬운 수용언어능력을 고려하여 그 수준에 맞는 과제나 촉진활동을 선택하는 것이 중요하다. 또한 생활연령(실제 나이, chronological age: CA)과 언어연령(언어발달수준의 나이, language age: LA)의 차이가 심하므로 언어연령만을 고려한 어휘를 가르치지 않도록 조심해야 한다. 즉, 너무 어린 아동들이 사용하는 어휘나 표현을 가르치기보다는 현재 아동의 나이를 고려하여 생활 속에서 많이 듣거나, 제한적으로라도 표현할 말을 가르치는 것이 중요하다. 그러므로 중도 및 최중도 지적장애아동들에게는 실생활에서 의사소통하는 데 필요한 기술을 먼저 가르치는 하향식 접근법(top-down approach)을 적용하는 것이 더 효율적이다(김영태, 2014).

2. 자폐범주성장애를 동반한 아동언어장애

1) 자폐범주성장애의 정의 및 특성

자폐범주성장애(autism spectrum disorders: ASD)는 하나의 장애군으로 묶기 어려울 정도로 사람마다 그 증상의 다양성이 너무 커서 '스펙트럼'이라는 말을 학명에 포함시키고 있다. 그럼에도 대부분의 ASD는 사회성 결핍이 주 특징인 신경발달장애로, 사회적 의사소통 및 상호작용의 지속적인 결함과 제한되고 반복적인 패턴의 행동이나 관심사를 보인다(American Psychatric Association: APA, 2013). 미국자폐협회에서는 자폐를 3세 이전의 이른 발달 시기에 시작되는 복잡한 발달장애로 본다(American Society of Autism Spectrum Disorders: ASA, 2006). 문헌에서 보고된 ASD 아동들이 흔히 보이는 증상은 다음과 같다.

(1) 사회적 상호작용 결함

ASD 아동들은 사회적 상호작용을 위한 눈맞춤이나 얼굴 표정과 같은 비구어적 행동의 이해나 사용에 있어서 결함을 보인다. 거의 대부분의 ASD 아동이 어릴 때 눈맞춤을 잘 하지 않기 때문에 눈맞춤문제를 보이는 아동들은 우선 ASD를 의심하게 된다. 그러나 지적장애나 정서장애 등 다른 장애를 보이는 아동 중에도 눈맞춤문제를 보일 수 있기 때문에 눈맞춤 결함 자체가 ASD 아동의 판별기준이 될 수는 없다. 일부 ASD 아동들은 성장하면서 상호작용기술이 나아지고 눈맞춤도 어느 정도 잘하게 되기도 한다.

ASD 아동들의 사회적 상호작용 결함의 또 다른 특징 중 하나는 그들이 다른 사람의 의도나 관심, 관점, 감정 등을 이해하는 능력이 많이 떨어진다는 것이다. 이는 다른 사람의 마음이나 생각을 조망하는 능력(theory of mind, 마음이론, 생각의 원리)이 부족해서 나타나는 현상으로, 인지력과 관련 없이 대부분의 ASD 아동들에게서 흔히 관찰된다. 심한 인지결함을 동반하지 않는 경우라면 사회적 상호작용기술은 성장하면서 다소 나아진다. 그러나 성인이 되어 기본적인 상호작용은 하더라도 의사소통 문제를 지속적으로 보이는 경우가 많다.

(2) 의사소통기술의 결함

ASD 아동들은 언어습득 이전기부터 의사소통기술의 결함을 보이는 경우가 대부분이다. 일반아동들은 옹알이를 하면서부터 의사소통기술을 익히는 음성놀이(vocal play)가 많아지는데, 대부분의 ASD 아동들은 성인과의 음성놀이를 즐겨 하지 않는다. 저기능(low functioning) ASD 아동들은 끝내 말을 습득하지 못하는 경우도 많다. 말을 습득하는 아동들은 첫 낱말 시기가 대체로 느리고, 말을 시작하더라도 남의 말을 따라 하기만 하는 반향어(echolalia)의 형태를 보이는 경우가 많다. 인지력이 좋은 ASD 아동의 경우 기본적인 언어를 습득하기도 하지만, 화용적인 기술은 성인이 되어서도 계속 결함을 보이는 경우가 많다. 예를 들어, 대화 시 말차례를 주고받는 의사소통규칙을 어기거나, 은유나 간접적인 말을 이해하거나 표현하는 데 어려움을 나타낸다. 그래서 대화상대방에게 무례할 정도로 직설적인 표현을 하기도 한다. 다른 사람의 관점이나 감정을 이해하는 능력의 결함 때문에 참조적 표현(예: 대명사나 지시어)의 오류를 나타내기도 한다.

(3) 행동의 반복적이고 상동적인 양상

ASD 아동들은 같은 행동을 강박적으로 반복하는 경우가 많다. 흔히 관찰되는 반복적이고 상동적인 행동의 예로는 강박적으로 되풀이하는 말, 반복적으로 손 뒤집기 (hand-flapping), 계속해서 사물 돌리기(twirling objects) 등이 있다. 그러나 이러한 행동 역시 사람마다 다를 수 있고, 다른 기타 장애에서도 관찰되기 때문에 이것 자체가 자폐의 유일한 특성은 아니다. 상동적 행동은 대개 아동이 스트레스를 받거나(예: 지나치게 어렵거나 새로운 과제가 주어졌을 때) 지루할 때 더 많이 나타나는 것처럼 보이기도 한다.

그 외에도 언어학습 지연, 눈맞춤이나 대화 유지의 어려움, 집행기능 결함, 매우 한정된 관심사, 운동기술 결함, 특정 감각의 과민성 등이 보고되기도 한다. 미국자폐협회에서는 ASD로 의심할 만한 징후로 다음과 같은 행동들을 주목한다.

- 말(구어) 습득을 못 하거나 구어발달지체
- 언어를 반복적으로 사용하거나 상동적인 움직임
- 눈맞춤을 거의 하지 않음
- 친구관계에 대한 관심 부족
- 자발적인 놀이나 가상놀이의 부족
- 사물의 일부분에 대한 고집스런 집착

2) 자폐범주성장애의 유형 및 언어 특성

ASD 범주 안에는 자폐성장애, 아스퍼거증후군, 레트장애, 아동기 붕괴성장애, 기타 전반적 발달장애 등 유사하지만 매우 다양한 증상을 보이는 여러 장애가 있다. 이 장에서는 언어치료현장에서 많이 다루게 되는 ASD 유형을 중심으로 설명하도록 한다.

(1) 인지력 및 지원의 정도에 따른 ASD 유형

언어치료 임상현장에서 가장 많이 사용하는 ASD 유형은 그들의 인지적 수준에 따라 나누는 분류이다. 간단히 표현하자면, 인지력이 정상범주이면서 위에서 언급한 ASD의 특성을 나타내면 고기능자폐(high functioning ASD)라고 하고, 인지력이 떨어져 지적장애를 동반하면서 ASD의 특성을 나타내면 저기능자폐(low functioning ASD)라고 한다. ASD 아동 대부분이 구어 결함을 보이므로 여기서의 인지능력은 비구어적 지능검사, 즉 동작성 지능을 기준으로 하여 분류하는 것을 말한다. 절반 이상의 ASD 아동들은 지적장애를 동반하며, 그들이 언어를 습득할 수 있는지에 대한 예후 또한 그들의 인지수준과 관련이 깊다(김영태, 2014). 그 외에도 지적장애에서처럼, 필요한 지원의 정도에 따라 약한 지원의 정도로부터 강도 높은 지원 순서로 수준 1, 수준 2, 수준 3으로 나누기도 하는데, 언어치료현장에서는 많이 사용하지 않는다.

(2) ASD 아동의 구어습득 양상에 따른 유형

문헌에서는 ASD 아동의 50% 이상이 언어를 기능적으로 사용하는 데 어려움을 보이며(DeMyer et al., 1972; 김영태, 2014), 25% 정도의 아동들은 정상적인 수준의 언어를 습득한다고 보고하고 있다(Kjelgaard & Tager-Flusberg, 2001). 물론 언어를 습득하는 ASD 아동들이라도 일반아동의 언어발달과정이나 특성과는 차이를 보인다(김영태, 2014). 크게 보면 구어를 습득하는 아동과 그러지 못하는 아동, 두 집단으로 나눌 수 있다. 즉, 구어를 의사소통의 주요 수단으로 사용할 수 있는 아동과 그렇지 못한 아동이 있다. 구어를 주 의사소통수단으로 사용하지 못하는 아동들은 아예 말을 사용하지 않는 무빌화(nonverbal)이거나, 최소한의 발화(minimally verbal)는 하지만 의사소통을 하기에는 충분하지 못한 경우이다. 무발화 또는 최소발화 ASD 아동들은 대부분 저기능자폐아동들이다. 구어를 주 의사소통수단으로 사용하게 되는 ASD 아동이라도 그들의 구어수준은 매우 다양하다. 언어습득이 지연되다가 반향어를 많이 사용하는 아동으로부터 매우 유창한 구어를 사용하지만 화용적인 인식이 필요한 상위언어에서 결함을 나타내는 아동까지 그 범위가 넓다. 그러나 어떠한 수준의 구어를 사용하더라도 사회적 의사소통능력과 관련되는 화용능력의 결함은 대부분의 ASD 아동들에게서 관찰된다. ASD 아동들을 구어습득수준에 따라 요약해 보면 다음과 같다.

구어를 습득하지 못하는 무발화 또는 최소발화 아동   심한 지적장애를 동반한 저기능 자폐아동들의 경우, 끝내 구어로 의사소통하기 어려운 아동이 많다. 이 아동들은 기본적인 의사소통기술이 부족하기 때문에 구어 자체보다는 좀 더 보완하거나 대체적인 의사소통수단(예: 보완대체의사소통 판, 제스처, 수화)을 통하여 의사소통 표현을 하도록 촉진하고 구어이해능력을 증진시키는 언어치료를 해야 한다. 때로는 무발화 또는 최소발화 시기를 오래 거친 후에도 기본적인 구어를 습득하게 되는 아동들도 있기 때문에, 비록 보완대체의사소통을 통해 자신의 의사소통을 표현하도록 촉진하더라도 구어자극은 계속해서 제공하는 것이 좋다.

주로 반향어를 사용하며 의사소통이 제한된 아동   저기능뿐 아니라 고기능 ASD라 하더라도 구어습득의 시기가 지연되는 경우가 대부분이다. 또래에 비해 늦게까지 말을 하지 않다가 남의 말을 따라 하면서 구어습득을 시작하는 아동들이 있다. 이렇게 의도나 의미 없이 남의 말을 따라 하는 것을 반향어(echolalia)라고 하는데, ASD 아동들은 구어의 중간 형태로 반향어를 사용하는 경우가 많다(김영태, 2014). ASD 아동들의 반향어는 일반아동들이 구어습득 시기에 잠깐 보이는 의도적인 따라말하기현상과는 차이가 있다. ASD 아동들의 반향어는 초기에는 즉각적이고 반사적으로 따라 하다가(즉각반향어), 그들의 의사소통기술이나 인지적 기능이 향상되면 이전에 들은 말을 유사한 상황에서 따라 하거나(지연반향어), 들은 말의 낱말이나 문장 형태를 바꾸어 따라 하기도(변형반향어) 한다.

언어치료사들은 이러한 반향어에 주의를 기울여야 하는데, 반향어에는 제한적이지만 의사소통을 하고자 하는 기능이 내포되어 있기 때문이다. 예를 들어, 한 ASD 아동이 신발을 신는 엄마를 보면서 "엄마 손을 붙잡아야지. 안 그러면 놓치지."라고

했을 때, 이 아동은 신발 신는 상황에서 떠오르는 말을 지연반향어 형태로 하면서 "나도 데리고 가세요."라는 행동 요구의 의사소통기능을 보이고 있다. 또한 엄마가 "우리 아들 뭐 먹었어?"라고 질문할 때 "우리 아들 뭐 먹었어."라고 한다면, 의문 형태를 서술 형태로 바꾸는 변형반향어를 사용하면서 대답하기 의사소통기능을 보여 주는 것이다.

　기본적인 구어사용이 가능하지만 구어습득이 지연된 아동　　ASD 아동들 중에는 반향어라는 구어의 중간 형태 시기를 오래 거치지 않고 일반아동처럼 구어를 습득하기도 한다. 그러나 이들 중 대부분은 일반아동보다 구어습득 시기가 지연된다. 구어를 습득하더라도 다양한 언어적 오류를 보이곤 한다. ASD 아동의 구어에서 가장 많이 관찰되는 오류는 화용적인 오류이며, 특정 범주의 어휘에 대한 의미적 오류도 많이 관찰된다. 형태나 구문적 오류는 상대적으로 그리 많지 않다.

　우선 화용적인 특징으로 의사소통의도 및 규칙의 이해 부족, 의사소통기능의 제한, 대화기술 부족 등을 들 수 있다. 앞에서 언급한 바와 같이, ASD 아동들은 다른 사람의 관점이나 감정, 생각 등을 조망하거나 추론하는 능력이 부족하기 때문에 다른 사람의 의사소통의도를 이해하는 데 어려움이 있다. 또한 자신의 생각이나 감정을 표현할 때도 상대방이나 상황에 따라 조율하는 능력이 부족하다. 저기능 ASD의 경우, 요구하기 외 다른 의사소통기능을 습득하는 데 오랜 시간이 걸리기도 한다. 고기능 ASD의 경우, 요구하기 외에도 거절하기, 평하기, 질문하기 등 다양한 의사소통기능을 사용하기도 하는데, 그 표현이 매우 직설적이고 자기중심적이라서 원활한 대화가 어려울 수 있다. 그 외에도 대화를 할 때 주제를 시작하거나 유지 혹은 종료하는 전략이 부족할 수 있다.

　의미적인 특징은 전반적인 어휘의 지체보다는 기능적으로 묶이는 범주어(예: 연필과 종이, 치약과 칫솔)나 관점을 조율해야 하는 관계어(예: 이-저, 나-너), 감정을 나타내는 어휘(예: 슬프다, 밉다, 미안하다) 등의 이해나 표현에 어려움을 보이는 경우가 많다.

정상적인 구어습득을 보이지만 메타 화용능력이 제한된 아동　　고기능 ASD 아동들 중에는 기본적인 구어 형태뿐 아니라, 또래 수준의 언어능력을 보이는 아동들이 있다. 대표적인 고기능자폐아동 중에 DSM-5에서 자폐스펙트럼 속에 포함된 아스퍼거증후군(Asperger's syndrome)이 있는데, 이들은 언어습득 지연을 동반하지는 않지만 화용능력을 전제로 하는 상위 언어기술에서 결함을 보이는 경우가 많다. 예를 들어, 앞뒤 문맥의 연계 속에서 나타나는 참조적인 표현능력, 비유나 은유와 같은 간접적인 표현능력, 대화 속에서 상대방의 감정을 추론하는 능력 등이 부족하다. 또한 대화 시 말차례나 주제를 적절하게 유지하고 조절하는 능력이 부족한 경우도 많다.

3) 자폐범주성장애아동의 언어중재

앞에서 살펴본 바와 같이 ASD 아동들은 그 수준이나 언어발달 양상이 매우 다양하다. 따라서 여기서는 구어습득단계에 따른, 간단한 언어중재 방향만을 제시하고자 한다.

무발화단계　　무발화나 최소발화 수준에 있는 ASD 아동의 경우에는 구어가 아니더라도 아동의 인지적 수준에 적합한 기능적 의사소통수단을 만들어 주는 것이 우선적 목표가 된다. 아동이 현재 사용하고 의사소통행동은 있는지 살펴보고, 있다면 그 행동을 최대한 활용하는 것이 좋다. 예를 들어, 아동이 사용하는 이상행동(예: 머리 때리기, 소리 지르기)이라도 그 행동을 할 때 어떠한 의도가 있는지 확인하고, 그 의도를 좀 더 관습적인(conventional) 방법으로 표현하도록 유도해야 한다. 즉, 나가고 싶을 때마다 머리를 때리는 아동에게는 창밖이나 신발을 가리키는 행동을 유도할 수 있다. 보다 체계적으로 유도하기 위해서는 아동의 인지수준에 맞는 보완대체의사소통(AAC) 상징(축소실물, 사진, 그림, 또는 선화)을 사용하도록 하거나, 의사소통 판에서 선택하게 하여 다양한 의도를 표현하도록 할 수도 있다. 무발화단계의 ASD 아동의 언어치료에서 가장 중요한 것은 현재 아동이 어떠한 의사소통의도(요구하기, 거부하기 등)를 가지고 있는지, 어떠한 의사소통행동(눈짓, 표정, 몸짓, 소리)을 하고 있는지를 파악하고 차츰 단계를 높여 가며 관습적인 의사소통방법을 사용하도록 촉진하는 것이다. 또한 요구나 저항은 표현하지만 공동주목이나 사회적 상호작용은 표현하지 않는 경우에는 공동주목과 사회적 상호작용행동을 촉발시키는 데 중점을 두어야 한다. 무발화단계에 있는 아동에게 이와 같은 초기 의사소통행동을 촉발하는 데에는 치료사중심의 인위적으로 짜인 접근방법보다는 아동중심적인 자연스러운 접근방법이 더 효율적이라는 연구 결과도 나오고 있다(Rogers, 2006).

반향어단계   구어 중간단계인 반향어단계에 있는 ASD 아동을 언어치료할 때는 아동이 사용하는 반향어 속에 드러나는 의사소통의도를 파악하는 것이 가장 중요하다. 그리고 그 의도를 말로 바꾸어 자연스럽게 표현해 주는 것이 좋다. 아동이 낮은 수준의 즉각반향어를 사용한다 하더라도, 그것을 하지 못하게 하기보다는 그때 사용할 수 있는 말을 해 주고 그에 해당하는 연관된 강화를 제공하는 것이 좋다. 다음은 거부하기를 할 때 상동행동을 나타내는 ASD 아동에 대한 언어치료사의 자연스런 발화 유도의 예다.

(상황: 언어치료사와 어휘표현 연습을 하다가 아동이 지루해졌음.)
언어치료사: (칫솔을 가리키며) 이건 어떻게 쓰지요?
아동: (고개 젓기 상동행동을 심하게 하면서 즉각반향어를 함.) 이건 어떻게
      쓰지요? 어떻게 쓰지요? 어떻게 쓰지요?
언어치료사: 또 해요? 그만해요?
아동: 그만해요?
언어치료사: (바로 하던 과제를 덮으며) 네, 그만해요.
아동: 네, 그만해요.

구어단계   구어단계에 있는 ASD 아동을 치료할 때는 아동의 의미 및 화용적 이

해와 표현 능력을 우선 파악해야 한다. 앞에서 살펴본 의미 및 화용적인 취약점, 즉 기능적 범주어, 감정 표현, 참조적 또는 추론적 표현, 간접적 표현의 이해와 조율능력을 살펴보고, 그에 따른 언어치료를 계획해야 할 것이다. 이러한 의미와 화용에 초점을 맞춘 언어치료활동은 적절한 이야기 문맥이나 활동 상황을 이용하는 것이 중요하다. 또한 ASD 아동의 언어문제는 사회적 상호작용의 결함과 밀접히 연관되어 있기 때문에 사회적 기술훈련과 연계하는 것도 좋다. 사회적 상황들(감정 표현하기, 감정 이입하기, 사회적 참여 등)에서 적절한 행동은 치료사가 시범을 보여 주거나 역할놀이 등을 통해 가르칠 수 있다. ASD 아동들은 상황이나 대화상대자에 따른 일반화가 어렵기 때문에, 목표 문장을 잘 만드는 훈련보다는 특정 상황이나 대상자에 따라 어떻게 다르게 이해하고 표현해야 하는지를 다양하게 훈련하는 것이 더 효과적이다.

연구문제

1. 지적장애의 정의와 분류기준을 기술하시오.
2. 지적장애의 언어적 특성을 기술하시오.
3. 다운증후군아동의 특성을 기술하시오.
4. 자폐범주성장애의 주요 특성을 기술하시오.
5. 자폐범주성장애아동의 의사소통 및 언어능력을 그들의 구어발달단계에 따라 설명하시오.
6. 언어 및 의사소통 측면에서 지적장애와 자폐장애아동이 나타내는 차이점을 기술하시오.

용어해설

반향어 (Echolalia)	일반적으로는 다른 사람이 말한 단어나 문장을 의미 없이 반복하는 것으로 정의되어 왔으나, 최근에 반향어가 의사소통기능을 갖고 있다는 예가 많이 보고되고 있음
보완대체의사소통 (Augmentative and Alternative Commmunication: AAC)	말과 언어에 심각한 장애를 보이는 사람들이 의사소통을 할 수 있도록 말을 보완하거나 대체적인 방법을 제공하는 것. 자신의 몸을 이용하여 표정이나 몸짓을 사용할 수도 있고 사진이나 그림, 음성산출 기기와 같은 도구를 사용할 수도 있음
일반화 (Generalization)	특정 상황에서 학습한 행동을 다른 상황에서도 하는 것. 행동교정 프로그램이 끝난 후에도 학습한 행동을 유지하는 유지 일반화, 학습상황과 다른 상황에서도 학습한 행동을 하는 상황 일반화, 학습하지 않은 다른 행동에서도 변화가 일어나는 자극 일반화
적응행동 (Adaptive behavior)	개인이 속한 연령과 문화 집단에서 일반적으로 기대되는 독립성과 사회적 책임을 개인이 충족시킬 수 있는 정도와 그 효율성
정신장애 진단 및 통계 편람 (Diagnostic and Statistical Manual of Mental Disorders: DSM)	미국정신의학협회에서 발행하는 정서 및 행동장애 분류체계로서 정신의학과 심리학영역에서 주로 사용됨
참조적 의사소통 (Referential communication)	특정한 참조물을 찾기 위해 사용하는 의사소통. 예를 들어, "위에서 세 번째 서랍에서 긴팔 빨간 티셔츠를 찾아와." 같은 말을 하거나 듣고 이해하는 것

참고문헌

김영태(2014). 아동언어장애의 진단 및 치료(2판). 서울: 학지사.
이소현, 박은혜(2011). 특수아동교육(3판). 서울: 학지사.

Amerian Association on Intellectual and Developmental Disabilities (AAIDD). (2010). *Intellectual disability: Definition, classification, and system of support.* Washington, DC: Author.
Amerian Association on Mental Retardation (AAMR). (2004). *Supports Intensity Scale (SIS): Information.* Washington, DC: Amerian Association on Mental Retardation.

American Psychiatric Association(APA) (2013). *Diagnostic and statistical manual of mental disorders (DSM-5)*. Arlington, VA: American Psychiatric Publishing.

Beirne-Smith, M., Patton, J. R., & Kim, S. H. (2005). *Mental retardation* (7th ed.). Upper Saddle River, NJ: Merrill/Prentice-Hall.

DeMyer, M. K., Alpern, G., Barton, S., Deyer, W. E., Churchill, D., & Hingtgen, J. N. (1972). Imitation in autistic, early schizophrenic, and nonpsychotic subnormal children. *Journal of Autism and Childhood Schizophrenia, 2*(3), 264-287.

Ewart, A. K., Morris, C. A., Atkinson, D., Jin, W., Stemes, K., Spallone, P., Leppert, M., & Keating, M. T. (1993). *Nature Genetics, 5*, 11-16.

Grossman, H. J. (1983). *Classification in mental retardation*. Washington, DC: American Association on Mental Deficiency.

Kjelgaard, M. M., & Tager-Flusberg, H. (2001). An investigation of language impairment in autism: Implications for genetic subgroups. *Language & Cognitive Processes, 16*, 287-308.

Owens, R. E. Jr. (2014). *Language disorders: A functional approach to assessment and intervention (6th ed.)*. Boston, MA: Allyn & Bacon.

Polloway, E. A., Smith, J. D., Chamberlain, J., Denning,C., & Smith, T. E. C. (1999). Levels of deficits vs. levels of support in mental retardation classification. *Education and Trainingin Mental Retardation and Developmental Disabilities, 34*, 48-59.

Rogers, S. (2006). Evidence-based intervention for language development in young children with autism. In T. Charman, & W. Stone (Eds.), *Social and communication development in autism spectrum disorders: Early identification, diagnosis, and intervention*. New York: Guilford.

Rondal, J. A. (2001). Language in mental retardation: Individual and syndromic differences, and neurogetic variation. *Swiss Journal of Psychology, 60*(3), 161-178.

Sudhalter, V., Cohen, I., Silverman, W., & Wolf-Schein, E. (1990). Conversational analysis of males with Fragile X, Down syndrome, and autism: Comparison of the emergence of deviant language. *American Journal of Mental Retardation, 99*, 431-441.

Weiss, B., Weisz, J., & Bromfield, R. (1986). Performance of retarded and non-retarded persons on information-processing tasks: Further tests of the similar structure hypothesis. *Psychological Bulletin, 100*, 157-175.

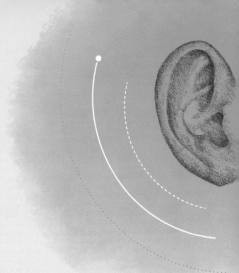

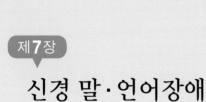

신경 말·언어장애

뇌 신경계가 지배하는 말·언어활동은 우리가 정상적으로 살아가는 데 기본적으로 사용하는 기능 중 하나다. 평상시에는 언어로 생각하고 말을 하는 데 그다지 큰 노력을 들이지 않아도 된다. 그러나 막상 신경계 손상으로 인하여 말·언어활동에 장애가 생기게 되면 여간 불편한 게 아니며, 그 모든 활동을 의식적으로 계획하고 실행해야만 하는 상황이 된다. 임상현장에서 우리는 신경체계손상으로 인하여 말·언어활동에 장애가 있는 환자들을 적잖이 보게 된다. 그 장애들을 정확하게 평가하고 적합한 치료방안을 모색하는 일이 중요한데, 그런 맥락에서 이 장에서는 신경계손상으로 인하여 유발될 수 있는 말·언어장애, 즉 신경언어장애(neurologic language disorder)와 신경말장애(neurologic speech disorder)를 다룬다. 그중에서도 신경언어장애의 대표적인 증세인 실어증(aphasia), 신경말장애에 속하는 말운동장애(motor speech disorders), 기타 말장애 등에 대해 알아본다.

1. 실어증

1) 정의 및 원인

실어증(失語症, aphasia)은 신경계손상으로 인하여 후천적으로 생기는 언어장애다. 언어는 말하기, 듣기, 쓰기, 읽기의 네 가지 언어영역(modalities)을 통하여 실현될 수 있는 언어 행위를 일컫는데, 실어증은 이 네 가지 모든 영역에서 관찰되는 언어장애다. 실어증의 한자 표기(즉, 失語症)에 함축된 개념처럼 실어증은 언어의 능력(competence)이 완전히 없어져 버린(失) 상태를 의미하는 것이 아니라 언어를 사용하는, 즉 수행(performance)하는 데 효율성이 떨어지는 상태를 말한다. 여기서 '효율성'이란 얼마나 능률적으로 언어정보를 저장하거나 유출할 수 있는가를 의미한다. 언어능력은 그대로 보존되어 있으나 효율성 저하로 인하여 저장이나 유출에 어려움을 보이는 경우를 들어 보자. 어떤 환자는 동일한 언어자극을 주었을 때 오전에는 틀린 반응을 보였으나 오후에는 정반응을 보이는 수행능력의 변이성(變異性, variability)을 보인다. 또 어떤 환자는 물건을 보여 주고 그 이름을 말해 보라고 하였을 때 즉각적으로 반응하지 못하다가도 음소단서(phonemic cue, 예를 들면 '시계'에 대해 '시'라고 말해 줌)를 제시하면 정확한 반응을 하기도 한다.

실어증은 다른 인지기능장애나 지각기능 감소, 운동기능 감소 등에 기인하여 생기는 언어장애를 뜻하지는 않는다. 예를 들어, 기억력 등과 같은 인지기능에 뚜렷한 장애를 보이는 치매 환자들에게 관찰되는 언어장애는 엄밀한 의미에서 실어증의 범주에 넣지 않는다. 특정 신경계의 손상으로 인하여 상지운동이나 구강기관운동 등의 속도가 느리게 되어 전반적으로 언어 반응속도가 저하된 경우도 실어증으로 간주하지는 않는다. 또한 어떤 환자가 말장애로 인하여 자신의 생각을 말로 표현하는 데 어려움이 있지만 글로써는 정상적으로 표현할 수 있다면 실어증이 아니다.

실어증 자체는 '병(病, disease)'의 이름이 아니다. 실어증은 원인 질환으로 생기는

'증세(symptom)'이다. 실어증의 원인 중 가장 큰 비중을 차지하는 것은 흔히 뇌졸중(腦卒中, stroke)이라 부르는 혈관성(vascular) 질환이다. 이 혈관성 질환은 다시 허혈성(虛血性, ischemia)과 출혈성(出血性, hemorrhage)으로 나뉘는데, 글자 그대로 허혈성은 혈관이 막히거나 좁아지면서 담당 세포에 혈류 공급이 원활하지 못해 생기는 경우고, 출혈성은 혈관이 터지는 경우다. 실어증을 유발하는 비혈관성(non-vascular) 원인으로는 뇌외상(head trauma), 뇌종양(brain tumor), 뇌염(brain infection) 등을 꼽을 수 있다.

2) 분류 및 특성

실어증의 분류는 전통적으로 이분법을 사용하여 수용성(receptive) 대 표현성(expressive) 실어증, 감각성(sensory) 대 운동성(motor) 실어증, 유창성(fluent) 대 비유창성(nonfluent) 실어증 등으로 나뉜다. 그러나 임상현장에서는 이분법보다 좀 더 세분화된 분류가 유용하게 사용된다. 〈표 7-1〉에서 볼 수 있듯이 실어증은 발화의 유창성, 청각적 이해력, 따라말하기능력 그리고 이름대기능력을 측정하는 4가지 과제의 수행력에 따라 8가지 유형으로 나눌 수 있다. 이러한 분류법은 미국 보스턴 실어증학파의 분류기준에 근거한 것이다. 이 8가지 유형은 베르니케실어증(Wernicke's aphasia), 초피질감각실어증(超皮質感角失語症, transcortical sensory aphasia), 전도실어증(傳道失語症, conduction aphasia), 명칭실어증(名稱失語症, anomic aphasia), 브로

표 7-1 8가지 실어증 유형과 4가지 과제 수행력

	베르니케 실어증	초피질감각 실어증	전도 실어증	명칭 실어증	브로카 실어증	초피질운동 실어증	혼합초피질 실어증	전반 실어증
유창성	+	+	+	+	−	−	−	−
청각적 이해력	−	−	+	+	+	+	−	−
따라말하기능력	−	+	−	−	−	+	+	−
이름대기능력	−	−	+	−	−	−	−	−

카실어증(Broca's aphasia), 초피질운동실어증(超皮質運動失語症, transcortical motor aphasia), 혼합초피질실어증(混合超皮質失語症, mixed transcortical aphasia) 그리고 전반실어증(全般失語症, global aphasia)을 말한다.

(1) 베르니케실어증

베르니케실어증은 유창실어증(fluent aphasia), 감각실어증(sensory aphasia), 수용실어증(receptive aphasia), 뇌후반구실어증(posterior aphasia) 등에 속한다. 주로 상부측두엽(上部側頭葉, superior temporal lobe)의 후반 1/3을 차지하는 뇌영역, 즉 베르니케 영역을 중심으로 한 뇌손상이 있을 때 흔히 관찰된다. 그 손상 부위가 두정엽(頭頂葉, parietal lobe)까지 포함되기도 한다. 베르니케실어증의 가장 대표적인 특색은 청각적 이해력이 두드러지게 떨어진다는 것이다. 특히 제시되는 자극어가 문법적으로 복잡하거나 그 길이가 길어질수록 오류가 증가한다.

청각적 이해력이 떨어질수록 여러 가지 질문에 거의 비슷한 문구만을 되풀이하여 반응하는 현상을 보이기도 하는데, 이를 언어상동증(言語常同症, stereotypy of speech)이라고 한다. 예를 들면, "어디가 가장 불편하세요?"라고 물었을 때에 "할머니가 돌아가셨어, 할머니가."라고 대답하고 검사하는 내내 다른 질문에도 비슷한 문구로 계속해서 반응하게 된다.

베르니케실어증 환자들은 대화를 할 때 혹은 그림 설명을 할 때 비교적 유창하며, 때에 따라서는 지나치게 많은 말을 늘어놓는 과유창성(過流暢性, hyperfluency)을 보이기도 한다. 또 대개 정상적인 운율이나 발음을 유지하고 비교적 문법에 맞게 말을 하나, 어떤 이는 기능어를 과도하게 사용하는 과도문법성(過度文法性, paragrammatism)의 경향을 보이기도 한다. 그뿐 아니라 단어 유출상의 어려움으로 인하여 의미착어(意味錯語, semantic/verbal paraphasia)가 많이 등장한다. 의미착어란 목표 단어 대신 그 단어와 의미적으로 연관된 단어로 대치된 반응을 말하는데, 예를 들면 '딸기'를 '사과'라고 말하는 경우 '과일'이라는 공통된 의미범주에 속한 단어로 대신 반응한 의미착어를 보인 것이다. 그리고 '칫솔'을 '치약'으로 말하는 경우도 '이 닦을 때 사용하는 물건'이라는 의미적 공통점에서 볼 때 마찬가지다.

베르니케실어증 환자들은 목표 단어의 일부 음소(音素, phoneme)를 다른 음소로 대치하여 반응하는 음소착어(音素錯語, phonemic/literal paraphasia)를 보이기도 한다. 예를 들어, '장화'를 '갑화'라고 하거나 '소화기'를 '소자기'라고 하는 경우를 말한다. 음소착어 반응이 우연히도 일정한 다른 의미를 지니고 있는 실제 단어로 대치되는 타단어화 음소착어(他單語化 音素錯語, formal paraphasia)도 있을 수 있는데, 예를 들어 '목발'을 '목침'이라고 반응하는 경우다.

오류가 목표 단어와 그 의미나 발음이 전혀 유사하지 않고 그 나라말의 어휘에도 속하지 않는다면 신조어(neologism)라고 한다. 예를 들어, '가위'를 '열비'라고 한다든지 '명함'을 '짐매'라고 말하는 경우다. 혹자는 신조어를 착어의 일종으로 보고 신조적 착어(neologistic paraphasia)라고 부르기도 한다. 환자의 발화에 신조어가 많이 등장하거나 잘못된 단어 선택을 하는 경우, 그 발화는 언뜻 유창하게 들릴지라도 정작 내용이 없는 '무의미발화(無意味發話, empty speech)'에 속하게 된다.

베르니케실어증 환자의 발화에서는 명료하지 않은 태도로 웅얼거리는 듯한, 이른바 '자곤(jargon)'이 관찰되기도 한다. 여기서 한 베르니케실어증 환자의 발화를 소개하면 다음과 같다.

> 내가 지금 하 이렇게 해 본 것이 한 뭘라 될까 한 한 일곱, 일, 아…… 일곱? 한 일곱도 모
> 대한 아 일곱도 모대한 여섯 아 그때 전부 생절 노랄 게 나아기아서 아 이러게 인자 생기기
> 이레 그래 부럽니다 생전 이레 앴는데 그래 갑자기 그양 요래 되부럽니다요.

베르니케실어증 환자들에게 구, 절, 문장 등을 따라 말하게 하였을 때는 실어증의 심한 정도에 따라 자극어를 전혀 따라 하지 못하거나 착어를 보이기도 한다. 또 많은 경우, 어느 정도 따라 할 수는 있으나 전혀 의미를 파악하지 못한 채 따라 하기도 한다. 물건이나 그림을 보여 주고 이름을 말해 보도록 하였을 때도 무반응이나 착어를 보이기도 한다. 자가 수정(self correction)도 거의 관찰되지 않는다. 읽기 과제를 주

었을 때 그 과제를 전혀 읽지 못하거나, 비록 소리 내어 약간 읽을 수는 있더라도 그 의미를 이해하지 못하는 경우가 많다. 또한 쓰기 수행력도 상당히 저하되어 있다. 청각적 이해력이 감소된 상태이므로 베르니케실어증 환자인 것처럼 보일 수 있으나, 발화 상태가 완벽하며 읽기능력도 문제가 없는 경우는 '순수어농(純粹語聾, pure word deafness)'을 보이는 것일 수도 있으므로 실어증과 구별되어야 한다.

(2) 초피질감각실어증

초피질감각실어증은 베르니케실어증과 마찬가지로 청각적 이해력이 저하되기는 해도 따라말하기능력은 유지된다는 것이 특징이다. 따라서 발화의 특성은 베르니케실어증과 비슷하고, 이름대기기능력 역시 저하된다. 주요 병변은 두정엽, 베르니케영역의 심층부, 후반구의 피질하 부위 등이다.

(3) 전도실어증

전도실어증을 일으키는 주요 병변은 브로카영역과 베르니케영역 사이를 이어 주는 활모양섬유다발 또는 궁상속(弓狀束, arcuate fasciculus)으로 알려져 있다. 활모양섬유다발의 역할은 베르니케영역에서 이해된 언어정보를 브로카영역에서 표현할 수 있도록 전달해 주는 것인데, 이곳에 병변이 있게 되면 따라말하기에 문제가 생기게 된다. 그러나 청각적 이해력은 유지되고 발화 역시 유창한 편이다. 다만, 유창한 발화 속에 음소착어가 자주 관찰되며, 그에 따라 '어……' '아……' '음……'과 같은 삽입어(挿入語, filler)가 많이 등장하면서 발화의 흐름이 끊기기도 한다. 자극어를 따라 말하도록 하였을 때 증세가 심한 경우에는 한 음절자극만 따라 말할 수 있고, 음절 또는 어절 생략, 음소 또는 의미착어, 어절 도치 등의 오류를 보인다. 또한 자극의 길이가 같더라도 유의미자극보다는 무의미자극에서 오류현상이 두드러진다. 이름대기 과제에서도 흔히 음소착어가 관찰되며, 오류 단어에 대하여 여러 차례에 걸친 자가 수정을 보이기도 한다. 읽기의 경우, 소리 내어 읽게 하면 음소착어를 보이는 등 어려움을 보이나 묵독 후 읽기 과제에 대한 이해능력은 양호한 편이다. 쓰기 측면에서도 전체적인 문법구조나 내용의 완성도는 어느 정도 유지되나 음소착어현상이 관찰되기도 한다. 다음은 전도실어증 환자에게 따라말하기 과제를 실시한 후, 반응을 기록한 것이다.

〈검사자〉	〈환자〉
해바라기	해배 해바라기
돌아온 철새	온 철, 철, 철새는 나온데 돌아돈 거 철새
겨우 잠이 들었다	잠이 잠이 다 자, 잠이 도 돌아왔
칼날같이 날카로운 바위	칼라 칼라는 바 큰 바위가
아니 땐 굴뚝에 연기 나랴	아니 궁, 아니 국대 아니 국댄 따라
창밖에 부슬부슬 비가 온다	창밖은 비슬브실 어 비가 온다
대한 고교 야구 연맹	다 대한 고규 야쥬 왕

(4) 명칭실어증

명칭실어증(anomic aphasia)에는 크게 두 가지 하위 유형이 있다. 첫째는 한국판 파라다이스·웨스턴 실어증 검사의 유형기준 점수에 따라 전반적으로 언어장애 정도가 경미한 실어증 유형이다. 이 명칭실어증은 뇌손상 부위가 특정지어지지 않기 때문에 그 '이름대기장애', 즉 '명칭실증(anomia)'이라는 증세만으로는 뇌손상 부위를 변별해 내기 힘들다. 명칭실증은 모든 실어증 환자에게서 관찰될 수 있는 언어장애 특징이므로, 만일 환자가 조금이라도 명칭실증을 보이지 않는다면 그 환자는 실어증 환사가 아닐 가능성이 크다. 특정 유형의 실어증을 가진 환자가 회복되어 가는 과정에서 전반적인 언어영역의 향상을 보이나 여전히 명칭실어증으로 분류되는 경우가 많다.

두 번째 명칭실어증의 하위 유형은 엄격한 의미에서의 명칭실어증으로서, 청각적 이해력, 유창성, 따라말하기능력에 비하여 이름대기 수행력이 상대적으로 많이 저하되는 경우, 즉 명칭실증이 심한 상황을 일컫는다. 이 '명칭실어증'은 우성 반구의 하측두소엽(inferior temporal lobule)에 가해지는 손상이 국소적일 때 관찰되므로 실어증 유형으로서 그다지 흔하게 관찰되지 않는다.

명칭실어증 환자는 보편적으로 청각적 이해력은 좋은 편이나 내용적인 단서(contextural cue)가 없으면 이해에 어려움을 보이기도 한다. 발화 자체는 유창한 편이나 단어찾기 어려움(word-finding difficulties)이 두드러지며, 음소착어도 자주 관찰된다. 예를 들어, '선인장' 그림을 보여 주고 그 이름을 말해 보라고 하면, '선인창, 선인짱, 선인작'처럼 계속해서 음소착어와 자가 수정을 보인다. 명칭실어증 환자에게는 주어진 자극의 기능이나 형태 등을 설명하는 의미적 단서를 제공하는 것이 도움이 되는데, 예컨대 '장화'를 보여 주고 "이거 비 올 때 신는 거죠?"라고 말한다. 스스로 의미적 단서를 파악하였으나 여전히 어려움을 보이는 경우에는 음소적 단서를 제시해 주면 더욱 용이하게 정반응을 보일 수 있다. 한 예로, '손톱깎이'를 보여 주면 환자가 "그거 손톱 깎을 때 쓰는 건데 이름이 뭐더라."라고 했다가, 검사자가 '손 → 손톱 → 손톱깎……' 등의 음소 힌트를 주면 "맞아, 손톱깎이야."라고 하기도 한다.

(5) 브로카실어증

브로카실어증은 비유창실어증(non-fluent aphasia), 운동실어증(motor aphasia), 표현실어증(expressive aphasia), 전뇌반구실어증(anterior aphasia) 등에 속한다. 이는 우성반구의 하전두엽(下前頭葉, inferior frontal lobe)의 후반 1/3을 차지하는 영역, 즉 브로카영역(Broca's area)을 포함하여 인근 전두엽영역의 손상에 기인된다. 언어적 특징으로는 대화나 그림 설명 등에서 표현능력이 상당히 저하되며, 특히 유창성이 떨어진다. 심한 경우에는 전혀 의미 전달이 안 될 정도로 '아, 이, 저저…… 우…… 저……' 식으로 무의미한 음절이나 모음만 반복하기도 하며, 발화의 길이가 2~3음절에 머물기도 한다. 또 말할 때 운율이 비정상적으로 단조로우며(flat), 속도가 느리고 단어 사이의 쉼(pause)이 길다. 브로카실어증의 가장 주요한 특징은 조사 등의 기능어(function word)가 많이 생략된 발화길이가 짧은 전보문 형식(telegraphic format)과 어순이 문법에 맞지 않게 형성되고 동시에 문법 형태소의 쓰임이 정확하지 않은 탈문법성(脫文法性, agrammatism)을 들 수 있다. 또한 음소착어도 자주 관찰된다. 청각적 이해력은 상당히 유지되는 편이지만 기능어가 많이 포함되거나 문법적으로 복잡한 문장에서는 이해력이 많이 떨어지는 편이다. 쓰기능력 역시 상당히 저하되는 것으로 관찰되나 대부분의 환자에게서 읽기능력이 말하기나 쓰기능력에 비하여 좋은 편이다. 브로카실어증 환자의 그림 설명 발화의 예를 들어 보면, "자체를 말, 말, 개 개 개 보이는데, 엄마 아빠, 아빠, 아빠 두 아이 보고 있다에 공놀이."라고 하기도 한다.

(6) 초피질운동실어증

초피질운동실어증은 브로카실어증처럼 발화의 유창성이 떨어지기는 하나 브로카실어증과 달리 따라말하기능력이 비교적 좋다. 언어이해력은 좋은 편으로 전뇌반구 브로카영역의 앞쪽 부근의 손상에 기인한다. 또한 브로카실어증 환자가 회복하는 과정에서 자발화에 비해 따라말하기능력이 상대적으로 향상되었을 때 초피질운동실어증의 증상을 거치기도 한다.

(7) 혼합초피질실어증

혼합초피질실어증은 언어중추를 제외한 영역의 뇌병변으로 인해 생길 수 있는 실어증이다. 언어의 특징으로는 언어이해력이나 표현력에 비하여 따라말하기능력이 상대적으로 잘 보존되어 있다는 것을 알 수 있다. 환자에게 질문을 하면 적합한 반응을 하는 대신에 그 질문 자체를 그대로 따라 말하기도 한다. 혼합초피질실어증에서 많이 관찰되는 이름대기의 오류로서 언어보속증(言語保續症, linguistic perseveration)을 들 수 있다. 이는 전에 주어진 자극에 대한 언어 반응을 후속자극에 대해서도 되풀이하는 현상을 말한다. 예컨대, '유모차'를 보고 '보행기'라고 반응한 후, '등대' 그림을 보여 주면 '유행기'라고 했다가 '야자수'를 다시 '보행기' 등으로 반응한다. 물론 이런 언어보속증은 다른 유형의 실어증 환자들에게서도 관찰할 수 있다.

(8) 전반실어증

전반실어증은 우성 뇌반구의 광범위한 손상으로 인하여 언어이해와 표현의 장애 정도가 가장 심한 실어증이다. 따라서 모든 과제의 수행력이 상당히 떨어진다. 자신의 신상 정보, 즉 자신의 이름(예: 성함이 ○○○세요?)이나 거주지(예: ○○에 사세요?)에 대한 질문을 알아듣는 듯한 인상을 주기도 하나, 기껏해야 신음소리나 '아' 등의 단음절을 낼 수 있는 정도에서 자동화 발화 정도를 말할 수 있을 뿐이다. 그러나 몸동작, 손동작, 얼굴 표정 등에 대한 이해력을 보이거나 환자 스스로 동작이나 표정을 짓는 것이 가능하기도 하다.

(9) 피질하실어증

이상으로 실어증의 대표적인 8가지 유형에 대하여 살펴보았는데, 이 8가지 모두가 피질손상으로 인한 피질실어증(皮質失語症, cortical aphasia)에 속한다. 이에 반해 피질하실어증(皮質下失語症, subcortical aphasia)은 대뇌피질의 아래쪽에 있는 뇌영역인 기저핵(基底核, basal ganglia), 내포(內包, internal capsule), 시상(視床, thalamus) 등을 포함한 피질하구조 병변으로 생기는 실어증이다. 언어중추는 피질에 있음에도 불구하고, 피질하구조도 언어처리에 관여한다. 비시상(non-thalamic) 실어증에 대한 가설은 '단절 가설(disconnection hypothesis)'로서, 기저핵 병변으로 인하여 피질 사이를 연결하고 있는 경로(pathway, 예: 브로카영역과 베르니케영역 사이)가 끊긴다는 것이다. 또 다른 가설로는 시상손상으로 인한 기능해리(diaschisis) 현상이 있다. 피질-시상 네트워크는 피질하 뇌손상 부위인 시상과 피질 영역을 연결하는데, 이로 인하여 피질의 혈류 및 대사량이 감소되면서 기능적 장애를 보이게 된다(El-Wahsh et al., 2021; Radanovic & Almeida, 2021). 피질하실어증의 특색으로는 일반적으로 따라말하는 능력이 보존되는 초피질실어증 유형이 가장 흔하다. 또한 시상 또는 기저핵이 손상되면 손상영역에 따라 실어증 특색이 상이하며, 목소리 크기가 작은 발성부전(發聲不全, hypophonia) 현상이 종종 관찰된다.

(10) 실어증의 변이

실어증이 회복됨에 따라 환자의 실어증 유형의 변화를 관찰할 수 있다. 일반적으로 전반실어증이 좋아지면서 베르니케실어증이나 브로카실어증으로 변하게 된다. 또 베르니케실어증은 청각적 이해력이 향상되면 전도실어증을 보이게 되고, 브로카실어증이 회복되면 주로 명칭실어증으로 변하게 된다. 이 명칭실어증은 대부분의 실어증 유형이 회복되는 과정에서 관찰된다.

3) 평가

(1) 평가 목적
실어증 평가의 목적은 다음의 세 가지로 나눌 수 있다.

- 환자가 실어증을 가지고 있는지에 대한 판단을 하기 위해서이다.
- 환자가 실어증을 가지고 있다고 판단되면 그 실어증의 유형을 나눈 후, 환자의 언어장애의 특징을 파악하여 치료에 사용하기 위해서이다.
- 실어증의 심한 정도를 파악하며, 동시에 예후(豫後, prognosis)를 예측하기 위해서이다.

(2) 평가 전 기본 자료
실어증을 평가하기 전에 알아야 할 기본 사항들로는 환자의 나이, 성별, 학력, 언어, 직업 등이 있다. 이 외에도 손잡이 정보는 환자의 언어와 밀접한 관계를 보인다. 즉, 오른손잡이의 99% 이상이 좌반구에 언어중추가 자리 잡고 있으며, 왼손잡이의 60%는 좌반구, 30%는 우반구 그리고 나머지 10%는 양쪽 뇌반구에서 언어기능을 담당하고 있는 것으로 알려져 있다. 간혹 우반구손상 환자가 주로 쓰는 손이 오른손인데도 실어증을 보이는 경우가 있는데, 이를 교차실어증(交叉失語症, crossed aphasia)이라고 한다. 환자가 한쪽 공간 무시증후군(無視症候群, hemispatial neglect)을 보이는 경우 주어진 읽기 과제(예: 글자카드)의 한쪽을 생략하고 읽기도 하는데, 이러한 증상은 주로 우측반구손상 환자들에게서 관찰된다. 예컨대, '스물일곱 개의 찬 맥주병이 냉장고에 있다.'라고 쓰인 카드를 읽게 할 때, 환자는 카드의 왼쪽 부분을 잘 보지 못하여 "찬 맥주병이 냉장고에 있다."라고만 읽는다. 한쪽 공간 무시증후군은 쓰기 과제에도 영향을 미치게 되어 종이의 한쪽으로만 치우쳐 글을 쓰게 된다.

또한 편마비가 있는지도 환자에게 쓰기검사를 시행하기 전에 고려되어야 한다. 그뿐만 아니라 사전에 환자에게 실행증이 있는지를 파악하는 것도 매우 중요하다. 이는 환자의 청각적 이해력을 측정하기 위하여 '손을 들어 보세요.' '혀를 내밀어 보세요.' 등의 문항을 제시하였을 때, 환자가 각각 사지실행증(limb apraxia)이나 구강실행증(oral apraxia)으로 인해 그 과제를 제대로 수행할 수 없는 것인데도 청각적 이해력이 저하되어 반응하지 못하는 것으로 잘못 판단할 수 있기 때문이다. 그리고 무엇보다도 검사를 할 때 전반적으로 환자가 어느 정도 협조적이었는지를 파악하여 검사 결과의 신뢰도를 가늠해 보아야 한다.

(3) 평가자료

실어증 검사도구로는 표준화된 한국판 파라다이스·웨스턴 실어증 검사(Korean version-Paradise·Western Aphasia Battery: K-P·WAB)(김향희, 나덕렬, 2001), 한국판 파라다이스·웨스턴 실어증 검사-개정판(Paradise·Korean version-Western Aphasia Battery-Revised: PK-WAB-R)(김향희, 나덕렬, 2012), 미네소타 실어증 검사(The Minnesota Test for Differential Diagnosis of Aphasia: MTDDA)(Schuell, 1965)를 번안하여 표준화한 한국실어증감별진단검사(Korean Test Differential Diagnosis of Aphasia)(박혜숙, 2006)가 있으며, 보스턴 실어증 검사(Boston Diagnostic Aphasia Examination: BDAE)(Goodglass & Kaplan, 1983), Porch Index of Communicative Ability(PICA)(Porch, 1967) 등이 있다. 실어증 심화검사로는 대면이름대기(confrontation naming) 검사의 일종인 한국판 보스턴 이름대기검사(Korean version-Boston Naming Test: K-BNT)(김향희, 나덕렬, 1997; Test: RTT)(McNeil & Prescott, 1978)를 들 수 있다.

(4) 평가방법

실어증을 평가할 때 포함시키는 중요한 언어기능으로는 말하기, 알아듣기, 따라말하기, 이름대기, 읽기, 쓰기 등이 있다. '말하기'는 환자와의 대화를 통하여 자발적으로 말을 유도하거나 특정 그림을 설명하게 할 수도 있다. 환자의 말하기에서 가장 관심을 두고 관찰할 사항은 발화의 유창성이다. 유창성을 판단하는 요소로는 발화 길이, 문법성, 운율 등을 들 수 있는데, 그 판단은 상당히 주관적으로 되기 쉽다. 또한 환자의 발화 내용이 적절한지를 판단하는 것도 중요하다. 발화의 양이 많다 할지라도 내용이 허술하여 무엇을 말하고자 하는지 알 수 없거나, 적절한 낱말 대신 '그거' '이거' 등의 지시대명사를 반복하거나, 잘못 시작하여 다시 문장을 시작하려는 '헛시작(false start)' 등이 많이 관찰되면 언어 내용에 장애가 있다고 말할 수 있다. 환자에게 특정 그림을 보여 주고 그 그림에 대하여 설명하게 하면 환자 간의 수행력을 비교할 수 있으므로 임상적 평가에 도움이 된다.

'알아듣기' 능력을 평가하는 방법에는 여러 가지가 있을 수 있는데, 환자에게 다양한 질문을 주고 '예-아니요'의 형식으로 대답하게 하는 방법, 단어나 다양한 길이의 문장을 들려주고 그에 적합한 반응을 해 보게 하는 방법 등이 있다. '따라말하기'는 환자에게 다양한 발화길이나 문법 형태를 지닌 자극어를 들려준 후, 그대로 따라 말하게 한다. '이름대기'는 다음과 같이 여러 가지 형식을 빌릴 수 있다. 첫째, 환자에게 실물 혹은 그림카드를 보여 주고 그 이름을 말하게 하는 대면이름대기(confrontation naming) 검사가 있다. 둘째, 일정한 의미에 속한 범주를 정해 주고 정해진 시간 내에 그 범주에 속하는 낱말을 말하도록 하는 통제단어연상(Controlled Oral Word Association: COWA) 검사가 있다. 예컨대, 환자에게 "동물의 이름을 생각나는 대로 모두 말해 보세요."라고 한 후 1분간 환자가 말한 동물 이름의 개수를 헤아린다.

'읽기' 검사는 단음절, 단어, 문장, 문구 등으로 그 길이를 달리하여 제시하고, 단어카드와 실물을 짝짓는 과제도 시행한다. '쓰기' 과제 역시 읽기 과제와 마찬가지로 음절, 단어, 구, 문장, 문구 등으로 그 자극 길이를 달리하며, '1, 2, 3, 4, 5……' '하나, 둘, 셋, 넷……' '요일' 등을 써 보게 하는 자동 과제, 풍경화 설명, 이름-주소 쓰기 등

을 시행할 수 있다. 많은 실어증 환자가 오른손 마비로 인하여 글씨 자체가 명료하지
못할 수 있는데, 이런 경우에는 왼손으로 쓰게 하기도 한다.

4) 치료

(1) 예후와 자연회복

실어증 치료에 앞서 환자의 예후를 판단해 보는 것이 중요하다. 예후 요인으로는
신경학적 요인, 환자 내적 요인, 행동 및 인지적 요인, 심리사회적 요인들을 들 수 있
다. 신경학적 요인은 뇌손상 크기 및 뇌손상 위치로서, 뇌손상 크기가 클수록 그리고
중심구(central sulcus)를 기준으로 뒤쪽 손상이 예후가 좋지 못하다(Turkeltaub, 2019).
환자 내적 요인은 나이가 많을수록 예후가 좋지 않으나, 왼손잡이나 양손잡이 환자
가 오른손잡이 환자에 비하여 일반적으로 예후가 좋다. 행동 및 인지적 요인은 감각
과 운동기능, 집중력과 기억력 등이 영향을 준다. 심리사회적 요인으로는 환자 자신
의 의지와 동기의식, 가족의 협조 등을 꼽을 수 있다. 그러나 실어증 예후에 가장 중
요한 요인은 뇌손상 직후의 실어증 중증도(severity)이다(Garcia et al., 2020).

한편, 뇌손상 환자들은 대부분 뇌손상 후 몇 개월간 자연회복(spontaneous
recovery)이 이루어진다. 이 기간 동안 부증(浮症, edema)이나 뇌 압력이 가라앉고
산소 공급이 원활하게 되는 세포 재관류(tissue reperfusion)가 이루어진다. 또한 뇌
손상이 생기면 그 손상 부위와 기능적으로 연결되어 있는 뇌영역, 즉 반음영영역
(penumbra zone)도 대사 및 혈류가 저하되는 기능해리(diaschisis) 현상이 생긴다.

자연회복 속도는 초기 6개월까지가 가장 빠른 것으로 알려져 있다. 그 후에도 자
연회복이 어느 정도 지속되는데, 뇌반구 내 재조직(intra-hemispheric reorganization)
이론 또는 뇌반구 간 재조직(inter-hemispheric reorganization) 이론이 이러한 자연회
복의 근거가 되고 있다. 뇌반구 내 재조직이론은 끊어진 통로를 다시 연결하여 어느
정도 기능을 회복하거나 잠재적인 기능을 활성화한다는 학설이다. 뇌반구 간 재조
직이론에서는 손상되지 않은 뇌반구가 보충적 기능을 하게 된다는 학설이다. 자연

회복 여부와 상관없이 언어치료는 일찍 시작할수록 좋다.

(2) 치료의 원칙

평가 결과에 따라 치료 초점이 달라지기는 하나, 치료방법을 구성하는 데는 일반적으로 몇 가지 원칙이 있다. 첫째, 모든 실어증 환자가 어느 정도 청각적 이해력에 장애를 보이므로 이해력 증진을 위한 치료를 포함해야 한다. 둘째, 환자에게 주어지는 자극을 환자의 상태에 맞게 조정하되 자극의 길이, 연관관계, 단서, 입력방법 선택 등을 고려하여야 한다. 셋째, 모든 자극은 반응을 유발할 수 있도록 구성되어야 하고 최대한의 반응 수를 목표로 하여야 한다.

또한 실어증이 신경계손상에 따른 증세이므로 신경 가소성(neural plasticity) 원칙을 적용하여 치료법을 구상해야 한다. 다음은 Kleim과 Jones(2008)에 의해 정리된 뇌손상 후 재활에 적용될 수 있는 10가지 신경과학 원리이다. 첫째, 사용하지 않으면 소멸된다는 것이다("Use it or lose it"). 이는 특정한 뇌기능을 활용하지 않는다면 기능적 퇴화를 보일 수 있다는 의미이다. 둘째, 사용해야만 향상된다는 점이다("Use it and improve it"). 특정한 뇌기능에 대한 훈련을 통하면 그 기능을 강화시킬 수 있다는 것이다. 셋째, 경험의 본질이 중요하다는 것이다("Type of experience matters"). 즉, 훈련 경험의 본질에 따라 가소성의 본질이 결정된다. 넷째, 충분한 강도의 훈련이 필요하다는 것인데("Intensity matters"), 가소성을 이끌어 내려면 충분한 양의 훈련을 해야 한다. 다섯째, 훈련이 수행되는 시기에 따라 가소성이 다르다는 것이다("Time matters"). 서로 다른 훈련 시기마다 가소성의 형태가 달라진다는 점을 기억해야 한다. 여섯째, 현저성 또는 의미성이 중요하다. 환자 본인에게 충분한 의미를 지닌 치료 경험이어야 가소성을 이끌어 내기 용이하기 때문에("Salience matters"), 환자에게 중요하고도 의미 있는 경험을 전달할 수 있도록 치료해야 한다. 일곱 번째, 반복훈련이 무엇보다도 중요하다("Repetition matters"). 가소성을 이끌어 내려면 반복을 충분하게 할 수 있도록 치료를 구상해야 한다. 여덟 번째, 젊을수록 치료에 유리하다는 점이다("Age matters"). 젊은 뇌일수록 가소성이 적용되기 용이할 것이다. 아홉 번째, 유사한 행동

훈련끼리 전이가 용이하다는 것이다("Transference matters"). 특정한 훈련 또는 치료에 대한 경험이 유사한 행동을 습득하는 데 도움을 준다. 마지막으로 열 번째는, 그럼에도 불구하고 훈련행동끼리 서로 방해가 되기도 한다("Interference matters"). 그렇기 때문에 어떤 언어행동 변화가 필요한지에 대한 면밀한 분석을 통해 치료 또는 중재를 위한 과제를 선정해야 한다.

(3) 치료

실어증 치료법은 일반적으로 증세에 따라 선택하게 된다. 첫째, 모든 실어증 환자가 적어도 어느 정도의 청각적 이해력 장애가 있으므로 치료의 목표를 이해력 증진에 두는 청각적 자극요법(auditory stimulation)(Schuell, Jenkins, & Jimenez-Pabon, 1964)이 제시된 바 있다. 또한 청각적 이해력 저하에 영향을 미친다고 알려져 있는 집중력이나 작업기억력 등의 훈련을 통해 이해력을 향상시킬 수 있다. 청각적 이해력 치료에는 청각적 자극뿐만 아니라 시각적 자극(예: 글자 카드) 등 다중자극치료를 활용하는 것이 권장되는데, 비록 읽기 결함을 동반하더라도 청각-시각 동시자극이 도움이 된다.

둘째, 기본적인 브로카실어증 환자처럼 비유창하고 청각적 이해력이 유지되는 환자군에게 유용하게 사용되어 온 대표적인 치료법으로는 멜로디억양치료법(Melodic Intonation Therapy: MIT)(Albert, Sparks, & Helm, 1973)이 있다. 이 치료법은 손상되지 않은 비언어적 기능(예: 소리의 길이, 소리의 높낮이 등)을 사용하여 언어재활을 꾀하고자 하는 재조직방법에 속한다. 멜로디를 함께 조합하여 노래 형식으로 발화를 유도하면서 점차 목표발화의 길이를 늘려 간다.

셋째, 이름대기에 어려움을 보이는 환자들에게 도움이 되는 것으로 잘 알려진 치료법으로는 의미자질 분석(semantic feature analysis) 치료법이 있다(Davis & Stanton, 2005). 간단히 절차를 설명하자면, 카드를 한 장씩 보여 주면서 단어의 연관 개념을 확인시키는 과정을 거치게 되는데, 예컨대 '손톱깎이'라는 단어와 관련된 개념들로는 '활동'(예: 두 손으로 이렇게 사용해요), '자질'(예: 쇠로 만들어져 있죠), '장소'(예: 대부분 서랍에 들어 있죠), '활용'(예: 손톱 깎을 때에 사용하죠) 등을 포함한다.

넷째, 전반실어증 환자들에게 사용하는 대표적인 언어치료법으로는 시각동작치료(Visual Action Therapy: VAT)(Helm-Estabrooks, Fitzpatrick, & Barresi, 1982)가 있다. 전반실어증 환자들은 청각적 이해력과 표현력이 매우 저하되어 있으므로, 이 방법에서는 환자에게 동작만을 사용하게 하여 치료를 돕는다.

(4) 보호자 지원

이 밖에도 언어재활은 많은 시간이 걸리는 만큼, 언어치료사는 환자를 위한 가정재활 프로그램을 짜서 보호자 교육을 통한 간접적인 재활방법도 권해야 한다. 이 경우 언어치료사는 가정에서 가족이 환자와 어떻게 효율적으로 의사소통을 할 수 있는지에 대한 상담 역할을 한다.

2. 말운동장애

말운동장애(motor speech disorders: MSD)는 신경학적 원인에 의해 발생하는 말장애다. 대표적인 말운동장애로서 말실행증(apraxia of speech: AOS)과 마비말장애(dysarthrias)가 있다.

1) 말실행증

(1) 정의 및 원인

우리는 어떤 목표를 가지고 행동하고자 할 때 체계적이면서도 구체적인 프로그래밍을 해야 한다. 예컨대, 자전거를 탈 경우 먼저 자전거의 균형을 잡고 양발을 자전거 페달에 올려놓은 후, 양발에 힘을 교대로 치중하여 앞으로 나아가야 하는 등 일련의 절차를 실행한다. 이와 마찬가지로 말을 하는 경우에도 성대는 언제 열어 주어야 하며, 혀, 입술, 턱 등의 위치와 모양은 어떻게 지정되어야 하는가 등의 프로그래밍이 선행되어야 한다. 말실행증은 후천적인 뇌손상으로 인한 근육의 마비나 약화 현상 없이, 조음기관의 위치(positioning)를 프로그래밍하거나 일련의 조음운동(sequential movements)을 체계적으로 수행하는 데 어려움을 보이는 말장애다. 전반적으로 변이성이 높으며, 발화 시 입술을 끊임없이 움직이면서 정확한 조음의 위치나 방법을 찾는 듯한 모색(摸索, groping) 현상도 관찰된다. 대부분의 환자가 실어증을 동반하나 말실행증만 따로 관찰되는 경우도 있다. 말실행증이 유발될 수 있는 뇌손상 부위는 주로 보조운동영역(補助運動領域, Supplementary Motor Area: SMA)으로 알려져 있으며, 도(島, insula)의 손상으로도 관찰될 수 있다. 말실행증의 발현 시점이 아동인 경우에는 아동 말실행증(Childhood Apraxia of Speech: CAS)이라고 부르며 중증 음운장애(severe phonological disorders)와의 감별이 쉽지만은 않다.

(2) 특성 및 평가

말실행증을 보이는 많은 환자 중 자신의 입술을 오므리거나 혀를 내밀거나 혹은 휘파람을 불어 보라고 하였을 때 어려움을 보이는 경우가 있다. 이런 현상을 구강실행증(口腔失行症, oral apraxia/nonverbal oral apraxia)이라고 부른다. 이는 말실행증 환자 모두에게서 관찰되는 것은 아니므로 먼저 그 동반 여부를 평가하는 것이 중요하다. 말실행증의 주요 특징은 숫자세기, 인사말하기 등의 자동발화(automatic speech)에 비해 명제발화(propositional speech)에서 그 어려움이 증가한다는 것이다. 명제발화란 이전에 이미 많이 연습된 것이 아니라 그 자리에서 즉각적인 반응으로 보여야 되는 발화다. 예를 들어, 검사자가 "어제 한 일에 대하여 이야기를 해 보세요."라고 질문하였을 때의 반응을 들 수 있다.

말실행증 환자의 말 오류 정도는 일반적으로 자극어 자체가 복잡할수록, 자극어 길이가 길수록 심해진다. 예를 들어, '진흙탕길'처럼 종성 자음이 모두 포함되어 단어가 복잡하거나 단어 길이가 순차적으로 길어지는 일련의 자극들(예: 이층집 → 이층집창 → 이층집창문 → 이층집창문틀)에서는 점차적으로 많은 오류를 보이게 된다. 따라서 복잡성과 길이를 다양하게 편성한 평가도구를 이용하는 것이 바람직하다. 또한 일정한 음절을 반복하게 하는 과제를 주게 된다. 예컨대, '퍼' '터' '커' 등의 한 음절을 계속적으로 반복하게 하는 '교대운동속도(交代運動速度, Alternate Motion Rate: AMR) 과제'와 '퍼터커' 세 음절을 계속적으로 반복하게 하는 '일련운동속도(一連運動速度, Sequential Motion Rate: SMR) 과제' 간의 수행력 차이를 보기도 한다. 즉, 일반적으로 말실행증 환자들은 교대운동속도 과제보다는 일련운동속도 과제에 더욱 어려움을 보인다.

　말실행증 환자들은 말하기뿐만 아니라 쓰기에서도 오류를 보인다. 이는 우리가 무엇인가 쓰고자 할 때 내부말체계(inner speech system)를 통해야 하기 때문이며, 쓰는 과정에 관여하는 '음송(吟誦, rehearsal)' 단계의 오류가 쓰기에 반영되기 때문이다. 임상에서 말실행증 환자와 전도실어증 환자의 감별평가는 쉽지 않은데, 이는 둘 다 자발화에서 음소착어가 많이 관찰되며 따라말하기능력이 떨어지기 때문이다. 보편적으로 말실행증 환자들의 오류는 전도실어증 환자들의 오류에 비하여 목표 단어에 포함되는 음소들로 대치되는 경우가 많다. 따라서 좀 더 그 오류패턴을 예측하기 쉬운 것으로 알려져 있다. 또한 말실행증의 오류는 첫음절에서 많이 관찰되는 것에 비하여 전도실어증의 오류는 끝음절에서 많이 관찰된다.

(3) 치료

　말실행증의 치료 원칙은 운동학습(motor learning)에 근거하며 반복연습(drill)이 치료의 주요 부분을 이룬다. 반복연습의 과제는 집중적이면서 광범위하게 구성하는 것이 필요한데, 특히 주의해야 할 것은 자극이 복잡하고 길수록 오류가 많아지므로 소리, 단음절, 단어 등 비교적 단순한 자극에서 시작하여 그 복잡성과 길이를 점차 늘려 가도록 해야 한다. 만일 소리, 단음절 등의 단계에서도 모색이 두드러지거나 오류가 많이 관찰된다면 비구어적(nonverbal) 구강운동 과제를 사용하여 집중적인 훈련을 해야 한다(Dworkin, 1991; Duffy, 1995). 또 말실행증의 정도가 아주 심하여 자발화가 거의 불가능하다면 기침하기, 웃기, 노래부르기 등의 과제를 활용하여 반사적인 단계에서 점차 수의적인 단계로 옮겨 가야 한다(Simpson & Clark, 1989). 또 환자의 말속도를 느리게 하도록 하여 조음의 정확도를 높여야 한다. 조음의 차이를 구별하는 청각훈련을 거치고 언어치료사의 모델링을 따라 하게 하며, 환자의 이해 정도에 따라 차트나 그림 등을 이용하여 조음위치와 방법 등에 대한 간단한 설명을 곁들이는 것도 효과적이다.

훈련을 할 때는 시각적 단서(visual cue, 예컨대 "내 입을 잘 쳐다보면서 들어 보세요.")를 활용하는 것이 좋다. 또한 환자의 반응에 대한 피드백을 주어 자가 수정을 하도록 지도하는 것도 중요하다. 도구를 이용한 피드백으로 흔히 거울을 사용하는데, 이는 치료사와 환자의 조음을 함께 관찰하면서 연습할 수 있기 때문에 효과적이다. 구강실행증을 함께 보이는 경우의 예후는 단순 말실행증보다 좋지 않은데, 이때는 구강실행증 치료를 먼저 하는 것이 바람직하다. 말실행증과 실어증을 함께 보이는 경우에는 실어증과 말실행증 치료를 병행하는 것이 좋다.

2) 마비말장애

(1) 정의 및 원인

마비말장애(dysarthrias)란 중추 및 말초신경계의 손상으로 인하여 말기제(말機制, speech mechanism)의 근육조정(muscular control)장애로 나타나는 말장애(Darley, Aronson, & Brown, 1969, 1975)를 뜻한다. 정상적인 말하기는 호흡, 발성, 공명, 조음, 운율 등을 담당하고 있는 여러 발화 하부체계(speech subsystems)의 구조가 정상적인 상태여야 하며, 이들 기관 간의 기능이 조화롭게 이루어져야 비로소 가능하다. 일반적으로 중추 및 말초신경계의 손상은 이러한 발화 하부체계에 부정적인 영향을 미치게 되며, 그 결과 호흡, 발성, 조음, 공명, 운율 등을 포함한 말기능의 요소, 즉 속도, 강도, 범위, 타이밍 그리고 정확성이 비정상적으로 된다. 마비말장애에는 여러 가지 유형이 관찰되는 만큼 그 원인도 다양하다.

(2) 평가

평가 시 전제조건   마비말장애를 평가할 때 고려해야 할 사항이 몇 가지 있다.

- 말평가로 해당 신경질환에 대해 직접적인 진단을 내리는 것이 아니라 특정 진단을 내리는 절차나 감별진단에 도움이 되게끔 해야 한다.
- 평가 도중이나 평가가 끝난 후에 관찰되는 반응들과 상호 연관성이 있는 신경질환을 정리해 본다.
- 평가를 할 때 눈으로 보이는 것이 반드시 귀로도 들을 수 있는 것은 아님을 명심하여야 한다. 즉, 환자의 혀에 쇠퇴현상(atrophy)이 보인다고 해서 그 환자에게서 반드시 마비말장애가 관찰되는 것은 아니다. 따라서 비구어활동 시의 구강기제(口腔機制, oral mechanism)와 구어활동 시의 구강기제의 기능은 다를 수 있다.

마비말장애 환자를 평가하고자 할 때 가장 필요한 도구는 무엇보다도 언어치료사의 훈련된 귀, 숙련된 손, 예리한 눈 등을 들 수 있다. 그리고 손전등, 설압자, 거울, 초시계, 시청각 녹음기 자제, 음향-생리학적 평가분석 도구 등이 필요하다.

비구어활동 시의 운동기관 평가영역   비구어활동 시의 구강운동기제가 얼마만큼 구어활동에 영향을 미치는가에 대한 결론은 불분명하나, 구강운동기제에 심각한 문제가 관찰되는 경우 말 산출에 끼치는 영향은 적지 않다고 할 수 있다. 〈표 7-2〉에는 비구어활동 시 여러 기관의 기능을 알아보기 위한 평가영역, 지시사항, 관찰할 부분 등을 정리해 놓았다.

말검사   말평가 시 포함되어야 할 과제들로는 모음연장 과제(vowel prolongation task), 교대 및 일련운동속도 과제, 문맥 속의 발화(contextual speech) 등을 들 수 있다. 모음연장 과제는 환자에게 숨을 크게 들이쉬게 한 다음 '아' '이' '우' 등을 쉬지 않고 길게 소리 내도록 하는 과제다. 교대 및 일련운동속도 과제는 '퍼' '터' '커' 등의 음절을 일정 시간(예: 약 5초) 동안 반복하도록 하는 과제로서 반복의 속도와 규칙성 등을 관찰한다. 문맥 속의 발화를 수집할 때는 환자에게 표준화 문구(예: 「가을」, 김향희, 1996, 〈참고〉 참조)를 읽게 하거나, 환자와의 대화 자료를 수집하여 말명료도를 판단하여야 한다. 이 밖에도 자발적 발화, 낱말검사 등을 추가하여 검사한다.

참고

　　우리나라의 가을은 참으로 아름답다. 무엇보다도 산에 오를 땐 더욱더 그 빼어난 아름다움이 느껴진다. 쓰다듬어진 듯한 완만함과 깎아 놓은 듯한 뾰족함이 어우러진 산등성이를 따라 오르다 보면 절로 감탄을 금할 수가 없게 된다. 붉은색, 푸른색, 노란색 등의 여러 가지 색깔이 어우러져 타는 듯한 감동을 주며, 나아가 신비롭기까지 하다. 숲속에 누워서 하늘을 바라보라. 쌍쌍이 짝지어 있는 듯한 흰 구름, 높고 파란 하늘을 처다보고 있노라면 과연 옛부터 가을을 천고마비의 계절이라 일컫는 이유를 알게 될 것만 같다. 가을에는 또한 오곡백과 등 먹을 것이 풍성하기 때문에 결실의 계절이라고도 한다. 햅쌀, 밤, 호두뿐만 아니라 대추, 여러 가지 떡, 크고 작은 과일들을 맛볼 수 있는데, 가을의 대표적인 명절인 추석에 우리는 이것들을 쌓아 놓고 조상님들께 차례를 지내기도 한다. 또한 가을은 독서의 계절이라 하여 책을 읽으며 시시때때로 명상에 잠기기도 하는데, 독서는 우리에게 마음을 살찌우고 아름답게 하는 힘을 주기 때문이다.

표 7-2 비구어활동 평가영역

평가 영역		지시사항	관찰할 부분
얼굴	휴식 시	"얼굴을 움직이지 말고 가만히 저를 보세요."	대칭적인가?
	고정된 자세	"자연스럽게 입술로 웃는 표정을 지어 보세요."	무표정인가?
	움직이는 자세	"입술을 오므렸다 폈다 해 보세요."	비정상적이거나 부수의적인 움직임이 관찰되는가?
턱	휴식 시		턱이 처져 있는가? 부수의적인 운동이 관찰되 는가?
	고정된 자세	"입을 꼭 다물어 보세요." "입을 될 수 있는 대로 크게 벌려 보세요."	턱이 한쪽으로 기우는가? 저항이 가능한가?
	움직이는 자세	"입을 벌렸다 다물었다를 반복해 보세요."	대칭적인가? 운동범위가 정상적인가?
혀	휴식 시	"입을 약간 벌린 상태에서 가만히 계세요."	대칭적인가?
	고정된 자세	"혀를 내밀고 가만히 계세요."	정상 크기인가? 속상수축(束狀收縮, fasci- culation)이나 쇠퇴현상이 관찰되는가?
	움직이는 자세	"혀를 내밀고 좌우로 빨리 움직여 보세요."	운동속도와 범위가 정상적 인가?
연- 인두	휴식 시	"입을 벌려 보세요."	한쪽으로 기울었는가?
	움직이는 자세	"'아~' 하고 소리를 내어 보세요."	한쪽의 운동범위가 저하되 었는가?
후두		"기침을 해 보세요." "저처럼 짧게 '아~아~아~' 여러 번 소리 내 어 보세요."	기침소리가 명확한가? 성대충격(glottal coup)이 명 확한가?
호흡		환자가 숨 쉬는 것을 관찰한다.	자세가 정상인가? 빠르고 짧은 호흡을 호소하 는가? 속도가 규칙적인가?

표 7-3 마비말장애의 분류, 병소, 주요 장애 특징 및 말 특징

유형	병소	주요 특징	과제 종류			
			모음연장	교대/일련운동	문구 읽기	기타 특징
이완성	하부운동신경 (lower motor neuron)	약화	계속적인 과비음, 비강기류, 계속적인 기식	점차적으로 느려짐	느림	천명, 이중발성
경직성	상부운동신경 (양측) (upper motor neuron) (bilateral)	경직	쥐어짜는 음성의 질, 소리 높낮이와 크기의 제한성, 간헐적인 과비음	느리지만 규칙적임	느림	
실조성	소뇌	불협응	소리 크기, 높낮이의 불규칙성	속도, 소리 높낮이, 크기 등이 변이적임	조음의 정확성 감소, 소리 크기와 높낮이의 변이성	하부 말체계의 부조화성
과소 운동성	추체외 회로 (extrapyramidal tract)	강직 및 저하된 운동	발성부전	빠른 속도	발성부전, 소리 높낮이와 크기의 단조로움	
과대 운동성	추체외 회로	불수의적 운동	소리 높낮이, 크기 급변 증상	소리 높낮이, 크기, 속도 등의 갑작스러운 변화	소리 높낮이, 크기, 속도 등의 갑작스러운 변화	
일측상부 운동 신경성	상부운동신경 (한쪽)	약화, 불협응		부정확한 조음, 느린 속도	부정확한 조음, 느린 속도	
혼합성	여러 군데	여러 가지				혼합된 마비말장애에 따라 특징이 달라짐

출처: Darley, Aronson, & Brown (1969).

이상의 검사들을 통하여 발화에서 나타나는 소리의 높낮이, 크기, 공명 상태, 음성의 질(voice quality) 등과 조음의 명료도를 알아본다. 지금까지 설명한 마비말장애의 분류와 특징을 정리하면 〈표 7-3〉과 같다.

(3) 분류 및 특성

마비말장애는 〈표 7-3〉에서와 같이 최소한 7가지 유형으로 분류되는데, 이완형 (弛緩性, flaccid), 경직형(硬直性, spastic), 실조형(失調性, ataxic), 운동과잉형(운동과 다형, hyperkinetic), 운동저하형(운동감소형, hypokinetic), 편측 상부운동신경세포형 (unilateral upper motor neuron: UUMN), 혼합형(mixed) 등을 포함한다.

이완형 마비말장애는 하부운동신경세포(lower motor neuron)의 장애로 인해 발생하 는 한 군데 이상의 말 산출 하부기관의 마비현상이나 기능 약화가 원인이 되는 장애 다. 여기서 하부운동신경세포는 핵, 축삭, 신경근접합부(神經筋接合符, neuromuscular junction), 근육 등을 포함한다. 이완형 마비말장애는 다른 마비말장애와 달리 약화된 연인두 기능으로 인해 과비음(hypernasality)과 비강기류(nasal emission)가 생기므로 손쉽게 구별될 수 있다. 그리고 성대마비로 인해 성대가 완전하게 내전되지 않는 상 태로 계속적인 기식(continuous breathiness)이 들릴 수 있으며, 숨을 들이쉴 때 성대 가 완전히 외전되지 않아 천명(喘鳴, stridor)이 들리기도 한다. 일측성 성대마비가 지 배적인 경우에는 이중음도(diplophonia) 현상도 관찰된다.

경직형 마비말장애는 양측 상부운동신경세포장애에서 비롯되는 것으로 실조성, 느린 운동성, 전반적으로 저하된 운동성 등을 특징으로 한다. 따라서 전반적으로 말 속도가 느리며, 쥐어짜는 듯한 소리(strained-strangled voice)가 많이 나타난다. 소리 의 높낮이나 소리 크기의 변화가 다양하지 못한데, 이는 경직된 성대기능으로 인하 여 빠른 변화가 자유롭지 못하기 때문이다. 경직성으로 인하여 조음 시 말 산출 기 관, 특히 연인두기제의 기능이 떨어지는 경우에는 간헐적인 과비음이 들리는 경우도 있다. 교대운동속도 과세에서는 느리지만 규칙적인 반복이 관찰된다.

실조형 마비말장애의 병변은 주로 소뇌인데, 소뇌손상은 근육운동의 속도, 범위, 방향, 강세 등의 불협응을 일으킨다. 따라서 실조형 마비말장애의 말은 속도, 소리 의 높낮이, 크기 등이 전반적으로 불규칙하며, 일시적으로 자음이나 모음의 조음 정 확도가 무너지는 것이 특징이다. 교대운동속도 과제를 주었을 때 그 반응이 불규칙 하고 모음의 왜곡, 소리 크기의 완만함, 운율의 저하 등이 관찰된다. 그 밖에도 성대

긴장도의 차이로 인하여 음성의 질이 쉰 목소리(hoarseness)로 들리거나, 호흡기관과 발성기관 사이의 부조화로 인하여 음도일탈(pitch break)이 유발되기도 한다.

운동저하형 마비말장애는 다른 마비말장애와 달리 비교적 일관성 있게 빠른 말속도를 보인다. 그러나 성대의 강직성(rigidity)으로 인하여 발성을 시작하는 데 어려움을 보여 부적절한 침묵(inappropriate silences) 현상을 보이거나, 한 문장 이상의 긴 발화 과제가 주어졌을 때 청지각적으로 강세 저하(reduced stress), 소리 높낮이와 크기의 단조로움(monopitch & monoloudness)이 흔히 관찰된다. 또 음성의 질 면에서는 음성떨림(voice tremor), 발성부전(發聲不全, hypophonia) 등이 관찰된다.

운동과잉형은 안면, 구강구조, 목, 사지 등에 갑작스럽고 불수의적이며 목적 없는 움직임을 보이는 상태를 말한다. 운동과잉형 마비말장애의 특징은 과잉운동장애의 본질에 따라 차이를 보이는데, 불수의적인 움직임이 어떻게 얼마나 자주 일어나는가에 따라 다르다. 예를 들어, 운동과잉형 장애 환자들은 성대의 갑작스러운 내전으로 /ㅏ/ 모음 발성 중, 소리 높낮이와 크기에 급격한 변화가 생기기도 한다. 또 갑작스러운 외전이 일어나는 경우에는 과도한 기류(airflow)와 기식이 관찰된다. 느린 과잉운동장애는 무정위성(athetoid) 뇌성마비 등에서 관찰할 수 있다. 소리의 크기가 갑자기 커지거나 혹은 속삭이는 소리(whisper) 상태를 보이며, 모음연장이 어렵고 습관적 소리 높낮이(habitual pitch)가 대체적으로 높다.

편측 상부운동신경세포마비장애는 상부운동신경세포상의 한쪽 병변으로 관찰되는 것으로 상당히 자주 나타나는 말장애다. 말의 특징으로는 자음을 비롯한 소리 자체가 부정확하게 발음되고, 말속도가 느리며, 조음붕괴가 불규칙적인 점 등을 들 수 있다.

마지막으로 혼합형 마비말장애는 경직-이완형의 혼합형이 가장 흔하고, 실조-경직형, 운동감소-경직형 등도 관찰된다. 경직-이완형을 보이는 대표적인 질환으로 근위축성 측삭경화증(amyotrophic lateral sclerosis: ALS)이 있다. 이는 상부운동신경세포와 하부운동신경세포가 함께 손상을 입었기 때문에 경직형과 이완형을 동시에 보이게 된다.

이상으로 7가지 유형의 마비말장애에 대하여 살펴보았는데, 각 유형에 속한 환자 모두가 여기에 묘사된 특징을 보이는 것은 아니다.

(4) 치료

마비말장애의 치료는 크게 화자중심적 치료와 의사소통중심적 치료로 나눌 수 있다. 첫째, 화자중심적 치료는 마비말장애의 유형별로 이루어지거나, 산출체계별로, 호흡, 발성, 공명, 조음, 말속도, 운율 및 자연스러움을 중심으로 이루어진다. 먼저 유형별 치료에 있어서, 이완형의 경우에는 말기관이 전반적으로 약화되어 있으므로 직접적으로 힘을 기르거나 약화된 부분을 보충해 주는 간접 운용이 바람직하다. 이에 비해 경직형 환자에게는 긴장완화를 유발할 수 있는 치료방법이 바람직하다.

한편, 마비말장애의 유형과 상관없이 말 산출단계에 따른 체계적인 접근이 필요하기도 한다. 다시 말해, 이완형 환자의 말기관 약화는 혀를 포함한 조음기관뿐만 아니라 호흡기관에서도 관찰되는데, 이 경우 가장 하부기관인 호흡기능에 대한 훈련이 선행되어야 한다. 이는 하부단계의 기능이 회복되면 상부단계에서의 기능은 자동적으로 향상되는 경우가 있기 때문이다. 환자의 호흡기능을 향상시키기 위해서는 성문하공기압(subglottal air pressure)을 일관성 있게 유지시키고 호흡 자세를 교정시켜 줄 필요가 있다. 발성단계에서는 성대의 내전이나 외전 기능을 향상시키기 위한 수술적 혹은 보철적 접근, 행동요법 등을 사용한다. 공명단계에서는 주로 연인두폐쇄 기제의 비정상적인 기능으로 인한 과비음이 흔히 관찰되므로 수술적 혹은 보철적 접근이 필요하다. 그런데 마비말장애에 대한 치료는 전통적으로 조음단계에 가장 집중되어 있다고 할 수 있다. 조음치료 시 병행되는 훈련은 이렇게 말속도를 줄이는 것이다. 말속도를 줄임으로써 조음을 정확하게 하여 말명료도가 상당히 향상될 수 있다.

둘째, 의사소통중심적 치료는 마비말장애 환자와 청자 간의 의사소통을 증진시키기 위하여 행해질 수 있는 전략을 구사하는 데 있다. 말명료도를 증진시키는 목적이 아니라 말의 이해 가능도(comprehensibility)를 향상시키고자 화자 전략, 청자 전략, 상호작용 전략을 구사해야 한다. 이때, 화자 전략으로는 청자에게 신호를 보내 준비시키기,

의사소통이 어떻게 이루어져야 하는지 알리기, 문맥을 정하고 주제 확인하기 등을 들수 있다. 청자 전략으로는 눈 맞춤 유지하기, 물리적 환경을 변화시키기, 청력 및 시력을 극대화시키기 등이 있다. 마지막으로 상호작용 전략으로는 상호작용 시간 조정하기, 말하기 및 듣기의 최적 환경 조성하기, 피드백 방법 정립하기 등이 있다.

3) 신경말장애의 감별진단

말실행증이나 마비말장애 외에도 뇌손상으로 인한 여러 형태의 신경말장애가 있다. 신경학적 함구증(neurogenic mutism)은 말을 거의 할 수 없는 상태를 일컬으며, 중추신경계 혹은 말초신경계 손상 등의 신경학적 원인으로 야기된다. 몇 가지 신경학적 함구증의 대표적인 형태를 설명하면 다음과 같다.

- 말불능증(구어불능증, anarthria)은 마비말장애가 극도로 심하여 말을 하려고 시도해도 거의 할 수 없는 상태를 일컫는다. 뇌손상의 원인과 손상 부위에 따라이완형, 경직형, 실조형, 운동저하형 등으로 다양하게 관찰될 수 있다.
- 감금증후군(監禁症候群, locked-in syndrome)은 말을 전혀 할 수 없고, 눈동자를제외하고는 신체의 모든 부위를 전혀 움직일 수 없는 상태를 일컫는다. 그러나환자의 인지 상태가 정상이므로 눈동자의 움직임으로 의사소통이 가능하다.
- 양측 전두엽-변연계(邊緣係, limbic system)의 손상이 있는 경우, 인지 및 감정 장애로 인하여 환자가 전반적인 행동을 잘 시도하지 않으려 하는 무의지증(abulia)을 보이게 된다. 이러한 무의지증으로 말하려는 의지가 떨어지게 되는 상태를무동성 함구증(akinetic mutism)이라고 한다.

감별진단이 필요한 또 다른 신경말장애로서 신경학적 말더듬증(neurogenic stuttering)이 있다. 신경학적 말더듬증은 발달성 말더듬증과 마찬가지로 소리나 음절의 반복, 막힘, 연장 등이 관찰되나 부차적 증세(예: 눈 찡그리기)는 거의 보이지 않는다. 왼쪽 뇌반구 피질, 피질하 손상 또는 다병소적 원인에서 비롯된 것으로 실어증, 마비말장애(특히, 운동저하형) 등을 동반할 수 있다. 동어반복증(palilalia)은 말할 때 주로 단어, 구, 절의 반복이 강박적으로 행해지는 말장애 현상을 말한다. 동어반복증이 나타나는 질환으로는 파킨슨병, 진행성 핵상마비(progressive supranuclear palsy), 폐쇄성 두부상(closed head injury), 알츠하이머병, 뇌종양, 뇌졸중 등으로 다양하다. 다음은 '어디가 불편하냐'는 검사자의 질문에 대한 한 동어반복증 환자의 반응이다.

> 걸음 걷는 거 안 좋지. 걸음 걸음 걷는 거, 걸음 걷는 거, 피해 피해 피해 가는 거. 이런 거
> 계속 오래 오래 가는데 피해 피해 가는 거 아주 아주 안 좋고 또 하나, 또 하나, 또 하나 안
> 되는 게 뭐냐면 흥분, 흥분을 빨리 하고 흥분을 빨리 해, 흥분을

동어반복증이 자신의 발화를 부분적으로나 전체적으로 반복하는 형태의 말장애인 반면, 마치 앵무새처럼 상대방의 말을 따라 하는 말장애는 반향어라고 일컬어지며 뇌졸중, 치매질환, 정신분열증 환자 등에서 관찰된다.

연구문제

1. 실어증을 정의하고 간단히 설명하시오.
2. 베르니케실어증의 말 특징을 설명하시오.
3. 착어증의 종류를 들고 각각의 특징을 설명하시오.
4. 브로카실어증의 치료에 가장 많이 쓰이는 방법을 설명하시오.
5. 실어증회복이론 중 재조직이론을 간단히 설명하시오.
6. 말실행증을 정의하고 간단히 설명하시오.
7. 말실행증의 치료 원칙을 간단히 설명하시오.
8. 마비말장애를 정의하시오.
9. 마비말장애의 유형을 다섯 가지 이상 설명하시오.
10. 신경무언증의 유형을 두 가지 이상 들고 각각의 특징을 설명하시오.

용어해설

교대운동속도 과제 (Alternate Motion Rate)	'퍼' '터' '커' 등과 같은 1음절어를 일정 시간 동안 반복하게 하는 과제. 반복 속도와 규칙성을 관찰함
교차실어증 (crossed aphasia)	오른손잡이 환자가 우측뇌반구손상으로 인하여 보이게 되는 실어증
멜로디억양치료법 (Melodic Intonation Therapy)	멜로디의 높낮이나 길이 등의 비언어적 기능을 활용하여 비유창실어증 환자에게 사용하는 대표적 실어증치료법
보속증(perseveration)	전 자극에 이미 한 반응을 다음 자극에서도 똑같이 되풀이하는 현상
신경무언증 (neurogenic mutism)	중추신경계 혹은 말초신경계 손상으로 인하여 말을 거의 할 수 없는 상태를 통칭하는 용어. 말불능증(anarthria)이나 감금증후군(locked-in syndrome) 등을 포함함
에두르기(circumlocution)	목표어를 말하지 못하고 설명으로 대신하여 얘기하는 현상
음소착어 (phonemic paraphasia)	목표어의 일부 음소를 다른 음소로 대치하여 반응하는 현상
의미착어 (sematic paraphasia)	목표어와 비슷한 의미를 지닌 단어로 반응하는 현상
일련운동속도 과제 (Sequential Motion Rate)	'퍼터커'와 같은 다음절어를 일정 시간 동안 반복하게 하는 과제. 반복 속도와 규칙성을 관찰함
자연회복 (spontaneous recovery)	특정한 치료 없이 시간이 경과됨에 따라 뇌의 부종이나 뇌압 등이 정상화되면서 나타나는 회복현상

참고문헌

김향희(2012). 신경언어장애. 서울: 시그마프레스.

김향희, 나덕렬(1997). 한국판 보스턴 이름대기검사. 서울: 학지사.

김향희, 나덕렬(2001). 한국판 파라다이스 · 웨스턴 실어증검사. 서울: 파라다이스복지재단.

김향희, 나덕렬(2012). 한국판 파라다이스 · 웨스턴 실어증검사–개정판. 서울: 파라다이스복지재단.

김향희, 서미경, 김윤정, 윤지혜(2015). 말운동장애: 기질, 감별진단, 중재. 서울: 박학사.

박혜숙(2006). 한국 실어증 감별진단검사. 서울: 연세대학교 출판부.

Albert, M. L., Sparks, R. W., & Helm, N. A. (1973). Melodic intonation therapy for aphasia. *Archives of Neurology, 29*(2), 130–131.

Darley, F. C., Aronson, A. E., & Brown, J. R. (1969). Differential diagnostic patterns of dysarthria. *Journal of Speech and Hearing Research, 12*, 246–269.

Darley, F. C., Aronson, A. E., & Brown, J. R. (1975). *Motor Speech Disorders.* Philadelphia, PA: W. Book.

Davis, L. A. & Stanton, S. T. (2005). Semantic feature analysis as a functional therapy tool. *Contemporary Issues in Communication Science and Disorders, 32*, 85–92.

Duffy, J. R. (1995). *Motor speech disorders: substrates, differential diagnosis, and management.* St. Louis, MO: Mosby-Year Book.

Dworkin, J. P. (1991). *Motor speech disorders: A treatment guide.* St. Louis, MO: Mosby-Year Book.

El-Wahsh, S., Greenup, D., White, G., Thompson, E. O., Aggarwal, A., Fulham, M. J., & Halmagyi, G. M. (2021). Diaschisis: A mechanism for subcortical aphasia? *Journal of Neurology, 269*, 2219–2221.

Goodglass, H., & Kaplan, E. (1983). *Boston Diagnostic Aphasia Examination* (2nd ed.). Philadelphia, PA: Lea & Febiger.

Helm-Estabrooks, N., Fitzpatrick, P. M., & Barresi, B. (1982). Visual Action Therapy for global aphasia. *Journal of Speech and Hearing Disorders, 47*, 385–389.

Kim, H., & Na, D. L. (1999). Normative data on the Korean version of the Boston Naming Test. *Journal of Clinical and Experimental Neuropsychology, 21*, 127–133.

Kleim, J., & Jones, T. (2008). Principles of experience dependent neural plasticity: Implications for rehabilitation after brain damage. *Journal of Speech, Hearing & Language Research, S51*, 225–239.

McNeil, M. R., & Prescott, T. E. (1978). *Revised token test.* Baltimore, MD: University Park Press.

Osa, G. A., Brambati, S. M., Brisebois, A., Desilets-Barnabe, M., Houze, B., Bedetti, C., Rochon, E., Leonard, C., Desautels, A., Marcotte, K. (2020). *Predicting early post-stroke aphasia outcome from initial aphasia severity.* Frontiers in Neurology, Feb 21;11:120. doi: 10.3389/fneur.2020.00120. eCollection 2020.

Porch, B. E. (1967). *Porch Index of Communicative Ability.* Palo Alto, CA: Consulting Psychologists Press.

Radanovic, M. & Almeida, V. N. (2021). Subcortical aphasia. *Current Neurology and Neuroscience Reports, 21*(12), 73.

Schuell, H. (1965). *The Minnesota Test for Differential Diagnosis of Aphasia.* Minneapolis, MN: University of Minnesota Press.

Schuell, H., Jenkins, J. J., & Jimenez-Pabon, E. (1964). *Aphasia in adults.* New York: Harper & Row.

Shriberg, L. D., Aram D. M., & Kwiatkowski, J. (1997). Developmental apraxia of speech: I. Descriptive and theoretical perspectives. *Journal of Speech, Language, and Hearing Research, 40*, 273-285.

Simpson, M. B., & Clark, A. R. (1989). Clinical management of apractic mutism. In P. Square-Storer (Ed.), *Acquired apraxia of speech in aphasic adults* (pp. 241-266). London, UK: Taylor and Francis.

Turkeltaub, P. E. (2019). A taxonomy of brain-behavior relationships after stroke. *Journal of Speech, Language, and Hearing Research, 62*(11), 3907-3922.

제**8**장

말소리발달 및 장애

 ·· INTRODUCTION TO COMMUNICATION DISORDERS

　　의사소통에 장애가 생기는 경우를 크게 말장애, 언어장애, 청각장애로 나눌 수 있다. 이 중 말장애 가운데 특히 발음에 문제가 생기는 경우를 '말소리장애(Speech Sound Disorder: SSD)'라고 한다. 말소리장애는 최근 들어 사용되기 시작한 표현으로, 이전에는 '조음음운장애'라고 지칭되었다. 말소리장애는 원인이 분명한 경우와 원인이 알려지지 않은 경우로 구분된다. 원인이 알려진 경우로는, 첫 번째로, 청각장애로 인한 말소리 장애, 두 번째로, 구개파열과 같이 조음기관의 구조손상으로 인한 경우와, 세 번째로, 신경계손상으로 인한 경우가 있다. 아동기 말소리장애의 가장 많은 사례는 원인이 알려지지 않은 경우에 속한다.

　　말소리장애는 말소리의 산출과정과 관련된 장애이다. 따라서 말소리 산출과정을 정확하게 이해할 필요가 있으므로 정상적인 말소리의 산출과정과 기본적인 한국어 말소리의 특징을 소개하고자 한다. 또한 장애의 진단과 치료에 중요한 준거가 되는 일반아동의 말소리발달을 알아보고, 이를 근거로 한 일반적인 말소리장애의 평가절차와 치료절차를 살펴보고자 한다.

1. 말소리의 산출과정

1) 발동

말소리를 산출하려면 우선 폐에서 조달되는 기류가 필요하다. 폐에서 나오는 기류를 이용하는 말소리를 부아날숨소리라 하며, 우리 말소리는 모두 부아날숨소리이다.

2) 발성

발동과정에서 나온 기류는 성대의 조절을 거치면서 음성을 산출할 수 있게 되는데, 이 과정을 발성과정이라고 한다. 말소리를 만들기 위해 후두의 성대를 열거나(개방, abduction), 닫을 수(폐쇄, adduction) 있으며, 진동할 수 있다. 진동이 동반되는 소리는 유성음, 동반되지 않는 소리는 무성음이라 한다. 우리 말소리의 모음과 공명자음(비음, 유음)은 유성음이고, 그 외 자음은 모두 무성음이다.

3) 조음

발성과정에서 조절된 기류는 인두강과 구강, 비강을 거치면서 다양한 말소리를 산출하게 된다. 이때, 특히 아래턱과 혀와 입술의 위치를 바꾸어 가면서 소리를 만들 수 있는데, 이 중 언어적 의미를 갖는 소리를 말소리라고 한다. 조음과정에서 구강통로의 중앙부에서 방해를 받는 소리는 자음, 방해 없이 나오는 소리를 모음이라고 한다.

2. 말소리의 분류

말소리는 음소(phoneme) 혹은 음운이라고도 하는데, 특정 언어에서 의미를 나눌 수 있는 가장 작은 소리의 단위이다. 음소가 발화되는 최소 단위는 음절(syllable)인데, 음절은 핵인 모음을 중심으로 응집된다. 그러므로 음절 수는 바로 모음의 수와 같다. 예를 들어, '양말'이란 말에는 5개의 음소(모음 2개와 자음 3개: /ㅑ/ /ㅇ/ /ㅁ/ /ㅏ/ /ㄹ/)와 2개의 음절('양' '말')이 포함되어 있다. 구어에서 음절보다 큰 음운론적

표 8-1 한국어 자음 변별자질

구분			p	p*	pʰ	t	t*	tʰ	k	k*	Kʰ	s	s*	tɕ	tɕ*	tɕʰ	m	n	ŋ	l	h
주요 부류 자질		공명성	−	−	−	−	−	−	−	−	−	−	−	−	−	−	+	+	+	+	−
		자음성	+	+	+	+	+	+	+	+	+	+	+	+	+	+	+	+	+	+	+
		성절성	−	−	−	−	−	−	−	−	−	−	−	−	−	−	−	−	−	−	−
자음 분류 자질	조음방법 자질	지속성	−	−	−	−	−	−	−	−	−	+	+	−	−	−	−	−	−	−	+
		지연 개방성	−			−	−	−			−			+	+	+					−
		설측성				−		−		−	−			−			−			+	
	조음위치 자질	설정성	−	−	−	+	+	+	−	−	−	+	+	+	+	+	−	+	−	+	−
		전방성	+	+	+	+	+	+	−	−	−	+	+	−	−	−	+	+	−	+	−
	발성유형 자질	긴장성	−	+	+	−	+	+	−	+	+	−	+	−	+	+	−	−	−	−	−
		기식성	−	−	+	−	−	+	−	−	+	−	−	−	−	+	−	−	−	−	+
모음 분류 자질	혓몸자질	고설성	−	−	−	−	−	−	+	+	+	−	−	+	+	+	−	−	+	−	−
		저설성	−	−	−	−	−	−	−	−	−	−	−	−	−	−	−	−	−	−	+
		후설성	−	−	−	−	−	−	+	+	+	−	−	−	−	−	−	−	+	−	+
	입술자질	원순성	−	−	−	−	−	−	−	−	−	−	−	−	−	−	−	−	−	−	−

(음영으로 표시된 부분은 해당 부류의 소리에 덜 중요한 자질을, 빈칸으로 표시된 곳은 해당 자질에 대한 자질가를 명시할 수 없음을 의미한다.)

출처: 김수진, 신지영(2015). 말소리장애. 시그마프레스. p. 57.

구조는 음운단어(phonological word), 음운구(phonological phrase), 억양구(intonational phrase), 발화(utterance)로 언어학적 단위가 확대된다.

우리 말소리의 자음은 조음위치, 조음방법 그리고 발성유형에 의해 분류되고, 모음은 조음동작의 횟수에 따라 단모음과 이중모음으로 나뉘며, 단모음은 혀 위치와 입술모양에 의해 분류된다. 일반적인 표준어 화자가 사용하는 한국어 말소리는 자음 19개, 단모음 7개, 활음 3개를 합하여 29개이다. 음소들은 어떤 면에서는 서로 유사한 특징을 가지고 있지만, 이 소리들을 다르게 구별해 주는 특징이 있는데 이런 특징적인 자질을 음운자질 혹은 변별자질(distinctive features)이라고 한다. 한국어 자음의 변별자질은 〈표 8-1〉과 같다.

1) 자음

한국어 자음 19개는 〈표 8-2〉에 제시한 바와 같이 우선 조음위치와 조음방법에 따라 분류되는데, 몇 가지 소리는 다시 발성유형에 따라 세분화된다. 조음위치로는 양순음, 치경음, 경구개음, 연구개음, 성문음의 다섯 가지가 있으며, 조음방법별로는 폐쇄음, 마찰음, 파찰음, 비음, 유음이 있다. 발성유형에는 평음과 경음, 격음이 있다.

조음방법을 살펴보면, 파열음은 일단 구강과 비강 모두 기류를 막고 한 번에 파열을 시켜서 소리를 산출하는 소리이다. 구강만 폐쇄하고 비강을 열고 산출하는 소리가 비음이다.

마찰음은 완전히 폐쇄를 하지 않고 기류가 지나가는 길을 거의 막아서 좁은 길을 만들어 난기류가 생성되고, 이로 인한 마찰 소음이 동반되면서 소리가 난다. 파찰음은 일단 통로를 막았다가 파열시킨 뒤에 마찰을 시키는 소리이다.

유음은 한국어에서 설측음과 탄설음으로 나뉘는데, 설측음은 완전폐쇄는 아니지만 소음은 없이 혀 옆쪽으로 기류를 내보내는 방식으로 산출하는 반면, 탄설음은 폐쇄음에 비해 아주 짧은 시간만 폐쇄한다는 시간에 차이가 있다.

표 8-2 한국어 자음 변별자질

			양순음	치경음	경구개음	연구개음	성문음
장애음	파열음	평음	ㅂ	ㄷ		ㄱ	
		경음	ㅃ	ㄸ		ㄲ	
		격음	ㅍ	ㅌ		ㅋ	
	파찰음	평음			ㅈ		
		경음			ㅉ		
		격음			ㅊ		
	마찰음	평음		ㅅ			ㅎ
		경음		ㅆ			
공명음	비음		ㅁ	ㄴ		ㅇ	
	유음			ㄹ			

조음장소는 기류의 방해가 일어난 위치를 말하는데, 아래 조음기관은 대부분 혀이기 때문에 그 명칭이 위 조음기관으로 정해진다. 우리말소리는 양순, 치경, 경구개, 연구개, 성문에서 산출하는데, 이 중 치경에서 나는 소리가 가장 많다.

한국어의 발성유형은 기식성과 긴장성으로 나누어 볼 수 있고, 기식성에 따라 유기음과 무기음으로 나눌 수 있다. 무기음(평음, 경음)은 발성할 때 성대 사이가 거의 붙어 있어서 마찰이 없는 반면, 유기음(격음)은 발성할 때 성대 사이가 멀어서 성문마찰(/ㅎ/)이 동반되어 격음이 된다. 평음은 긴장성이 동반되지 않는 반면, 경음은 긴장성이 동반된다. 긴장성이 동반되는 소리는 강도가 강하고, 상대적으로 조음시간이 길다.

자음은 어두, 어중, 어말과 같은 음운단어 안에서의 위치와 초성과 종성 같은 음절 안에서의 위치에 따라 다르게 소리가 날 수 있는데, 이렇게 문맥에 따라 허용되는 소리를 이음(allophone)이라고 한다. 예를 들어, 폐쇄음이 초성에서는 파열되지만 종성에서는 무파음으로 파열되지 않는다. /ㅂ/를 모음 없이 산출해 보면 파열되는 것을 느낄 수 있지만, 종성으로 /압/을 발음하고 정지해 보면 파열하지 않았지만 이미

종성/ㅂ/가 산출되었음을 경험할 수 있다. 또한 치경마찰음 /ㅅ/는 전설모음, 특히 /ㅣ/ 모음 앞에서는 치경음에서 뒤로 이동하여 구개음화(/ʃ/)된다. 특히 유음 /ㄹ/는 종성에서는 설측음 /l/로 산출되지만, 어중초성에서는 반드시 탄설음 /ɾ/로 산출해야 한다.

모든 자음은 초성에 사용될 수 있지만, 예외적으로 연구개비음인 /ㅇ/은 종성에서만 사용된다. 우리말에서 종성으로 올 수 있는 소리는 7개이다. 어말종성에서는 /ㄱ/ /ㄴ/ /ㄷ/ /ㄹ/ /ㅁ/ /ㅂ/ /ㅇ/의 7개 소리만 가능하고, 어중종성은 /ㄷ/가 청지각적으로 구별되지 못해서 6개 소리만 가능하다.

2) 모음

모음을 산출할 때는 기류의 흐름이 자음에 비해 덜 방해가 되므로 음향 에너지가 더 많이 나온다. 모음은 조음동작의 횟수에 따라 단모음과 복모음으로 나눌 수 있는데, 단모음은 혀의 최고점의 높이와 전후 위치 그리고 입술의 원순성 여부에 따라 나눈다. 표준 발음법에는 10개의 단모음이 있지만, 대다수의 표준어 화자들은 7개의 단모음을 사용한다(〈표 8-3〉 참조). 따라서 말소리장애의 진단평가를 위해서는 일반적인 표준어 화자가 사용하는 7개를 기준으로 하는 것이 적절하다. 각 모음을 조음할 때 형성되는 혀의 최고점 위치를 중심으로 배열한 것을 모음 사각도라고 한다. [그림 8-1]은 우리말 모음의 조음위치를 모음 사각도로 표시한 것이다.

표 8-3 한국어 표준어 단모음

구분	전설모음		후설모음	
	평순	원순	원순	평순
고모음	ㅣ	ㅟ*	ㅜ	ㅡ
중모음	ㅔ	ㅚ*	ㅗ	ㅓ
저모음	ㅐ*			ㅏ

*표준어 화자 대다수는 구별하여 단모음으로 사용하지 않음.

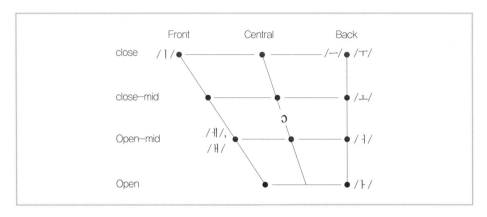

[그림 8-1] 대다수 표준어 화자의 단모음 사각도

우리말소리에서 이중모음은 활음 /j/, /w/, /ɰ/가 단모음과 합하여 산출되는데, 모두 활음 뒤에 단모음이 결합되는 상향이중모음이므로 우선 활음동작으로 시작하여 단모음으로 끝난다. 그 예로 /ㅑ/를 길게 산출해 보자. 짧게 /j/ 동작으로 시작하지만 바로 /a/로 옮겨 발음하면서 산출되므로, 마지막에는 /ㅏ/와 같은 동작으로 유지하고 있게 될 것이다. 스펙트로그램으로 이중모음을 보게 된다면 두 개의 조음동작 사이에 나타나는 전이를 관찰할 수 있다.

3. 말소리의 발달

태어나면서부터 정확하게 말소리를 산출할 수 있는 사람은 없다. 울음과 웃음으로 자신의 감정과 욕구를 표현하다가 돌 무렵이 지나면서부터 말소리로 의사 전달을 하기 시작한다. 모든 말소리를 완벽하게 조음하게 되기까지는 오랜 기간이 걸리고, 개별적으로 차이는 있지만 초등학교에 입학하는 나이가 되면 대부분 아동의 말소리 습득이 완성된다. 아동기의 말소리장애를 진단하는 데 가장 중요한 것은 발달단계에 기반한다는 것이다. 즉, 아동의 말소리문제를 평가할 때는 또래아동들과의 비교를 통해서 지체되었는지, 일반적인 수준인지를 판단하는 것이다.

뿐만 아니라 말소리장애를 가진 사람들이 나타내는 오류형태는 어린 아동이 발음하듯 하는 발달적 오류형태(발달적 음운변동)와 어린 일반아동에게는 나타나지 않는 특이한 오류형태(비발달적 음운변동)로 나누어서 분석한다. 그러므로 말소리장애아동의 오류형태가 발달적 오류형태인지, 아니면 특이한 오류형태인지를 알기 위해서도 일반아동의 말소리발달 오류형태를 연구할 필요가 있으며, 연령에 맞는 발달수준인지 파악하기 위해서도 일반아동의 발달단계를 연구할 필요가 있다. Bleile(2004)은 말소리 습득과정을, ① 말소리 기초 확립, ② 낱말에서 문장 전환, ③ 말소리목록 확장, ④ 말과 문해능력 확장의 4단계로 나누었다. 말소리의 발달은 말소리의 지각능력과 산출능력을 나누어서 살펴보고자 한다.

지각능력은 말소리 습득에 있어 전제가 되는 것으로, 소리의 차이를 구분하여 들을 수 있는 능력을 말한다. 말소리와 그 이외의 소리도 구분할 수 있어야 하며, 말소리들 간에도 그 차이를 변별할 수 있어야 한다. 지각은 능동적인 과정이므로 사람들은 자신에게 익숙한 소리 혹은 의미 있는 소리를 더 잘 구분하여 들을 수 있다.

1) 말소리 기초 확립 시기(출생~1세)

(1) 지각

신생아의 청각적 변별능력을 연구한 문헌에 따르면, 0~2개월에 말소리의 높낮이와 같은 초분절적 특성을 변별할 수 있다. 소리의 높낮이에 대한 변별력은 후에 억양을 구분하는 기초능력이 되며, 음소변별력은 낱말을 습득하는 기초능력이 된다. 2~3개월이 되면 음절 초성인 /b/, /d/, /g/의 조음위치를 변별할 수 있고, 1~4개월에는 모든 언어에 나타나는 모음인 /i/, /a/, /u/를 변별할 수 있어서 생후 몇 개월 이내에 조음위치 및 조음방법에 따른 자음과 몇몇 모음을 변별할 수 있다. 그러나 모든 음소변별이 가능한 것은 아니며, 변별능력은 유아가 성숙함에 따라 그리고 언어에 노출되는 시간이 증가함에 따라 발전하는 것으로 보인다(Bernthal, Bankson, & Flipsen, 2013).

(2) 산출

아기들이 일반적으로 산출하는 소리를 옹알이라고 한다. 옹알이는 말 산출의 전조로 말의 발달을 예측하게 해 준다. 출생부터 첫 낱말이 산출되기까지 옹알이 형태도, ① 발성단계, ② 원시조음단계, ③ 확장단계, ④ 음절성 옹알이 단계로 변화하게 된다.

발성단계는 0~1개월쯤으로, 정상적 발성은 되지만 불완전한 공명을 갖는다. 원시조음단계는 2~3개월 정도인데 여러 형태의 소리를 내기 시작하고, 대표적인 초기 형태로 뒷소리(예: /ku/, /gu/)가 나타나기 때문에 비둘기 소리와 비슷하다고 하여 '쿠잉단계'라고도 한다. 이 시기에 나타나는 소리들은 특정 언어권의 음소로 변별되는 소리가 아니기 때문에 성인이 따라 하기가 쉽지 않다.

확장단계는 4~6개월 정도로, 옹알이가 유희적인 음성놀이의 형태로 발전한다. 이 시기에 유아들은 자신의 구어기관을 탐험하는 행동을 많이 하는데, 그 결과 여러 가지 다양하고 재미있는 소리들을 만들어 낸다. 예를 들어, 두 입술을 진동시켜서 내는 투레질소리(raspberry vocalization: '비 오라고 내는 아기 소리'를 상상하면 된다), 간지럼 피울 때 내는 것 같은 높은 음도의 웃음소리, 날숨과 들숨을 과장되게 반복하여 내는 소리 등이 있다.

음절성 옹알이단계는 유아가 6개월 이상이 되는 시기로, 어느 정도 완전한 공명이 이루어지면서 모음을 중심으로 자음이 결합된 음절형태의 옹알이가 산출된다. 초기에 가장 대표적인 형태는 '빠빠빠'와 같은 반복적인 소리로 음성적 조절이 좀 더 규칙적이며, 성인의 말소리와 비슷한 형태를 갖춘 것들이다. 진짜 말과 같이 들리기도 하는 소리가 산출되기도 하고, 억양이 성인의 말과 유사해지므로 마치 낱말이나 문장을 말하는 것처럼 느껴진다.

2) 낱말에서 문장 전환 시기(1~2세)

(1) 지각

신생아 초기에는 특정 언어의 소리가 아닌 보편적인 소리의 차이를 변별할 수 있지만, 성인의 언어를 이해하기 시작하는 생후 9~18개월의 전환기가 되면 성인 언어에서 추출한 모국어 말소리목록을 변별하는 것으로 바뀌기 시작하게 된다(Werker, Gilbert, Humphrey, & Tees, 1981). 돌을 전후로 하여 한 단어 수준의 발화를 하는 아동의 조음오류는 산출과정의 운동통제능력이나 음운조직화능력의 제한 때문이라는 입장과, 성인의 말을 입력하는 지각단계의 문제로 내적표상의 제한이 더 크게 기여한다는 입장이 공존하고 있다. 2세 이하의 지각과 산출의 관계에 대한 연구는 어려워서 숫자도 많지 않고, 연구 결과도 일관되지 못하다.

(2) 산출

아동이 처음에는 조음오류가 많은 상태에서 여러 가지 초기 낱말을 사용하다가 산출할 수 있는 말소리의 목록이 다양해지고 음소의 정확도도 증가하여 말의 명료도가 좋아진다. 그러나 초기 음소발달단계에서는 같은 음소라고 하여도 어떤 때에는 정확하게 사용하고 어떤 때에는 부정확하게 사용하는 등 일관성이 없는 경우가 많다. 그러다가 음운체계의 안정단계에서는 정확하게 조음하는 경우가 점점 많아지고 어려운 음소들도 습득해 나가면서 차츰 일관성 있고 안정된 조음을 하게 된다.

초기 낱말단계에서는 옹알이에서 출현하는 대부분의 말소리가 초기 낱말로 산출되는 경향을 보이는데, 이 시기 낱말들의 특성은 한두 개의 개방음절로 구성된 폐쇄음과 비음이 많이 출현한다. 점차 다양한 음절구조를 사용하게 되면서 마찰음, 파찰음과 같은 자음은 나중에 습득된다. 영어권 아동이나 우리나라 아동 모두 이 시기에는 만 1세경에 약 4개 내외의 말소리목록을 사용하다가, 만 2세경에는 10개 내외의 말소리목록을 사용하는 것으로 나타났다(문희원, 하승희, 2012). 구체적인 음소로는 'ㅃ, ㄸ, ㄲ, ㅂ, ㅁ'가 가장 빈번하다고 관찰되었는데, 조음방법으로는 폐쇄음과 비음, 조음위치로는 양순음, 발성유형으로는 경음이 가장 빨리 발달하는 음소이다. 초기에 아동이 사용하는 말의 산출 단위는 분절음보다는 통낱말 단위로 산출되는 특징이 있으며, 음절구조와 길이도 제한적이다.

Stoel-Gammon(1991)은 후일 음운장애가 오는 아동은 24개월에도 모음오류, 어두자음 생략 혹은 성문음 /h/로 대치, 후방화, 어말자음 생략이 빈번하게 보이는 경우, 정상적인 음운습득에 문제가 있을 위험성이 높다고 하였다. 특히 많은 모음오류와 어두자음 생략 및 후방화는 일탈적인 비발달적 변동 특징이다. 전문가들은 30개월 이전에 음운발달지체로 진단되어 조기훈련을 받을 경우, 말소리장애로 발전할 위험성을 줄일 수 있다고 조언하고 있다.

3) 말소리목록 확장 시기(2~5세)

(1) 지각

이 시기 아동은 음소에 따라 산출오류는 보이지만 지각오류는 보이지 않는 경우도 있고, 산출과 지각의 상관관계가 매우 높은 경우도 있었다(Vellman, 1988). 아동들이 지속적으로 보이는 산출오류는 자기점검(self-monitoring) 능력이 부족해서일 수 있다. 또 다른 경우는 아동의 머릿속에 저장된 표상이 성인의 낱말과 차이가 있는데, 그 차이를 제대로 파악하지 못했기 때문일 수 있다. 소리들 간의 차이에 대한 변별과 모니터링 능력 부족으로 인한 말소리문제는 학령기 초기까지 지속되는 경향이 있으며, 조기에 훈련을 통해 개선시킬 수 있다.

(2) 산출

만 2세가 지나며 주로 사용하던 통낱말 전략보다 규칙지배 전략을 사용하게 되면서 어휘가 급증하고 다양한 말소리를 산출할 수 있게 된다. 일반적인 발달을 하는 아동은 절반 이상의 아동이 만 4세 정도에 모든 말소리를 성공적으로 사용하였고, 학교에 입학할 때쯤 대부분의 아동은 조음기술이 완성되고 명료도가 유지되는 것으로 나타났다. 그러나 말 산출에 필요한 시간적인 협응능력이나 문해능력발달에 따른 음운 재조직 등을 통해, 음성·음운론적 발달은 학령기에도 지속적으로 이루어진다.

이 시기에는 아동의 낱말지식이 늘어나고 통사론적 발달과 함께 음운발달이 활발하게 이루어진다. 초기 어휘습득 이후에 아동들에게서 나타나는 음운오류의 규칙성은 '음운변동'이라는 용어를 사용하여 설명한다. 2세경에는 전체낱말변동에서 생략 같은 음절구조변동과 동화변동이 빈번하며, 분절음대치변동에서는 특정한 분절음을 산출하기 어렵기 때문에 발생하는 다양한 변동이 나타난다. 그러나 4세를 지나면서 전체낱말변동은 거의 사라지고, 복잡한 조음동작이 요구되는 마찰음, 파찰음, 유음의 대치변동과 어중종성 문제가 남게 된다. 예외적으로 유음 생략은 늦게까지 나타나는데, 이는 음절구조변동이라고 볼 수 없고, 유음이 모음과 같은 공명성 자질을 갖고 있어서 나타나는 특정 음운의 문제로 파악하는 것이 적절하다. 2세와 4세에 일

표 8-4 2세와 4세 아동의 발달적 음운변동

	2세 음운변동	산출오류 예	4세 음운변동
음절 구조 변동	음절 생략	함니/할머니	–
	어말종성 생략	모/몬	
	어중종성 생략	아자님/왕잔님	어중종성 생략
	유음 생략	오이/오리	유음 생략
음운 대치 변동	유음의 파열음화	우디/우리	–
	유음의 활음화	고예/고래	
	마찰음의 파열음화	투건/수건	마찰음의 파열음화
	마찰음의 파찰음화	침발/심발	–
	파찰음의 파열음화	오땅/오짱	파찰음의 파열음화
	연구개음 전방화	딤치/김치	
	경음화	꽁/공	경음화
모음 변동	단모음화	앙말/양말	단모음화
	평순모음화	언퉁이/원숭이	평순모음화

반아동의 발달적 음운변동은 〈표 8-4〉와 같다(김수진, 2014).

발달적 음운변동은 약한 음절이나 음소가 생략되고, 어려운 조음방법의 음소가 쉬운 방법으로 대치되거나 어려운 조음위치의 음소가 쉬운 위치로 대치되는 경향이 있다. 언어권에 관계없이 유사한 패턴을 보이면서 발달하는 가장 큰 요인 중 한 가지는, 인간의 말소리 산출의 해부학적 기제와 신경학적 구조의 성장과정이 유사하기 때문이라고 할 수 있을 것이다(김수진, 2014).

개별 음소의 조음발달은 일반적으로 비음, 파열음, 파찰음 그리고 유음과 마찰음의 순서로 말소리가 발달된다(김영태, 1996; 김민정, 배소영, 2005). 음소의 발달은 바르게 조음한 아동의 수에 기초하여 완전습득연령(95~100%의 아동), 숙달연령(75~94%의 아동), 관습적연령(50~74%의 아동), 출현연령(25~49%의 아동) 등의 발달단계로 나누어 볼 수도 있는데 우리말소리 습득연령을 정리하면 〈표 8-5〉와 같다.

음소별 발달 중 유음 /ㄹ/는 낱말의 위치나 음절 내 위치에 따라 그 발달 양상이 다른 음소들과 다르게 나타난다. 음소들이 대개 어두나 어중초성에서 먼저 나타나다가 어말종성에 나타나는 데 비하여, /ㄹ/는 종성에서 설측음으로 먼저 산출되고 차츰 어두나 어중초성에서 탄설음을 산출할 수 있게 된다. 또 초기에는 탄설음을 산출하는 것이 어려우면 설측음으로 발음하기도 한다.

표 8-5 우리말 자음의 발달(우리말소리 습득연령)

연령	음소발달단계			
	완전습득단계 (95~100%)*	숙달단계 (75~94%)	관습적 단계 (50~74%)	출현단계 (25~49%)
2;0~2;11	ㅍ, ㅁ, ㅇ	ㅂ, ㅃ, ㄴ, ㄷ, ㄸ, ㅌ, ㄱ, ㄲ, ㅋ, ㅎ	ㅈ, ㅉ, ㅊ, ㄹ	ㅅ, ㅆ
3;0~3;11	+ㅂ, ㅃ, ㄸ, ㅌ	+ㅈ, ㅉ, ㅊ, ㅆ	+ㅅ	
4;0~4;11	+ㄴ, ㄲ, ㄷ	+ㅅ		
5;0~5;11	+ㄱ, ㅋ, ㅈ, ㅉ	+ㄹ		
6;0~6;11	+ㅅ			

출처: 바르게 발음한 아동의 백분율(김영태, 1996).

4) 말과 문해능력 발달 시기(5세~)

(1) 지각

전체적으로 학령기아동은 성인과 비슷한 방법으로 문맥의 도움을 받아 음향학적 정보를 해석하지만, 아동은 낱말의 속성에 대한 결정을 하기 전에 성인들보다 더 많은 음향학적 정보를 필요로 한다. 왜냐하면 아동들은 상대적으로 많은 어휘를 낯설어하며 의미론적 지식을 단서로 사용하는 능력도 십 대까지 지속적으로 발달하기 때문이다. 어린 아동들처럼 학령기아동도 낯선 낱말보다는 익숙한 낱말을 좀 더 정확하게 지각할 수 있다.

(2) 산출

한국어에서 정확한 마찰음과 유음의 산출이 모든 조건에서 성인만큼 정확하게 산출되는 연령은, 연구에 따라 차이는 있지만 6세에서 7세경으로 알려져 있다. 말소리 오류는 매우 눈에 띄는 문제로 학령기 이후 의사소통, 학업, 사회적 관계 등에 영향을 미칠 수 있는 중요한 변수이다. 최근의 대규모 종단연구에서 언어장애를 동반한 말소리장애아동의 많은 경우가, 학령기에 이르러 문해능력에도 결함을 보이며 특정 학습장애가 될 수 있는 것으로 밝혀지고 있다. 5세 후반에서 6세를 전후로 한 시기는 초기 문해기술 습득시점이다. 이때까지 말소리 산출에 필요한 음운기술이 발달되지 않은 아동은 문해기술 습득에도 어려움을 초래하게 되는 경우가 많다(Bishop & Adams, 1990; Lewis et al., 2015).

4. 말소리장애의 하위 분류와 출현율

말소리장애(speech sound disorders)는 지속적인 말소리 산출문제로 구어 의사소통의 효율성이 떨어지는 경우를 말한다. 저하된 의사소통 효율성은 학업, 직업 등 사회적 참여에 지장을 초래하게 된다. 말소리장애는 조음음운장애라고도 하는데, 과거에는 장애의 원인에 따라서 크게 조음장애(articulation disorder)와 음운장애(phonological disorder)로 나누었다. 조음장애는 장애의 원인이 주로 화자의 운동적·생리적 차원에 있는 경우를 말하며, 음운장애는 장애의 원인이 주로 화자의 언어적 차원에 있는 경우를 말했다. 그러나 1990년대 이후 임상현장에서 조음장애와 음운장애를 엄격하게 나누는 것이 어렵다는 지적이 있었기 때문에 두 가지를 합하여 '조음음운장애'라는 용어를 사용하게 되었고, 이제는 말소리장애라는 명칭을 사용하는 것이 더 일반적이 된 것이다(김수진, 신지영, 2015).

과거의 조음음운장애는 기질적 장애와 기능적 장애로 나눈 반면에, 말소리장애는 '원인이 알려진 말소리장애'와 '원인을 모르는 말소리장애'로 나눈다. 과거의 기준인 '기능적 조음음운장애'는 잘못된 습관이나 학습의 결과로 추정되는 경우에 국한된 것이었는데, 이에 반해 '원인을 모르는 말소리장애'는 잘못된 학습의 영향뿐 아니라 인지적·언어적·사회심리학적 변인들의 광범위하게 영향을 미치는 경우 혹은 한두 가지 변인의 조합으로 인한 말소리문제 등 아직까지 원인을 추정하지 못하는 모든 경우를 포함한다.

원인이 알려진 말소리장애로는 전통적으로 '기질적 장애'라고 분류되었던 영역으로 청각장애, 조음기관구조장애, 신경계 조절장애 등이 여기에 속한다. 원인이 알려진 경우에는 언어진단보고서의 진단명에 '청각장애' 혹은 '청각장애로 인한 말소리장애'라고 표기한다.

아동기 말소리장애 출현율을 살펴보면 원인을 모르는 말소리장애가 가장 높다. 원인이 알려진 말소리장애를 먼저 살펴보면, 신생아를 기준으로 내략 청각장애 0.2~0.3%, 뇌성마비가 0.2%, 구조손상이 0.1%로 모두 합해서 약 1% 미만이다. 원인을 모르는 말소리장애는 연령대에 따라 다르지만 6세를 기준으로 중등도 이상의 출현율은 약 2.5%(김수진 외, 2016)이다. 원인과 관계없이 학령기 직전에 중등도 이상의 말소리문제 인구 비율은 3% 이상일 것으로 추정된다.

1) 원인이 알려진 말소리장애

(1) 청각장애

음소습득과정에서 아동은 청각적 자극과 피드백에 주로 의존하기 때문에, 청각장애가 말소리장애를 초래한다. 청력손실의 정도와 그 시기에 따라 말소리습득에 미치는 영향은 다르다. 청력손실의 정도가 커질수록 말소리 산출능력이 떨어질 위험이 높아진다. 언어를 습득하기 전에 청력을 잃은 경우에는, 영유아기부터 많은 자극을 통하여 말소리를 변별하고 산출할 수 있도록 훈련해야 한다. 청각장애가 아니더라도 말언어습득에 있어 결정적인 시기에 반복적으로 중이염에 걸린 아동들도 말언어습득에 영향을 받을 수 있는 것은, 청각적 자극과 피드백이 말소리습득에 얼마나 중요한지를 알려 주는 것이다.

(2) 조음기관구조 결함

조음기관이란 발성부터 발음을 하는 데 관련된 구조로 입술, 혀, 치아, 턱, 치경, 경구개, 연구개, 인두, 후두와 같은 구조들을 포함한다. 이러한 구조들에 결함이 생기면 기류의 흐름을 조절하는 데 어려움을 겪게 된다.

첫째, 입술은 얼굴 표정을 짓거나 조음을 하는 데 중요한 기능을 한다. 특히 모음은 원순모음과 평순모음으로 입술의 모양으로 소리를 나누는 데 기여할 수 있으며, 양순음은 입술이 닫혀야만 발음될 수 있다. 입술의 모양을 변화시키는 데는 주변 근육들이 작용한다.

둘째, 말소리장애를 초래할 수 있는 혀의 결함에는 설소대가 짧은 설구착증, 대설증, 소설증, 혀내밀기(tongue thrust) 등이 있다. 설구착증은 혀의 앞부분이나 혀등 부위가 치경, 경구개, 연구개까지만 닿을 수 있다면 조음에는 큰 영향을 미치지 않을 수 있다. 혀내밀기는 혀를 앞으로 내밀고 음식을 인두 쪽으로 넘기는 삼킴장애의 유형으로, 이런 아동은 조음을 할 때도 혀를 앞으로 내밀어 발음하는 경향이 있다. 심한 경우에는 턱의 모양까지도 변화시켜 부정교합을 동반하기도 한다.

셋째, 치아와 턱의 경우, 일부 치아가 빠졌거나 치열이 비정상이면 말소리 산출에 오류를 보일 수 있다. 턱과 치열의 구조가 잘못된 것을 부정교합이라고 하는데, 아래 턱이 위턱에 비하여 너무 돌출되어 있거나(근심교합), 반대로 아래턱이 위턱에 비하여 너무 들어가 있는 경우(원심교합), 위턱과 아래턱의 구조가 잘 맞지 않아 앞니 사이가 뜨는 경우(이개교합) 등이 있다. 부정교합 그 자체가 정상적인 조음을 방해하는 것은 아니다. 턱구조의 결함과 함께 또는 단독으로 나타나는 위아래 치아의 문제에는, 윗니가 아랫니에 비해 너무 돌출되어 있는 상치돌출(overjet)과 반대로 아랫니가 윗니에 비해 너무 돌출되어 있는 하치돌출(underjet)이 있다(Bernthal, Bankson, & Flipsen, 2015).

넷째, 구개에 문제가 있는 경우의 가장 대표적인 예는 구개파열이다. 구개파열의 경우, 수술을 받으면 말소리 산출에 영향을 주지 않을 수 있다. 위턱과 아래턱이 균형 있게 잘 성장하게 하려면 구개의 봉합은 늦출수록 유리하지만, 구개파열 수술은 생후 12개월 전후에 받도록 하고 있다. 이렇게 수술 시기를 서두르는 이유는 말소리 발달 시기를 고려하기 때문이다. 구개의 파열은 구강과 비강의 구분을 어렵게 하므로 공명장애가 생기게 된다. 특히 치경음과 구개음의 산출이 어렵다. 수술이 늦어지면 보상조음(compensatory articulation: 성문과 인두에서 파열음과 마찰음을 산출)을 이용하여 발화하게 되고, 이는 버릇으로 자리 잡게 된다. 이러한 나쁜 조음버릇은 시간이 지날수록 습관화되고, 제거하는 데에도 많은 시간이 걸리게 된다. 구개파열 수술 후 언어치료과정을 거쳤으나 계속 비강누출이나 과비성이 나타나는 경우에는 2차 수술을 실시할지 검토하도록 의료진에게 의뢰해야 한다(김수진, 신지영 2015).

(3) 신경계 조절장애

신경운동결함은 조음기관의 근육을 통제하는 중추신경계나 말초신경계에 결함 때문에 말소리 산출에 어려움을 초래하는데, 이를 '말운동장애' 혹은 '구어운동장애'라고 한다. 말운동장애의 대부분은 마비말장애(dysarthria)이지만, 근육의 마비나 결함 없이 말 프로그래밍에 결함을 보이는 말실행증(aparaxia of speech)도 있다. 아동기 마비말장애의 가장 많은 경우는 뇌성마비이다. 신경계 조절장애가 원인이 되어 말소리에 문제가 있는 경우에는 말소리 자체의 정확도보다는 전반적인 명료도를 향상시키거나, 의사소통의 성공 확률을 높이기 위하여 보완대체의사소통 지원 전략을 사용해야 한다.

아동기 말실행증(Childhood Aparaxia of Speech: CAS)은 원인을 모르는 경우도 많으므로 증상에 기초하여 진단을 하며, 원인을 모르는 말소리장애로 분류되기도 한다. ASHA의 아동기 말실행증 분과에서는 방대한 규모의 문헌 연구를 통해 아동기 말실행증의 원인과 결함내용 및 의사소통문제를 다음과 같이 정리하여 발표하였다 (ASHA, 2007).

> "아동기 말실행증은 유전적 원인 혹은 다른 밝혀지지 않은 원인으로 신경학적 문제가 생겨서 나타나는 심각한 조음장애의 하위 유형 중 하나이다. 핵심 증상은 언어적 단계 혹은 말 산출과정의 초기단계부터 발생한다. 증상은 나이가 들면서 변하는데, 연령에 부적절한 모음과 이중모음의 오류, 낱말을 반복할 때 비일관적인 오류를 보이며, 발화길이가 길어질수록 오류가 증가하고 심해지며 운율문제도 동반된다. 아동기 말실행증은 말, 언어, 읽기, 쓰기에서 문제가 지속될 위험이 있다."

아동기 말실행증에 대한 말 산출 특성은 〈표 8-6〉과 같다(김효정, 최선영, 하지완,

표 8-6 아동기 말실행증의 말 특성

	핵심 특성		일반 특성
1	제한된 자음과 모음 목록	6	자동구어보다 모방 과제 어려움
2	발화길이가 길어지면 오류 증가	7	운율문제(느림, 스타카토, 단조로움 등)
3	모색행동	8	낮은 자극반응도
4	문맥에 따라 비일관적 오류	9	수용언어에 비해 심한 표현언어 지체
5	모음 오류	10	치료효과의 느린 진전

2015; 박희정, 석동일, 2006; ASHA, 2007). 진단기준은 이 특성의 상당 부분(예: 핵심 특성 2개 이상을 포함하여 총 5개 이상)을 보이는 경우로 한다.

2) 원인을 모르는 말소리장애

아동기 의사소통장애를 언어발달장애와 말소리장애로 나눈 DSM-5의 진단기준에 따라 '말소리장애'라고 진단명을 표기한 경우는 '원인을 알 수 없는 아동기 말소리장애(Speech Sound Disorders with unknown origin: SSD)'에만 국한된 진단명이다. DSM-5의 말소리장애 진단기준은 상자 8-1 과 같다.

상자 8-1　원인을 모르는 말소리장애 진단기준

1. 말소리 산출에 지속적인 어려움을 보이며, 말명료도가 떨어지고, 구어를 통한 의사소통에 어려움이 있다.
2. 제한적인 의사소통의 효율성 때문에 개인의 학업, 직업 등 사회적 참여에 지장을 초래한다.
3. 초기 언어발달기부터 증상이 시작된다.
4. 뇌성마비, 구개열, 청력손실, 외상성 뇌손상 등 다른 의학적 신경학적 조건 같은 선천적이거나 후천적인 원인에 기인하지 않는다.

원인을 알 수 없는 말소리장애의 출현율은 연령대별로 다르게 나타나는데, 3~4세를 기준으로 약 8%, 6세를 기준으로 약 4%, 학령기 이후에는 약 2% 내외로 나타난다고 알려져 있다(Shriberg, Tomblin, & McSweeny, 1999).

5. 말소리장애의 관련 요인

1) 말소리지각

말소리장애가 있는 사람이 모두 말소리지각문제가 동반되는 것은 아니다. 그러나 자신이 구별하여 산출하지 못하는 음소에 대해서는 변별하지 못하는 경우가 빈번하게 나타난다(김영태, 심현섭, 김수진, 2012). 마찰음의 파열음화를 보이는 말소리장애아동 9명에게 마찰음과 파열음의 음소변별 과제를 실시한 결과, 3명의 아동이 일반아동에 비해 수행수준이 유의하게 낮게 나타났다(조병순, 심현섭, 2001). 김민정 외(2015)의 말소리장애아동 동반문제 조사 연구에서 언어치료사들은 말소리장애아동의 약 10%가 말소리변별에 어려움을 보이며 약 20%는 약간의 어려움을 보인다고 보고하였다.

2) 인지능력

정상적인 범위의 인지능력을 나타내는 아동들에게는 지능과 말소리 산출능력 간에 큰 관련이 없는 것으로 보인다. 그러나 일반아동에 비해 지적장애 집단에서 더 많은 말소리장애가 발생한다는 사실에 대해서는 많은 연구자가 동의하고 있다. Shriberg, Tomblin과 McSweeny(1999)의 『대규모 말언어발달 추적 연구』에 의하면 1,300여 명의 6세 아동 중 중등도 이상의 원인을 모르는 말소리장애아동은 3.5%(51명)였으며, 이 중 인지능력이 떨어지는 아동은 약 30%(16명)인 것으로 나타났다.

3) 성별

정상적인 말소리발달 면에서 보면 대체로 남아보다는 여아가 다소 빠른 발달을 보이는 경향이 있다. 국외나 국내 조사에서 거의 유사한 수준으로 말소리장애가 여아보다는 남아에게서 다소 높은 발생률을 나타낸다고 알려져 있는데, 최근 국내 연구에서 6세 아동의 말소리장애 비율은 남아가 여아의 1.7배로 나타났다(김수진 외, 2016).

4) 형제효과

형제 순서 요인 면에서 보면 일반적으로 맏이나 외동아동들이 더 나은 말소리 산출능력을 보이는 것으로 알려져 있다. 김수진 등(2016)의 출현율 연구에서도 성별과 형제 순서에 따른 말소리 산출은 유의한 차이를 보이는 것으로 나타났다. 맏이나 외동이는 발음이 정확한 성인들과의 상호작용이 대부분을 차지하는 반면 형제순서가 아래로 내려갈수록 아직 발음이 부정확한 형제들을 모델링할 수도 있으며, 말차례를 빼앗기는 등의 영향 때문으로 추정된다.

5) 언어발달

말소리장애가 있는 아동은 언어장애를 동반할 가능성이 높기는 하지만, 동반하지 않는 경우도 많다. DSM-5에서도 원인을 모르는 말소리장애아동의 60%가 언어발달문제를 동반하는 것으로 보고되었다. 김민정 등(2015)의 치료사를 대상으로 한 설문조사에서도 유사한 비율을 보이는 것으로 나타났다. 말소리장애아동의 언어발달문제는 치료방법의 선택과 학령기 이후의 예후에 매우 중요한 영향을 미치는 요소이다.

6. 말소리장애의 진단

말소리장애의 진단과정은 다양한 문맥에서 이루어진다. 음절이나 단어 수준에서는 발견되지 않았던 오류들이 검사의 언어 단위가 길어지면서 더 빈번하거나 다양해질 수도 있기 때문이다. 특히 말소리 이외에도 위에서 살펴본 말소리장애의 원인이 된 청각, 조음기관구조, 신경조절의 문제 그리고 관련 요인과 동반 문제들에 대한 정보를 수집하고 면밀하게 분석해야 한다. 말소리장애의 진단과정을 통해 다음의 여섯 가지 목표를 달성할 수 있어야 한다(Miccio, 2002; 박현주 외, 2014에서 재인용).

- 아동의 가정 특성을 포함한 전반적 발달 배경 특성을 파악할 수 있다.
- 아동의 청력 상태, 구강구조 및 기능 특성을 파악할 수 있다.
- 현재의 음운 및 언어 수행 특성을 파악할 수 있다.
- 말소리장애의 특성과 중증도를 알 수 있다.
- 음운변화의 예후를 알 수 있다.
- 중재과정을 결정할 수 있다.

1) 말소리검사방법

성인의 목표형태와 관계없이 독립적으로 아동의 수행능력에 초점을 두고 아동이 산출한 음소목록이나 음절구조, 음운규칙을 분석하는 것을 독립분석(independent analysis)이라고 하고, 성인의 목표형태와 관련지어 음소분석을 하거나 오류패턴을 분석하는 경우를 관계분석(relational analysis)이라고 한다. 아동의 음소목록이 매우 제한적으로만 나타나는 경우, 사용하는 어휘가 50개 미만이라면 독립분석이 적절하다(Stoel-Gammon & Dunn, 1985). 독립분석을 하는 수준의 아동은 표준화된 검사의 적용이 어렵다. 즉, 대화와 같은 자발화를 수집하는 것이 가장 적절한 방법이다.

50개 이상의 어휘를 안정적으로 사용할 수 있는 아동이라면 관계분석을 적용하는 것이 적절하다. 관계분석을 적용할 때에도 발화를 수집하는 방법에 따라 자발화나 단어와 문장 유도 문맥에서 자발어, 반응어, 모방어 등을 수집할 수 있다.

(1) 선별검사

말소리장애 선별검사는 말소리장애에 관한 진단검사가 필요한지를 결정할 수 있도록 하는 것으로, 아동의 생활연령에 따라서 간단히 검사하는 것을 말한다. 예를 들어, 아동에게 하나부터 열까지 세어 보도록 하거나 몇 개의 어려운 음소가 포함된 낱말을 발화하도록 유도하고 평가할 수 있다.

표준화된 선별검사를 활용할 수도 있는데, 만 6세 아동은 모든 음소를 정확히 발음할 수 있는 발달단계에 있으므로 습득하기 어려운 음소와 음운구조가 포함된 '세 문장 선별검사'로 평가할 수 있다(상자 8-2 참조). 이 검사에서 세 개 이상의 음소 혹은 두세 개 이상의 어절에서 오조음하는 경우 말소리장애 진단검사를 추천할 수 있으며, 한 번의 검사로 작업기억과 언어능력을 선별할 수도 있다(김수진, 2016).

상자 8-2 세 문장 선별검사

1. 자동차를 타고 노리동사네 가써요.
2. 호랑이 코끼리 사슴 가튼 동물 칭구들도 이써써요.
3. 왕잔님, 공준니미 됭 거처럼 우리는 시니 나써요.

---

(2) 표준화 말소리목록검사

국내에서 출판된 말소리장애 표준화 검사도구는 세 가지이다. 이 중 한 가지를 선택하여 적용할 수 있다. '우리말 조음-음운평가 수정판(Urimal-Test of Articulation and Phonology: U-TAP)(김영태, 신문자, 김수진, 2014)'은 2세부터 6세까지의 아동을 대상으로 표준화 과정을 거쳐 출판되었다. 30개의 단어를 그림을 보고 이름을 말하는 과정을 통해 한국어의 자음과 모음 산출 정확도를 검사할 수 있도록 되어 있으며, 같은 단어를 문장 맥락에서 그림을 보고 이야기하는 과정을 통해 다시 검사한다. 개별 단어와 문장 맥락에서 말소리목록 분석과 음운변동 분석을 할 수 있으며, 발달적 오류패턴을 확인할 수 있는 간략음운변동 분석방법을 보완하여 수정 출판되었다.

'아동용 발음평가(Assessment of Phonology and Articulation for Children: APAC)(김민정, 배소영, 박창일, 2007)'는 37개의 검사 단어를 평가하는데, 단어의 선정과정에서 실제 음소빈도를 반영하고 후행하는 모음 환경과 어중종성 맥락을 고려하였다. 2세 후반에서 6세 전반까지 6개월 단위로 규준을 제공하고 있다. 음운변동에서 실제로 우리말 화자의 언어발달과정에서 나타나는 전형적인 발달적 음운변동과 말소리장애아동들이 자주 산출하는 오류변동을 중심으로 묶을 수 있도록 하는 분석틀을 제공하였다. 문장검사는 단어수준과 별개로 지연모방 발화를 하도록 유도하여 분석하였다.

'한국어 표준 그림조음음운검사(The Korean Standard Picture of Articulation and Phonological Test: KS-PAPT)(석동일, 박상희, 신혜정, 박희정, 2008)'는 선별검사와 정밀검사로 나뉘어 있다. 선별검사문항은 30개이며 정밀검사는 선별문항에 45개를 더하여 총 75개로 구성되어 있다. 선별검사 결과에서 표준편차 −1 이하(16%ile 이하)에 속하는 경우 정밀검사를 실시하도록 권고하고 있으며, 정밀검사의 검사문항은 각 음소별로 음절의 수(1음절, 2음절, 다음절)에 따라 구성되어 있다. 전사체계는 IPA 기호의 사용이 용이하도록 기록지에 표준어를 기본으로 한 IPA 전사 기호가 제공되어 있다. 3세에서 6세를 대상으로 표준화되어 있으며 문장검사는 실시하지 않는다. 국내에서 출판된 위의 세 가지 검사는 모두 말소리목록검사로, 단어수준에서만 표준화 점수를 제공하고 있다.

(3) 자발화 분석

자발화 분석은 아동의 자연스러운 생활 속 말소리 산출을 분석하기 위하여 가장 적절한 분석 방법이다. 어떤 도구를 사용하거나 유도하는 것보다 타당하고 바람직하지만 목표 낱말을 유도해 내는 데 시간이 많이 소요되고, 간혹 일부 음소는 전혀 사용될 기회가 없다는 점에서 통제가 다소 어렵다.

자발화라는 조건은 매우 다양한 언어학적 변수들이 포함된 상태이므로 다양한 조건에 따른 수행수준을 살펴볼 수도 있다. 예를 들어, 어휘 형태소와 문법 형태소에서 말소리 오류가 다르게 나타나는지도 살펴볼 수 있다.

자발화 분석절차를 통해 음소목록을 작성하는 것은 어떤 경우에는 더 중요한 의미를 갖는다. 예를 들어, 일반화를 평가하는 경우나, 심한 말소리장애가 있거나, 다른 방법으로 발화 유도에 한계가 있는 3세 미만의 어린 아동의 말소리 진단과 치료에서 특히 더 중요하다. 음소목록을 작성할 때는 모든 음소가 관찰될 기회가 주어졌는지, 아동의 조음에 일관성이 있는지를 고려하여야 한다.

(4) 심화검사

심화검사는 특정 목적을 가지고 목적에 맞게 검사를 제작하여 평가하는 검사다. 예를 들어, 특정 자음에 대하여 음절 수, 모음 맥락, 음절구조, 낱말 혹은 문장 환경, 음소빈도, 음운변동 등 더 구체적으로 살펴보고 싶은 부분을 정해 두고 이에 맞게 검사 내용을 구성·제작하여 진행하는 것이다. 또한 장애영역(청각장애, 마비말장애, 아동기 말실행증, 구개파열, 공명장애, 후두적출)에 따라 취약한 부분을 집중적으로 평가할 수 있도록 문항을 구성하여 심화검사를 진행할 수도 있다.

2) 진단에 필요한 평가기준

(1) 자음정확도와 음소오류

자음정확도(Percentage of Correct Consonats: PCC)는 전체 음소 중 바르게 조음된 음소의 수의 비율을 의미한다. 예를 들어, 10개의 자음을 발음해야 하는 상황에서 8개를 정확하게 산출하였다면 자음정확도는 80%라고 보고한다.

오조음의 발생빈도는 잘못 발음하는 음소의 수를 의미하므로 오류음소 발생빈도 혹은 음소 산출 정확도 중 한 가지를 선택하여 보고한다. 음소별 산출 정확도는 단어

내 위치(어두, 어중, 어말)와 음절 내 위치(초성, 종성)를 고려해야 한다. 자음이 산출되는 단어와 음절 위치 조건을 조합하면 어두초성, 어중초성, 어중종성, 어말종성의 네 가지 조건이 된다. 음소오류의 종류는 네 가지이다. 음절구조가 바뀌는, ① 첨가와, ② 생략 형태가 있으며, 목표음소를 다른 음소로 바꾸어 조음하는 ③ 대치, 그리고 완전히 다른 음소는 아니지만 정확한 소리가 아닌 다른 소리로 산출되는 ④ 왜곡이 있다. 왜곡은 약간의 소음이 동반되거나, 잘못된 이음으로 산출되거나, 조음위치가 약간 다른 지점에서 산출되기도 한다.

(2) 발달연령

발달연령기준을 사용하는 것은 정상아동들의 발달연령과 비교하는 방법이다. 흔히 습득연령과 습관적연령 같은 말소리발달연령을 언급하고 있다(김영태, 1996). 우선, 습득연령은 특정 음소를 75~90% 이상의 아동들이 바르게 발음하는 발달 시기를 말한다. 그리고 습관적연령은 특정 음소를 50% 정도의 아동들이 바르게 발음하는 발달 시기, 즉 아동들이 오류보다는 바르게 발음하는 것이 많아지기 시작하는 발달 시기를 말한다. 가장 늦게 발달하는 /ㅅ/ 음소도 습관적연령은 2세고, 습득연령은 4세이다. 이것은 2세 아동의 50% 정도, 4세 아동들의 75~90%가 /ㅅ/를 바르게 발음한다는 뜻이다.

(3) 오류 음운변동 발생빈도와 출현율

오류 음운변동 분석은 오류의 패턴을 찾을 수 있도록 해 준다. 그래서 최근에는 음운변동이라는 표현보다 오류 음운패턴이라고 표현한다. 우선 발달적 변동과 특이한 (비발달적) 변동을 구분할 수 있다. 음운변동의 발생빈도와 출현율은 특정 음운변동이 몇 번이나 나타났고(발생빈도), 나타날 기회에 대하여 몇 %나 나타났는가(출현율)로 측정할 수 있다. 대부분의 말소리장애아동은 발달적 오류패턴과 비발달적 오류패턴을 모두 보이는 경향이 있다. 우리나라 말소리장애아동이 많이 보이는 비발달적 패턴은 후방화, 비음화 등이었다(황상심, 김수진, 2015).

오류 음운변동 분석은 음소 정확도 분석으로는 찾을 수 없는 오류의 패턴을 찾을 수 있다는 장점이 있다. 예를 들어, 어떤 아동이 연구개음(/ㄱ, ㄲ, ㅋ, ㅇ/) 네 가지 음소를 /ㄷ, ㄸ, ㅌ, ㅈ, ㅉ, ㅊ, ㄴ/ 등으로 바꾸어 산출하는 경향을 보일 수 있다. 개별 음소 /ㄱ/의 정확도나 /ㅇ/의 정확도로 파악하는 것보다는 '연구개음 전방화' 패턴을 갖고 있다는 것을 파악하는 것이 치료에 효율적이다.

(4) 자극반응도

자극반응도(stimulability)는 아동이 오류를 보인 특정 음소에 대하여 청각적·시각적 또는 촉각적인 단서나 자극을 주었을 때, 어느 정도로 목표음소와 유사하게 산출할 수 있는가를 의미한다. 흔히 자극반응도를 검사할 때는 우선 말소리목록검사를 하고 나서 그때 보인 오류음소들에 대해서만 검사하게 된다. 예를 들어, 아동이 어두에 나오는 /ㄱ/에서 오류를 보였다면, 먼저 /ㄱ/나 '가방'을 발음해 주면서 모방하게 한다. 그래도 못 할 경우 설압자로 조음점인 연구개와 혓몸을 짚어 주고 발음하게 해 볼 수 있다.

(5) 오류 자질 분석

오류 자질 분석은 오류를 보이는 음소들을 조음위치, 조음방법, 발성유형 등에 따라 구별하여 오류음소의 공통된 자질을 찾아내는 방법이다. 오류 자질 분석은 독립적으로 이루어질 수도 있고 오류 음운변동 분석과 함께 이루어질 수도 있다. 잘못 산출된 음소의 자질에서 공통점을 찾아내는 것은 음운변동 분석처럼 보다 효율적인 치료집근방법을 세안할 수 있다. 예를 들어, /ㅍ, ㅌ, ㅋ, ㅊ/에서 오류를 보이는 아동은 '기식성' 자질의 습득이 잘 되지 않았다고 볼 수 있다.

(6) 말명료도와 말용인도

말명료도(intelligibility)와 말용인도(acceptability)는 듣는 사람의 입장에서 느끼는 주관적인 기준을 반영하는 평가지표이다. 말명료도는 화자의 의도를 표현한 것에서 청자가 이해한 정도를 의미하며 말소리의 정확도가 크게 영향을 미친다. 말용인도는 화자의 말에 대한 호감의 정도, 즉 '문제없이 정상적인 발화로 받아들일 수 있는 마음에 드는 정도'로 정의하였는데(한진순, 심현섭, 2008), 분절적 요소뿐 아니라 초분절적 요소도 크게 영향을 준다.

일반적으로 말소리의 치료 순서를 정할 때, 전반적인 말명료도에 영향을 많이 주는 오류부터 치료할 것을 권한다. 같은 음소의 오류라 하더라도 음소별 빈도나 위치 등 다양한 요소가 작용하여 다른 영향을 미칠 수 있다.

7. 말소리장애의 치료

전통적으로 치료목표 말소리는 초기에 발달하며, 쉽게 습득되고 많이 사용되는 소리부터 중재하도록 권하는 것이 일반적이었다. 그러나 동기가 높은 아동의 경우에는 반대로 후기 발달 소리로 어려운 것부터 중재하는 것이 일반화에 유리하다는 입장도 있다. 그러나 최근 Williams(2005)는 쉬운 것부터 혹은 어려운 것부터 치료하라는 말소리 자체의 이분법적 특성보다는 각 아동의 음운체계의 특성에 기초하여 다중대립, 즉 음성적으로 거리가 먼 네 개씩 소리 짝을 구성하여 먼저 치료하는 것이 효과적이라고 제안하였다.

말소리장애 분야에서는 원인과 증상에 대한 수많은 논쟁의 역사를 통해 크게 두가지 치료 접근법을 탄생시켰다. 조음동작에 대한 운동능력의 결함으로 보는 차원에서 운동기반 접근법이 있고, 인지-언어적 차원에서의 음운론적 결함으로 보는 차원에서 인지-언어기반 접근법이 있다. 운동기반 접근법은 우선 목표음을 정확하게 산출하도록 가르쳐 단순한 조건부터 어려운 조건까지 전이될 수 있도록 연습하게끔 설계한다. 이에 반해 인지-언어기반 접근법은 기저의 오류 음운변동패턴을 찾아 패턴의 몇 예를 수정하도록 연습하면서 인지구조를 바꾸어 주면 연습하지 않은 다른 오류에도 일반화되어 치료 기간과 노력을 줄일 수 있다는 입장이다. 운동기반 접근법은 전통적 접근, 음성학적 접근들이 포함되어 있으며, 인지−언어기반 접근법은 음운적 접근들이 포함된다. 두 가지 대표적인 접근법 외에도 의사소통적 접근법 등이 있다.

1) 운동기반 접근법

최근 말소리장애의 치료에서 음성학적 접근이나 전통적 접근이라는 용어보다 운동기반 접근법이라는 용어가 선호되고 있다. 1960년대부터 음성적 접근이나 전통적 접근으로 각광을 받던 이 접근법은 1980년대와 1990년대에 음운적 접근법에 밀려서 오래된 기법으로 전락했었다. 그러나 1990년대 후반부터 운동기반 접근법이 그저 역사적 의의만 있는 기법이 아니고, 여전히 대상에 따라서 근거에 기반한 효율적인 접근이라는 평가를 받으면서 다시 각광받고 있다.

운동기반 접근법은 음소의 습득(acquisition/establishment), 확립(stabilization), 전이/일반화(transfer/generalization), 유지(maintenance) 단계로 진행된다. 습득과 확립 단계에서는 적어도 하나 이상의 음소를 정확하게 산출하고 안정될 수 있도록 가르친다. 일반화단계에서는 다양한 단어, 구, 문장, 대화에서 쓰도록 하고 대상자와 상황 일반화를 유도한다. 최근의 운동기반 접근은 자신의 조음동작 범위와 방법 및 속도에 대하여 피드백 시스템을 활성화시키기 위하여 자신이 산출한 소리와 동작에 대한 모니터링을 강조하고 있다.

조음지시법　　조음점 시시법(phonetic placement)의 지시 내용을 살펴보면, 조음점 뿐 아니라 조음방법에 한 지시도 함께 포함되어 있으므로 조음지시법이라고 하는 것이 더 적절하다. 조음지시법은 임상에서, 특히 초기에 산출을 유도하는 과정에서 유용하게 사용되고 있다. 가장 정확한 소리의 산출을 위해서는 훈련된 귀에 의존하여 피드백을 제공하는 것이다. 그 이유는 말소리의 조음점이 물리적으로는 아주 작은 차이, 미묘한 움직임만으로도 산출되는 소리의 특성에는 큰 차이를 가져오기 때문이다. 조음장소를 알려 줄 때, 예를 들어 혀와 만나는 입천장의 위치를 설압자나 면봉, 음식물 등으로 지적하여 아동이 정확한 조음을 하도록 유도할 수 있다. 조음점을 지적하기 위해서는 이 외에도 언어치료사의 손가락, 거울, 조음 구조도 등을 이용할 수도 있다.

우리말 음소 가운데 가장 많은 오류를 보이는 치경마찰음을 유도하는 방법을 살펴보자. 혀끝은 아랫니 뒤에 살짝 대고 혓날은 치경에 가까이 올려 좁은 통로를 만들어 숨을 세게 내쉰다. 통로를 만들지 못하는 경우, 빨대를 혓날과 치경으로 잡고 혀끝은 아랫니에 대고 컵에 있는 물을 불면서 조음방법의 감을 익히도록 유도하거나, 휴지를 앞에 대고 소리를 내면서 지속적인 공기유출을 느끼도록 한다.

운동감각적 기법   조음지시법과 유사한 방법으로 운동감각적 기법(moto-kinesthetic approach)이 있다(Creaghead et al., 1989에서 재인용). 이 방법은 개별 음소보다는 음절, 낱말, 구 또는 문장을 이용한다. 환자를 이완된 상태로 눕게 하고 언어치료사가 환자의 조음기관을 자극하여 바른 발음이 되도록 도울 수 있다. 이때 언어치료사는 환자에게 목표 발음을 보여 줌으로써 촉각적·운동감각적·청각적·시각적 피드백을 제공한다. 이 방법은 신경 결함에 의한 조음장애 대상자에게 활용되어 왔다.

열쇠낱말법   짝자극법(paired stimuli technique)의 일종인 열쇠낱말법(key word method)은 아동이 목표음소를 정확하게 발음하는 낱말을 찾아내어 낱말 내에서 그 음소를 연장하여 반복적으로 연습시키다가, 점차 목표음소를 독립적으로도 바르게 발음할 수 있게 하는 방법이다(Weston & Irwin, 1971; Creaghead et al., 1989에서 재인용). 열쇠낱말법의 변형으로서 아동이 바르게 내는 열쇠낱말의 앞이나 뒤에 훈련 낱말을 연결하여 연습시키는 방법도 있다. 예를 들어, '수영'의 /ㅅ/는 정확하게 발음하는 아동에게는 정확하게 발음하는 '수영'과 정확하게 발음하지 못하는 '새'를 짝으로 하여 '수영-새'를 연습한다. 또한 음절 '수'를 이용하여 '수수, 수사, 수시, 수소' 등과 같이 무의미낱말 속에서 모음 환경을 바꾸어 가며 훈련시킬 수도 있다. 열쇠낱말을 찾는 데 시간과 노력이 필요하며, 어떤 경우에는 열쇠낱말이 전혀 없을 수도 있다는 문제점이 있다.

점진적 접근법　　점진적 접근법(progressive approximation)은 조형(shaping), 수정법 혹은 점근법이라고도 불리는 행동수정기법을 활용한 것이다. 아동이 목표음소를 정확하게 발음하기 어려운 경우, 목표음소와 유사한 중간단계의 발음에 대해서도 강화해 줌으로써 점진적으로 목표음소를 조음하도록 하는 것이다. 예를 들어, /ㅅ/를 산출하지 못하는 경우 우선 치간소리인 /θ/를 발음하며 강화해 주다가 점차 혀를 치아 뒤로 넣어서 마찰음을 산출하도록 하는 것이다. 이 방법은 중간의 수정 과정이 지나치게 오래 걸리는 경우도 있을 수 있으며, 중간에 학습된 내용이 습관화되어 소거되지 않을 수 있으므로 주의가 필요하다.

바이오피드백 기법　　바이오피드백은 일반적으로 의식적인 수준에서 사용될 수 없는 수행 정보를 학습자의 현재 수행 수정을 위해 제공되는 것이다. 예를 들면, 대상자에게 목표음에 관련된 실제적인 주파수와 강도 정보 또는 색깔이 화려한 화면으로 보이는 신호를 제공할 수 있다. 가장 널리 사용되는 말소리에 대한 피드백 예는 스펙트로그래프(spectrograph) 같은 음향신호, 그림 등이다. 나조미터(nasometer)와 같이 비강의 기류신호를 주는 생리적 바이오피드백을 이용할 수도 있다. 어느 정도 음소를 습득한 후에 바이오피드백신호는 없애고 그 음소를 자발적인 대화상황에서 익숙하게 사용할 수 있도록 자동화 연습활동을 해야 한다.

2) 언어인지적 접근법

언어인지적 접근법은 다른 이름으로 음운적 접근이라고 한다. 음운적 접근의 기저에 있는 치료원리의 공통점을 Fey(1992)는 다음과 같이 세 가지로 정리하였다. 첫

째, 유사한 패턴을 보이는 음소들을 묶어서 치료목표로 한다. 둘째, 이 접근의 치료
방법들은 음운대조를 이용한다. 목표로 한 특정 음운대조를 구분할 수 있게 되면 다
른 음운대조 지식으로도 일반화할 수 있게 된다. 셋째, 자연스러운 의사소통 맥락을
강조한다. 그러므로 의사소통기능을 고려한 낱말에서부터 치료를 시작한다.

예를 들어, /ㅅ/를 /ㄷ/로 대치하는 아동에게 음성학적으로 /ㅅ/와 /ㄷ/는 유사할
수 있지만, 낱말로 '손'과 '돈'은 의미적으로 전혀 다르다. 그러므로 우선 이런 의미
적 차이를 확인하고 음소를 다르게 사용할 수 있도록 격려하는 것이다. 음운적 접근
법을 기반으로 한 치료 프로그램들은 변별자질 혹은 음운변동 분석 등 각기 다른 음
운분석체계에 기반하여 치료하지만, 공통적으로 음소대조치료기법을 사용한다. 언
어인지적 접근법에는 음소대조를 이용한 접근법과 음운변동 접근법, 주기법(cycle
training), 상위음운지식 치료법(metaphon therapy) 등이 있다.

최소대립자질치료법   최소한으로 변별자질의 차이가 나지만 의미적으로는 분명
하게 차이 나는 두 개의 낱말을 짝으로 만들어 치료한다. 최소 낱말 짝(minimal word
pair)을 선정할 때 기준은 아동이 대치하는 음소만 대조되도록 하고, 전체 명료도에
미치는 영향이 크고, 자극반응도가 있으며, 발달연령이 빠른 음소부터 치료한다. 예
를 들어, 파열-마찰 대비는 '돌'-'솔'로, 전설-후설 대비는 '감'-'담'과 같은 낱말 짝
으로 훈련할 수 있다.

최대대립자질치료법   최대대조(maximal contrast)를 이용하는 이 기법은 더 복잡하
고 미세한 운동을 요하는 음소의 조음을 먼저 배우면 좀 더 단순한 운동을 요하는 음
소는 쉽게 습득할 수 있다는 전제에 기초한 것이다. 예를 들어, 같은 연구개파열음이
치경파열음이나 경구개파찰음 등으로 대치되는 아동에게 있어서 조음방법이 같은
파열음보다, 조음방법과 조음장소가 모두 다른 경구개파찰음을 먼저 대조시켜 훈련
하는 것이다. 이런 훈련과정을 통해 연구개파열음과 경구개파찰음을 성공적으로 구
별하여 산출할 수 있게 되면, 조음장소만 다른 대조는 훈련하지 않아도 일반화되어

잘 산출할 수 있게 된다는 것이다(Gierut, 1990, 1992).

다중대립자질치료법   여러 음소를 한 개의 음소로 대치하는 심각한 정도의 음운결함을 보이는 아동에게 다중대립자질치료법이 효과적이라고 한다(Williams, 2005). 치료과정에서는 먼저 네 개씩 대조시키는 다중대립쌍을 구성해야 하는데, 각 아동별로 차이를 잘 구별할 수 있을 만큼 큰 차이를 보이는 소리들부터 대조시키는 훈련을 한다. 하나씩 음소를 확립하기보다는 여러 개의 목표음소를 동시에 비교시켜서 구분하여 산출할 수 있도록 하여 우선 전체적인 음운체계 확립을 목표로 하는 것이다.

음운변동 접근법   음운변동 접근법(phonological process approach)은 Stampe (1972)의 자연음운론(natural phonology)에 근거하는데, 그에 따르면 아동이 처음 성인의 말소리에 접근하는 데는 타고난 대치규칙이나 단순화를 사용한다는 것이다. 아동이 성인의 말소리체계를 지각하고, 이를 조음하는 능력의 발달은 억압, 모방, 순서화 등을 통하여 이루어지며, 아동은 성인의 말을 똑같이 따라 할 수 있을 때까지 이들 대치규칙을 하나씩 버리게 되면서 점차 발전하게 된다고 보았다. 이 접근법에서는 아동이 단순히 특정 음소를 습득하지 못하였기 때문이 아니라, 아동 나름대로 성인의 음운규칙을 단순화하거나 대치규칙을 사용하기 때문에 조음오류가 생긴다는 시각에서, 아동의 잘못된 음운변동패턴을 소거하는 데 초점을 맞춘다.

주기법   Hodson과 Paden(1983)은 주기(cycle)를 정해 놓고 매 수기별로 목표 변동과 음소를 순환시키는 치료 접근법을 주기법이라고 하며, 구체적인 치료 주기와 회기절차를 제안하였다. 먼저, 명료도에 중요한 음운오류패턴을 중재의 우선순위로 정하고, 목표 오류변동에 대하여 반복적이고 주기적인 치료를 실시한다. 중도 말소리장애아동에게 효과에 대한 가장 강력한 근거를 갖고 있는 치료 프로그램이다 (Bernthal, Bankson, & Flipsen, 2013). 주기법에서 제안하는 프로그램 구성 안에는 청

각적 자극, 놀이를 통한 반복 산출 연습, 부모와 협력 과제 등 치료에 효과적인 요소
들을 포함하고 있다(상자 8-3 참조).

상자 8-3   주기법 회기 프로그램 구성

1. 과제 확인 및 복습
2. 청각적 집중자극(고무찰흙 놀이)
3. 창의적 활동(목표카드 만들기)
4. 경험적 놀이 활동(위에서 만든 카드로 다양한 놀이 중 연습)
5. 자극반응도 검사(다음 회기 목표단어 선정)
6. 청각적 집중자극 반복
7. 보호자 상담 및 과제 부여

주기법은 음운변동 접근의 가장 대표적인 접근법의 하나이다. 음운변동 접근법은
아동의 말명료도에 큰 영향을 미치는 음운변동, 일반아동의 발달단계에서도 발생률
이 높은 음운변동을 치료의 우선순위에 배정하라고 조언하고 있다. 그 외에도 아동
이 개별적으로 보이는 비발달적 변동 중 전체 명료도에 영향을 크게 미치는 변동을
1차 치료목표로 하도록 한다. 일반아동의 음운변동을 연구한 김수진(2014)의 연구를
바탕으로 치료목표로 할 변동의 순서를 제안하면 다음과 같다.

- 1차 목표: 음절핵 산출(모음 생략), 기본적인 낱말구조 음소(어두초성, 어중초성과
  어말종성 생략), 자음의 조음방법 대치(파열음화, 파찰음화), 조음장소 전후 대치
  (연구개음 전방화), 유음 생략
- 2차 목표: 2차적인 낱말구조 음소(활음, 어중종성 생략), 탄설음의 설측음화, 발성
  유형 대치(경음화, 평음화)

3) 의사소통중심법

의사소통중심법은 의사소통으로부터 말소리 차원까지의 하향식 접근법으로, 상위의 화용적 단위로 시작하여 하위의 말소리 산출기술까지 증진시키는 접근법이다. 의사소통을 중시하는 기능적 언어치료법이 확산됨에 따라 발전된 것으로, 자연스러운 학습 환경 속에서 말소리를 치료하도록 하는 접근법이다. 그림카드를 이용하여 반복적으로 발음 연습을 시키는 방법 대신, 실생활과 유사한 사물이나 활동 속에서 자동적인 조음훈련을 유도함으로써 일반화를 촉진한다. 예를 들어, 치료할 때 상황이나 사건을 구성하여 아동이 말하면 언어치료사는 의사소통에 기초한 반응, 즉 의미에 적절하게 피드백을 주고 다시 말할 수 있도록 유도한다.

전통적인 조음치료방법을 부분적으로 사용하기도 하는데, 집단치료나 일상생활의 의사소통에 활용하기 위한 보조적인 차원에서 수행되는 것이다. 개별 치료계획과 아울러 집단 치료계획이나 가정지도가 도움이 된다. 집단 치료계획을 수립할 때는 일상적인 의사소통 경험과 유사한 활동을 선택하도록 하고, 아동을 조정하기보다는 환경을 조정하여 아동이 자연스럽게 반응하도록 하여야 한다. 특히 집단 내의 의사소통이 긍정적인 경험을 제공하도록 프로그램을 구성해야 한다(Low, Newman, & Ravstern, 1989). 문헌에서 제시하는 그 외의 의사소통중심 접근법의 기본 원칙은 다음과 같다(Creaghead et al., 1989).

- 실제 의사소통상황과 유사하게 하여 훈련상황에서 일반화가 되도록 해야 한다. 목표받하는 아동외 일상생활 속에서 자주 쓰이는 것으로 선택한다. 특히 아동이 그 말을 함으로써 환경이나 다른 사람의 행동을 조정할 수 있는 의사소통적인 효과가 큰 것으로 선택한다. 예를 들어, /ㄱ/를 훈련할 때 제한적으로만 사용 가능한 '감'과 같은 어휘보다 '간다, 잘 가, 갈게'같이 의사소통적인 효과가 큰 어휘로 훈련한다.
- 목표음소는 의사소통적인 발화 속에 포함되도록 계획을 세운다. 의미를 내포하

는 언어학적 단위(낱말이나 구)부터 의사소통적 상황에서 치료를 시작한다.
• 목표발화에 대하여 의사소통적 내용에 맞는 강화를 사용한다. 칭찬이나 강화물을 사용하기보다는 발화 의도에 적절한 반응으로 강화해 준다.

8. 말소리장애치료의 종결

언어치료사들은 말소리장애아동의 말이 정상적으로 산출되는 데까지 걸린 중재 소요 기간이 아동에 따라 3개월~19개월로 매우 다양하다고 보고했다(Baker, 2010). 원인을 모르는 말소리장애아동이라면 임상에서는 치료목표 기준을 보통 자발화에서는 70%, 훈련단어(training words)에서는 90%, 평가단어(probing words)에서는 80% 내외의 수준으로 2~3회기 이상 성취하는 것을 기준으로 한다.

이러한 목표에 도달하기 위해서 중재강도는 어느 정도가 필요할까. 중재강도는 원하는 결과를 달성하는 데 필요한 일련의 중재 기간 내 연습량을 뜻하는 것으로 주당, 회기당 반응빈도와 기간을 포함한다. 이러한 산출 연습량은 학습의 필수 요소이다. 중재강도는 중중도에 따라 달라져서 심각할수록 더 많은 연습이 필요하다. 중재 효과를 보려면 적어도 약 30회기, 30분 동안 50회 연습이 필요하다고 제안하고 있다. 심한 아동은 약 40회기, 회기마다 70회 이상의 연습이 필요하다고 하였다(박현주 외, 2014 재인용).

치료를 종료하기 전에 유지와 전이 단계의 확인은 매우 중요하다. 유지는 아동이 습득한 음소를 시간이 경과한 후에도 바르게 발음하고 있는지를 관찰하는 단계다. 이 단계에서는 언어치료사의 직접적인 훈련을 줄이고 아동 자신이 스스로 분석하는 능력을 키워 줌으로써 퇴행하지 않도록 돕는 동시에, 전이가 되고 있는지 확인하면서 스스로 전이가 이루어지지 않는다면 의도적으로 전이를 유도해야 한다. 전이(transfer)란 치료된 행동이 다른 유사한 행동에도 일반화(generalization)되는 것을 말한다.

1) 위치 및 문맥 전이

음소의 음절 내 위치 면에서는 흔히 초성에서 치료를 시작하여 종성으로 전이를 유도한다. 또한 단어 내 위치(어두, 어중, 어말)에서는 우리말에서 초성의 경우 어두와 어중이 큰 차이를 보이지 않는다. 그러나 종성은 어말에서 더 두드러지고 쉬운 반면 어중이 어렵다. 우선 아동이 잘 습득한 위치에서 다른 위치로 전이를 유도하는 것이 바람직하다.

문맥적 전이는 목표음소가 일단 습득되면 그 앞뒤의 음소를 바꾸어 다른 조건에서도 바르게 발음되도록 유도하는 것이다. 자음을 치료할 때 우리말에서 1차적인 문맥은 후행하는 모음이다.

2) 언어학적 단위의 전이

전통적인 조음치료에서는 독립음에서 치료를 시작하여 음절, 낱말, 구, 문장 등으로 전이를 유도한다. 낱말 수준에서 확립된 음소는 구 수준에서 훈련하는데, 예를 들어 '~이/가 좋아요.'와 같은 운반구를 사용하기도 한다.

3) 자질 전이

자질 전이는 습득된 음소와 자질(distinctive feature)이 유사한 다른 음소로 전이되는 것을 의미한다. 예를 들어, /ㄱ/를 습득한 후 /ㄲ/, /ㅋ/ 등으로 일반화하는 것이다.

4) 상황 전이

상황 전이는 치료실에서 정확하게 발음할 수 있게 된 말소리를 치료실 밖의 다른 장소에서 사용할 수 있게 하는 것이다. 상황은 장소만을 뜻하는 것이 아니고 대화의 상대자, 치료상황과 전혀 다른 주제 등이 모두 해당할 수 있다. 낱말에서 정확하게 산출되면 바로 상황 전이 훈련을 계획할 필요가 있다.

연구문제

1. 우리말소리의 자음을 조음방법, 조음위치, 발성유형에 따라 분류하시오.
2. 모음의 분류기준들을 설명하고 우리말 단모음을 그에 따라 분류하시오.
3. 초기 옹알이, 음성놀이, 중첩적 음절성 발음, 그리고 변형적 음절성 발음단계의 특징을 구별하여 설명하시오.
4. 보편적인 음소습득의 순서를 설명하시오.
5. 원인을 모르는 말소리장애(SSD)의 진단기준을 쓰시오.
6. 조음기관에는 어떠한 것들이 있는지 나열하시오.
7. 2세 아동이 보이는 발달적 음운변동을 나열하시오.
8. 말소리장애를 원인에 따라 분류하고 각각의 출현율을 쓰시오.
9. 아동기 말실행증(CAS)의 증상을 나열하고 진단기준을 설명하시오.
10. 자음정확도, 자극반응도, 말명료도, 말용인도를 각각 설명하시오.
11. 조음지시법, 열쇠낱말법, 짝자극법, 바이오피드백 기법을 각각 설명하시오.
12. 언어인지적 접근법을 설명하시오.
13. 운동기반 접근법에서 하는 말소리 치료단계를 설명하시오.
14. 최소대립자질, 최대대립자질, 다중대립자질 접근법을 비교하시오.
15. 의사소통중심 접근법의 특징을 설명하시오.

다중대립자질 (multiple contrast)	여러 개의 목표음소를 동시에 대조시키는 치료방법
대치(substitution)	개별 음소의 조음오류 중 목표음소 대신 다른 음소로 바꾸어 발음하는 오류형태
마비말장애 (dysarthria)	말초신경계의 결함에 의해서 근육의 마비나 약화 현상을 보이는 장애. 말명료도가 매우 낮으며, 조음을 하는 데 매우 힘겨워하는 특징을 보임
말명료도 (intelligibility)	듣는 사람의 주관적인 입장에서 화자가 의도한 바를 이해한 정도. 오류음소의 수, 오류발음의 일관성, 오류가 나타나는 음소가 말에 쓰이는 빈도, 목표음과 오조음의 유사성 등과 관련
말용인도(acceptability)	말에 주는 호감에 대한 청자의 주관적인 판단
말소리장애(Speech Sound Disorders: SSD)	말장애 가운데 발음에 문제가 있는 경우, 특히 지속적인 말소리 산출 문제로 구어 의사소통의 효율성이 떨어지는 것
바이오피드백 접근법 (biofeedback approach)	신경시스템의 조절을 받고 있는 특정 생리적 시스템에 대한 순간순간의 정보를 제공하는 기구를 사용하는 것
변별자질 (distinctive features)	음소들의 공통점과 차이점을 구분함으로써 각 음소를 다른 음소와 변별할 수 있게 하는 특징
보상조음 (compensatory articulation)	구조적인 결함으로 인한 발음문제를 최소화하려고 자신도 모르게 개발한 조음방법. 구조적인 결함이 수정된 후에도 계속 왜곡된 발음을 하기도 함
선별검사(screening test)	장애의 유무나 심화 진단검사가 필요할지를 살펴보는 검사
생략(omission)	개별 음소의 조음오류 중 음소를 빠뜨리고 발음하지 않는 오류형태
아동기 말실행증 (Childhood Apraxia of Speech: CAS)	중추신경계의 결함에 의한 장애로 마비장애와는 다르게 조음에 관여하는 근육의 마비나 결함 없이 말 프로그래밍에 결함을 보임. 원인을 모르는 경우도 있음
왜곡(distortion)	개별 음소의 조음오류 중 음소대치는 되지 않지만, 목표음소에 소음이 첨가되거나 조음기관을 약간 잘못 사용하는 등의 오류 혹은 잘못된 변이음의 형태로 산출되는 오류

음소(phoneme)	특정 언어에서 낱말을 구성하는 가장 작은 소리의 단위. 조음과정에서 가장 기본적인 단위
음운변동 (phonological process)	성인의 음운체계를 수정 또는 단순화시킨 음운패턴. 음운오류패턴이라고도 함
음운장애(phonological disorders)	연령에 적합한 음운 지식이나 능력이 부족하여 정상적인 음운규칙을 단순화하거나 나름대로의 대치규칙, 즉 오류 음운패턴을 사용하는 것
일반화(generalization)	치료실에서 이루어진 목표행동이 치료가 행해지지 않는 다른 상황조건에서 재현되는 것
자극반응도(stimulability)	특정 음소(오류로 나타난 음소)에 대하여 청각적·시각적·촉각적인 단서나 자극을 주었을 때 어느 정도로 목표음소와 유사하게 조음할 수 있는가를 의미
자음정확도(Percentage of Correct Consonants: PCC)	음소의 위치를 고려한 전체 음소의 수를 바르게 조음된 음소의 수로 나누어 100을 곱한 것
전이(transfer)	일반화
조음기관 (articulatory organ)	음소를 산출할 때 관여하는 안면의 여러 가지 구조를 말함. 혀, 입술, 턱, 여린입천장 등과 같이 움직일 수 있는 구조와 치아나 굳은입천장과 같이 움직일 수 없는 구조들을 포함함
조음장애 (articulation disorders)	조음기관(예: 혀, 입술, 치아, 입천장)을 통하여 말소리가 만들어지는 과정의 결함. 말소리장애의 예전 명칭
첨가(addition)	개별 음소의 조음오류 중 목표음소나 단어에 필요 없는 음소를 첨가하는 오류형태
최대대립자질 (maximal contrast)	변별자질이 가장 차이가 많이 음소를 대비시켜서 만든 최소 낱말 쌍
최소대립자질 (minimal contrast)	변별자질이 한 가지 자질에서만 혹은 최소한의 차이만 나는 음소를 대비시켜서 만든 최소 낱말 쌍

8

참고문헌

김민정, 김수진, 하지완, 하승희(2015). 임상현장의 말소리장애 현황. *Communication Sciences & Disorders, 20*(2), 133-144.

김민정, 배소영(2005). '아동용 조음검사'를 이용한 연령별 자음정확도와 우리말 자음의 습득연령, 음성과학, 12(2), 139-149.

김민정, 배소영, 박창일(2007). 아동용 발음검사(Assessment of phonology and articulation for children: APAC). 서울: 휴브알앤씨.

김수진(2014). 자발화에 나타나는 발달적 음운오류패턴. *Communication Sciences & Disorders, 19*(3), 361-370.

김수진(2016). 말소리장애 선별검사 개발 및 6세 아동의 출현률 조사. *Communication Sciences & Disorders, 21*(4), 580-589.

김수진, 고유경, 서은영, 오경아(2016). 6세 아동의 말소리장애 출현율. 제 7회 한국아동패널 국제 학술대회 아동발달의 종단적 접근과 국제적 흐름. 서울: 육아정책연구소.

김수진, 신지영(2015). 말소리장애. 서울: 시그마프레스.

김영태(1996). 그림자음검사를 통한 2~6세 아동의 자음 정확도 연구. 말·언어장애연구, 1, 7-33.

김영태, 신문자, 김수진(2014). 우리말 조음-음운 평가(Urimal-Test of Articulation and Phonology: U-TAP). 서울: 학지사.

김영태, 심현섭, 김수진(2012). 조음음운장애(6판). 서울: 박학사.

김효정, 최선영, 하지완(2015). 아동기 말실행증 조음음운장애 및 일반아동의 말-운동프로그램/프로그래밍 능력 비교. *Communication Sciences & Disorders, 20*(1), 60-71.

문희원, 하승희(2012). 12~24개월 구개열유아와 일반유아의 음운발달. *Communication Sciences & Disorders, 17*, 118-129.

박현주, 이은주, 표화영, 한진순 옮김(2014). 임상근거기반 의사소통장애(Justice, L., & Redle.). 서울: 시그마프레스.

박희정, 석동일(2006). 발달성 말실행증 아동과 조음음운장애아동의 문미 억양 강세 산출에 대한 청지각, 음향학적 특성 연구. 언어치료연구, 15(3), 1-18.

조병순, 심현섭(2001). 기능적 조음장애아동의 말소리변별능력에 관한 연구. *Communication Sciences & Disorders, 5*(2), 264-275.

한진순, 심현섭(2008). 구개열아동과 일반아동 및 기능적 조음장애아동의 자음정확도, 말명료도 및 말 용인도 비교. *Communication Sciences & Disorders, 13*(3), 454-476.

황상심, 김수진(2015). 베트남 다문화아동과 말소리장애아동의 음운오류패턴, *Communication Sciences & Disorders, 20*(3), 456-468.

American Speech-Language-Hearing Association (2007). Childhood apraxia of speech. http://www.asha.org/public/speech/disorders/ChildhoodApraxia/.

Baker, E. (2010). The Experience of discharging children from phonological intervention. *International Journal of Speech-Language Pathology, 12*(4). 1-4.

Bernthal, J. A., Bankson, N., & Flipsen, P. (2013). *Articulation and phonological disorders* (7th ed.). Boston: Pearson.

Bishop, D., & Adams, C. (1990). A prospective study or the relationship between specific language impairment, phonological disorders and reading retardation. *Journal of Child Psychology and Psychiatry, 31*, 1027-1050.

Bleile, K. M. (2004). *Manual of Articulation and Phonological Disorders : Infancy through Adulthood* (2nd ed). Clifton Park, NY : Thomson Delmar Learning.

Creaghead, N. A., Newman, P. W., & Secord, W. A. (1989). *Assessment and remediation of articulatory and phonological disorders*(2nd ed.). New York: Macmillan Publishing Co.

Fey, M. E. (1992). Clinical forum : Phonological assessment and treatment. Articulation and phonology : Inextricable constructs in speech pathology. *Language, Speech, and Hearing Services in Schools, 23*, 225-232.

Gierut, J. (1990). Differential learning of phonological oppositions. *Journal of Speech and Hearing Research, 33*, 540-549.

Gierut, J. (1992). The conditions and course of clinically induced phonological change. *Journal of Speech and Hearing Research, 35*, 1049-1063.

Hodson, B. W., & Paden, E. P. (1983). *Targeting intelligible speech: A phonological approach to remediation.* San Diego, CA: College-Hill Press.

Lewis, B. Freebairn, L., Tag, J.,Ciesla, A., Iyengar, S., Stein, C., & Taylor, G. (2015). Adolescent outcomes of children with early speech sound disorders with and without language impairment. *American Journal of Speech-Language Pathology, 24*, 150-163.

Low, G., Newman, P., & Ravstern, M. (1989). Pragmatic considerations in treatment: Communication centered instruction. In N. Creaghead, P. Newman, & W. Secored (Eds.), *Assessment and remediation of articulation of articulatory and phonological disorders* (2nd ed.), pp. 217-242. Columbus, OH: Merrill Publishing Company.

Miccio, A. W. (2002). Clinical problem solving: Assessment of phonological disorders. *American Journal of Speech-Language Pathology, 11*, 221-229.

Shriberg, L. D., Tomblin, J. B., & McSweeny. J. L. (1999). Prevalence of speech delay in 6-years-old children and comorbidity with language impairment. *Journal of Speech, Language, and Hearing Research, 42*, 1461-1481.

Stampe, D. (1972). *A dissertation of natural phonology.* Doctoral dissertation, University of Chicago.

Stoel-Gammon, C. (1991). Normal and disordered phonology in two-year-olds. *Topics in Language Disorders, 11*, 21-32.

Stoel-Gammon, C., & Dunn, C. (1985). *Normal and disordered phonology in children.* Baltimore, MD : University Park Press.

Vellman, S. L. (1988). The role of linguistic perception in later phonological development. *Applied Psycholinguistics, 9*, 221-236.

Werker, J. F., Gilbert, J. H. V., Humphrey, K., & Tees, R. C. (1981). "Developmental aspects of cross-language speech perception." *Child Development, 52, 349-353.*

Weston, A. J., & Irwin, J. V. (1971). Use of paired stimuli in modification of rticulation. *Perceptual and Motor Skills, 32*(3), 947-957.

Williams, A. L. (2005). A model and structure for phonological intervention, In a Kamhi & K. Pollack(Eds.), *Phonological disorders in children: clinical decision making in assessment and intervention*(189-200). Baltimore, MD:Paul H, Brookes Pub.

Williams, A. L. (2005). Assessment target selection and intervention: Dynamic interactions within a systemic. *Topics in Language Disorders, 25*(3), 232-242.

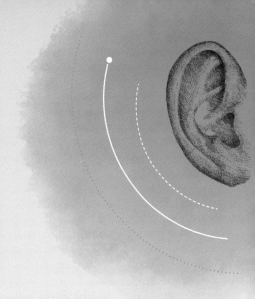

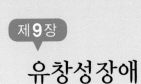

유창성장애

유창성장애는 주로 말더듬을 말하는데 모든 민족, 문화, 지역에서 발견되며 남녀노소, 지능, 직업과도 무관하게 나타나는 것으로 밝혀졌다. 유창성장애에 관한 많은 연구는 그 원인 규명에서 특성 연구 그리고 치료효과에 이르기까지 다양하게 진행되어 왔다. 근래에는 말더듬을 보인 지 얼마 되지 않은 아동의 언어현상을 연구하여 보다 정확한 원인론에 접근을 시도하고 있다. 그러나 유창성장애는 Van Riper(1982: 1)의 "아직도 많은 조각을 찾지 못한 다차원적인 짝 맞추기 퍼즐과도 같다."라는 표현대로 복잡하고 풀리지 않은 문제들을 갖고 있다. 이는 유창성장애가 기질적, 심리·언어적, 환경 등 다차원적인 면 그리고 이들의 상호 관계를 살펴야 하는 만큼 간단하지 않기 때문이다. 유창성장애의 주 증상은 유창하게 진행되는 말의 흐름에 방해를 받는 것이지만 일반인들이 말을 더듬는 것과는 구별되며, 청소년이나 성인의 경우 단순한 말장애 이상으로 심리적인 반응을 동반하게 된다. 그러므로 유창성장애의 진단과 치료에는 유창성장애와 관련된 복합적 요인들과 그 상호작용에 대한 다각적인 접근이 이루어져야 한다. 유창성장애의 또 다른 형태인 말빠름증은 빠르고 정확하지 않은 말·언어 구사로 특징지을 수 있으며, 후천적 말더듬과 함께 이 장에서 다룰 것이다.

말더듬의 시작은 말·언어발달이 이루어지는 2~5세에 시작되는 것이 대부분이며, 몇 가지 요인들이 상호작용을 하면서 차츰 사라지기도 하고 지속되거나 심화되기도 한다. 특히 아동기에는 현재 보이고 있는 말더듬이 정상적 비유창성인지, 문제가 되는 유창성장애 증상인지 그 구별이 중요하다. 청소년기에 이르면 유창성장애로 인한 심리적 부담감이 차츰 증가할 수 있으며, 때로는 말이나 대인공포로 이어지기도 한다. 이 장에서는 이러한 말더듬의 연령별 특성 그리고 평가와 주요 치료법에 대하여 서술하고자 한다.

1. 유창성장애 정의와 특성

1) 정의

(1) 말더듬

유창성장애(fluency disorder)는 흔히 말더듬(stuttering)으로 통칭되며, 주로 발달성 말더듬(developmental stuttering)을 일컫는 말이다. 정상인의 경우도 자세히 살펴보면 말하는 동안 꽤 여러 번 말을 되풀이하고 머뭇거리는 것을 볼 수 있다. Starkweather(1985, 1987)는 언어 산출에서 유창성(fluency)을 결정짓는 네 가지 기본 요소로 말의 계속성(continuity), 말의 속도(rate), 말의 리듬(rhythm) 그리고 말을 산출할 때의 노력(effort)을 지적하였다. 이에 따르면 유창한 말이란 말하는 사람이 편안하고, 불필요한 노력 없이 계속적으로 정상적인 속도를 유지하여 산출하는 말이다. 그렇다면 말더듬이란, 말이 비정상적으로 자주 끊어지거나, 말속도가 불규칙하고, 말을 할 때 불필요한 노력이 들어가는 것을 뜻한다. 말을 더듬는 사람, 특히 성인의 대부분은 자신의 말이 막힌다는 것을 인식하고 있으며, 이로 인해 심리적 부담을 종종 겪게 된다. Van Riper(1982: 15)는 다음과 같이 말더듬을 정의하였다.

"말더듬은 말의 전진적 진행이 운동·신경적 문제로 말소리, 음절 또는 낱말의 산출에서 방해받거나 그로 인한 화자의 부정적인 반응으로 일어난다."

말더듬은 이와 같이 말과 의사소통 현상뿐 아니라 이로 인한 상대방의 반응이나 자기 내적 갈등으로 인하여 부정적 심리를 갖게 되기도 한다. 이러한 내용을 종합하면 말더듬은 말소리나 음절의 반복(repetition), 소리의 연장(prolongation), 소리의 막힘(block) 등으로 말의 흐름이 순조롭지 않은 현상이다. 이러한 일차적 증상이 심해지면 말더듬에서 빠져나오려는 탈출행동(escape behavior)이나 말을 기피하는 회피행동(avoidance behavior)이 생기고, 심리적으로 위축되고, 불안감이나 자기 자신을 비하하는 열등의식을 보이기도 한다. 이 장에서 언급하는 말더듬은 주로 아동기에서 시작되는 발달적 말더듬을 일컫는다. 그리고 비전형적 유창성장애로는 말빠름증(cluttering)을 비롯하여 후천적 말더듬에 속하는 신경학적 말더듬(neurogenic stuttering)과 심인성 말더듬(psychogenic stuttering)을 들 수 있다. 이들을 비전형적 유창성장애로 분류하는 것은 외현적 특성은 비슷해 보이나 발달적 말더듬과는 구별되게 흔하지 않기 때문이다.

(2) 말빠름증

말빠름증은 말더듬과 매우 비슷한 증상으로 말더듬을 보이는 가계(家系)에서 함께 나타나는 경우가 많다. 말빠름증은 말의 속도가 너무 빠른 유창성장애로 종종 언어장애와 사고장애(思考障碍: 주의력문제와 같은 인지문제)를 동반하기도 한다. 이는 말의 리듬이 불규칙하고 발음이 엉키는 듯하며, 강세나 높낮이가 없이 단조로운 어조(monotonous tone)의 말이 특징이다. 또한 조음장애를 동반하는 경우가 많으며 말빠름증을 보이는 사람은 종종 말소리위치를 바꾸는 실수(spoonerisms)를 보이기도 한다(Simkins, 1973). 예를 들면, '이모티콘'을 '티모이콘', '재능기부'를 '기능재부'로 바꾸어 말하는 것 등이다. 말빠름증을 보이는 이들은 '아, 저, 그리고, 근데'와 같은 간투사나 필요 없는 접속사를 첨가하고 표현을 반복하는 경우가 많다. 이 분야의 연구자들은 말빠름증을 중추언어의 불균형(central language imbalance)으로 인해 정돈되지 않은 언어를 구사하고 자신의 생각을 논리정연하게 구사하지 못한다고 보았다(Weiss, 1964; Hegde, 1995). 말빠름증의 기질적 원인으로 유전적 원인(Weiss, 1964) 또는 운동중추신경을 담당하는 뇌피질의 미세한 손상(Simkins, 1973) 등이 언급되기도 한다. 말빠름증을 가진 사람은 말더듬과는 다른 특징을 보이기도 하는데, 그중 하나는 자신의 언어문제에 대해 인식이 낮다는 것이다. 나중에는 다른 사람들이 자신의 말에 대하여 부정적인 반응을 보인다는 것을 알게 되지만 자신의 언어문제를 자발적으로 고치겠다는 동기가 약해서 치료에 어려움을 겪는다. 말빠름증에 대한 별도의 치료법 역시 알려진 것이 많지 않으나 차츰 구체적인 평가와 치료법들이 소개되고 있다(Daly, 2006; Manning & DiLollo, 2018). 말빠름증을 치료할 때 말더듬치료법이 원

용되기도 하는데, 이는 말더듬과 병행하여 일어나는 경우도 많고 비슷한 치료효과를
기대할 수 있기 때문이다. 그러나 말빠름증은 다차원적인 장애로 보여지며 자신의
말에 대한 인식 결여 그리고 언어-인지, 학습문제 등 다양한 요소들이 동시에 문제
가 되기도 하여 치료나 중재에 어려움이 있다(Daly & Burnett, 1999; Myers & Bradley,
1996).

(3) 후천적 말더듬

후천적 말더듬으로 신경학적 말더듬과 심인성 말더듬을 들 수 있다. 신경학적 말
더듬은 대다수의 대상자가 남성으로 알려져 있으며, 주로 사춘기 이후에 발생하고
성인기에 더 많이 발병한다. 말더듬이 일시적으로 오기도 하지만 지속되기도 한다.
뇌졸중, 두부손상, 치매 등 신경학적 질병과 관련이 있을 수 있으며 중추신경계의 퇴
행과 관련이 있을 수 있다(Bloodstein & Bernstein Ratner, 2008). 그러므로 신경학적 말
더듬으로 진단하기 위해서는 사례력, 특히 신경학적 진료 기록을 참고하는 것이 필
요하다. 이들의 말더듬은 내용어뿐 아니라 기능어에서도 보이기도 하며, 단어의 처
음이 아니라 중간에서도 말더듬이 보여 발달적 말더듬과의 차이가 관찰된다(Guitar,
2014).

이에 비해 심인성 말더듬은 남성과 여성이 거의 비슷한 발병률을 보이며, 정서적
문제의 이력을 가지고 있을 수 있고, 심각하지는 않더라도 삶의 스트레스에 강한 반
응을 보여 비유창성을 보이는 경우가 많다. 이들은 거의 모든 단어에서 말을 더듬을
수 있으며, 반복읽기에서 적응효과가 거의 없는 등 전형적인 말더듬과는 다른 특징
을 보인다(Baumgartner, 1999). 주로 장기간의 스트레스나 충격이 될 만한 사건 이후
갑자기 발생하는 경우가 많은 비전형이고 후천적 말더듬이다(Roth, Aronson, & Davis,
1989). 발달성 말더듬치료에 사용하는 대부분 치료방법이 심인성 말더듬에도 적용되
나, 치료에 진전이나 변화가 없다면 바로 심리 상담이나 치료를 의뢰한다.

2) 특성

(1) 핵심행동

말더듬의 기본이 되는 언어 특성을 일차행동(primary behavior) 또는 핵심행동(core behavior)(Van Riper, 1973)이라고 한다. 이 특성은 말을 더듬는 사람이라면 누구에게나 나타나기 때문에 공통행동(universal behavior)이라고도 한다. ASHA(미국언어청각협회)에서 말더듬의 비유창성 형태로 반복(repetition), 연장(prolongation) 그리고 막힘(block)을 들고 있는데, 이를 말더듬의 핵심행동이라 할 수 있다.

반복은, 말더듬 초기에 가장 빈번히 관찰되는 행동으로 말소리나 음절 또는 낱말을 1회 이상 되풀이하는 것을 말한다. 즉, 다음 말소리가 나올 때까지 한 소리나 낱말에 고착되어 여러 번 반복한다(Yairi & Lewis 1984; Yairi, 1983). 예를 들면, '안안안녕히 계세요'와 같다.

연장은, 일반적으로 반복보다 늦게 나타나는 비유창성 유형이다(Van Riper, 1982; Guitar, 1998; Guitar, 2014). 따라서 연장을 보이는 경우는 반복을 보이는 경우보다 좀 더 심화된 말더듬단계로 본다. 연장이란 소리나 공기의 흐름은 계속되나 한 소리에 머물러 있는 상태를 말한다. 이는 0.5초 정도로 짧을 수도 있으나 심한 경우에는 몇 초간 이어지기도 한다.

이에 비해 막힘은, 대체로 가장 늦게 나타나는 핵심행동이다. 말의 흐름이 부적절하게 중단되고 조음기관의 움직임이 고착된다. 이는 말 산출과정의 어떤 곳에서도 발생할 수 있다.

유창성과 구별하여 비유창성을 언급할 수 있는데, 비유창성의 유형은 비정상적 비유창성(atypical disfluencies: AD)과 정상적 비유창성(normal disfluencies: ND)으로 나눌 수 있다. 언어발달과정에서 또는 일반적인 대화과정에서 보여지는 비유창성은 정상적 비유창성이라 할 수 있다. 정상적 비유창성 유형으로는 주저, 낱말이나 구 반복, 수정, 삽입, 미완성구 등을 들 수 있다(Yairi & Seery, 2016). 다만 정상적 비유창성도 긴장이 필요 이상으로 들어간다면 비정상적인 비유창성 유형으로 볼 수 있다. 대체로 단어를 중심으로 단어보다 작은 언어학적 단위에서 비유창성을 보일 때 비정상적 비유창성으로 간주한다. 즉, 반복에서는 일음절단어 반복, 음절 반복, 소리 반복 그리고 연장, 막힘 등이 비정상적 비유창성에 속한다고 할 수 있다.

표 9–1 정상적 비유창성(ND) 유형과 비정상적 비유창성(AD) 유형

정상적 비유창성(ND)	비정상적 비유창성(AD)
반복(구 반복, 다음절어 반복), 주저, 수정, 삽입, 미완성구	반복(일음절단어 반복, 음절 반복, 소리 반복), 연장, 막힘, 긴장이 동반된 비유창성

나이에 따른 말더듬 유형의 변화를 보고한 연구들에서 Johnson(1959)은 2세 6개월~8세의 일반아동 68명을 조사한 결과 삽입, 수정 및 낱말 반복이 가장 많이 발견되었다고 보고하였다. Yairi(1982)는 2~3세 반의 아동을 조사한 결과 수정과 구 반복은 증가를 보이는 반면, 낱말 부분 반복과 삽입은 줄어들었다고 하였다. 반복은 아동 언어에서 자주 관찰되지만 일반아동의 반복은 나이가 들면서 점차 긴 단위(예: 다음절, 낱말, 구 등)로 변하는 경향을 보였다. 이처럼 비유창성은 아동의 나이에 따라 또는 유형에 따라 문제가 되거나 그렇지 않을 수도 있다.

(2) 부수행동

말더듬이 어느 정도 심화되면 핵심행동 외에도 이차행동/부수행동(secondary/accessory behavior)이 생긴다. 즉, 탈출행동(escape behavior)과 회피행동(avoidance behavior)이 나타나게 된다. 탈출행동은 말을 더듬는 도중에 말더듬에서 벗어나려고 취하는 행동을 지칭한다. 말을 더듬기 시작하면 자기가 의도하지 않았는데도 말더듬이 멈추지 않고 계속된다. 이러한 말더듬에서 탈출하려고 눈을 깜빡이거나 발을 구르거나 갑자기 고개를 뒤로 젖히면서 말더듬에서 빠져나온다. 한편, 회피행동은 말을 더듬을 가능성이 있는 '상황'을 피하는 행동을 의미한다. 사람과 마주치지 않도록 주의하는 노력, 자주 더듬는 낱말을 피하면서 말하거나, 그 낱말 앞에 다른 표현

을 붙여 말하거나, 에두르기를 하는 일 등이 모두 회피행동에 포함된다. 말더듬의 중 증도를 평가할 때 중요한 요소로 사용되기도 한다(심현섭 외, 2023).

(3) 심리 및 태도

말에 대한 심리적 부담은 말더듬을 촉진시키기도 한다. 자기 이름을 잘 말할 수 없었을 때 창피함이나 부끄러움을 느끼고, 이로 인하여 똑같은 상황이 닥치면 더 말이 안 나오게 된다. 초기의 흥분이나 두려움과 같은 부정적 감정은 과도한 말의 반복이나 연장을 이끌게 된다. 그리고 듣는 사람은 곧 이것을 인식하게 된다. 아동은 자주 말을 더듬게 될수록 자신이 시도한 대로 말이 안 나오는 것에 대해 두려움이나 공포를 느끼게 된다. 이러한 감정을 느끼게 되면 아동은 말을 잘하려고 애쓰게 되고, 이러한 노력은 아동의 말을 더욱 어렵게 만든다. 이러한 감정과 반응은 말을 더듬는 현상을 지속시키거나 악화시키는 고리의 역할을 한다. 이 외에도 말을 더듬는 사람들이 갖는 감정으로 죄의식, 당황, 공포 또는 고립감이 보고되고 있다. 태도는 개인에게 만연되어 그 개인의 신념의 일부가 된 것을 말한다. 말더듬을 계속 경험하게 되면 그 사람은 차츰 자신을 말에 장애가 있는 사람, 말더듬는 사람이라고 여기는 고정관념 또는 자신에 대하여 부정적인 감정을 갖는 경우도 있다.

(4) 시작 시기, 출현율 및 발생률

말더듬은 점진적으로 나타나기도 하지만 갑자기 시작되는 경우도 많이 보고되고 있다(Yairi & Ambrose, 2005). 아동의 언어발달기에는 정상 비유창성을 보이므로 어린 시기 초기 말더듬에 대한 내용은 분명하지 않은 것이 많다. 이러한 불확실성에도 불구하고 말더듬이 아동기에 시작된다는 것에는 많은 학자가 일치된 의견을 보인다. 말더듬은 대개 두 낱말 조합을 시작하는 2세부터 사춘기 사이에 시작한다고 볼 수 있는데, 많은 수가 어린 나이인 2~5세 유아기에 시작된다고 보는 것이 일반적 견해이다(Andrews et al., 1983, Yairi & Ambrose, 2005).

말더듬 연구에서 출현율(유병률, prevalence)은 얼마나 많은 사람이 조사 당시 말더듬을 보이는지를 말한다. 미국, 유럽, 오스트레일리아, 서인도에서 연구된 38개 연구를 종합한 것에 따르면 말더듬 출현율은 약 1%로 보고되고 있다(Bloodstein, 1981; Bloodstein & Bernstein Ratner, 2008). Andrews와 동료들(Andrews et al., 1983)이 종합한 논문은 학령기의 1% 아동이 말더듬을 가지고 있는 것으로 보고하였다. 연구들은 대체로 말더듬은 나이가 들면서 차츰 줄어드는 경향이 있으며, 성인에서의 출현율은 이보다 낮을 것으로 보고 있다. 김승국(1980)은 우리나라의 만 2~19세의 남자 12,580명과 여자 11,419명을 대상으로 설문지를 통하여 조사한 결과, 0.3%가 말더듬을 보이는 것으로 보고하였다. 여기서 다른 나라와의 차이는 우리나라 사람의 기질적 차이, 문화적 차이 또는 인종의 다양성 차이일 가능성을 지적하였다. 이러한 출현율의 차이는 말더듬을 어떻게 정의하였는지, 대상을 어떻게 선정하였는지 또는 직접 검사한 것인지 등에 따라 다를 수 있다.

말더듬 발생률(incidence)은 얼마나 많은 사람이 일생 동안 말을 더듬은 적이 있는지를 말한다. 잠시라도 말을 더듬었던 경험을 보인 인구를 포함한 자료를 보면 발생률이 많게는 15%로 보고되고 있다(Bloodstein, 1981; Bloodstein & Bernstein Ratner, 2008). 그러나 6개월 이상 말더듬을 보였던 인구를 기준으로 할 때는 약 5%로 보고 있다(Andrews et al., 1983; Bloodstein & Bernstein Ratner, 2008). 출현율과 발생률 간에 차이가 나는 것은, 말더듬은 어릴 때 시작되지만 커 가면서 회복되는 사람이 있음을 말해 준다. 대개 청소년기 이후에 말을 더듬는 사람의 수가 줄어들게 되며, 이들 중 다수가 전문 치료 없이 회복되었다(Andrews & Harris, 1964). 이 자료들을 보면 치료 없이 자연회복된 사람의 비율이 23~80%였다(Andrews et al., 1983). 다만 자연회복 비율은 어릴 때 많이 이루어지며 나이가 들수록 줄어든다고 본다.

남녀 간 유창성장애의 차이에 관한 연구들은 대체로 4:1의 비율을 보고하고 있다. 남자가 더 많으며, 나이가 많아질수록 이 성비 차가 커지는 것에 일치된 견해를 보인다. Yairi(1983)는 2~3세 22명을 대상으로 한 연구에서 남녀 비율이 동수(同數)였음을 보고하였고, Bloodstein(1981)은 초등학교 1학년에서는 3:1, 5학년에서는 5:1로 남자가 여자보다 많음을 보고하였다. 우리나라의 경우, 신문자(1996)의 연구에서는 언어치료실을 방문한 3~29세의 78명을 대상으로 하였을 때, 4.6:1의 남녀 비를 보였고, 이들을 7세 이전 기준으로 보면 3.1:1로 어릴 때는 성차를 덜 보이는 것으로 조사되었다. 즉, 아주 어린 나이에는 남녀 비율이 거의 같다가 차츰 남자아동의 비율이 많아지는 것을 볼 수 있다. 이와 같이 여자보다 남자가 유창성장애가 더 많은 것은 기질적 차이와 유전적 요소를 지적하고 있다(Andrews et al., 1983).

(5) 말더듬의 공통현상

유창성장애는 개인별로 증상이 매우 다양하지만, 거의 공통으로 보이는 몇 가지 사실이 있다. 즉, 예측성(anticipation), 일관성(consistency), 적응성(adaptation) 현상이 있으며, 말더듬이 감소(reducing)되는 몇 가지 상황이 있다는 것이다. 초기 말더듬 연구자들은 말을 더듬는 사람들이 책을 소리 내어 읽을 때 비교적 정확하게 어떤 낱말에서 더듬을지를 미리 예측할 수 있다는 것을 발견하였다(예측성). 실제로 말을 더듬는 사람에게 더듬을 것으로 보이는 낱말을 찾으라고 한 뒤, 한번 읽게 하면 그것이 맞는 확률이 높았다. 또한 같은 자료를 여러 번 읽게 하였을 때 두 번째, 세 번째 읽을 때 같은 낱말에서 더듬는 경향을 보였다(일관성). 그리고 여러 번 되풀이하여 읽을수록 더듬는 횟수가 줄어드는 적응력이 있음을 발견하였다(적응성). 이러한 세 가지 현상은 말더듬이 신경학적 장애만이 아닌 학습된 행동의 결과라는 것을 부분적으로 입증한다.

말더듬는 사람에게서 볼 수 있는 또 하나의 공통현상은 말더듬이 감소되는 조건(fluency reducing conditions)이 비슷하다는 것이다. 특정 상황에서는 말더듬이 현저하게 감소되거나 사라진다. 그중 몇 가지를 예로 들면, 혼자 말하는 상황, 동물들에게 말하는 상황, 노래하는 상황, 글씨를 쓰면서 동시에 말하는 상황, 여럿이 같이 읽는 상황 등이다. 이는 공통적으로 시간 압박이나 언어 부담 혹은 심리 부담이 크게 줄어든 상황들이다. 이러한 상황은 말 산출을 위한 운동협응에 부담을 줄여 유창한 말을 하도록 돕는 것으로 보인다. 그러므로 이러한 상황에서 말을 더듬지 않는 것은 자신만의 특별한 사실이 아니며, 잠시 더듬지 않게 해 주는 특별한 비법은 더욱 아니다(Johnson & Inness, 1939; Guitar, 2014).

2. 유창성장애 발생 및 지속 요인

1) 기질적 요인

유창성장애의 기질적 요인을 연구하는 입장 중 하나는 가계 유전 연구다. 말더듬 유전 연구들은 쌍둥이나 입양아들의 연구로 말더듬이 기질적으로 전달되는 것인지 혹은 환경 요인이 더 작용하는지를 보고자 하였다. 연구를 통해 밝혀진 것으로는 이 란성 쌍둥이보다 일란성 쌍둥이에게서 더 많은 유창성장애가 일치되게 나타난다는 것이다. 그리고 입양된 아동 중 말을 더듬는 경우, 자신의 친부모 가족에게 말을 더듬 는 사람이 있는 사례가 입양된 가족에게 있는 사례보다 조금 더 높은 확률을 보였다. 다른 연구에서는 말더듬 집단과 그렇지 않은 집단으로 나누어 비교하였는데, 전자의 경우가 후자보다 말을 더듬는 가족이나 친척을 가지고 있는 비율이 더 높았다.

그러나 이러한 연구만으로 말더듬의 유전 요인이 한 세대에서 다음 세대로 전달 되는 것이라고 말하는 데는 무리가 있다. 그보다는 비유창성을 일으키는 비슷하게 되풀이되는 환경이 아이들에게 부담을 주어 말더듬을 더 유발하거나 지속시킨다 고 볼 수 있기 때문이다. 지금까지 내려진 결론으로는 유창성장애가 한 가계에서 많 이 발견되는 것은 유전 요인과 환경의 상호작용으로 설명하고 있다(Guitar, 2014). 말 더듬을 일으킬 수 있는 소인(predisposition)이 자신의 심리-언어적 요인 그리고 환 경 요인과 결합하여야 말더듬이 시작되고 진전되는 것으로 볼 수 있다(Manning & DiLollo, 2018).

말더듬을 신경계의 장애로 보는 학자들은 말을 더듬는 사람들의 양쪽 대뇌에 있 는 청각-말 정보처리의 불균형문제를 밝히면서 뇌에 부적절한 고착 증세 또는 다양 한 뇌파 리듬(brain-wave rhythms)이 있음을 보고하기도 하였다. 그러나 유창성장애 집단의 뇌파(electroencephalography: EEG) 소견상의 차이를 보고한 연구들에서는 정상 집단과 차이를 보인다는 연구와 그렇지 않다는 상반되는 연구가 거의 대등하였다(Andrews et al., 1983). 생리학적 손상에 관한 연구에서는 유창성장애를 유창한 말을 하기 위하여 요구되는 복잡한 말-운동협응의 순간적 실패라고 보고 있다(Andrews et al., 1983; Starkweather, 1995). 그중 감각운동수행(sensorimotor performance)을 살핀 Caruso(1988)는 말을 더듬는 사람들은 눈-손협응운동과 같은 프로그램을 실행하는 데 어려움이 있다고 보고하였다. 그리고 감각운동협응에 관한 연구를 종합한 결과에 따르면, 10개 연구는 이 영역에 유창성장애 집단과 그렇지 않은 집단 간의 차이를 보였고, 6개 연구는 집단 간 수행의 차이를 보이지 않았다(Andrews et al., 1983). 신경영상기법을 이용한 뇌구조 및 기능의 차이를 리뷰하고 요약한 바도 있으며(Manning & DiLollo, 2018), 이러한 영역의 신기술들의 발달로 말을 더듬는 사람과 그렇지 않은 사람들 사이의 차이에 대한 보다 과학적인 분석은 앞으로 말더듬 진단과 치료에 많은 도움을 줄 수 있을 것이다(Chang, Garnett, Etchell & Chow, 2019).

2) 심리-언어적 요인

유창성장애가 언제 더 많이 일어나는지 알아보기 위해서는 심리-언어적 요인을 살펴볼 필요가 있다. 유창성장애는 주로 문장의 시작이나 단어 첫소리의 자음, 비교적 긴 단어, 명사 또는 내용어에서 더 많이 나타난다(Bloodstein, 1981). 분명한 것은, 특정 심리적 환경이나 언어환경은 다른 환경보다 더 많은 언어운동 준비가 필요하다는 것이다. 이러한 상황에서 말더듬이 더 많이 일어난다. 예를 들면, 권위적인 사람 앞에서 말하거나 급하게 말하는 상황에서는 유창한 말을 하기 위하여 좀 더 많은 노력이 요구된다. 또한 말을 시작하는 문장이나 단어의 첫소리, 길이가 긴 단어, 익숙하지 않은 단어 등에서 비유창성이 더 많이 나타난다. 이는 말더듬는 사람에게 더 많이 작용할 수 있다.

유창성장애가 심리역동적 원인에 기인한다는 주장은 Freud의 정신분석이론에 기초를 두고 있다. 이들은 유창성장애를 유아기 욕구 충족의 실패나 억압된 적대감의 표현으로 보았다. Postma과 Kolk(1993)가 제시한 내적 수정가설(covert repair hypothesis)에 따르면, 사람들은 말을 산출하기 전에 자신의 말이 계획대로 실행되는지를 확인하는 과정을 거친다고 가정한다. 정상인은 말이 산출되기 직전 내적 오류를 발견하여 수정하지만, 말더듬는 사람은 이를 제대로 수정하지 못해 그러한 현상을 보이는 것이라고 설명하였다.

아동기의 언어발달 연구에서는 유창성장애 집단이 일반아동 집단보다 언어발달이 조금 늦다는 연구가 더 많았다(Andrews & Harris, 1964; Johnson, 1959). 말더듬아동 집단은 언어지체나 조음장애를 동반할 확률이 일반아동 집단에 비해 높았다. 그러나 이러한 연구들로 유창성장애아동이 언어지체나 조음장애를 동반하는 경향이 많다고 결론짓기보다는, 말을 더듬는 사람 중에는 언어지체나 조음장애를 보이는 하위그룹(subgroup)이 있어 그에 대한 자세한 평가가 필요하다고 보아야 한다.

Bloodstein(1981)은 아동이 말하여야 하는 문장의 통사구조가 불확실할 때 말더듬을 더 많이 보인다고 하였다. 한편, Wall(1988)은 유창성장애와 아동기의 의미구조 발달의 미성숙을 연관시켜 확실하지 않은 의미발달에서 말더듬이 비롯된다고 보았다. 즉, 아동이 어떻게 문장을 구성해야 하는지 또는 어떠한 낱말을 사용해야 하는지 분명하지 않을 때 말을 더듬을 확률이 높아지는 것이다.

3) 환경적 요인

말더듬의 환경 요인을 주장한 Johnson(1959)은 진단착오이론(diagnosogenic theory)을 주장하였다. 이는 아동에게 중요한 타인, 특히 부모가 정상적 비유창성을 말더듬으로 인식하는 데서 비롯된다는 이론이다. 즉, 아동의 정상적 비유창성에 대한 부정적 평가가 아동을 말더듬으로 만든다는 것이다. 이 연구는 당시에는 대단한 지지를 받았으나, 이후 많은 논란이 있었다. 그러나 이 이론은 다음과 같은 점에서 주의를 기울여 볼 만하다. 언어발달기에 있는 아동이 말을 더듬었다고 가정하자. 아동은 아직

근육운동이나 신경체계가 완성되지 않은 상태로, 자신의 생각을 언어로 정리하기 어렵다. 그렇다 보니 흥분하거나 빨리 말하다 보면 더듬을 가능성이 더 커진다. 이때 부모가 이를 인식하고 "빨리 말하라." 또는 "더듬지 말고 말하라."라고 환경적 압박을 준다면 심각한 말더듬으로 이끌기 쉽다. 더욱이 아동에게 말더듬의 기질적 영향이 있을 경우, 이러한 환경은 아동이 말을 더듬게 할 확률을 가중시킬 것이다(이승환, 2005).

또 다른 이론으로는 용량-요구(capacities and demands) 모델이 있다. 이는 Starkweather(1987)가 종합한 것으로, 용량(능력)이란 내적 잠재력으로 자신의 언어를 리듬감 있게 잘 계획하고 협응하여 말할 수 있게 하는 것이며, 요구는 개인의 내적인 것과 외부 환경을 말한다. 이 두 가지가 조화를 이룰 때는 문제가 없으나, 용량보다 요구가 커질 때는 말더듬을 초래할 수 있다고 보는 것이다.

유창성장애가 학습된다는 견해는 유창성장애가 말에 대한 회피반응에서, 말하려는 욕구와 말하지 않고 조용히 있으려는 욕구 사이의 갈등에서 비롯된다고 보았다 (Sheehan, 1970). 이때 생기는 공포, 불안, 당황 등 부정적 감정 상태가 말하는 데 필요한 운동통합(motoric integration)의 붕괴를 가져온다는 것이다. Brutten과 Shoemaker (1967)의 조건-반사이론도 비슷한 설명을 하고 있다. 말에 대해 한번 생긴 부정적 감정은 조건화되어 다른 자극을 유발할 수 있다는 것이다. 그러므로 이러한 입장에서는 더듬어지는 단어를 피하지 말고 오히려 그것을 의식적으로 반복하여 강화시키며, 동시에 피하려는 경향을 억제하고자 하였다.

3. 정상 비유창성과 연령별 말더듬 특성

1) 정상 비유창성과 말더듬 위험 요소

아동의 언어가 급격히 발달하는 시기는 2~5세다. 이때는 진행 중인 아동의 언어발달능력과 미숙한 운동조절능력 때문에 말더듬의 발생 가능성이 높다. 정상 비유창성(normal disfluency)은 주로 18개월 이전에 시작되는데, 대개 2~4세에 고조를 이룬다. 아동은 두 낱말의 조합, 문장 길이의 증가, 새로운 낱말의 사용이 일어날 때, 그러한 말들이 아직 자동화되지 않은 단계이므로 말을 더듬을 가능성이 높다. 화용적 측면에서는 아동이 다른 사람의 대화 도중에 끼어들어야 할 때, 행동을 제지받거나 바꾸라고 지시받았을 때 그리고 여러 가지 압박을 느낄 때와 같은 상황에서 말더듬이 증가한다. 이때는 다양한 조음 산출을 위한 말-운동기관이 아직 완성되지 않았기 때문에 운동조절의 과도한 부담, 일상생활의 스트레스 등은 일시적으로 말더듬을 보이게 된다. 4~5세가 되어 언어발달과 말운동에 관련된 발달이 균형을 이루게 되면서 아동의 비유창성도 감소하게 된다. 그러나 여러 가지 스트레스가 사라지지 않거나 환경적 안정과 신체 성장이 적절히 균형을 이루지 않으면 말더듬이 더 심해질 수 있다. 차츰 말하고 싶은 욕구는 많은 반면, 신체조절능력이 이에 미치지 못하고 환경 요인이 안정되지 못할 때 비유창성은 심화된다.

(1) 말더듬 위험 요소

정상발달과정에서의 비유창성은 양적으로나 질적으로나 문제가 되는 말더듬과는 구별된다. 이들의 변별기준은 다음과 같다.

정상 비유창성의 경우 양적(빈도)으로는 학령전기를 중심으로 100개 낱말 중 10개 낱말 이내를 보이는 것이 보통이다. 말의 반복은 1~2회 정도로 그 이상을 넘는 경우는 드물다. 비유창성 유형 중 삽입은 3세 이후 줄어들게 되고, 반복의 단위도 단음절어 반복에서 구 반복과 같이 길어진다. 다만, 수정은 일시적으로 보일 수 있다. 어린 아동의 경우 정상적인 아동이 보이는 비유창성 양상에서는 뚜렷한 차이를 지적하기 어렵다. 오히려 비유창성의 양적 차이를 함께 구별준거로 한다. 즉, 100개 낱말 중 10개 이상의 비유창성 횟수를 보이고, 구 반복이나 낱말 반복보다는 음절 반복, 소리 반복이 출현하였을 때 문제가 되는, 즉 말더듬 위험 요소로 본다.

(2) 부수행동과 심리 및 태도

정상 비유창성을 보이는 아동에게서는 부수행동은 거의 보이지 않으며, 자신의 말에 대한 아무런 심적 부담을 느끼지 않고 말을 더듬을 때도 편안하게 자신의 이야기를 계속한다. 잠시 비유창성의 증가를 보이는 경우에도, 비유창성과 동반된 부수행동은 보이지 않는다. 또한 자신의 말더듬에 대한 의식이나 회피 등도 보이지 않는다.

2) 학령전 말더듬아동 특성

학령전아동의 경우는 현재 보이는 비유창성이 문제가 되는 말더듬인지 정상적 비유창성인지를 구별하는 것이 가장 중요한 초점이다. 다음은 말더듬으로 보이는 의사소통 특성들이다. 이때는 전문적 말더듬 평가와 치료를 고려한다.

- 긴장된 막힘(tensed block)을 보이게 되고 반복도 매우 빨리 되풀이하게 된다. 처음에는 이러한 증상이 아주 이따금씩 보이며, 흥분하였거나 스트레스를 받았을 때 나타나게 된다. 이는 아동이 정상적 비유창성이 아닌 문제가 되는 말더듬으로 진단할 수 있는 특성으로 본다. 특히 말이 막힐 때 긴장이 수반된다면 말더듬으로 진단을 고려한다.
- 아동이 자신의 말더듬을 의식하게 되면, 더듬지 않으려는 노력의 결과로 투쟁행동과 같은 탈출행동을 보이기 시작한다. 처음에 아동은 특별히 말하기 어려운 상황에 처했을 때 또는 실제로 스트레스를 받으며 말할 때 유창성의 붕괴를 경험하게 된다. 이때 더듬은 낱말은 아동이 경험하는 부정적 감정과 연합된다. 이러한 과정을 겪으면서 아동의 비유창성은 점점 진전하여 초기 말더듬으로 진행되기도 한다. 하지만 처음부터 점진적이 아닌 갑자기 문제가 되는 비유창성 유형을 보이기도 한다(Yairi & Ambrose, 2005).
- 앞서 설명한 말더듬 핵심행동들이 관찰된다. 반복은 빠르고 불규칙하며 구 또는 낱말 반복이 아닌 소리 반복이나 음절 반복이 증가하게 된다. 반복되는 마지

막 소리가 모음이면 갑자기 끊겨 버리기도 한다. 또 중성모음(Schwa vowel)이 삽입 또는 중성모음으로 대치되어 '학교'가 '허허허학교' 또는 '허~악교' 식으로 반복이나 연장을 보인다. 편안히 말을 더듬던 것에서 급하게 반복이나 막힘을 보이고 말소리의 고저를 변화시키기도 한다.

- 막힘은 말더듬 진전의 중요한 지표다. 이는 아동이 말하는 도중에 목소리를 내기 위한 공기의 흐름이 일시적으로 중단되는 것을 말한다. 이때 아동은 긴장으로 인해 부적절하게 성대를 열고 닫으며, 그 결과 소리의 시작에 시간차가 생기게 된다.

- 부수행동과 심리 및 태도에 다음과 같은 특징이 보인다. 회피행동은 말을 더듬는 사람이 말더듬을 멈추거나 말이 막힌 낱말을 끝내기 위하여 사용한다. 즉, 머리를 끄덕이거나 얼굴에 힘을 주는 것은 막히는 말을 어떻게든 끝내려는 노력에서 나오는 행동이다. 처음에는 이러한 노력이 도움을 주는 것처럼 보인다. 어쨌든 머리를 끄덕이면서 말을 끝냈으니 말이다. 여러 번 말을 되풀이하던 끝에 '어, 음' 하는 삽입어를 넣기도 한다. 아마도 단단하게 긴장되어 있던 성대가 이러한 '어'나 '음' 소리로 그 긴장이 완화되었을 수 있다. 문제는 이 아동은 말을 더듬기도 전에 자꾸 미리 '어, 음'을 넣게 되고, 그렇게 하다 보니 '음' 소리를 삽입했던 것이 나중에는 반복되면서 '러…… 음 로봇.' 하고 말함으로써 이전처럼 여러 번 반복하는 동안 갖는 당황하는 시간도 줄이게 된다. 그러고는 미리 그 낱말을 말하게 될 때 '음 로봇.' 하게 된다. 학령전기 말더듬아동은 자신이 말할 때 무엇인가 좀 문제가 있다는 것을 의식하지만, 대체로 아직 자신이 말에 장애가 있는 사람이라는 자아상을 갖지는 않는다.

3) 학령기 말더듬아동 특성

학령기 유창성장애아동이 보이는 특징으로는 다음과 같은 것이 있다. 이 특징은 개별 아동마다 차이가 있으며 더 어린 아동에게서도 보일 수도 있다.

- 자신의 말더듬에 공포를 느낄 수 있다. 이는 어릴 때 말더듬에 대해 당황하거나, 놀라거나, 그로 인해 짜증이 나던 것과는 대조된다.

- 이러한 공포, 두려움으로 인하여 말을 피하는 것인데, 이 행동 역시 아주 어린 아동에게는 잘 나타나지 않는다. 이러한 증상은 일시적으로 확립되기보다는 말을 더듬는 동안 부정적 감정을 자주 경험하면서 점차 증가하게 된다.

- 이 시기의 주요 비유창성 특징은 반복과 연장이 빈번히 일어나고 막힘이 더 자주 나온다는 것이다. 막힘의 정도가 많아지며, 비유창성이나 막힘에서 벗어나려는 투쟁행동을 보이기도 한다. 비유창성이 정상적 수준인지 아닌지, 그 사람이 말을 더듬는 사람인지 아닌지를 판단하기 위하여 비유창성의 '빈도(frequency)'와 '유형(type)'을 고려해야 한다. 즉, 비유창성의 횟수가 많을수록 많이 더듬는 것으로 판단되고, 또 그 유형의 차이에 따라 판단되기도 한다. 비유창성 유형에 대해, 듣는 사람은 그것이 '단어 사이(between-word)'인지 '단어 내(within-word)'인지를 고려한다(Zebrowski, 1994). 즉, 단어 사이에서 말을 되풀이하여 '학교 학교가'라고 한다면 그것은 정상이라고 간주하지만, 단어 내 반복을 보여 '학학교가'라고 한다든가 '하하학교'라고 한다면 말더듬으로 간주한다. 여기서 막힘이 보다 진전된 말더듬 유형이라는 것은, 듣는 사람에게는 덜 친숙한 말이라는 것 외에 말운동조절의 붕괴(깨어짐)가 있다는 것을 지적할 수 있다.

- 막힘을 자주 경험하다 보면 아동은 좌절감을 느낀다. 제대로 말소리가 나오지 않아 자신이 당황하게 되는 것은 물론이고, 듣는 사람이 놀라거나 의아해하는 모습도 마주하게 된다. 이때 부모도 어떻게 도와주어야 할지 모르고 당황하게 된다. 아동은 무엇인가 잘못되어 가는 것을 느끼고, 이러한 불편한 상황에서 벗어나야 하겠다는 결론에 도달한다. 학령기 말더듬아동은 눈을 깜빡이거나 고갯짓을 하던 것에서 두 가지를 동시에 보이기도 하는데, 이렇게 해도 여전히 말소리 시작이 되지 않는 것을 경험하기도 한다.

이러한 탈출행동 외에 낱말이나 상황에서 도피하려는 시도를 보이게 되는데, 이는 여러 번 특정 단어를 되풀이하거나 막힘을 경험한 후에 발생한다. 이것은 회피행동으로서, 그 단어를 시도하지 않고 다른 말로 대치하거나 다른 말을 넣는 것을 말한다. 이러한 행동은 어느 정도 말더듬이 지속된 단계에서 자주 생기게 된다. 누군가 자기 이름을 물었을 때 말소리가 나오지 않아 공포를 느낀 아동은 자기 이름을 말할 때 자기 이름을 곧바로 말하는 대신 '제 이름은~'으로 시작하기도 하는데, 이를 끼워넣기(starter)라고 한다. 나중에는 자기 이름의 첫소리로 시작되는 다른 단어에서 똑같은 공포를 느끼게 되기도 한다.

Van Riper(1982)는 말을 더듬는 사람들에 의하여 사용되는 많은 낱말 회피기제를 열거하였다. 이 중에는 대치(substitution)나 에두르기(circumlocution)가 있다. 대치는 '삼촌'이라는 말이 안 나올 것을 예상하고 "어제 우리 아버지 동생분이 오셨거든……." 하고 다른 말이나 구로 바꾸는 것을 말한다. 에두르기는 더듬을 것이 예상될 때 여러 가지 다른 말을 덧붙여 돌려 말하는 것을 말한다. 즉, "그러니까 어제…… 굉장히 좋은 일이 있었는데 말이지, 우리 삼촌이 오셨거든……." 하고 말한다. 이 밖에 연기하기(postponement)는 말더듬이 예상될 때 몇 박자 기다려 말하는 것이다(이승환, 2005). 말을 더듬는 사람들 중에는 책 읽기나 발표 시간에 두려웠던 경험을 털어놓는 사람들이 많다. 말을 더듬는 사람은 학교에서 앉은 줄대로 혹은 번호 순서대로 시킬 때 자기 순서가 가까이 다가올수록 긴장이 높아지고 공포가 쌓이게 된다. 이 단계에 있는 사람의 감정은 일시적으로 당황이나 당혹감을 갖는 정도를 훨씬 넘어선다. 그리고 계속되는 반복과 막힘을 겪으며 무력감(helpless)을 경험한다.

4) 청소년 및 성인 말더듬

- 청소년 또는 성인 단계에서는 이전 단계와 달리 유전적이거나 타고난 성향, 발달 요인 또는 환경 요인은 더 이상 크게 영향을 끼치지 못한다.
- 이제까지 학습된 습관들은 어느 때보다 더 강하게 나타난다. 긴장이나 회피행동들은 여러 번 반복되는 동안 자동화단계에 이르고 인지학습(cognitive

learning)에까지 이르게 된다. 즉, 자신은 말을 더듬는 사람이라는 믿음을 갖거나 적어도 말에 문제가 있는 사람이라는 확신을 갖는다.

- 부정적인 자아상은 다른 사람의 반응뿐만 아니라 자신의 내부 반응에도 영향을 받는다. 초기에는 부정적이기보다는 이따금 말이 잘 안 나온다고 생각하는 정도였으나, 그것이 지속되면서 자아에 부정적 영향을 준다.

- 이 단계에서는 공기의 흐름이나 발성이 중단되는 막힘이 핵심행동으로 나타난다. 막힘은 더 길어질 수 있고, 입술의 긴장이나 혀의 긴장은 더 뚜렷해질 수 있다. 그러나 보다 특징적인 것은 이러한 막힘을 발견하기가 더욱 어려울 수 있다는 것이다. 오히려 유창해 보일 수도 있는데, 이것은 여러 가지 방법으로 말더듬을 숨기고 회피하기 때문이다. 말더듬을 미리 예상하고 막히지 않도록 모든 신경을 총동원하기 때문에, 말은 더듬지 않아도 그 불안은 항상 극에 달해 있다.

- 말을 더듬는 청소년이나 성인 중에는 외현적으로 심하게 말더듬을 보이는 사람이 있는가 하면, 내재적으로만 더듬고 겉으로는 유창하게 말하는 사람도 있다. 하지만 이들은 자신이 말더듬이라고 확신하고 있으며, 이 때문에 하루도 편히 지내지 못하고 불안해한다. 왜냐하면 언젠가는 또 막히리라는 것을 알며, 그 막힘은 매우 심각하고, 무엇보다도 자신은 거기에서 벗어날 수 없다고 여기기 때문이다. 낱말회피와 상황회피가 있지만 대체로 그 범위는 다양하다. 말이 막히면 '음, 그래서' 등의 낱말회피를 여러 번 시도하기도 한다. 이러한 시도와 노력 끝에 막힘에서 벗어나기도 한다. 말을 더듬는 많은 성인은 말더듬 상황을 어떻게든 피하고 조절하기 때문에 듣는 사람이 전혀 눈치를 못 챌 수도 있다.

- 이 단계에 있는 사람들은 말더듬행동 양상의 변화와 더불어 몇 년 동안 조건화를 경험하여 왔다. 이러한 일들이 계속되면서 말더듬을 매우 조절하기 어렵고 자신의 의지로 조절할 수 없는(out of control) 것으로 여기게 된다. 따라서 내적 불안은 더욱 확고해지고 다른 사람의 반응을 부정적으로 여기게 된다.

연령별 말더듬 특성을 나누어 보았다. 하지만 개인차가 많으므로 진단과 평가 과정에서 각 개인에 따른 면밀한 관찰과 분석이 필요하다.

4. 진단 및 평가

1) 진단 및 평가의 구성 요소

우리는 말을 할 때, 한 소리씩 끊어서 말하지 않고 소리를 앞으로 흘려보내듯이 말하며 소리, 음절, 낱말, 구, 문장을 이어서 연속적으로 산출하게 된다. 한 소리에서 다음 소리로 그리고 낱말로, 문장으로 부드럽게 말이 이어질 때 그 사람의 말을 '유창하다'고 일컫는다. 대부분의 사람도 때때로 말이 끊어지게 된다. 따라서 비유창성 자체가 문제가 되는 것이 아니므로 유창성장애 또는 말더듬이라 지칭할 수 있는 기준이 필요하다.

유창성장애는 진단 시 비유창한 말에 대한 객관적 측정이 필요하다. 이러한 말 산출 못지않게 중요한 것은 말하는 사람이나 듣는 사람의 지각과 태도다. 앞서 비유창성의 유형을 말할 때, 낱말을 기준으로 하여 단어 간(사이) 비유창성과 단어 내 비유창성을 나누어 설명하였다. 전자의 경우는 낱말이나 구의 반복, 삽입 또는 수정이 있고, 후자에 속하는 비유창성 유형으로는 소리나 음절의 반복, 소리의 연장 또는 막힘이 있다. 엄밀히 말하면 중성모음 /ə/와 같은 삽입은 '그래서' 등의 낱말이나 구의 삽입과 비교할 때 후자에 속한다. 듣는 사람에게 '그래서'의 삽입은 정상적으로 들리지만 중성모음의 삽입은 정상이 아닌 것으로 지각된다.

이를 종합해 보면, 말더듬 진단에는 비유창성 유형이나 빈도 등의 객관적 측정뿐만 아니라 말을 더듬는 사람의 특성과 듣는 사람의 판단 그리고 이 둘의 상호작용의 주관적 의견까지 포함된다.

유창성장애의 평가과정을 요약하면 〈표 9-2〉와 같다.

표 9-2	유창성장애의 평가과정

① 유창성장애 의뢰(전화 또는 방문 상담)
② 사례정보 수집(사례 면담지, 질문지, 아동언어 샘플 테이프)
③ 면담: 사례정보의 보충(부모 또는 본인 상담, 관계자 상담)
④ 유창성평가
　　상황별 유창성검사
　　유창성 및 관련 요소 분석
　　심리 및 태도 검사
　　포괄적 유창성 분석
⑤ 말·언어 선별평가
⑥ 진단(자료 수집과 해석, 문제 종합)
⑦ 결과 면담(부모 상담, 결과 해석과 앞으로의 계획 면담), 보고서 작성

2) 유창성장애의 평가과정

(1) 사례정보 수집

사례력이나 면담지는 아동의 경우는 부모가 기록하며, 청소년이나 어른의 경우는 스스로 기록할 수 있다. 성인의 경우, 어린 시절의 상태에 대해 올바른 정보를 가지고 있지 않거나, 드문 경우지만 자신의 배경 정보를 숨기고 싶어 하는 사람도 있어 정확한 평가 자료가 수집되도록 주의를 기울여야 한다. 대상자가 실생활에서 어떻게 말하는지를 녹음한 샘플 테이프를 준비해 온다면 검사 시 정해진 상황 외에 좀 더 폭넓은 정보를 집힐 수 있다. 면담시는 대상자의 발더듬에 대한 이해와 필요한 내용을 수집하기 위해 체계적으로 질문을 구성한다.

(2) 면담

우선 면담자에게 평가과정과 소요되는 예정 시간, 비디오 녹화나 녹음을 하는 이유 등을 설명하여 편안한 마음으로 평가 진행에 참여할 수 있게 해 준다. 면담지에

기록한 내용에 대하여 확인하거나 부가 질문을 하여 대상자의 문제 파악에 필요한 정보를 수집한다. '예-아니요' 질문보다는 의문사를 이용한 질문으로 원하는 대답을 이끈다. 예를 들어, '어릴 때부터' 말을 더듬기 시작했다고 기록되어 있다면 "어릴 때라면 몇 살 정도지요?"라는 구체적인 질문을 할 수 있다.

(3) 유창성평가

유창성평가는 상황별 유창성평가, 비유창성 분석 그리고 심리 및 태도 등 내재적 평가로 구성된다.

상황별 유창성평가 모든 상황에서 똑같이 더듬는 사람은 말더듬는 사람이 아니라고 할 정도로 상황에 따른 유창성의 변화는 크다. 그러므로 다양한 상황에서 유창성의 변화를 관찰하여야 한다. 숫자세기 등의 간단한 상황부터 한 낱말로 말하기, 대화 등으로 언어 단위를 늘릴 수 있다. 또한 읽기 등 심리적 부담이 크지 않은 것에서부터 전화걸기와 같이 심리 부담이 큰 상황에까지 유창성의 변화를 관찰한다. 몇몇 사람은 치료실의 정해진 조건에서는 전혀 말더듬이 관찰되지 않지만 자신은 심각한 말더듬으로 여기는 사람이 있다. 이때는 전형적인 몇몇 조건에서 유창성을 살핀 후, 곧바로 대상자가 어렵다고 여기는 상황을 연출하거나 실제로 해 보게 하는 것이 필요하다. 아동의 경우는 부모와 말하는 상호 관계에서 유창성의 변화 등도 관찰하여야 한다.

비유창성 분석

〈유창성장애 정도 측정〉 말을 더듬는 정도를 객관화하기 위하여 Riley(1972, 2009)가 개발하여 발전시킨 '말더듬 중증도 도구(Stuttering Severity Instrument-4: SSI-4)'를 사용할 수 있다. 이 도구는 빈도, 막히는 시간 그리고 부수행동을 측정하여 유창성장애 정도를 점수화하게 되어 있다. 이 세 가지 점수를 합한 전체 점수는 0~46점이며, 이 점수로 심한 정도를 환산한다. 빈도는 말해진 200음절 중 처음과 나중의 50음절을 제외한 100음절 가운데 말이 막히는 횟수(%)를 말한다. 빈도를 계산할 때는 단어 내의 비유창성을 모두 포함하게 되어 있다. 단어 내의 비유창성은 음절 반복, 소리 반복, 막힘 등과 같이 단어보다 작은 단위에서 일어나는 것을 말한다. 읽기가 가능한 사람의 경우에는 읽기와 대화 두 상황에서 막히는 빈도를 구하며, 읽지 못하는 사람의 경우에는 그림을 보고 말할 때 막히는 빈도로 구한다. 두 번째로 말이 막히는 시간은 가장 길게 막히는 3회의 평균 시간을 가지고 '순간적으로 말이 막힘(fleeting)'부터 '1분(60초 또는 그 이상)'까지 아홉 단계에 따라 점수화한다. 세 번째로 유창성장애의 부수행동은 거슬리는 소리, 얼굴 근육이나 표정의 변화, 고개 움직임, 사지 움직임 등 4개 행동영역으로 나누어 영역별로 0점(전혀 관찰되지 않음)에서 5점(심하여 고통스러워 보임)으로 평정하고, 4개 영역의 점수를 합하여 이를 부수행동 점수로 나타낸다. SSI-4는 이 세 가지 점수를 합산한 총점으로 연령(학령전, 학령기 그리고 성인)에 따른 말더듬의 중증도를 찾을 수 있게 백분율을 제시해 놓고 있다. 그리고 SSI-4에서는 SSI-3에 다음을 추가하여 말더듬을 종합적으로 평가하기 위한 시도를 하였다.

① 치료실 환경을 넘어서 발화샘플을 확보하고, ② 다양한 전화통화 상황에서 발화샘플을 얻고, ③ 9점 척도로 자연스러움(naturalness) 정도를 평가하고, ④ 중증도, 통제소 및 말더듬 회피에 대한 자기 보고를 실시할 것을 제안하였다.

〈비유창성 유형 조사〉   같은 말을 한 번 더듬었다고 할 때 잠시 '주저'를 보인 것과 '막힘'을 보인 것에는 질적인 차이가 있다. 그러므로 비유창성 유형을 나누어 이러한 질적인 차이를 분석하는 것이 필요하다. 비유창성 유형(disfluency type)은 다양하게 나눌 수 있으나 정상적 비유창성과 비정상적 비유창성으로 나눌 수 있다. 삽입과 반복을 각각 하나의 유형으로 하면 7가지로 분류할 수 있으며, 각 유형의 정의는 다음과 같다.

• 주저(hesitation: H): 잠시 또는 1초 이내의 침묵을 말한다.
• 삽입(interjection: I): 의미 전달 내용에 관계없는 말이 덧붙여지는 것으로 다음과

같은 유형이 있다.

- 단어 삽입(word interjection: Iw): '그러니까' '글쎄' 등 전체 단어를 적절하지 않게 끼워 넣는 것을 말한다.
- 음절 삽입(syllable interjection: Isy): '음' '에' '아' 등 불필요한 음절을 끼워 넣는 것을 말한다.
- 중모음 삽입(neutralized vowel interjection: Inv): 말의 시작이나 중간에 /ə/ 소리와 같은 중모음이 삽입되는 것을 말한다.

• 수정(revision: Rv): 말하고자 하는 전달 내용, 문법 형태, 단어 발음 등을 바꾸는 것을 말한다.

• 미완성 단어(unfinished word: U): 끝내지 않은 단어를 말하며, 대개 수정이 뒤따르지만 그것 없이 이어지기도 한다.

• 반복(repetition: R): 말이 되풀이되는 것으로서 다음과 같이 나눈다.

- 구 반복(phrase repetition: Rp): 적어도 두 개 이상의 완성된 단어의 반복을 말한다. 이에 덧붙여지는 소리나 음절 반복은 별도로 명명한다.
- 단어 반복(word repetition: Rw): 단어 전체의 반복으로, 단음절어의 반복도 포함한다.
- 음절 반복(syllable repetition: Rsy): 소리 반복과 단어 반복의 중간으로, 음절만 반복하는 경우를 말한다.
- 소리 반복(sound repetition: Rs): 한 음소나 이중모음의 일부만을 반복하는 경우를 말한다.

• 연장(prolongation: P): 음운이나 모음의 한 요소가 부적절하게 길게 지연되는 것을 말한다. 이따금 고조 변화나 긴장 등이 함께 온다.

• 막힘(block: B): 어떤 음운을 시작하거나 폐쇄음을 터뜨리려고 할 때 생기는 부적절한 시간차로 소리의 정지가 오는 것을 말한다. 이를 비청각 연장(inaudible prolongation)이라고도 한다.

〈말속도 측정〉   말의 속도를 측정하여 언어 상태를 살피기도 하는데, 일반적으로 말속도는 1분당 말한 음절이나 낱말을 세어 측정한다. 그런데 영어는 낱말이 잘 구별되는 반면, 우리나라 말은 그 단위를 나누기가 불확실할 때가 있다. 또한 다음 절로 된 낱말을 즐겨 사용하는 사람들에게는 정확한 자료가 되지 않을 수 있으므로 주의가 필요하다. 영어의 경우, 정상 성인은 대화에서 1분에 115~165개 낱말을 말하며(Andrews & Ingham, 1971), 읽기에서는 150~190개 낱말을 읽는 것으로 보고되었다(Darley & Spriestersbach, 1978). 음절 측정으로는 정상 성인의 말하기는 1분에 162~230음절, 읽기는 210~265음절로 보고되었다(Andrews & Ingham, 1971). 우리나라의 경우 주로 음절을 단위로 측정하고 있으며, 아동이나 성인 등 연령에 따른 말속도 자료를 참고하여 비교하는 것이 필요하다(신명선, 안종복, 2009; 신문자, 이경재, 2017).

〈심리 및 의사소통태도평가〉   심리적으로 얼마나 의사소통에 부담을 가지고 있는지를 측정하는 것은 말더듬치료를 위한 자료 수집에 중요하다. 청소년기까지 또는 성인기까지 계속 말에 문제를 가져온 사람은 자신을 말더듬이로 확신하여 '진정한 말더듬이(confirmed stutterer)'라고 부르기도 한다(이승환, 2005). 특히 성인의 경우, 유창성장애 진단 시 말에 대한 부담이나 태도를 살피는 것은 빠뜨려서는 안 될 중요한 부분이다. 말더듬는 사람의 말에 대한 부담을 측정해 보는 도구로 Erickson(1969)의 '대화부담평가표(s-scale)'가 있다. 이 평가표는 자신의 말에 대한 부담에 대해 '예-아니요'로 표시하도록 하여 말 더듬는 사람의 전형적 반응과 얼마나 일치하는지를 점수화한다. 이전에는 39문항이던 Erickson(1969)의 평가표가, 현재는 Andrews와 Cutler(1974)에 의하여 24문항으로 줄어들었다.

이와 더불어 상담을 통하여 자신의 말더듬에 관한 감정을 말이나 글로 표현하도록 하여 말더듬과 관련된 심리 및 태도를 파악하도록 한다.

초등학교아동의 경우는 자기 감정을 말로 표현할 수 있지만, 유치원아동이나 좀 더 어린 유아의 경우는 표현이 어려우므로 세심한 관찰이 필요하다. 읽기가 가능한 아동은 '아동태도검사표(Communication Attitude Test-R: CAT-R)(Brutten & Dunham, 1989, 심현섭 외 역, 2013 참고)'를 이용하여 말에 대한 부담 정도를 측정한다.

학령전아동의 경우 가장 중요한 것은 아동이 자연회복이 될 가능성이 있는지 지속될 가능성이 더 많은지 평가가 필요하다. 말더듬이 될 위험 요인으로는 가계력, 성별, 발병 후 기간, 현재 중증도 등 다양한 예측 요인을 살필 수 있다. 또한 Cooper의 만성화 예측 체크리스트(Cooper, 1973) 또는 어린 아동을 위한 말더듬 예측검사(Riley, 1981) 등을 이용할 수 있다.

〈포괄적 유창성검사〉 포괄적 유창성검사로 알려진 '파라다이스-유창성검사 II(P-FA-II: 심현섭, 신문자, 이은주, 2010)'는 사례면담지, 구어평가, 의사소통태도평가로 구성되어 한 검사 내에서 유창성 관련 평가를 종합적으로 평가할 수 있게 하였다. 사례면담지는 대상자와 그 가족의 정보, 가계력을 비롯하여 말더듬행동의 시작과 변화, 치료 경험 그리고 현재 상태에 대한 질문으로 구성되어 있다. 구어평가에서는 6~7가지 정도의 여러 상황에서 말샘플을 얻도록 하여 개인 내 변이성을 살피게 하였고, 여기서 얻은 결과를 점수화하여 중증도를 볼 수 있는 백분율을 제시하고 있다. 마지막으로 의사소통태도평가에서는 초등학생과 중학생 이상으로 나누어 자신의 말에 대한 부담을 진위형(true/false)으로 응답하여 평가하도록 하였다. 이 검사는 어린 아동의 경우 부모와 상호작용 시 의사소통도 관찰하도록 권고하고 있다. 검사를 마치면 유창성 관련 내용을 종합하여 말더듬의 심한 정도, 그리고 의사소통 태도를 객관화된 점수로 비교할 수 있다.

(4) 말·언어선별검사

말더듬을 보이는 아동 중에서 언어발달지체나 조음장애를 동반하는 경우, 치료 예후나 방법에 많은 차이를 보인다. 따라서 아동의 나이에 맞는 언어선별검사를 하고, 다른 말장애가 동반되는지를 반드시 검사하여야 한다. 아동의 언어나 조음 또는 음성에 문제가 있다고 관찰되면 후에 좀 더 심화된 검사를 실시한다. 청소년이나 어른의 경우에도 학습장애나 낱말찾기 등의 어려움이 비유창성을 유발할 수 있으므로 언어문제를 선별하는 것이 필요하다.

(5) 진단

앞서 평가에서 기술한 모든 자료들을 종합하여 대상자가 말더듬문제가 있는지, 또 있다면 그 심한 정도와 적절한 치료 방향을 제시하는 것이 진단과정이다. 아동의 경우는 정상 비유창성과 문제가 되는 말더듬을 구별해야 한다. 아동의 경우 문제가 되는 말더듬을 살피는 기준으로는 〈표 9-3〉 아동의 말더듬 위험신호기준을 참조할 수 있다.

표 9-3 아동의 말더듬 위험신호

- 반복: 2회 이상의 반복, 소리 또는 음절의 반복을 보일 때
- 연장과 막힘: 말소리를 길게 끌거나 말이 막혀 시작이 안 될 때
- 횟수: 100개 낱말 중 10회 이상을 보일 때
- 부수행동: 말이 잘 나오게 하려고 눈 깜빡임이나 고갯짓 등을 보일 때
- 회피와 두려움: 말을 안 해 버리거나 말이 막힐 때 아동이 두려움을 보이는 경우
- 불규칙한 말의 고저와 크기: 갑자기 억양이 올라가거나 말소리가 커지는 경우
- 긴장: 말이 안 나올 때 주먹을 쥐거나 특정 신체 부위에 힘이 들어갈 때

진단과정의 첫 번째는, 정상범주의 유창성인지 아닌지를 구분하는 것이다. 두 번째로, 정상범주가 아닌 경우 감별진단(differential diagnosis) 과정이 필요하다. 여기에는 특수장애, 언어발달지체, 조음장애 또는 음성장애 등이 동반되는지 평가하는 것을 포함한다. 말-언어영역 외의 문제가 의심된다면 타 전문가에게 의뢰할 필요가 있다. 말빠름증 또는 신경장애에 의한 비유창성과 심리장애에 의한 비유창성 역시 구분한다. 세 번째로는 말더듬의 정도와 치료 방향을 제시한다. 청소년이나 성인이 중간 정도나 심화된 정도의 말더듬을 보인다면, 이 단계에서 치료에 대한 책임감을

갖게 하고 자기치료(self-therapy)를 통한 접근을 준비한다.

(6) 결과 면담 및 보고서 작성

진단과정은 검사자 혼자 할 수도 있고 평가에 조력한 사람이 있다면 함께 준비하는 과정이다. 결과 면담은 검사자가 종합한 내용과 말더듬에 대한 소견을 대상자(성인의 경우)나 부모에게 요약해 주고 서로 의견을 교환한다. 연령에 따른 치료의 필요성과 치료법을 제시한다. 성인은 검사 당시 치료를 받고자 하는 동기가 매우 높을 수 있으므로 현재 필요한 치료 방향을 제시하고 논의할 수 있다. 그러나 청소년은 치료에 대한 거부반응을 갖는 경우도 있다. 이런 때는 준비가 되었을 때 하도록 지연치료를 결정하기도 한다.

평가 마지막에 말더듬과 관련된 책자나 비디오를 소개하여 말더듬에 대한 이해와 치료과정을 알도록 함으로써 치료에 대한 동기를 높인다. 진단 결과에 따라 면담의 마지막은 대상자와 치료자가 필요한 질문과 대답을 하고 앞으로를 계획하는 것이다. 이러한 평가과정을 정리하여 보고서로 기록을 남겨 두어야 한다.

5. 유창성장애의 치료

1) 치료목표

말더듬치료에서는 치료의 성공적인 결과로 다음 세 가지 유창성 유형을 얻는 것을 목표로 삼는다. 이 중 어떠한 유형을 목표로 하는가는 말더듬는 사람의 상태에 따라 그리고 치료자의 신념에 따라 달라질 수 있다.

- 첫 번째 목표 유형은 자발 유창성(spontaneous fluency)이다. 이는 정상 언어 사용자의 유창성을 말한다. 즉, 긴장이나 투쟁행동, 반복이나 막힘과 같은 비정상

적 말더듬을 보이지 않고 말을 힘들이지 않고 하는 것이다. 즉, 말에 별도의 노력을 들이거나 주의를 기울이지 않고도 자기 생각에만 집중하여 유창하게 말을 하는 상태를 말한다.

• 두 번째는 조절 유창성(controlled fluency)이다. 이는 자발 유창성과 비슷하지만 말하는 사람이 자신의 말을 계속 들으면서 비교적 정상으로 말을 유창하게 유지하기 위하여 말하는 방법을 바꾸는 것을 말한다. 조절 유창성에서는 말의 속도나 리듬이 이따금 변화하는 것을 관찰할 수 있으며, 말더듬는 사람은 이를 위해 노력을 기울이게 된다.

• 마지막 목표 유형은 수용 말더듬(acceptable stuttering)이다. 이는 말더듬이 지각되기는 하지만 아주 심한 막힘은 아니며, 막히는 순간이 있지만 말을 더듬는 사람 자신은 이에 대해 당황이나 공포를 느끼지 않고 편안하게 더듬는 것을 말한다. 즉, 말하는 사람은 자신의 말을 바꾸려 노력을 기울이지 않으며 말더듬에 구애받지 않고 말하는 것을 의미한다.

말더듬 수정법은 자발 유창성을 궁극적 치료목표로 하지만, 성인의 경우 조절된 유창성과 수용 말더듬도 받아들여 앞에서 제시한 세 가지 모두를 가능한 치료목표로 두고 있다.

2) 학령전 및 학령기 아동치료

여기서 학령전기아동은 징상적 비유창성을 지나 말더듬이 시작된 단계의 아동치료를 말한다. 아동의 치료는 말더듬에 대한 인식 여부, 감정적 사건에 대한 반응, 부모의 상호작용 방법 및 태도, 그리고 말더듬 정도와 동반장애 여부 등에 따라 치료방법을 결정한다(심현섭 외, 2023). 치료사가 직접 아동에게 부드럽게 말하는 방법을 알려주고 심리적인 부분을 상담해 주는 것이 직접치료라면, 부모나 환경 변화를 통하여 도움을 주는 방법은 간접치료라 할 수 있다. 완전히 직접 또는 완전히 간접이라기보다는 보다 간접적인 방법 그리고 보다 직접적인 방법이라고 부르는 것이 더 정확할 것이다. 보다 간접적인 치료방법부터 직접적인 순서로 몇 가지 치료법을 설명하면 다음과 같다.

(1) 부모 교육과 상담

말더듬 발생의 한 요인으로 환경을 들 수 있는데 부모와 주위 사람들의 반응이 아동 말더듬 발생과 진전에 영향을 준다고 알려져 있다(심현섭 외, 2023; Riley & Sheery, 2015; Kelman & Nicholas, 2020). 여기서 말하는 부모 교육과 상담은 아동 말더듬 개선을 위하여 부모가 이에 대한 이해를 해야 한다는 것을 전제로 한다. 교육은 기본적으로 말더듬에 대한 기본 정보, 어떻게 유창성 회복을 돕는지와 실제 사례에 대한 예로 구성되며, 배운 바를 자신의 아이와 놀이와 생활 속에서 대입해 보게 한다. 특히 말더듬을 시작한 지 얼마 지나지 않은 어린이에게 효과적이다. 부모는 2주 후 아동과 자신의 변화를 보고하도록 한다. 학령전 말더듬아동 부모교육의 효과에 대한 연구들도 진행된 바 있다(김윤숙, 신문자, 2016; Nystul & Moore, 1979).

(2) 페일린 부모-아동 상호작용치료

페일린 부모-아동 상호작용치료(Palin Parent-Child Interaction Therapy)(신문자 · 최다혜 역, 2023; Rustin & Cook, 1995; Keman & Nicholas, 2020)는 말더듬 발생과 지속에 다요인이 작용하는 것으로 보고 있으며 이들 요인은 서로 상호작용할 수 있고, 특히 환경적 요인은 전체에 영향을 주는 것으로 보았다. 이들에 대한 내용은 구체적으로 제시하고 있으며 실제 예를 통한 자료들을 제시하고 있다. 개별화된 관리를 위하여 평가에 이어지는 첫 6주간은 주 1회 부모와 아이가 치료실을 방문한다. 매 회기 상호작용 의사소통을 평가하여 아동 말더듬에만 초점을 두지 않고 아동의 편안하고 개방된 의사소통을 이끄는 것을 목표로 진행한다. 부모는 이를 익혀 집에서 '스페셜 타임'이라는 의사소통을 변화하는 시간을 갖도록 한다. 예를 들면, 놀이에서 아동이 주도적으로 이끌기 또는 부모의 긍정적인 칭찬 등 여러 항목이 포함되는데, 부모가 스스로 상호작용 스타일을 알아내고 자신감 있게 아동과 의사소통에서 실천하도록 돕는다. 이후 이어지는 6주는 안정화 기간이라 불리우며 치료실을 방문하지 않고 집에서 부모는 스페셜 타임을 기록하여 매주 한 번씩 5주 동안 치료사에게 보고하도록 한다. 마지막 6주째는 다시 치료실을 방문하여 아동의 유창성과 의사소통을 재평가하고 향후 치료계획을 세우거나 모니터링을 계획하게 된다.

(3) 리드콤 프로그램

리드콤 프로그램(Lidcome Program)(Onslow, et al. 2003)은 호주 시드니에서 시작되었으며 주로 학령전아동에게 시용할 수 있는 행동주의 조작적 조건화에 기반한 부모중심 프로그램이다. 부모는 주 1회씩 치료실을 방문하며, 정해진 매뉴얼대로 아동 말더듬에 반응하여 아동의 유창성을 이끌고 개별화 부분이 강조되고 있다. 1단계는 부모가 아동에게 적절한 구어적 강화 수반을 행하도록 하며, 말더듬이 거의 보이지 않을 때 다음 단계로 간다. 2단계는 유지단계로 점차 치료실 방문 횟수를 줄이며 이루어진다.

(4) 직접치료

앞서 소개한 부모 교육 및 상담, 페일린 부모-아동 상호작용치료 그리고 리드콤 프로그램이 아동의 부모나 환경을 개선하여 아동 유창성과 의사소통을 돕는 보다 간접적인 방법이라고 한다면, 직접치료는 아동의 연령과 상태에 맞추어 치료사가 직접 아동의 유창성 증진을 시도하는 방법이라고 할 수 있다. 아동이 말더듬문제에 대하여 개방할 수 있게 하기도 하며, 직접 유창하게 말할 수 있도록 가이드를 제시하는 등의 도움을 준다. 예를 들면, Guitar(1998)의 13단계 치료법은 행동주의적 접근으로 이루어져 있는데 각 단계마다 기준(criteria)이 있어 치료사는 아동이 각 단계를 거치도록 직접 돕는다. 물론 여기에도 부모의 개입이 포함되어 있다. 이 외에 직접치료에서는 말더듬으로 인한 불안이나 공포와 같은 정서적인 면 등 내면적인 면을 다루기도 한다(심현섭 외 2023; Manning & DiLollo, 2018).

3) 청소년 및 성인의 주요 말더듬치료 접근법

(1) 말더듬 수정법

정의 및 방법   자신의 말이 더듬어지는 순간을 수정하는 치료법이 말더듬 수정법 (stuttering modification therapy)이다. 이를 주장하는 사람들은 말을 더듬는 사람이 말더듬을 피하려 애쓰고 두려운 단어나 상황을 피하려 하는 데서 말더듬이 비롯된다고 본다. 그러므로 피하려는 행동이나 말과 관련된 두려움을 줄이고 말을 좀 더 쉽게 더듬도록 하는 데 목표를 두고 있다. 이 방법은 '보다 유창하게 더듬기'라고 말하는데, 이는 말을 피하지 말고 계속하는 것을 강조하기 때문이다. 즉, 말에 대한 불안이나 회피행동을 줄이며, 말더듬을 받아들이는 것에 중점을 둔다. 그러므로 일반 대화기술에는 특별한 관심을 두지 않는다.

이 치료 접근을 주장한 대표적인 사람은 Van Riper(1973, 1982)가 있으며, 이 밖에 Conture(1990), Bloodstein(1974) 등을 들 수 있다. Van Riper(1973, 1982)는 확인 (identification), 둔감화(desensitization), 수정(modification) 그리고 확립(stabilization) 의 4단계를 제시하였다.

- 확인단계에서 치료사는 말더듬는 사람이 자신의 핵심행동과 부수행동뿐만 아니라 자신의 말에 대한 심리 및 태도를 알도록 돕는다. 거울이나 오디오 녹음 또는 비디오 녹화를 통해 자기의 모습을 다루기 쉬운 상황부터 가장 어려운 상황까지 순서적으로 확인하는 작업과, 자신이 언제 두려움을 느끼며 언제, 어떻게 말을 회피하는지를 확인하고 받아들이게 한다.
- 둔감화단계에서는 말더듬과 관련된 부정적인 감정을 줄이게 한다. 둔감화란 자신의 장애를 직면하고 자신의 말더듬행동과 다른 사람의 반응에 둔감화되는 것을 말한다.
- 수정단계에서는 말더듬을 쉽고 편하게 할 수 있도록 이끈다. 이 단계에서는 취소기법(cancellations), 이끌어 내기(pull-out) 그리고 준비하기(preparation set)를

익히게 한다. 취소기법은 말을 더듬을 때 그 말을 더듬어서 끝낸 후, 잠시 말을 쉬었다가 다시 그 낱말을 편안하게 시도하는 것이다. 이때 치료자는 더듬는 말을 완전히 끝내는지 확실히 해 주고, 말을 더듬는 그 순간에 멈추지 않게 한다. 이를 통해 자신의 말더듬을 분석하고 동시에 자신을 안정시키면서 멈춤을 잠시 가진 뒤 쉽게 다시 말을 하게 한다. 이끌어 내기에서는 이전 방법대로 더듬는 것이 아니라 아직 말을 더듬는 상황에 있을 때 그 나머지 말을 쉽게 이끌어 내는 것을 말한다. 그리고 준비하기에서는 자신이 공포를 느끼거나 말을 더듬을 것으로 예상되는 낱말에서 천천히 쉽게 시작하고 조절하는 것을 말한다.

- 확립단계는 안정화단계라고 할 수 있는데, 다양한 일상생활의 의사소통상황에서 적절히 잘 대응하여 치료 종료 후에도 재발되는 것을 방지할 수 있도록 하는 단계이다. 대상자 자신은 자기치료사의 역할을 인지하여 스스로 자신의 상태를 평가하고 적절한 대응을 할 수 있도록 한다. 여기에는 자신의 말더듬에 저항할 수 있도록 하는 것이 포함된다.

치료목표   말더듬 수정법에서는 인지적 변화에 초점을 두고 상담을 주로 사용하며 덜 구조적으로 진행된다. 감정과 태도의 변화로 자발 유창성을 얻는 것을 성공적인 결과의 목표로 하지만, 성인의 경우 조절 유창성 그리고 특히 수용 말더듬을 얻는 것을 목표로 한다. 즉, 말이 더듬어져도 편안하게 말을 이어 가도록 한다.

감정 및 태도   말더듬 수정법은 인지적 변화에 초점을 두고 있으며 상담도 덜 구조적이고 개방적으로 구성된다. 감정과 태도의 변화를 주요한 변화 목표로 하고 있다. 그러므로 말을 회피하고 말더듬을 숨기는 태도 대신 자신의 말에 대하여 개방하고 다른 사람에게 두려움 없이 말을 시도하도록 연습한다. 말더듬 수정법에서는 유창한 말을 하는 것에 직접 치료목표를 두지 않지만 궁극적으로 유창성이 증진되도록 하고 있다.

(2) 유창성 형성법

정의 및 방법　　유창성 형성법(fluency shaping therapy)은 유창한 말을 체계적으로 수립하여 차츰 말더듬는 순간을 유창한 말로 바꾸도록 하는 방법이다. 즉, 행동수정 이론의 조작적 조건화(operant conditioning)와 프로그램 원리(programmed principles)를 기초로 하여 특정한 상황에서 유창한 말을 하도록 확립시킨 후, 차츰 일반 상황에서도 유지할 수 있도록 유도하는 방법이다. 유창성 형성법은 말에 대한 공포나 회피를 직접적인 목표로 삼지 않는다. 유창성이 증가하면 공포감도 더불어 감소되며 부수적으로 말에 대한 태도도 긍정적으로 바뀐다고 보기 때문이다.

이를 주장하는 치료방법으로 Ryan(1974)의 청각지연 역입기(Delayed Auditory Feedback: DAF)를 이용한 방법을 들 수 있다. 이는 DAF를 사용하여 말소리를 연장하여 천천히 말함으로써 유창하게 말을 하게 하고, 점차 청각적 역입 시간 간격을 짧게 줄이는 가운데(250~0msec) 자신의 말속도를 정상 속도로 이끌며 유창성을 유지하도록 하는 방법이다. Ryan(1974, 1984)은 이 외에도 아동을 위해 발화의 길이와 복잡성을 점차 증진하기(Gradual Increase in Length and Complexity of Utterance: GILCU) 프로그램을 제시하였다.

치료목표　　먼저 자발 유창성을 얻는 것을 궁극적 목표로 하고 있다. 또 이들이 획득되지 않았거나 그것이 불가능할 때는 조절된 유창성을 사용하는 것을 목표로 하고 있다. 그러나 말더듬 수정법과 달리 수용 말더듬을 치료목표로 하지 않으며, 철저히 통제된 상황에서 말이 더듬어지지 않도록 한다.

감정 및 태도　　일반적으로 유창성 형성법 치료자들은 말더듬에 관련된 심리나 태도를 바꾸기 위하여 직접 노력을 하지 않는다. 그 대신 유창한 말을 할 수 있는 경험이 증가되면 저절로 부정적 감정이 사라질 것이라고 보았다.

(3) 통합접근법

정의 및 방법   근래에 와서는 복합적 원인과 다양한 요인이 작용하여 말더듬이 지속된다는 것에 의견을 모으고 있다. 말더듬치료 역시 한 가지로 치우치는 것보다는 개별적 원인과 지속되는 요인을 살펴 종합적인 도움을 주어야 한다는 입장이 지배적인데, 이것이 통합접근법이다. 말더듬 수정법과 유창성 형성법을 통합하여 대상자는 유창하게 말할 수 있는 기술을 배울 뿐만 아니라 자신의 말더듬는 순간을 수정하도록 배운다. 자신의 언어행동과 습관을 변화시키는 동시에 자신의 언어에 대한 부정적 감정을 없애고 말을 더듬는 상황을 피하지 않게 한다. 이러한 활동에 대해 Gregory(1979)는 다음의 네 영역을 제시하였다.

- 말을 더듬는 사람의 태도를 바꾼다.
- 과도한 긴장을 줄인다.
- 자신의 말을 분석하고 수정한다.
- 새로운 정신운동 언어형태(psychomotor speech pattern)를 수립하고 언어기술을 발전시킨다.

Gregory는 이 네 영역이 통합되어야 한다고 주장하고, 특히 태도 바꾸기와 긴장 줄이기가 새로운 언어형태를 수립하게 하는 것보다 우선되어야 한다고 보았다. Guitar(2014)는 두 가지 접근법의 통합을 주장하여 각각의 치료법의 장단점을 비교하였다. 그리고 대상자에 따라 이들을 통합하여 치료하도록 구체적 예와 함께 방법을 소개하였다. 그중 말더듬아동의 통합접근법은 네 단계로 구성된다. 먼저, 유창성을 확립하고 전이시키는 단계이며, 다음은 아동이 유창성을 방해하는 요인에서 둔감해지도록 돕는다. 그다음은 말을 더듬는 순간 이를 수정할 수 있도록 하며, 마지막 단계는 유창성을 유지시킨다.

치료목표   유창성장애의 궁극적 치료목표는 모든 상황에서 자발 유창성을 보이는 것이다. 그러나 특히 성인의 경우는 치료 중간에 긴장을 많이 하고 말더듬을 다시 보이는 경우가 있다. 이때는 다음 중 한 가지를 선택하도록 하고 있다.

- 자신이 유창한 말을 하는 것이 더 중요하다고 여겨질 때는 가능한 방법을 써서 자신의 말더듬을 조절하도록 권장한다.
- 조절된 유창성을 성공적으로 이끌지 못할 때 통합된 방법들로 자신을 최대한 편안하게 만든다.
- 반드시 유창하도록 노력할 필요가 없을 때는 자신의 말더듬을 수용하고 말더듬 때문에 당황하지 않도록 한다.

감정 및 태도   통합적 접근법에서는 성인의 경우, 말더듬에 관련된 부정적 감정과 회피행동에 주목하게 한다. 그리고 회피행동을 없애도록 하는데, 이는 계속 회피할 경우 단어에 대한 공포나 상황에 대한 공포를 줄일 수 없기 때문이다. 공포 역시 줄이도록 하여 신체 긴장이 줄어들 수 있게 주력한다. 아동의 경우는 이따금 당황스러움이나 창피를 경험하지만 공포나 회피를 경험하는 것은 드물다. 그러므로 초기 말더듬아동에게는 심리나 태도에 치료 초점을 두지는 않아도 아동이 경험하는 유창성을 방해하는 것들에 대한 둔감화를 유도한다.

이제까지 세 가지 주요 말더듬치료 접근법을 설명하였다. 대상자의 연령과 말더듬 정도, 그리고 치료자의 말더듬에 대한 이해에 따라 적절한 방법을 적용하여야 한다.
〈표 9-4〉는 앞에서 살펴본 세 가지 말더듬치료법과 통합접근법을 요약한 것이다.

표 9-4 말더듬치료법

말더듬 수정법 (유창하게 더듬기)	• 편하고 쉽게 반복하기 • 부수 행동을 감소시키기 • 비정상적 유창성을 감소시키기
유창성 완성법 (유창하게 말하기)	• 조절된 언어 익히기(음절 늘려 말하기, 숨 적절히 쉬기, 쉽게 시작하기, 살짝 접촉시키기) • 단계적 언어 상황 올리기
통합접근법	• 부정적인 감정 줄이기 • 회피행동 줄이기 • 말더듬 순간을 변화시키기 • 유창성 수립하기

연구문제

1. 유창성장애의 핵심행동을 설명하시오.

2. 아동기에서 말더듬의 위험신호를 나열하시오.

3. 말더듬 시작에 있어 환경적 요인을 설명하시오.

4. 말더듬의 출현율과 발생률을 설명하고 그 차이점이 시사하는 바를 설명하시오.

5. 말을 더듬는 사람의 공통현상 중 예측성, 일관성, 적응성은 무엇인지 설명하시오.

6. 진단착오이론(diagnosogenic theory)을 설명하시오.

7. 유창성장애의 진단과정을 논하시오.

8. 유창성장애치료법 중 통합접근법을 설명하시오.

9. 말빠름증(cluttering)은 무엇이며 말더듬(stuttering)과의 차이점은 무엇인지 설명하시오.

10. 유창성 완성법(유창성 형성법)과 말더듬 수정법의 치료목표를 비교하시오.

참고문헌

김승국(1980). 말더듬에 관한 연구. 논문집, 1(14), 157-173. 서울: 단국대학교.

김윤숙, 신문자(2016). 부모교육이 학령전기 말더듬아동에 미치는 효과. 특수교육, 15(3). 59-74.

신명선, 안종복(2009). 학령전기아동 구어속도. 말소리와 음성과학, 1(3). 163-168.

신문자, 이경재(2017). 일반성인의 연령과 성에 따른 비유창성 빈도, 말속도와 의사소통태도. *Communication Sciences and Disorders, 22*(4). 794-805.

신문자, 최다혜(2023). 어린 말더듬아동을 위한 페일린 부모-아동 상호작용치료. 서울: 학지사.

심현섭, 신문자, 이은주(2004). 파라다이스-유창성검사. 서울: 파라다이스 복지재단.

심현섭, 신문자, 이은주, 이경재(역)(2013). Dr. Manning의 유창성장애. 서울: 센게이지러닝코리아(주).

심현섭, 신문자, 이은주, 이경재, 이수복(2023). 유창성장애 평가와 치료. 서울: 학지사.

이승환(2005). 유창성장애. 서울: 시그마프레스.

Andrews, G., Craig, A., Feyer, A., Hoddinott, S., Howie, P., & Neilson, M. (1983). Stuttering: Review of research findings and theories circa 1982. *Journal of Speech and Hearing Disorders, 48*, 226-263.

Andrews, G., & Cutler, J. (1974). Stuttering therapy: The relationship between changes in symptom level and attitudes. *Journal of Speech and Hearing Disorders, 39*, 312-319.

Andrews, G., & Harris, M. (1964). *The syndrome of stuttering*. London: Heinemann.

Andrews, G., & Ingham, R. (1971). Stuttering: Considerations in the evaluation of treatment. *British Journal of Communication Disorders, 6*, 129-138.

Baumgartner, J. M. (1999). Acquired psychogenic stuttering. In R. Curlee (Ed.), *Stuttering and related disorders of fluency* (2nd ed., pp. 269-288). New York: Thieme.

Bloodstein, O. (1974). The Rule of early stuttering. *Journal of Speech and Hearing Disorders, 39*, 379-394.

Bloodstein, O., & Bernstein Ratner, N. (2008). *A Handbook on stuttering* (6th ed.). NY: Thomson Delmar Learning.

Bloodstein, R. (1981). *A handbook on stuttering* (3rd ed.). Chicago, IL: National Easter Seal Society for Crippled Children and Adults.

Brutten, G. J., & Dunham, S. L. (1989). The communication attitude test. *Journal of Fluency*

Disorders, 14, 371-377.

Brutten, G. J., & Shoemaker, D. (1967). *The modification of stuttering*. Englewood Cliffs, NJ: Prentice-Hall.

Caruso, A. J. (1988). Childhood stuttering: A review of behavioral, acoustical, and physiological research. *Asha, 30*, (p.73). Abstract.

Chang, S. E., Garnettt, E.O., Etchell, A. & Chow, H. M. (2019). Functional and Neuroanatomical Bases of Developmental Stuttering: Current Insights. *Neuroscientist, 25*(6): 566-582.

Conture, E. G. (1990). *Stuttering*. Englewood Cliffs, NJ: Prentice-Hall.

Cooper, E. B. (1973). The development of a Stuttering Chronicity Prediction Checklist: A preliminary report. *Journal of Speech & Hearing Disorders, 38*(2). 215-223.

Curlee, R. (1999). *Stuttering and related disorders of fluency* (2nd. ed.). New York: Thieme.

Daly, D. D. (2006). Predictive cluttering inventory. International Cluttering Association. Retrieved November, 2012 from http://associations.missouristate. edu/ICA/.

Darley, F., & Spriestersbach, D. (1978). *Diagnostic methods in speech pathology* (2nd ed.). New York: Harper & Row.

DeNil, L. F., & Brutten, G. J. (1991). Speed associated attitudes of stuttering and nonstuttering Children. *Journal of Speech and Hearing Research, 34*, 60-66.

Emerick, L. (1988). Counseling adults who stutter: A cognitive approach. *Seminars in Speech and Language(Thieme Medical Publishers), 9*(3), 257-267.

Erickson, R. (1969). Assessing communication attitudes among stutterers. *Journal of Speech and Hearing Research, 12*, 711-724.

Gregory, H. H. (1979). *Controversies about stuttering therapy*. Baltimore, MD: University Park Press.

Guitar, B. (1998). *Stuttering: An integrated approach to its nature and treatment* (2nd ed.). Baltimore, MD: Williams & Wilkins.

Guitar, B. (2014). *Stuttering: An integrated approach to its nature and treatment* (4th ed.). Baltimore, MD: Lippincott Williams & Wilkins.

Guitar, B., & Peters, R. J. (1982). *Stuttering: An integration of contemporary therapies* (2nd ed.). Memphis, Tenn: Speech Foundation of America.

Hegde, M. N. (1995). *Introduction to communicative disorders*. Austin, Tx: Pro-ed, Inc.

Johnson, W. (1959). *The onset of stuttering*. Minneapolis, MN: University of Minnesota Press.

Johnson, W. & Inness, M. (1939). Studies in the psychology of stuttering, XIII: A statistical analysis of the adaptation and consistency effects in relation to stuttering. *Journal od Speech Disorders, 4*(1). 79-86.

Kelman, E. & Nicholas, A. (2020). *Palin pafent-child interaction therapy for early childhood stammering* (2nd ed.)

Manning, W. H. (2010). *Clinical Decision-Making in Fluency Disorders* (3rd ed.). San Diego, CA: Singular, Thomson Learning, Inc.

Manning, W. H., & DiLollo, A. (2018). *Clinical decision making in fluency disorders* (4th ed.). San Diego, CA: Plural Publishing, Inc.

Myers, F., & Bradley, C. (1996). Clinical management of Cluttering. In F. Myers, & K. S, T. Louis (Eds.), *Cluttering: A Clinical perspective*. San Diego, CA: Singular Publishing Group, Inc.

Nystul, M. & Moore, M. (1979). The effects of parent education on children's fluency. *Children Austria, 4*(2). 31-34.

Onslow, M, Packman, A.& Harrison, E.(2003). The Lidcombe Program of early stuttering intervention. *A clinician's guide*, Pro-Ed. Austin, TX.

Postma, A., & Kolk, H. H. J. (1993). The covert repair hypothesis: Prearticulatory repair process in normal and stuttered disfluencies. *Journal of Speech and Hearing Research, 36*, 472-487.

Riley, G. (2009). *SSI-4: Stuttering Severity Instrument* (4th ed.). Austin, Tx: Pro-Ed.

Riley, G. D. (1972). A stuttering severity instrument for children and adults. *Journal of Speech and Hearing Disorders, 37*, 314-321.

Riley, G. D. (1981).

Roth, C. R., Aronson, A. E., & Davis, L. J. (1989). Clinical studies in psychogenic stuttering of adult onset. *Journal of Speech & Hearing Disorders, 54*(4), 634-646.

Rustin, L., & Cook, F.(1995). Parental involvement in the treatment of stuttering. *Language, Speech and Hearing Services in Schools. 26*, 127-137.

Ryan, B. P. (1974). *Programmed therapy of stuttering in children and adults*. Springfield, IL: Charles C. Thomas.

Ryan, B. P. (1984). Treatment of stuttering in school children. In W. H. Perkins (Ed.), *Stuttering disorders*. New York: Thieme-Stratton.

Sheehan, J. G. (1970). *Stuttering: Research and therapy*. New York: Harper & Row.

Simkins, L. (1973). Cluttering. In D. B. Lahey (Ed.), *The modification of language behavior* (pp. 178-217). Springfield, IL: Charles C. Thomas.

Starkweather, C. W. (1985). The development of fluency in normal children. *In Stuttering therapy: Prevention and intervention with children*. Memphis, TN: Speech Foundation of America.

Starkweather, C. W. (1987). *Fluency and stuttering*. Englewood Cliffs, NJ: Prentice-Hall.

Van Riper, C. (1982). *The nature of stuttering*. Englewood Cliffs, NJ: Prentice-Hall.

Wall, M. (1988). Fluency disorders: Disfluency in the child. In N. J. Lass, L. V. McReynolds, J. L. Northern, & D. E. Yoder (Eds.), *Handbook of speech-language pathology and audiology* (pp. 622-639). Burlington, ONT: B. C. Decker.

Weiss, D. A. (1964). *Cluttering*. Englewood Cliffs, NJ: Prentice-Hall

Yairi, E. (1982). Longitudinal studies of disfluencies in two-year-old children. *Journal of Speech and Hearing Research, 25*, 155-160.

Yairi, E. (1983). The onset of stuttering in two-and three-year old children: A preliminary report. *Journal of Speech and Hearing Disorders, 48*, 171-178.

Yairi, E. & Ambrose, N. G. (2005). *Early childhood stuttering: For clinicians by clinicians*. Austin, TX: Pro-Ed.

Yairi, E., & Lewis, B. (1984). Disfluencies at the onset of stuttering. *Journal of Speech and Hearing Research, 27*, 154-159.

Yairi, E. & Seery, C.(2011). *Stuttering: Foundations and clinical applications*, Upper Saddle River, NJ. Pearson Educaton, Inc.

Zebrowski, P. (1994). Stuttering. In J. B. Tomblin, H. L. Morris, & D. C. Spriestersbach (Eds.), *Diagnosis in speech-language pathology* (pp. 215-245). San Diego, CA: Singular Publishing Group.

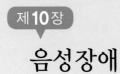

제**10**장

음성장애

　자신의 용모 다음으로 상대방에게 자신을 노출시키는 것이 음성이며, 음성은 대인관계에서 아주 중요한 자기의 재산이 된다. 또한 음성은 그 자체가 인간의 의사소통의 중요한 수단이다. 따라서 어떤 이유로 자신의 음성이 어느 순간부터 듣기 거북한 이상한 목소리로 변한다면 이는 두말의 여지없이 우리의 대인관계를 해치게 된다. 예를 들면, 세일즈맨에게는 음성이 고객을 설득하기 위한 중요한 수단이다. 그러나 자신의 음성건강에 대해 신경을 쓰지 않고 있다가 어느 순간 자신의 원래 목소리가 사라지고 대신 듣기 거북한 음성이 발생한다면, 이로 인해 영업 실적이 부진하게 될 것이다.

　음성이 대인관계에서 효율적인 의사소통의 목적을 달성하기 위해서는 호흡기관, 발성기관 및 공명기관의 밀접한 상호작용이 요구된다. 그러나 기질적인 요인 또는 비기질적인 요인으로 인해 정상 음성 산출에 문제가 생길 수도 있다. 따라서 음성장애를 이해하기 전에 음성이 산출되는 정상적인 메커니즘을 이해하는 것이 필요하다. 특히 최근 들어 음성에 대한 연구는 음성학, 이비인후과학, 성익, 공학 등의 다양한 분야에서 이루어지고 있기 때문에 진단 및 치료를 위해서는 관련 분야와 긴밀한 협조가 요구된다. 다른 말-언어장애에 비해 음성장애의 진단 및 평가를 위해서는 측정기가 많이 사용되고 있다. 이 장에서는 정상 음성 산출 메커니즘에 대해 살펴보고, 음성장애의 원인 및 종류, 음성장애의 진단절차 및 치료방법을 설명하고자 한다.

좋은 목소리는 우리에게 큰 재산이다. 예를 들면, 성악가는 천상의 목소리로 많은 명성과 재산을 얻을 수도 있다. 또한 정치가도 호소력과 설득력 있는 목소리로 유권자에게 표를 얻을 수 있고, 나아가 전화 판매요원은 자신의 맑고 명확한 목소리로 엄청난 영업 실적을 올리기도 한다. 이처럼 현대사회는 목소리가 다양한 직종에서 중요한 역할을 한다. 이 장에서는 정상적 음성이 산출되는 기본 원리와 다양한 음성장애의 종류 및 치료적 접근법에 대해 개괄적으로 살펴본다. 후반부에서는 공명장애의 특성, 진단 및 치료법에 대해 대략적으로 살펴본다.

1. 정상 음성 산출의 생리학적 기초

1) 음성의 정의

'음성(voice)'에 대한 정의는 다음 두 가지 측면에서 내릴 수 있다. 첫째, 좁은 의미에서는 음성을 성대 진동(vocal fold vibration)에 의해 만들어진 소리로 정의할 수 있다. 또한 성대 진동의 물리학적·생리학적 과정이 강조되기 때문에 음성을 협의로 정의할 경우 '음성'은 '발성(發聲, phonation)'과 동일한 의미로 사용될 수 있다(Titze, 1994). 반면에 음성을 의사소통과 관련하여 넓은 의미로 정의할 수도 있다. 이 경우 음성은 '말(speech)'과 동일한 의미로 사용된다. 따라서 음성에 대한 두 가지 정의 중 어떠한 것을 택하는가는 관련 분야에 따라 다를 수 있다. 예를 들어, 협의의 정의는 물리학, 의학, 실험음성학 또는 말과학에서 유용하며, 광의의 정의는 음성장애의 진단 및 치료와 같은 임상적인 상황에 적절하다. 음성의 산출과정에 대한 정확한 이해를 위해서는 후두에 관한 해부학적·생리학적 지식이 필요하다. 그러나 후두의 해부학적 구조에 대해서는 이 책의 제4장(말·언어기관의 해부 및 생리)에서 이미 자세히 다루었으므로 이 장에서는 간략히 언급하고, 후두생리에 대해 좀 더 깊이 있게 설명하려고 한다.

2) 후두연골의 종류와 기능

후두는 세 종류의 연골(軟骨, cartilage), 즉 방패연골(갑상연골, thyroid cartilage), 반지연골(윤상연골, cricoid cartilage) 그리고 호미연골(피열연골, arytenoid cartilage)로 구성되어 있다. 방패연골은 '아담의 사과(Adam's apple)'라고 부르며, 다른 연골과 달리 침을 삼킬 때 턱 아래 목에 손을 대면 쉽게 연골의 상하 움직임을 감지할 수 있다. 방패연골은 두 개의 판이 서로 90~120° 정도의 각도를 이루고 붙어 있으며, 판의 상하·좌우 양쪽에 뾰족한 막대가 부착되어 있다. 판의 위쪽에 있는 뿔은 인대를 통해 방패연골 위에 있는 혀밑뼈와 연결되어 있고, 판의 아래쪽에 있는 뿔은 반지연골의 측면과 연결되어 있다. 반지연골은 방패연골 바로 아래 자리 잡고 있으며, 기관을 완전히 둘러싸고 있는 동그란 반지 모양이다. 호미연골은 후두연골 중 크기가 가장 작고 호미 모양의 쌍으로 된 연골로서 반지연골의 뒷벽에 자리 잡고 있다. 호미연골의 아랫부분에는 두 개의 돌출 부위가 있는데, 뒤쪽에 있는 것을 근육돌기(muscular

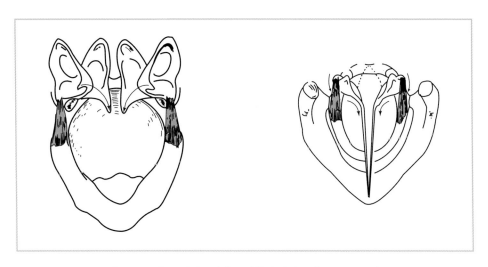

[그림 10-1] 호미연골의 운동 방향과 성대돌기(Zemlin, 1999)

process)라고 하며, 앞쪽에 있는 것을 성대돌기(vocal process)라고 한다([그림 10-1] 참조). 성대돌기는 성대의 중요한 구조로서 성대인대가 연결되는 지점이다. 호미연골과 반지연골이 만나는 부위를 반지호미연골접합점(cricoarytenoid joint)이라 부르는데, 이 접합점은 신축적이어서 호미연골의 전후ㆍ좌우의 움직임을 가능하게 한다.

3) 후두근육의 종류와 기능

후두근육은 내부 근육(intrinsic muscles)과 외부 근육(extrinsic muscles)으로 나뉜다.

표 10-1 성대 내부 근육의 종류와 기능

내부 근육의 종류	기능
반지방패근 (cricothyroid m.)	쌍으로 이루어져 있으며 반지연골과 방패연골을 연결하고 있다. 이 근육이 수축하면 호미연골의 성대돌기와 반지연골 사이의 거리가 늘어나게 되고, 이에 따라 성대의 길이도 늘어나게 되어 소리의 높낮이 변화(pitch change)가 일어난다.
방패호미근 (thyroarytenoid m.)	방패연골과 호미연골을 잇는 근육으로, 성대를 긴장시키거나 이완하는 기능 외에 성문을 닫게(內轉, adduction) 하는 역할을 한다.
바깥쪽반지호미근 (lateral cricoarytenoid m.)	반지연골의 아치 위 가장자리에서 시작하여 같은 쪽에 있는 호미연골의 근육돌기에 부착되어 있다. 이 근육이 수축되면 근육돌기가 앞쪽으로 회전하여 성문이 닫히게 된다.
뒤반지호미근 (posterior cricoarytenoid m.)	반지연골의 뒤쪽에서 시작하여 같은 쪽에 있는 호미연골의 근육돌기에 부착되어 있으며, 유일하게 성대를 열게(外轉, abduction) 하는 근육으로서 내부 근육 중 가장 크다.
내호미근 (inter-arytenoid m.)	두 개의 호미연골을 연결하는 근육이다. 가로내호미근(transverse inter-arytenoid m.)과 경사내호미근(oblique interarytenoid m.)의 두 부분으로 나뉜다. 내호미근은 성대를 닫게 하는 기능을 갖고 있으며, 바깥쪽반지호미근이 성문을 닫을 때 성문의 뒤를 봉해 주는 역할을 한다.

내부 근육은 5개의 주요 근육으로 구성되어 있으며, 후두연골들을 서로 연결해 주는 역할을 한다. 내부 근육의 종류와 기능은 〈표 10-1〉에 설명되어 있다. 반면에 외부 근육은 후두와 다른 부위, 예를 들어 혀밑뼈나 가슴뼈를 연결시킨다.

4) 성대의 구조와 기능

　정상적인 음성 산출에서는 진성대(眞聲帶, true vocal fold)가 진동하고, 반면에 진성대 위에 자리 잡고 있는 가성대(假聲帶, false vocal folds/ventricular folds)는 진동하지 않는다. 이 가성대는 음성장애가 있는 경우나 아주 낮은 소리를 낼 경우에 진동할 수 있다. 따라서 일반적으로 '성대'라고 할 때에는 진성대를 뜻한다.

　성대의 구조는 오랫동안 단순하게 생각되어 왔다. 그러나 일본 Krume 대학 교수인 Hirano 박사는 '인간의 성대구조가 기타 줄과 같다면 성악가가 한 쌍의 성대만을 사용하여(by use of only a single pair of vocal folds) 어떻게 소리의 다양한 높낮이와 다양한 음질을 가진 아름다운 음성을 산출해 낼 수 있겠는가.'라는 의문을 갖고 그 구

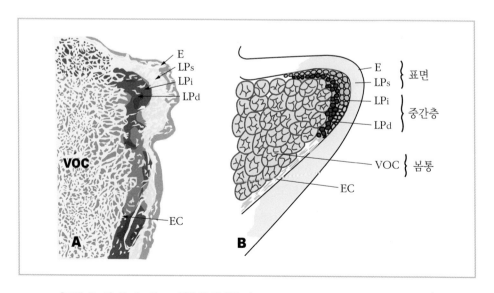

[그림 10-2] Body-Cover이론의 성대구조(Benninger, Jacobson, & Johnson, 1993)

조를 정밀 관찰하였다. 그 연구 결과, Hirano는 인간의 성대는 해부학적으로 서로 다른 세 부위로 나뉜다고 주장하였다(Titze, 1994). 즉, 표면(cover), 중간층(transition) 그리고 몸통(body)이 이에 해당된다. [그림 10-2]에서 보는 것처럼 가장 바깥쪽 부분인 표면은 두께가 0.05~0.1mm인 상피(epithelium)로, 중간층은 1~2mm인 3중의 비근육조직(non-muscular tissue)으로, 그리고 가장 안에 있는 몸통은 7~8mm인 호미근육(또는 성대근, vocalis muscle)으로 구성되어 있다. 표면과 중간층은 탄력적이고 유연하나 몸통은 비탄력적이다.

발성을 하는 동안 가장 많이 진동하는 부분은 표면이다. 이와 같은 성대 내의 세 부위 간의 구조적 특성의 차이로 인해 성대 진동 양상은 단순하지 않다. 만일 성대 안에 병리적인 이상이 있는 경우, 성대 진동 양상은 더욱 복잡하게 된다.

성대 진동은 음성 산출과정의 시작이다. 성대가 진동하기 위해서는 우선 성대가 닫혀 있어야 한다. 만일 성대가 제대로 닫혀져 있지 않으면 성대 진동이 정상적으로 이루어질 수 없다. 닫혀 있는 커다란 문을 열기 위해 누군가가 문을 밀어야 하는 것처럼, 즉 문에 일정한 힘이 요구되는 것처럼 닫힌 성대를 열기 위해서는 성대 밑부분에서 올라오는 공기에 의한 압력, 즉 성문하압력(聲門下壓力, subglottal pressure)이 닫혀 있는 성대를 떼어 놓을 수 있을 정도로 커져야 한다. 성문하압력이 충분히 커지면 붙어 있던 성대근육은 떨어져 열리고, 공기는 성대 사이의 좁은 공간, 즉 성문을 지나 빠른 속도로 위로 빠져나간다.

일상적인 대화를 하는 동안에는 성문압은 성대 진동을 위해 6cmH2O 정도가 계속해서 요구된다. 부드럽게 이야기할 때는 3cmH2O 정도가 요구되며, 반대로 큰 소리로 말할 때는 20cmH2O 정도가 요구된다(Zemlin, 1999).

성문하압력에 의해 성대가 열리고 난 후 어떻게 다시 닫히게 되는가는 베르누이 효과(Bernoulli effect)와 근탄력성(muscle elasticity)의 개념으로 설명된다. 베르누이 효과의 요점은 공기 속도와 압력 사이에 반비례 관계가 존재한다는 것이다. 예를 들어, 고속도로에서 큰 트럭이 빠른 속도로 소형 승용차 바로 옆을 지나가면, 승용차가 트럭이 지나간 방향으로 갑자기 기울어지는 듯한 기분을 느낄 수 있다. 이와 같이 성문 아래의 공기가 좁은 성문을 통과하면서 공기의 속도가 빨라지기 때문에 성대근육 주위의 공기압력이 상대적으로 갑자기 낮아지게 된다. 따라서 승용차가 트럭이 지나간 방향으로 쏠리듯이 좌우의 성대근육이 중심선 쪽으로 끌려들어 가게 된다. 이러한 공기역학적인 요인 외에도 늘어난 성대근육이 원래 상태로 돌아가려는 탄력성이 작용하여 성대의 닫힘은 더욱 용이하게 된다. 닫힌 성대는 다시 증가된 성문하압력에 의해 열리게 되며, 베르누이효과와 근육의 탄력성에 의해 다시 닫히게 된다.

이처럼 성대 진동은 성문이 닫히고 열리는 반복적인 과정이라고 할 수 있다. 성대가 1초 동안 열림-닫힘의 과정을 얼마나 자주 반복하는가를 음성 기본 주파수(fundamental frequency of voice)라고 하는데, 이는 성대의 길이와 무게의 변화와 관련이 깊다. 예를 들면, 가느다란 기타 줄이 굵은 기타 줄의 소리에 비해 높은 소리를 내듯이 성대길이가 늘어나면 높은 소리가 산출된다. 왜냐하면 성대의 길이가 늘어남에 따라 단면적의 크기와 단위 면적당 무게가 줄어들기 때문이다. 아동의 경우, 나이가 증가함에 따라 성대의 길이가 계속 길어질 뿐만 아니라 두꺼워지므로 음성의 기본 주파수는 점차 낮아지게 된다. 성인의 경우, 여성은 남성에 비해 성대가 짧고 가늘어서 진동 횟수가 남성에 비해 2배 정도가 된다(1초당 250회). 음성장애로 인해 성대의 무게와 탄력성에 현격한 변화가 일어나게 되면, 진동 횟수뿐 아니라 성대 진동의 양상에도 큰 변화를 초래할 수 있다.

성대는 좌우 양측 모두 10번 뇌신경인 미주신경(vagus n.)의 미주신경핵(nucleus ambiguous)에 의해 통제된다. 음도의 높낮이를 조절해 주는 반지방패근육만이 미주신경의 가지인 위후두신경(superior laryngeal n.)의 통제를 받는다. 다른 모든 성대의 내부 근육은 미주신경의 되돌이후두신경(recurrent laryngeal branch)의 통제를 받는다. 미주신경계의 통로는 [그림 10-3]에서 확인할 수 있다. 또한 성대는 자율신경계(autonomic system)와 대뇌변연계(limbic system)의 지배를 받기 때문에 사람의 감정 상태, 즉 기쁨, 슬픔, 공포의 정도에 따라 음성이 변화될 수 있다.

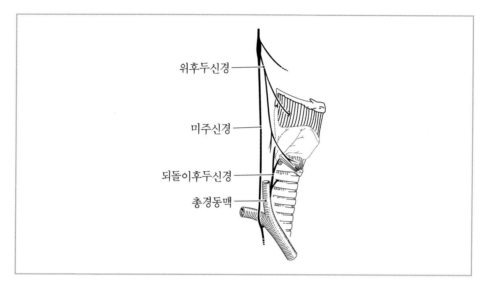

[그림 10-3] 미주신경계의 통로(Titze, 1994)

5) 발성기관과 호흡기관, 공명기관의 상호작용

앞서 이미 언급하였듯이 호흡기관은 음성 산출을 위한 힘의 근원지다. 왜냐하면 음성 산출을 위해서는 성대가 진동하여야 하는데, 성대 진동은 내쉬는 공기에 의해 이루어지기 때문이다. 나아가 정상적인 음성을 산출하기 위해서는 발성기관과 공명기관의 밀접한 상호 협조가 이루어져야 한다. 발성기관과 호흡기관, 공명기관의 상호작용의 실례를 살펴보면 다음과 같다.

• 발성기관이 정상이라도 호흡에 문제가 있어 내쉬는 공기의 힘이 너무 약한 사람은 성대가 정상적으로 진동하지 못하여 목소리가 거의 들리지 않을 수 있다. 호흡에 문제가 있는 음성장애 환자에게 '아' 소리를 가능한 한 길게 발성하라고 하였을 경우, 최대발성지속시간[Maximum Phonation Time(Duration): MPT(D)]이 아주 짧다면 음성 산출을 위한 호흡통제가 적절히 이루어지지 않고 있음을 시사한다.

- 호흡기관이 정상적인 기능을 한다 하더라도 성대가 너무나 긴장되어 있어 꽉 닫혀 있다면 쥐어짜는 소리가 나게 된다.
- 음성 산출은 공명기관과 밀접한 연관이 있다. 성문에서 산출되는 소리 자체는 다양한 주파수가 혼합된 것으로 아무런 언어적인 기능을 갖지 못한다. 그러나 특정 모음에 부합한 말소리길의 모양을 취함으로써 특정한 주파수대가 증폭되어 마침내 의사소통의 말소리가 가능하게 된다.

공명 정도는 혀, 입술, 턱 등의 위치에 따라 달라진다. 호흡기관과 발성기관 모두 정상이나 공명기관에 문제가 생겨 항상 공기가 비강(nasal cavity) 쪽으로 새어 나간다면 콧소리가 산출된다. 인두를 거의 막을 만큼 혀를 뒤쪽으로 수축시키면 농아에게서 흔히 볼 수 있는 맹관공명(cul-de-sac resonance)이 발생하며, 과다비성(過多鼻聲, hypernasality) 또는 무비성(無鼻聲, denasality)과 같은 현상이 나타날 수도 있다. 반면에 혀의 위치가 너무 앞으로 옮겨 가면 가냘픈 음성(thin voice)이 된다. 이처럼 듣기에 편안한 음성이 산출되기 위해서는 호흡기관과 발성기관, 공명기관의 적절한 협응 관계(coordination)가 이루어져야 한다.

2. 음성장애의 원인 및 유형

지금까지 정상적인 음성 산출의 과정에 대해 살펴보았다. 이어서 음성장애에 대해 살펴보기 전에 과연 정상 음성이란 무엇인가를 알아본다. 먼저, 정상 음성에 대한 기준은 다음과 같다(Aronson & Bless, 2009).

- 목소리의 질(quality)이 좋아야 한다. 즉, 목소리가 맑고 소음(noise)이 없어야 한다.
- 목소리의 음도(pitch)가 나이와 성별에 적합해야 한다.

- 목소리의 크기(loudness)가 대화상황에 적합해야 한다. 지나치게 작지도 크지도 않아야 한다.
- 목소리의 유연성(flexibility)이 있어야 한다. 즉, 자신의 의도를 제대로 전달하기 위해 음도와 크기를 적절히 변형할 수 있어야 한다.
- 목소리가 지속적으로 어느 정도는 산출될 수(sustainability) 있어야 한다. 즉, 직업상 또는 사회생활에서 지속적으로 음성을 사용해야 할 때 이러한 요구에 부응할 수 있어야 한다.

앞에서 언급한 다섯 가지 기준에서 목소리의 질, 음도 및 크기는 음성의 진단평가 시 중요한 청각적 척도로 사용되며 치료효과를 평가하는 데도 중요한 지표로 이용된다. 유연성과 지속성은 실제로 사회생활에서 의사소통상황 수단으로 음성을 평가할 때 중요한 시사점을 제시해 준다.

1) 정의 및 출현율

앞에서 언급한 목소리의 질, 음도 및 크기가 비정상적일 때 비정상적 음성(abnormal voice)이라고 볼 수 있다. 그러나 어느 정도부터 비정상적 음성으로 보아야 하는가에 대한 통일된 기준이 마련되어 있는 것은 아니다. 비정상의 판단 여부는 사회문화적 배경뿐 아니라 직업적인 요구에 따라 다를 수 있다.

음성장애 환자에 대한 정확한 통계 수치는 연구 결과마다 많은 차이가 있으나, 일반적으로 아동의 경우는 해당 인구의 6~9%, 성인의 경우는 3~6.5% 정도가 쉰 목소리를 갖고 있다고 한다. 그러나 직업상 성대를 많이 사용하는 직종인 성악가, 교사, 변호사, 목사, 외판원 등에게는 음성장애 발생률이 훨씬 더 높을 것으로 추정된다. 미국의 한 조사에 따르면, 아이오와주와 유타주에 거주하는 교사 1,243명과 일반인 1,288명을 무선적으로 표집하여 개인마다 설문조사를 실시하였다. 그 결과, 교사 집단의 11%, 일반 집단의 6.2%가 현재 음성에 문제가 있다고 답을 하여 교사 집단이 음성장애 취약 집단으로 밝혀졌다(Roy, Merrill, Thibeault, Parsa, Gray, & Smith, 2004). 이러한 기능적 원인 외에 파킨슨병, 뇌출혈, 뇌손상, 뇌성마비, 다발성경화증(multiple sclerosis) 등과 같은 신경계 질환으로 인한 높은 음성장애 발생을 고려하면 실제 음성장애 발생률은 더 높아진다(Ramig & Verdolini, 1998).

2) 분류 및 특성

음성장애 유형의 분류는 학자마다 다르나 Boone, McFarlane과 Von Berg(2005)는 음성장애 유형을 기능적 음성장애(functional voice disorders), 기질적 음성장애(organic voice disorders) 및 신경학적 음성장애(neurogenic voice disorders)로 분류하였으며, 이는 임상현장에서 많이 사용되고 있다.

- 기능적 음성장애는 성대에는 특별한 병변이 없으나 성대 오용(誤用, misuse), 남용(濫用, abuse) 등과 같은 음성 과기능(vocal hyperfunction)으로 발생한 음성장애를 통칭한다.
- 기질적 음성장애는 발성기관의 구조적 손상이나 기질적 질병에 기인된 음성장애를 통칭한다.
- 신경학적 음성장애는 발성이나 호흡에 관련된 근육이 신경학적 문제로 인해 정상적으로 작동하지 못할 경우에 발생하는 음성장애를 통칭한다.

그러나 음성장애를 기질적 음성장애와 기능적 음성장애로 엄격하게 이분법적으로 분류하는 것은 임상적으로 타당하지 않다는 의견이 제기되고 있다. 즉, 극단적인 이분법의 입장보다는 두 음성장애 유형을 각각 연속선상의 양극단에 놓고, 특정 음성장애가 양극단 중 어느 유형에 상대적으로 치우쳐 있는가에 따라 음성장애를 분류하는 것이 음성장애 진단 및 치료에 더 많은 임상정보를 제공한다고 한다. 예를 들어, 발병 초기에는 성대 남용으로 인한 기능적 음성장애로 시작하여 기질적 음성장애로 발전되기도 하며, 또 기질적 원인이 사라진 후에도 음성장애가 지속되는 경우도 있다.

이와 같은 맥락에서 이분법적으로 음성장애를 구분하는 것은 음성치료에 실질적인 정보를 제공하지 못할 수 있다. Boone와 McFarlane에 의하면 정상적 음성이 산출되려면 성대의 무게(mass)와 크기(size)의 조절이 적당히 이루어져야 할 뿐만 아니라 성대가 최적의 상태로 접촉(approximation)하여야 한다고 가정한다. 또한 이들은 성대의 크기, 무게 및 성대 접촉의 정도에 초점을 맞추어 음성장애 유형을 분류할 것을 제안하였다. 성대의 크기와 무게의 변화는 성대의 진동 특성을 변화시키기 때문에 자연히 음성 특성을 바뀌게 한다. 따라서 치료의 초점도 변화된 성대의 무게, 크기 및 성대 접촉 정도를 원래 상태로 회복시켜 놓는 것에 두게 된다(Boone & McFarlane, 2000). 따라서 음성장애 유형을 살펴보면서 성대의 이러한 변화가 어떠한 측면에서 음성을 변화시켰는가를 살펴보는 것이 중요하다.

음성장애를 가진 사람들이 가장 많이 호소하는 증상을 유형별로 분류하면 〈표 10-2〉와 같이 여덟 가지 유형으로 대별된다(Colton et al., 2006). 그러나 일반적으로 이 중 한 가지 유형만 나타나는 경우보다는 여러 증상이 복합적으로 나타나는 경우가 더 많다.

표 10-2 음성장애의 여덟 가지 주요 증상

① 목쉰 소리(hoarseness)
② 성대 피로(vocal fatigue)
③ 기식화된 소리(breathiness)
④ 발성 폭의 축소(reduced phonational range)
⑤ 무성증(aphonia)
⑥ 높낮이 일탈 또는 부적절하게 높은 소리(pitch breaks or inappropriately high pitch)
⑦ 쥐어짜는 소리(strained voice)
⑧ 떨림(tremor)

출처: Colton, Casper, & Hirano (1990).

(1) 기능적 음성장애

기능적 발성장애(functional dysphonia)   일반적으로 기능적 발성장애는 병리적인 문제에 상관없이 지속되는 음성장애에 국한된다(Boone & McFarlane, 2000). 기능적 발성장애는 과기능(hyperfunctional) 실성증과 과소기능(hypofunctional) 실성증의 두 종류로 분류될 수 있다. 즉, 기질적 또는 구조적 병리현상 없이 발생하는 음성장애로서, 성대 접촉이 잘못된 방법으로 이루어져 성대가 너무 느슨하거나 또는 너무 과도하게 접촉함으로써 발생한다. 따라서 기능적 발성장애 증상의 폭은 성대 부분뿐만 아니라 성대의 윗부분도 과도하게 긴장되어 성대가 제대로 열리지 않아 거친 소리(harshness)가 나는 증상에서부터, 성대가 느슨하게 접촉하여 숨소리가 많이 들리는 증상까지 매우 넓다.

근긴장성 발성장애(Muscle Tension Dysphonia: MTD)   기능적 부전실성증의 한 유형으로, 성대의 내부 근육뿐만 아니라 외부 근육이 과도하게 긴장됨으로써 정상적인 음성 산출이 영향을 받게 되는 경우를 근긴장성 발성장애라고 한다. 이런 경우, 목소리를 내는 데 힘이 들며 목이 조이는 듯한 소리를 낸다. 자신이 긴장 상태에 있는가를 확인하기 위해서는 '아' 소리를 내면서 방패연골 위에 손을 올려놓는다. 성대를 움직일 때 통증의 느낌 없이 성대를 쉽게 움직일 수 있으면 긴장되어 있지 않은 상태다.

기능적 무성증(functional aphonia)   기능적 무성증을 앞에서 설명한 기능적 발성장애와 혼동하지 말아야 한다. 이는 후두검사에서는 정상이나 전혀 소리를 낼 수 없고, 속삭이는 목소리로 말하는 것이 특징이다(Boone & McFarlane, 2000). 기능적 무성증은 히스테리나 스트레스와 같은 심리적 요인에 의해 발생한다. 임상보고에 따르면 일반적으로 갑작스럽게 나타난다. 기능적 무성증과 같은 의미로 변환(전환성) 무성증(conversion aphonia) 또는 히스테리성 무성증(hysterical aphonia)이란 용어를 사용하기도 한다.

성대 비대증(vocal fold thickening)   성대의 지속적인 오용이나 남용은 성대 앞쪽의 1/3 지점에서 성대 비대를 초래한다. 이 지점에서 성대 비대증이 발생하는 이유는 이 지점이 성대가 서로 최대한 떨어졌다 접촉하는 곳으로서 부딪히는 힘이 가장 큰 곳이기 때문이다. 성대가 비대해지면 성대 가장자리가 확장되고, 흰빛이던 것이 점차 분홍빛을 띠게 되며, 음도가 저하되고, 바람 새는 소리 등의 특징이 나타난다. 또한 양측의 굳은살로 인해 성대가 완전히 닫히지 못하기 때문에 틈 사이로 공기가 새어 나가는 숨소리가 많이 들린다. 성대 결절 또는 성대 폴립이 동반되는 경우는 쉰 목소리가 나기도 한다.

성대 결절(vocal nodules)   성대 비대증을 치료하지 않고 장시간 방치해 두면 성대에 '굳은살' 같은 것이 생기게 되는데, 이를 성대 결절이라 부른다. 이는 주로 양측성을 띤다. 이러한 경우, 사람들은 목 안에 가래나 이물질이 있는 것 같은 느낌을 갖게 된다. 만일 치료되지 않으면 굳은살이 커지기 때문에 성대의 무게가 증가하게 되어 음성의 기본 주파수가 낮아진다. 일상생활에서 성대 결절을 유발하는 상황은 다양하나 주로 지나치게 큰 소리로 계속 말하거나, 습관적으로 과다한 기침이나 헛기침을 하거나, 스포츠 경기를 관람하며 열광적으로 응원하는 경우 등이 있다.

변성기 가성(mutational falsetto)   사춘기에 접어들면 성대가 커짐에 따라 자연히 소리의 높낮이가 내려가게 된다. 남학생은 대략 1옥타브 정도, 여학생의 경우는 3~4semitone 정도 낮아진다. 이러한 사춘기의 음도 변화를 변성(mutation)이라 한다(Wilson, 1987). 변성은 12세에 시작하여 16세까지 진행되며, 발성일탈(phonation breaks)은 일반적으로 변성기 마지막 6개월 정도의 기간에 많이 관찰된다. 따라서 성악 공부를 하고자 하는 학생에게는 성대 성장이 어느 정도 안정기에 접어든 뒤에 정상적인 성악 수업을 시작하도록 권하고 있다(Boone & McFarlane, 1994). 남학생의 경우, 변성기 후에도 높은 소리가 지속되어 여성의 음성처럼 들리는 것을 변성기 가성이라고 한다. 이 '변성기 가성'이라는 용어는 높은 소리를 강조한 용어다. 한편, 발달과정을 강조할 때는 이를 '사춘기 음성(puberphonia)'이라고 부르기도 한다(Colton et al., 1990).

성대 폴립(vocal polyps)   후두에 말미잘 모양의 물혹이 생기는 질환으로서, 성대 점막의 안쪽에 출혈이나 부종이 생겨 점차 폴립으로 발전되어 가며 대개 일측성이다. 운동경기장에서 갑자기 소리를 오래 지르는 경우, 성대점막의 미세혈관구조의 외상으로 인해 발생한다. 낭종으로 인해 성대가 완전히 닫히지 않게 되어 쉰 목소리, 숨소리가 나며 소리를 크게 낼 수 없다.

(2) 기질적 음성장애
기질적인 원인에 의해 발생하는 음성장애의 종류는 다양하며 대부분 의학적 또는 수술적 처치가 요구된다.

성대 유두종(laryngeal papilloma)   성대에 바이러스가 침입하여 성대의 상피층 (epithelium)에 생기는 무사마귀 모양의 성대종양으로서, 주로 4~6세 아동에게 많이 발생한다. 호흡을 곤란하게 하며 심하면 기도를 막아 생명에 위협을 가할 수도 있기 때문에 감기나 알러지가 아니면서 아동이 며칠 동안 쉰 목소리를 내는 경우, 즉시 이비인후과 전문의 진찰을 받아야한다.

접촉성 궤양(contact ulcer)   성대 호미연골(arytendoid cartilage)의 성대돌기에 생기는 작은 궤양이며 붉은색을 띤다. 주로 과도한 헛기침, 지속적으로 오랫동안 성대를 심하게 접촉히는 경우, 수술 시 기도로 관을 삽입한 경우, 위산역류 등의 다양한 원인으로 발생한다. 낮에 말을 많이 하면 성대의 피로를 느끼며 점차 쉰 목소리로 변하게 된다.

후두횡격막(laryngeal web)   후두횡격막은 가장 많이 관찰되는 선천적 후두기형으로, 태아발달 시기에 정상적으로 성대가 분리되지 못해 나타난 결과다. 일반적으로 성대의 전반부가 막으로 둘러싸여 있으나, 심한 경우에는 막이 성문을 거의 덮고 있다. 기도협착의 경우와 같이 외과적인 수술로 막을 제거하여야 한다. 유전적인 원인 외에도 오랫동안 지속된 후두 감염이나 외상으로 인해 양쪽 성대의 안쪽 표면 가장자리가 부풀어, 손상된 조직의 표면이 하나로 융합된 경우도 있다.

라인케 부종(Reinke's Edema)　　성대상피(epithelium)의 바로 밑에 자리 잡고 있는 막인 라인케 공간(Reinke's space) 내에 액체가 고여 성대가 부은 상태를 라인케 부종이라고 한다. 이는 대개 양측성을 띤다. 이에 대한 원인은 밝혀져 있지 않으나 담배와 같은 자극물(irritants)에 성대가 지속적으로 노출되는 경우에 발생하는 것으로 추정하고 있다. 이러한 경우, 성대 부종(swelling)으로 인해 성대의 무게가 증가하기 때문에 목소리가 매우 낮아지게 된다.

후두염(laryngitis)　　성대가 박테리아나 바이러스에 감염되어 붓고 빨간색으로 변하는 것을 후두염이라고 한다. 담배, 술 또는 약물과 같은 해로운 물질에 노출되거나 먼지, 음성 남용으로도 발생할 수 있다. 후두염인 경우, 목이 마르고 계속해서 불편한 느낌이 든다. 음도가 평소보다 높거나 낮게 되며, 큰 소리를 내기 힘들다.

성대 휘어짐　　성대가 활 모양으로 휘어져 있기 때문에 완전히 닫히지 않는 현상을 성대 휘어짐(vocal fold bowing)이라 한다. 그 원인으로는 노년에 접어들면서 성대가 노화되기 때문에 성대근육의 탄력이 감소되어 성대가 휘어지기도 하며, 되돌이후두신경(recurrent laryngeal branch)이나 위후두신경(superior laryngeal nerve)이 손상될 때 발생하기도 한다. 성대가 휘어 공기의 낭비가 많기 때문에 바람 새는 소리가 많이 나며, 성대 피로가 쉽게 온다.

성대 고랑(sulcus vocalis)　　성대의 가장자리를 따라 홈이 파인 것을 성대 고랑이라 한다. 성대의 한쪽 또는 양쪽 면에 홈이 생기는 경우도 있는데, 뚜렷한 원인은 아직 밝혀지지 않고 있다. 파인 홈 때문에 성대가 완전히 닫히지 않아 목소리에 숨소리가 나며 정상적인 성대의 진동이 이루어지지 않는다.

후두외상(laryngeal trauma)　　성대가 외적인 충격을 받았을 때 후두외상이 생기는데, 충격 부위에 따라 여러 증상이 나타난다. 그 원인으로는 교통사고, 화학물질에 의한 사고, 화재로 인한 가스 호흡 등이 있을 수 있다.

(3) 신경학적 음성장애

신경학적 음성장애는 호흡과 성대근육이 제대로 통제가 되지 않아 성대가 과도하게 닫히거나(hyperadduction), 제대로 닫히지 못하는(hypoadduction) 경우가 많다. 제대로 성대가 닫히지 않는 경우 목소리가 약해지고 숨소리가 많이 들리는데, 성대마비, 파킨슨병 및 근무력증에서 관찰된다. 성대가 너무 심하게 닫혀 있는 경우는 긴장되고 쥐어짜는 목소리가 나오게 되며 연축성 발성장애에서 관찰된다.

성대마비(vocal fold paralysis)　　후두근육의 움직임을 담당하는 신경섬유가 손상을 입어 한쪽(unilateral) 또는 양쪽(bilateral) 성대가 움직이지 못하는 현상을 말한다. 그 원인으로는 교통사고, 목 또는 심장 수술, 바이러스 감염, 뇌내출혈 등을 들 수 있다. 가장 흔한 성대마비 유형은 한쪽 성대가 마비된 편측성 마비(unilateral adductor paralysis)이다. 양쪽 성대가 마비되는 양측내전근마비는 편측마비보다 훨씬 드물다.

파킨슨병(Parkinson'disease)　　대뇌의 기저핵(basal ganglia)에 도파민(dopamine)이라는 신경전달물질의 부족으로 발생하며, 신체의 근육운동과 정상적 음성 산출을 위한 근육운동에도 영향을 미쳐 목소리 크기가 눈에 띄게 작아지고 바람 새는 소리가 많이 들린다. 또 말의 억양이 매우 단조로우며 발음도 부정확하다.

근무력증(筋無力症, myasthenia gravis)   신경-근육 접촉기능의 문제로 인한 대표적 음성장애다. 이러한 질병이 있을 경우, 말을 처음 시작할 때는 큰 소리로 하지만 시간이 지날수록 말 산출 관련 근육이 극도로 피로해져 말소리가 거의 들리지 않게 된다.

연축성 발성장애(spasmodic dysphonia)   경직형 발성장애(spastic dysphonia)라고도 불리며, 자신도 모르게 성대에 '경련(spasm)'이 발생하여 말이 갑자기 막히거나 열리는 현상을 말한다. 정확한 원인은 밝혀지지 않았으나 심리적 · 생리학적 원인이 동시에 작용하여 생기는 것으로 추측하고 있다. 세부 유형으로는 갑자기 성대가 닫히는 내전형(AD type), 갑자기 성대가 열리는 외전형(AB type) 그리고 혼합형(mixed type)이 있다. 주로 많이 관찰되는 유형은 내전형이다. 내전형의 목소리 특징은 말을 하는 데 매우 힘이 들어가 쥐어짜는 소리를 낸다. 반면에 외전형에서는 갑자기 성대가 열려 공기가 성대로 흘러나오기 때문에 목소리에 바람 새는 소리가 많이 들린다.

후두암(laryngeal cancer)   50~70세 사이의 성인에게서 주로 발병하며, 그 원인은 과다한 흡연, 알코올 섭취 등이다. 감기나 알레르기가 없는 상태에서 갑자기 쉰 소리가 나거나, 삼킬 때 통증 등이 동반되면 빨리 이비인후과 의사에게 진단을 받아야 한다. 작은 종양이 성대의 한쪽만을 침범한 경우는 방사선치료만으로도 가능하나, 심한 악성종양의 경우는 후두를 떼어 내기도 해야 한다. 성대를 떼어 낸 경우에는 대체 발성법으로 식도발성(esophageal speech)을 배우거나 전기인공후두(electrolarynx)를 착용해야 한다.

3. 음성장애의 진단 및 평가

음성장애의 진단은 의학적인 진단과 음성평가로 나눌 수 있다. 일반적으로 의학적인 진단은 이비인후과 의사에 의해 시행되며 기질적 · 병리적 문제 여부를 결정하게 된다. 반면에 음성평가는 음향학적 측정치 및 청 · 지각적 판단을 통하여 언어치료사에 의해 이루어진다. 언어치료사가 환자의 음성을 듣고 곧바로 관련 성대의 병리적 현상을 추론할 수 있을 정도로 음성의 지각적 판단과 병리적 현상이 일대일 대응 관계(one-to-one relationship)에 있는 것은 아니다. 정확한 음성장애 진단을 위해서는 변별적 진단(differential diagnosis)이 요구되는데, 이때 이비인후과 의사와 언어치료사의 협조는 필수적이다. 변별적 진단과정을 살펴보면, 우선 특정 음성장애 환자의 음성장애 원인에 대한 가설을 세우고, 진단을 하는 동안 계속적으로 가설을 수정하여야 한다. 즉, 진단 초기에는 음성장애의 원인이 될 수 있는 가능한 요인을 모두 상정한 후 개개 요인에 대한 검증을 체계적으로 함으로써, 마지막 단계에서 마침내 가장 설명력(explainability)이 있고 타당한 요인을 찾을 수 있게 된다. 음성장애의 진단과정을 구체적으로 설명하면 다음과 같다.

1) 환자의 배경 정보 수집

본격적인 음성평가를 시작하기 전에 환자에 관한 자세한 정보를 수집하여야 한다. 이러한 관련 정보는 환자, 보호자, 환자의 배우자, 이비인후과 전문의를 통해 구두 또는 서면으로 얻을 수 있다. 음성평가에 필요한 구체적인 환자의 배경 정보는 다음과 같다.

- 건강력(健康歷, health history)에 대한 정보를 수집한다.
- 환자에게 음성문제의 원인이 무엇인가를 질문하여, 자신의 말로 설명하게 한

다. 이러한 질문을 통해 담당 전문의나 언어치료사가 생각하는 음성장애를 일
으킨 원인이 환자가 진술한 원인과 일치하는지, 불일치하는지를 확인한다. 또
한 환자의 음성장애 원인에 대한 그릇된 생각을 바로잡을 수도 있다.

• 음성장애가 언제부터 발생하였는가를 질문한다. 그러나 환자 자신이 음성장애
의 출현 시기를 정확히 기억하는 것은 쉽지 않다. 음성장애는 갑자기 나타나는
경우도 있지만, 어떤 경우에는 증상이 오랜 시간에 걸쳐 점진적으로 일어나기
때문이다. 따라서 환자들에게 증상 발생의 정확한 시기를 강요하지 말고 그 시
기에 가장 가까운 날짜를 말하도록 요청하여야 한다. 아울러 음성장애가 현재
까지 어떻게 진행되었는가를 확인해야 한다. 이 외에 음성장애에 대한 주위 사
람의 반응과, 음성장애가 환자 자신의 개인 및 직장생활에 미치는 영향에 대한
정보를 수집한다.

2) 음성평가

환자의 배경에 대한 정보를 수집한 후에는 본격적인 음성평가의 단계에 들어간
다. 언어치료사는 음성평가를 하는 동안 다음과 같은 질문에 답할 준비가 되어 있어
야 한다.

• 정말로 음성장애가 있는가?
• 만일 음성장애가 있다면 얼마나 심한가?
• 어떠한 음성기능이 손상되었는가?
• 음성장애를 유발한 처음 요인은 무엇이며, 그것을 계속 유지시키는 요인은 무
  엇인가?
• 환자가 갖고 있는 음성장애치료에 대한 동기수준은 어느 정도인가?

정확한 음성평가를 위해서 언어치료사는 자신이 가지고 있는 중요 진단도구인 '훈

런된 귀(trained ear)'뿐만 아니라 과학적인 음성측정기기를 사용하여 얻은 객관적 측
정치를 종합하여 전체적인 평가를 내려야 한다. 따라서 언어치료사는 다양한 음성
장애 유형을 판별할 수 있는 능력과 측정기기의 측정치를 해석할 수 있는 능력을 갖
추고 있어야 한다. 결국, 음성평가의 방법은 훈련된 언어치료사의 '귀'를 통한 '지각
적' 검사와 측정기기를 사용한 '객관적' 검사로 대별될 수 있다.

(1) '귀'를 통한 지각적 음성평가

음성장애에 대한 지각적 평가는 환자가 말하는 동안 또는 특정 문장을 읽는 동안
이루어진다. 그러나 '귀'를 통한 음성평가방법에서 기억해야 할 점은 이미 수집한 환
자의 배경 정보, 병력 또는 다른 전문가들에게서 얻은 정보로 인하여 판단이 흔들리
지 말아야 한다는 것이다. 즉, '자신의 귀'로 직접 들은 것에 근거하여 최종적인 판단
을 내려야 한다. 이러한 주관적 평가에서 가장 많이 이용하는 방법은 음성의 질에 관
련된 변수들을 3점, 5점, 6점 척도로 평정하는 것이다.

대표적인 주관적 방법으로는 일본 음성언어의학회에서 제시한 GRBAS 평정법이
있다(Fex, 1992). 이 방법에서 G(Grade)는 음성에 대한 종합적 평가 항목이며, 나머
지 RBAS 항목은 음성의 특성을 분류하기 위한 명칭들로서 R은 거친 정도(Rough),
B는 숨이 새어 나오는 정도(Breathy), A는 가냘픈 정도(Asthenic), S는 쥐어짜는 정도
(Strained)를 뜻한다. 각 항목은 0, 1, 2, 3의 4단계로 평정하며, 해당 항목의 특성이
없는 경우는 0으로, 매우 많은 경우는 3으로 평정한다. 한편, 미국 언어병리학회의
음성장애분과위원회(2002)에서 개발한 Consensus Auditory Perceptual Evaluation
of Voice(CAPE-V)가 있다. 이 검사도구에서는 거친 정도, 쥐어짜는 정도, 숨이 새어
나오는 정도, 음도, 소리 크기 및 전반적 중증도와 같은 6개의 특성을 청지각적으로
평가한다.

(2) 측정기기를 사용한 객관적 음성평가

임상과 연구의 목적으로 음성평가를 객관적이고 종합적으로 하기 위해서는 공기

역학적 평가, 음향학적 평가 및 생리학적 평가가 요구된다. 다양한 공기역학적 측정치를 간편하게 측정할 수 있는 기기로는 Aerophone II가 있으며 콧소리, 즉 비성 정도를 측정하는 기기로는 Nasometer II가 있다. 음성의 음향학적 평가를 위해서는 Computerized Speech Lab(CSL)(KayPENTAX)와 같은 컴퓨터 하드웨어가 많이 사용되고 있다. 이 CSL은 PC에서 음성을 분석하기 위해 음성의 입력/산출을 하는 장치이며 다양한 소프트웨어와 함께 사용될 수 있다. 예를 들면, The Multi-Dimensional Voice Program(MDVP)은 CSL에서 사용될 수 있는 종합 음성 분석 소프트웨어다. [그림 10-4]에서 보는 것처럼, MDVP는 정상 집단에서 광범위하게 수집된 다양한 음향학적 측정치를 기준으로 하여 음성의 문제 유무를 평가할 수 있게 한다. 마지막으로,

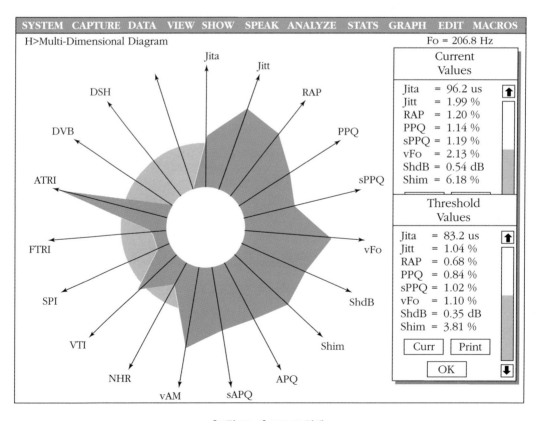

[그림 10-4] MDVP 실례

음성평가의 정밀진단을 위해서는 성대 움직임 유형이 정상적인 상태에서 얼마나 이탈되어 있는가를 자세히 관찰하여야 하는 경우가 있는데, 이러한 목적으로 스트로보스코프(stroboscope)가 사용된다([그림 10-5] 참조).

그러나 측정기기로 얻을 수 있는 정보는 극히 제한적이다. 예를 들면, 음성의 질에 대한 평가에서 음성기기를 통한 객관적 측정치와 인간의 '귀'를 이용한 지각적 평가 사이에는 많은 차이가 있을 수 있다. 이러한 평가는 측정기기를 통해 얻은 몇 개의 측정치로 나타낼 수 없을 정도로 다차원적이기 때문이다. 따라서 음성의 질을 평가할 때는 객관적 자료와 주관적 자료를 현명하게 해석하는 능력이 요구된다.

음성평가가 끝난 후 언어치료사는 지각적·객관적인 음성평가 결과를 기초로 하여 음성장애 환자에게 어떠한 도움을 줄 수 있을지 결정한다. 또한 음성장애에 대한

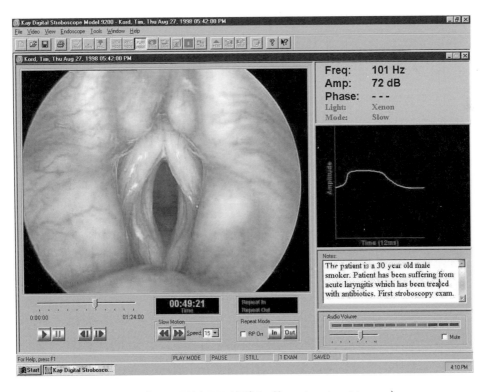

[그림 10-5] 스트로보스코프 실례(http://www.kayelemetrics.com)

예후를 추측해야 하는데, 예후와 관련된 중요한 요소로서 후두 관련 메커니즘의 구조적·기능적 이상 정도와 음성장애를 고치려는 환자의 동기나 의지의 수준을 고려해야 한다.

4. 음성치료

음성치료의 접근법은 음성위생법, 증상개선법, 심리적 접근법, 생리학적 접근법 및 절충적 접근법으로 분류할 수 있다(Stemple, Glaze, & Klaben, 2000). 음성위생법은 음성장애의 행동적 원인을 찾아내고 그것을 감소시키거나 제거하는 것에 초점을 둔다. 증상개선법은 원인에 관심을 갖기보다는 낮은 음도, 소리 크기 및 음성의 질이 정상적인 범위를 넘어섰을 경우, 이러한 증상을 수정하는 데 초점을 둔다. 심리적 접근법은 음성장애의 치료에 영향을 미칠 수 있는 음성장애 환자의 감정 및 사회심리적 상태의 변화에 대해 관심을 갖는다. 생리학적 접근법은 음성이 편안하게 산출될 수 있도록 호흡, 발성 및 공명기관에 관련된 근육의 움직임을 변화시킨다. 마지막으로, 절충적 접근법은 앞의 네 가지 접근법을 혼합하여 사용하는 접근법이다.

음성장애의 치료목적은 장애의 종류에 따라 달라진다. 예를 들어, 음성 남용 환자의 경우는 원래의 음성을 가능한 한 빨리 다시 찾게 하여 일상생활에서 장애로 인한 불이익이나 불편함을 최소화하는 것을 목적으로 한다. 그러나 후두암으로 인해 성대 제거 수술을 받은 후두적출 환자의 경우에는 원래의 음성을 되찾아 주는 것이 불가능하므로, 현재 상태에서 인공후두(artificial larynx)를 통한 발성이나 식도발성을 습득하게 하는 것이 치료의 목적이 된다.

언어치료사는 음성장애의 진단 및 평가 후에 다양한 치료방법 중 가장 적절한 방법을 찾아야 한다. 음성장애의 원인에 따라 그 치료방법이 각기 달라야 하지만, 기능적 음성장애와 기질적 음성장애를 위한 치료법이 전혀 다르거나 새로운 것은 아니다. 특정 음성치료법은 기능적 음성장애뿐만 아니라 기질적 음성장애를 치료하기 위해서 사용되기도 한다. 또한 많은 음성치료법이 발성기관뿐만 아니라 호흡기관이나 공명기관을 적절히(optimally) 사용하는 것에 치료의 초점을 두는 경우도 있다.

따라서 처음부터 증상에 초점을 둔 치료방법은 바람직하지 못하다(Boone & McFarlane, 2005). 평가를 하는 동안 기능적 음성장애 환자가 성대과다접촉(glottal attack)을 보인다면, 치료 초기부터 성대과다접촉현상 자체에 치료의 초점을 두기보다는 차라리 목소리 크기나 말속도 감소와 같은 간접적인 방법을 사용하는 것이 바람직하다.

여기서는 음성치료에 대한 접근을 다음 네 가지 유형으로 나누어 생각해 보기로 한다.

- 성대 남용 및 오용으로 인한 음성장애
- 신경손상으로 인한 음성장애
- 심리적 이상으로 인한 음성장애
- 후두절개로 인한 음성장애

1) 성대 남용 및 오용으로 인한 음성장애의 치료방법

음성의 남용 및 오용으로 인한 음성장애치료의 첫 단계에서는 우선 성대에 부정적인 영향을 주는 성대행동(vocal behaviors)을 확인하고, 그 행동의 사용 빈도를 점차 감소시켜, 결국 환자에게 적합한 음성 산출 유형으로 바꾸어 주는 것을 목표로 한다. 이러한 목표를 달성하기 위해 환자에게 습관화된 성대 사용패턴을 가능한 한 의식적으로 사용하지 말고, 말하는 시간을 줄일 것을 권유한다.

그러나 이미 습관화된 음성 산출행동을 고치는 것은 쉽지 않다. 따라서 치료효과를 높이기 위해 언어치료사는 상담을 통해 음성장애가 왜 발생하였는가를 이해할 수 있도록 적절히 설명해 주어야 한다. 또한 치료하는 동안에도 환자에 대한 계속적인 정신적 지원과 격려가 필요하다. 음성 남용 및 오용의 행동을 감소시키기 위해 아동에게 많이 사용하는 방법 중 하나는 하루 동안 얼마나 자주 큰 소리로 말하였는가, 매우 흥분된 상태에서 얼마나 자주 말하였는가를 스스로 기록하게 하는 것이다. 한편, 아동의 심한 과잉행동으로 인하여 음성치료가 거의 효과를 보지 못한다면 소아정신과의 협조를 받아야 한다. 성인 환자의 경우에는 가능한 한 말하는 시간을 제한하는 것이 매우 중요하다.

음성 남용 및 오용 기능에 대한 또 다른 치료 접근법으로 Froeschels에 의해 처음 제안된 성대위생교육(聲帶衛生敎育, vocal hygiene education)을 들 수 있다. 이는 특정 치료기법, 예를 들어 씹기(chewing) 기법 또는 하품-한숨(yawn-sigh) 기법이다. 이 기법을 사용하여 음성치료를 하는 직접치료방법보다는 환자에게 정상적인 음성유지법, 효율적인 음성사용법, 성대 남용 습관의 제거법에 대한 설명을 해 주는 간접치료방법을 이용한다. 성대위생교육방법은 대부분의 음성치료 프로그램에서 사용될 수 있고, 성공적인 음성치료 후에 그 예방을 위한 조치로 치료의 마지막 단계에서 사용될 수도 있다(Colton et al., 2006). 특히 성대위생교육은 직업상 성대를 많이 사용하는 가수, 연극배우, 교사 등에게서 성대 결절이 생기는 것을 방지할 목적으로 사용할 때 효과적이며, 접촉성 궤양(contact ulcer)의 치료에도 효과가 있는 것으로 알려져 있다.

2) 신경손상으로 인한 음성장애의 치료방법

성대의 신경손상은 대략 다음과 같은 세 가지 원인으로 인해 일어날 수 있다.

- 일종의 성대 질병인 백반증(leukoplakia), 각화증(hyperkeratosis), 암(carcinoma)
- 외상으로 인한 성대의 구조적 손상
- 호르몬 이상분비문제

신경손상으로 인한 음성장애에는 우선 수술이나 약물 처치가 요구되며, 다른 유형의 음성장애에 비하여 언어치료사의 역할은 제한적이다. 그러나 성대 주위에 있는 되돌이후두신경의 절단 또는 손상에 기인된 편측성 성대내전마비나 후두제거 수술을 받은 환자(laryngectomee)에게는 언어치료사의 음성치료가 도움이 된다.

(1) 성대마비

편측성 성대내전마비 환자의 경우, 한쪽 성대가 마비되어 있기 때문에 성문이 꽉 닫히지 않아 공기가 새어 숨소리가 많이 들리며 쉰 소리가 들린다. 이러한 음성장애 환자에게는 '밀기접근법(pushing approach)'이 사용된다. 이 치료방법의 목적은 환자가 손으로 벽이나 책상을 밀면서 발성하게 함으로써, 마비되지 않은 성대를 마비된 쪽의 성대 대신 평상시보다 더 움직이게 하여 성대의 접촉을 돕는 것이다. 밀기접근법을 통해 계속적인 치료를 받으면, 성대마비 환자의 음성의 크기는 정상에 접근하게 된다.

또 다른 치료방법으로는 성대마비로 생긴 공기 사용의 비효율성을 막기 위한 목적으로, 매번 숨을 내쉴 때마다 산출하는 낱말 수를 평상시보다 대폭 줄여, 말하면서 자주 숨을 들이마시게 하는 방법이 있다. 이 외에 Boone과 McFarlane(2005)은 손가락조작(digital manipulation), 반삼킴(half-swallow boom), 머리가누기(head positioning) 등의 방법을 제시하고 있다. 편마비의 경우, 일반적으로 6개월 이내에 자연회복이 되는 경우가 많기 때문에 음성장애가 시작된 후 6개월이 지나도 자연회복이 없는 경우에는 성대 수술을 실시해야 한다. 한편, 장애가 시작된 후 6개월 동안에도 언어치료사는 가능한 한 음성치료를 통해 환자가 음성을 산출할 수 있도록 최선을 다해 도와주어야 한다(Boone & McFarlane, 2005). 편측성 성대내전마비와 달리 양측성 성대내전마비 또는 외전마비(성대가 열리지 않음)로 인한 음성장애의 경우에는 수술과 음성치료가 동시에 요구된다.

(2) 연축성 발성장애(spasmodic dysphonia)

대체로 내전형 음성장애 환자에게 제시되는 치료 대안으로는 다음과 같은 방법이 있다(Boone & McFarlane, 2005).

- 음성치료
- 되돌이후두신경 절제 수술 후 음성치료
- 보툴리눔 독소[botulinum toxin, (상품명 BOTOX)] 주사 후 음성치료

일반적으로 연축성 발성장애 환자는 음성치료를 우선적으로 시도한다. 만약 치료효과가 거의 나타나지 않는다면 외과적인 수술을 권유하고 있다. BOTOX 치료법은 묽게 희석된 보툴리눔 독소를 소량 성대근육에 주사하여 성대를 마비시켜서 성대근육의 불수의적(involuntary) 수축을 막는 방법이다. BOTOX 주사 후 많은 경련음성장애 환자가 정상 음성을 다시 찾을 수 있었다. 그러나 치료효과를 극대화하기 위해서는 BOTOX 주사 후에 이완요법(relaxation methods)과 하품–한숨기법을 사용하는 음성치료가 계속 진행되어야 한다는 주장도 있다(Murray & Woodson, 1995).

이 치료법의 큰 단점 중 하나는, 정상 음성을 계속적으로 유지하기 위해서는 3~4개월 주기로 BOTOX 주사를 계속 맞아야 한다는 것이다. 이는 연축성 발성장애 외에 말더듬 환자 중 뚜렷한 실성증의 증상을 보이는 환자에게도 적용되고 있으나(Brin, Stewart, Blitzer & Diamond, 1994), 그 주사로 인한 말더듬 감소효과에 대해서는 계속적인 연구가 필요하다. BOTOX 치료기법은 최근 한국에서도 경련음성장애 환자(최홍식, 문형진, 서진원, 김성국, 김광문, 1997)뿐만 아니라 말더듬 환자(최홍식, 김영호, 표화영, 홍원표, 1997)에게도 시도되고 있다.

3) 심리적 이상으로 인한 음성장애의 치료방법

심리적 이상으로 인한 음성장애의 치료방법은, 대개 스트레스 원인에 대한 상담과 근육긴장완화를 위한 방법으로 대별될 수 있다. 기능적 발성장애의 경우에는 음성의 완전한 회복이 가능하며, 성대를 가능한 한 내전시켜야 하기 때문에 기침하기(coughing), 목 가다듬기(throat clearing), 하품하기, '아' 발성하기 등의 방법이 사용된다. Boone과 McFarlane(2005)에 따르면, 심리 상담이 치료에 반드시 포함되지 않아

도 되며 음성치료만으로도 음성 회복이 가능하다고 한다. 그러나 정상 음성으로 돌아온 다음에는 상담을 통해 환자에게 실성증의 심리적 원인에 대해 설명해 주어야 한다. 환자가 치료 중 정서적으로 안정되어 있지 않고 정신치료에 대한 필요가 있거나 계속 정상 발성을 할 수 없다면, 정신치료를 의뢰하여야 한다. 기능적 발성장애에 대한 음성치료방법은 환자에게 문제를 설명하고 토론하는 데서 시작된다. 치료방법으로는 행동수정접근법이 유용하다. 근긴장성 발성장애는 긴장된 근육을 이완하기 위해 하품-한숨기법과 손가락조작접근법(manual palpation technique) 등을 사용한다. 마지막으로, 변성기 가성의 음성치료를 위해서는 성대의 크기가 나이에 적합한지, 성 호르몬 분비에 이상은 없는지에 대한 전문의의 소견이 전제되어야 하며, 나이나 성별에 맞지 않은 높은 소리를 낮추는 데 목적을 둔 치료방법을 사용한다.

4) 후두절개로 인한 음성장애의 치료방법

후두암으로 인한 음성장애의 치료는 방사선 또는 수술적인 치료 후에 시행한다. 일반적으로 후두암의 초기단계에서는 방사선치료가 성공적이다. 수술방법으로는 성대의 부분이나 전체를 떼어 내는 방법이 있다. 후두를 떼어 내는 경우, 음성치료의 목표는 환자가 예전과 같은 정상적 음성을 다시 찾는 것이 아니라 다양한 대체방법을 통해 가능한 한 최상의 음성을 산출하는 것이다. 대체방법으로는 인공후두 사용과 식도발성법이 있다.

인공후두는 환자가 성대를 떼어 냈으므로 성대 진동의 역할을 대신하는 것이다. 즉, 인공후두를 목의 한 지점에 대면 인공후두의 진동이 인두 쪽으로 전달되고, 마지막으로 인두 쪽에 전달된 진동은 구강으로 전달된다. 인공후두가 진동하는 동안에 환자는 의도하는 말에 해당하는 구강 모양을 만들면 된다. 인공후두의 종류는 다양하다. [그림 10-6]의 Trutone 인공후두는 위쪽에 있는 버튼을 사용하여 음도의 조절이 가능하다. Servox Digital 및 Nu-Vois Ⅲ의 경우는 두 개의 버튼을 사용하여 소리의 크기와 주파수를 미리 세팅할 수 있는 장점이 있다.

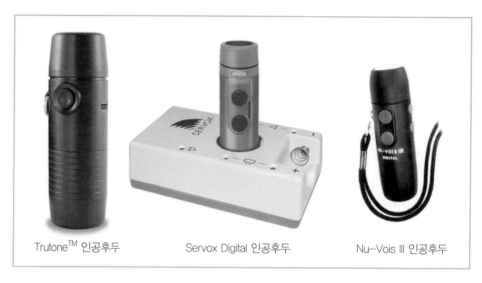

Trutone™ 인공후두   Servox Digital 인공후두   Nu-Vois III 인공후두

[그림 10-6] 인공후두의 종류

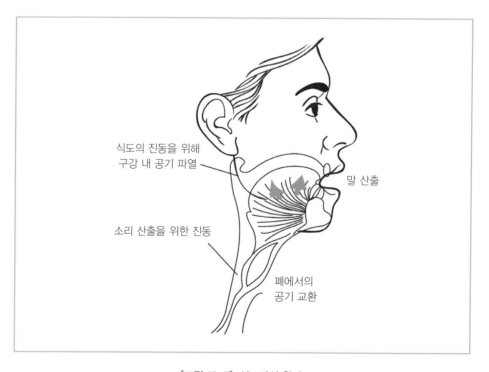

식도의 진동을 위해
구강 내 공기 파열

말 산출

소리 산출을 위한 진동

폐에서의
공기 교환

[그림 10-7] 식도발성 원리

식도발성법의 기본 원리는 구강인두 안의 공기를 압축시켜 그 공기를 공기 밀도가 덜한 식도 공간으로 주입시키고, 식도에서는 그것을 압축시켜 밖으로 몰아내어 인두-식도 부위가 진동하게 하는 것이다([그림 10-7] 참조). 이때 공기가 인두-식도를 통과할 때 나는 소리는 트림 소리와 비슷하다. 식도발성법은 환자에 따라 그 효과가 다양하게 나타난다.

마지막으로, 수술을 통해 기도와 식도 사이를 연결함으로써 발성하게 하는 Blom-Singer 보조장치 등이 이용되기도 한다([그림 10-8] 참조). 이러한 보조장치를 사용한 후두적출 환자는 일반적으로 식도발성을 좀 더 쉽게 배울 수 있다. 그 이유는 식도에 공기를 보내기 위한 주입 또는 흡기와 같은 방법을 배울 필요가 없기 때문이다.

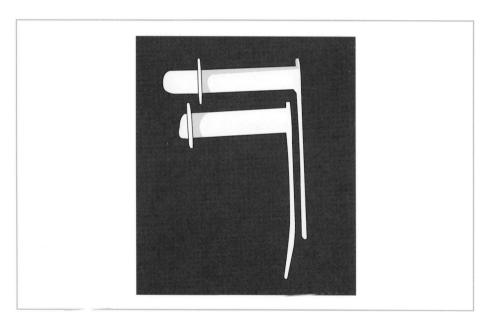

[그림 10-8] Blom-Singer 보조장치(Boone & McFarlane, 2000)

5. 공명장애

공명은 음성의 질(voice quality)을 평가할 때 중요한 요소로서, 말을 산출하는 동안에 성대의 진동으로 인해 산출된 소리가 구강, 비강 및 인두강에서 적절하게 증폭 또는 감폭해야만 청지각적으로 문제가 없는 음질이 산출된다. 구강, 비강 또는 인두강 중 어느 한 곳에 공기의 흐름을 방해하는 장애물이 있으면 과소비성(hypo-nasality) 또는 맹관공명(cul-de-sac resonance) 현상이 발생하게 된다. 반면에 연인두의 기능에 문제가 있어 정상적으로 닫히지 못한다면 과다비성(hyper-nasality) 또는 비누출(nasal emission)이 발생하게 된다. 이와 같은 공명의 문제가 발생하는 말장애를 공명장애(resonance disorder)라고 한다. 음성장애와 차이점은, 음성장애는 주로 후두, 즉 성대 및 성문에서 발생하지만, 공명장애는 상후두강(supra-laryngeal cavities)에서 발생한다.

과다비성은 연인두가 완벽하게 폐쇄되지 않기 때문에 발생한다. 이러한 현상을 연인두기능부전(velopharyngeal insufficiency)으로 칭한다. 연인두가 불완전하게 폐쇄되면 모음과 유성자음을 산출할 때 비강을 통해 기류가 너무 많이 방출되기 때문에 비강에서 공명이 심하게 일어나게 되어 심한 콧소리가 들리게 된다. 하지만 /p/와 같은 무성자음을 산출하는 동안에는 과다비성이 발생하지 않는다. 과다비성의 원인을 나누어 보면, 첫째, 구개열에 의한 조직의 구조적 결함으로 발생할 수 있고, 둘째, 뇌성마비와 뇌손상으로 인해 발생할 수도 있으며, 마지막으로 해부 및 생리학적으로 정상임에도 불구하고 연인두기능부전이 존재할 수도 있다(Peterson-Falzone, Trost-Cardamone, Karnell, & Hardin-Jones, 2006). 구개열의 경우 구강과 비강 사이에 생긴 구멍, 즉 구비강 누공(oronasal fistula)이 있는 경우에 과다비성이 더욱 심하게 발생할 수 있다. 청각장애인들에게서 관찰되는 과다비성은 세 번째의 원인에 해당되며 구강음 및 비강음을 잘못 학습한 결과라고 볼 수 있다.

과소비성은 감기나 코가 막힌 사람의 음성과 비슷하다. 과소비성은 /ㅁ, ㄴ, ㅇ/과 같은 비음을 산출하는 동안에 주로 발생한다. 즉, 비강의 통로가 폐쇄되어 비강으로 통하는 공기가 감소함으로써 비강에서 공명이 적절히 이루어지지 않기 때문에 발생한다. 따라서 비음이 /ㅂ, ㄷ, ㄱ/으로 지각될 수 있다. 만일 과소비성이 지속적으로 발생하지 않고 간헐적으로 발생한다면 말실행증(apraxia of speech)으로 의심할 수 있다(Kummer, 2011). 반면, 맹관공명인 경우는 과소비성의 변형된 형태로 방해 정도가 다르며, 모든 음소에 영향을 미친다. 맹관공명의 원인은 일반적으로 비강의 앞부분이 꽉 막혀 있는 현상과 관련이 있다. 예를 들면, 편도(tonsil)가 너무 커서 말소리가 인두에 갇혀 있거나, 또는 비강의 통로가 구부려져 비강에 갇혀 있기(trap) 때문에 소리를 죽인 목소리(muffled voice)로 지각된다.

6. 공명장애의 평가

공명장애의 평가방법에는 청지각적 판단에 근거하는 주관적 방법과 도구를 사용하여 측정하는 객관적인 방법이 있다. 주관적 방법에서는 비음의 정도(degree)를 나타내는 비음도(nasality)의 용어가 사용된다. 비음도 측정방법의 단점은 숙련된 음성치료 전문 언어치료사가 할 경우 이외에는 신뢰도가 높지 못하다. 따라서 계속적인 듣기훈련을 통해 평가자 내(inter-rater) 신뢰도를 높여야 한다. 반면, 비음측정기를 사용하여 비성의 정도를 측정할 경우는 비음치(nasalance score)의 용어가 사용된다. 비음치는 발성 시 비강을 통해 밖으로 나오는 에너지를 비강과 구강을 통해 나온 음향학적 에너지의 합으로 나누어 백을 곱한 값이다. 비음치의 측정방법은 객관적이고 또한 비침습적이며, 비음도와 높은 상관이 보고되어 공명장애의 진단도구로 사용된다(임성은, 심현섭, 2000). 하지만 비음치는 검사어에 포함된 비음의 비율에 따라 다르다. 예를 들면, 비음으로 구성된 엄마 문장/엄마 엄마 매미 맴맴/에서가 구강자음으로 구성된 아빠 문장/아빠 아빠 학교 갔다/에서보다 더 많은 비음치가 관찰된다. 또한 모음에 따라서 비음치가 차이를 보이는데 /아/ 또는 /우/ 모음의 문장보다

/이/ 모음의 문장에서 더 높은 비음치가 관찰되었다(김민정, 심현섭, 최홍식, 2000). 비음치를 측정하기 위해서는 Nasometer가 많이 이용되나, 매우 고가의 장비이기 때문에 임상현장에서 사용되기는 어려운 실정이다. 따라서 저가이면서 효과적인 로우테크(low tech) 기법이 많이 사용된다(Kummer, 2011). 예를 들면, 비음측정을 청지각적으로 확인하는 방법으로 빨대를 사용하여 청지각적으로 평가할 수 있다. 음료수를 마실 때 사용하는 접히는 빨대의 짧은 부분의 끝을 아동의 콧구멍에 놓고, 긴 부분의 한쪽 끝은 치료사의 귀에다 놓음으로써 비강으로부터의 공기의 누출을 확인할 수 있다. 동일한 원리를 기초한 청취관(listening tube)을 사용하여 비누출(nasal emission)과 과다비성을 증폭시켜 주어 자기 자신에게만 또는 치료사와 동시에 들을 수 있게 하는 방법도 있다(김선희, 심현섭, 권순만, 2011). 비음치를 시각적으로 측정하기 위해서 많이 쓰이는 도구로는 See-Scape TM 장치가 있다. [그림 10-9]에서 보는 바와 같이, 손으로 잡고 있는 튜브의 끝부분을 콧구멍에 넣은 상태에서 비음이 없는 문장을 산

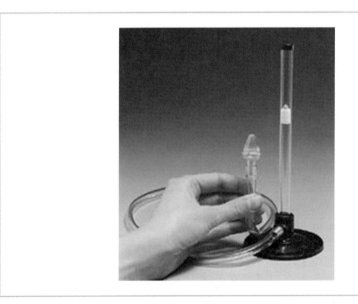

[그림 10-9] See-Scape TM

출처: http://www.proedinc.com/customer/productView.aspx?ID=1720

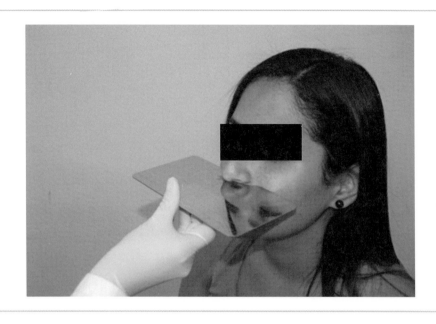

[그림 10-10] 거울을 사용한 과다비성 측정

출할 경우, 비강을 통해 에너지가 방출되면 튜브 안에 있는 하얀 물체인 스티로폼이
움직이게 된다.

또 시각적 평가방법으로는 거울(nasal mirror)을 콧구멍 밑에 놓고 비강으로부터 공
기가 방출되는가를 확인하는 방법이 있다([그림 10-10] 참조). 만일 공기가 비강으로
부터 많이 방출되면 앞에 놓인 거울에 김이 서리게 된다. 이 방법의 단점은 비강으로
부터의 공기 방출이 지속적인 현상인지, 아니면 특정 음소에서만 나타나는지를 평가
하는 것은 어렵다는 점이다(Kummer, 2011).

7. 공명장애의 치료

과다비성이라고 판단된 환자의 경우, 연인두폐쇄가 불완전하기 때문에 모음에서도 비음화가 일어난다. 앞에서 언급한 것처럼 연인두개방의 문제는 구조적 · 기질적 결함일 수도 있고 기능적 원인일 수도 있다. 과다비성의 원인에 따라 권고되는 치료법은 매우 다르다. 연인두폐쇄가 구조적 · 기질적인 문제에서 기인한다고 판단되면, 이러한 문제를 해결하기 위해 성형외과 의사나 또는 치과 의사에게 먼저 의뢰를 해야 한다. 과다비성의 수술 전과 후에는 관련 전문의들과 함께 구어 · 음성 평가 결과를 공유하면서 치료계획을 설정해야 한다. 과다비성을 치료하는 목적으로 발화용 보철기가 사용된다. 예를 들면, 열려 있는 구개의 결함 부분을 덮기 위해 사용하는 구 폐색장치(speech bulb obturator) 또는 연구개를 올려 주어 발화 시 인두후벽에 접촉한 상태를 유지시켜 주는 보철기인 구개거상기(palatal lift)가 사용된다. 구조적인 결함이 있는 경우, 음성치료를 통해 긍정적 효과를 보기는 매우 어렵다(Boone et al., 2014). 따라서 과다비성을 위한 음성치료는 구조적 · 기질적인 문제가 해결되기까지 연기되어야 한다. 과다비성을 치료할 때, 비성의 정도에 대한 즉각적인 시각적 피드백을 주는 것이 중요하다. 이를 위해 앞에서 언급한 Nasometer, 청취관, See-Scape 등을 사용할 수 있다. 과다비성을 감소시키기 위한 음성촉진기법으로는 혀를 낮추면서 더 뒤로 보내게 하는 '혀 위치 변경' 기법, 구강개방을 더 많이 하게 하는 '구강개방' 기법 및 청각적, 시각적 피드백 기법 등 여러 가지 기법이 사용될 수 있다(Boone et al., 2014). 청각적 피드백 기법을 사용하는 경우, 청취관의 한쪽은 자신의 콧구멍 입구에 대고 다른 한쪽 끝은 아동의 귀에 대게 함으로써 과다비성을 즉각적으로 확인할 수 있다 과소비성의 경우도 과다비성의 치료와 마찬가지로, 비인두폐쇄의 구조적 · 기질적 원인에 대한 문제가 우선 해결되어야 한다. 과다비성을 치료하기 위해서는 비강공명을 증가시켜야 한다. 이를 위한 촉진기법으로는 피드백, 비음 · 유음 자극 및 음성배치 기법 등이 많이 사용된다.

연구문제

1. 언어병리학적인 관점에서 '음성'을 정의하시오.

2. 소리의 높낮이 조절과 관련 있는 요소를 설명하시오.

3. 음성장애 분류방식의 문제점을 설명하시오.

4. 음성평가방법 중 측정기기를 사용한 방법과 그 제한점을 설명하시오.

5. 음성평가방법 중 지각을 통한 방법과 그 제한점을 설명하시오.

6. 신경손상으로 인한 음성장애의 유형과 그 특성에 대하여 설명하시오.

7. 무성증과 실성증의 차이를 설명하시오.

8. 연축성 발성장애의 의학적 치료방법을 설명하시오.

9. 후두적출 환자를 위한 음성치료방법을 설명하시오.

10. 사춘기와 관련된 음성장애의 특성과 치료방법을 설명하시오.

11. 공명장애의 평가방법에 대해 설명하시오.

12. 공명장애의 치료방법에 대해 설명하시오.

용어해설

연축성 발성장애 (spasmodic dysphonia)	자신도 모르게 '경련(spasm)'이 발생하여 말이 갑자기 막히거나 또는 열리는 현상
과다비성(hypernasality)	말하는 동안, 공기가 비강으로 부적절하게 들어가 콧소리가 나는 공명장애의 한 형태
과소비성(hyponasality)	말하는 동안, 비강통로가 막힘으로 인해 비강공명이 감소되어 일어나는 공명장애의 한 형태
근긴장성 발성장애 (Muscle Tension Dysphonia: MTD)	싱내의 내부뿐만 아니라 외부 근육의 과도한 긴장으로 발생하는 음성문제
기능적 음성장애 (functional voice disorders)	성대에 특별한 병변은 없으나 과도한 음성의 사용 또는 잘못된 음성의 사용법으로 인해 발생한 음성장애
기질적 음성장애 (organic voice disorders)	구조적 손상 또는 질병에 기인한 음성장애

라인케 부종(Reinke's Edema)	성대점막의 라인케 공간에 부종이 나타나는 질환
미주신경 (vagus nerve)	성대근육을 통제하는 10번 신경으로 위후두신경(superior laryngeal nerve)과 되돌이후두신경(recurrent laryngeal nerve)으로 나뉨
변성기 가성(mutational falsetto)	청소년 시기에 남자에게서 변성기 후까지 높은 소리가 지속되어 여성처럼 들리는 음성
비누출(nasal emission)	말하는 동안, 부적절하게 공기가 코로 새어 나오는 현상
비음치 (nasalance score)	Nasometer 검사를 실시한 결과로 산출되는 수치이며, 비강의 음향학적 에너지를 전체(구강+비강)의 에너지로 나누어 100을 곱한 수치
성대 결절(vocal nodule)	성대의 과다한 사용으로 인해 성대에 생긴 '굳은살'
성대위생교육 (vocal hygiene education)	환자에게 정상적인 음성유지법, 효율적인 음성사용법, 성대 남용 습관의 제거방법에 대한 설명을 통한 간접적인 음성치료법
성문하압력 (subglottal pressure)	발성을 위해 닫힌 성대를 열려고 성대 밑부분에서 올라오는 공기의 압력
전기인공후두 (electrolarynx)	후두암 등으로 인해 성대를 떼어 낸 경우, 성대의 역할을 대신할 수 있는 전기적 장치
주파수 변화율(jitter)	음성의 안정성을 검사하는 음향학적 측정치로, 주파수의 변화 정도를 제시함
진폭 변화율 (shimmer)	음성의 안정성을 검사하는 음향학적 측정치로, 소리 강도의 변화 정도를 제시함
후두 스트로보스코프 (laryngo-stroboscope)	성대의 진동수와 비슷한 횟수로 빛을 쏘아 빠른 성대 움직임을 관찰할 수 있게 하는 장치
후두암 (laryngeal cancer)	과다한 흡연 또는 알코올 섭취로 50~70세 사이 성인의 후두에 발생하는 암
GRBAS	일본 음성언어의학회에서 제시한 음성의 질에 대한 평가방법

참고문헌

김민정, 심현섭, 최홍식(2000). 음운환경과 검사어 길이가 정상성인의 비음치에 미치는 영향. 언어청각장애연구, 5(2), 91-105.

김선희, 심현섭, 권순만(2011). 과다비성평가를 위한 공명증진 도구(Nasonance tube)의 임상적 타당성. 특수교육, 10(1), 361-375.

임성은, 심현섭(2000). 과다비성에 대한 비음도와 비음치의 상관관계. 언어청각장애연구, 5, 1-10.

최홍식, 김영호, 표화영, 홍원표(1997). 말더듬(stuttering) 환자에 대한 보툴리눔 독소의 주입효과. 대한음성언어의학회지, 8(2), 193-198.

최홍식, 문형진, 서진원, 김성국, 김광문(1997). 연축성 발성장애 환자에서 후두근 전도를 이용한 보툴리눔 독소 주입술 효과. 대한음성언어의학회지, 8(2), 204-209.

Aronson, E., & Bless, M. (2009). *Clinical voice disorders*. NY: Thieme Medical Publishers Inc.

Benninger, M. S., Jacobson, B. H., & Johnson, A. F. (1993). *Vocal arts medicine: The care and prevention of professional voice disorders*. New York: Thieme Medical Publishers.

Boone, D. R., McFarlane, S. C., & Von Berg, S. L. (2005). *The voice and voice therapy* (7th ed.). Boston, MA: Allyn & Bacon.

Boone, D. R., McFarlane, S. C., Von Berg, S. L., & Zraick, R. I. (2014). *The voice and voice therapy* (9th ed.). Boston: Pearson.

Boone, R. B., & McFarlane, S. C. (1994). *The voice and voice therapy* (5th ed.). Englewood Cliffs, NJ: Prentice-Hall.

Boone, R. B., & McFarlane, S. C. (2000). *The voice and voice therapy* (6th ed.). Boston, MA: Allyn & Bacon.

Brin, M. F., Stewart, C., Blitzer, A., & Diamond, B. (1994). Laryngeal botulinum toxin injections for disabling stuttering in adults. *Neurology, 44*, 2262-2266.

Colton, R. H., Casper, J. K., & Hirano, M. (1990). *Understanding voice problems: A physiological perspective for diagnosis and treatment*. Baltimore, MD: Williams & Wilkins.

Colton, R. H., Casper, J. K., & Leonard, R. (2006). *Understanding voice problems: A physiological perspective for diagnosis and treatment*. Philadelphia: Lippincott Williams & Wilkins.

Fex, S. (1992). Perceptual evaluation. *Journal of Voice, 6*, 155-158.

Kummer, A. W. (2011). Perceptual assessment of resonance and velopharyngeal function. *Seminars in speech and language. 32, 2*, 159-167.

Murray, T., & Woodson, G. E. (1995). Combined-modality treatment of adductor spasmodic dysphonia with botolinum toxin and voice therapy. *Journal of Voice, 9*, 460-465.

Peterson-Falzone, S. J., Trost-Cardamone, J. E., Karnell, M. P. & Hardin-Jones, M. A. (2006). *The clinician's guide to treating cleft palate speech*. St. Louis, MO: Mosby Elsvier.

Ramig, L. O., & Verdolini, K. (1998). Treatment efficacy: Voice disorders. *Journal of Speech and Hearing Research, 41*, S101-S116.

Roy, N., Merrill, R, Thibeault, S., Parsa, R., Gray, S., & Smith, M. (2004). Prevalence of voice disorders in teachers and the general population. *Journal of Speech, Language, and Hearing Research, 47*, 281-293.

Stemple, J. C., Glaze, L. E., & Klaben, B. G. (2000). *Clinical voice pathology: Theory and management* (3rd. ed.). Clinton Park, NY: Singular Thomson.

Titze, R. I. (1994). *Principles of voice production*. Englewood Cliffs, NJ: Prentice-Hall.

Verdolini, K. (1994). Voice disorders. In J. B. Tomblin, H. L. Morris, & D. C. Spriesterbach (Eds.), *Diagnosis in speech-language pathology*. San Diego, CA: Singular Publishing Group.

Wilson, D. K. (1987). *Voice problems of children* (3rd ed.). Baltimore, MD: Williams & Wilkins.

Zemlin, W. R. (1999). *Speech and hearing science: Anatomy and physiology* (4th ed.). Boston, MA: Allyn & Bacon.

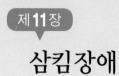

제11장
삼킴장애

 .... INTRODUCTION TO COMMUNICATION DISORDERS

정상적인 삼킴기능은 인간의 가장 기본적인 욕구인 식욕을 해결해 주는 수단이며 동시에 기도를 보호해 주는 작용을 하기도 한다. 사람은 보통 하루에 약 600번 정도를 삼킨다고 한다. 의식적으로 혹은 무의식적으로 일생 동안 무수히 반복되는 이 일련의 과정에 문제가 생길 경우, 우리의 삶의 질(quality of life)은 크게 저하될 뿐만 아니라 심지어 생명이 위태로워지기도 한다. 얼핏 생각하기에 언어와 삼킴은 전혀 무관한 것으로 여겨질 수도 있다. 하지만 말을 산출하는 데 사용되는 기관들의 일차적인 기능은, 사실 말이 아니라 호흡이나 삼킴과 같은 생명 유지를 위한 기초적인 활동을 위한 것이다. 이처럼 언어기능과 삼킴기능은 같은 신체의 구조를 공유하며, 따라서 언어장애전문가는 삼킴장애의 검사와 치료에 중요한 역할을 담당하게 되는 것이 보통이다. 삼킴장애를 다루기 위해서는 우선 정상적인 삼킴과정과 그 메커니즘을 잘 이해하고 있어야 한다. 삼킴과정에 관여하는 각 기관의 해부, 생리학적 지식을 바탕으로 삼킴의 각 단계에서 발생할 수 있는 문제점을 숙지하고 있어야 환자가 보이는 증상의 원인을 정확히 피악할 수 있다. 또한 삼킴장애의 다양한 평가방법 내용 및 장난점을 이해하고 잘 활용할 수 있어야 하는데, 특히 가장 일반적으로 사용되고 있는 비디오투시조영검사에 대한 이해는 필수적이라고 하겠다. 이를 통해 환자의 증상과 그 기저를 이루는 생리학적 원인을 밝히며, 원인에 따른 적절한 시도치료법을 선택·적용하고, 안전한 식사방법에 대한 권고 사항을 수립하며, 효과적인 치료계획을 세우고 수행해 나가는 것이 삼킴장애전문가의 역할이다.

1. 삼킴장애란

1) 삼킴장애의 정의

삼킴장애(dysphagia)는 그리스어인 'dys(difficulty)'와 'phagia(to eat)'가 결합된 말로 먹는 것, 즉 삼키는 것의 어려움을 일컫는 용어다. 이는 일반적으로 음식물을 입에서 식도를 통해 위장으로 옮기는 과정에서의 장애를 말하지만, 넓은 의미로는 음식을 먹게 되는 상황에 대한 기대, 음식물에 대한 시각적·후각적 지각을 비롯하여 침의 분비 등 식사 전반에 걸친 모든 과정을 포함한다.

삼킴장애와 언어장애는 어떠한 관련이 있는가 혹은 언어장애전문가가 왜 삼킴장애를 다루어야 하는가에 대해 종종 의문이 제기되기도 한다. 하지만 이는 필연적으로 여겨진다. 언어장애와 삼킴장애의 동반 가능성은 매우 높다. 또한 언어를 산출하는 기관을 살펴보면 호흡, 발성, 공명, 조음에 사용되는 후두와 입술, 혀, 턱, 치아, 입천장, 구강, 비강, 인두를 포함하며 후두절개 환자의 식도발성에 이르기까지 삼킴에 사용되는 기관들을 그대로 공유하고 있음을 알 수 있다. 이러한 기관들의 구조와 기능 및 이에 작용하는 신경학적 메커니즘에 정통하고 있을 뿐만 아니라, 이와 관련된 업무로 거의 대부분을 보내는 언어장애전문가가 어느 나라에서건 삼킴장애를 담당하고 있는 것은 우연이 아니다.

그러나 삼킴장애는 어느 한 분야의 접근만으로 만족할 만한 성과를 얻기 어렵다. 대체로 초기 평가와 치료는 삼킴장애전문가(보통은 언어장애전문가)에 의해 이루어지지만 영상의학과, 신경과, 이비인후과, 소화기내과, 호흡기내과, 재활의학과, 치과 전문의와 약사, 작업치료사, 물리치료사, 영양사, 간호사 등은 물론이고 보호자까지 팀을 이루어 함께 협력해 나가지 않으면 안 된다.

2) 삼킴장애의 원인

삼킴장애의 원인은 다양하며 어떤 연령대에서도 발생할 수 있다. 그러나 가장 두 드러진 원인 질환은 뇌졸중이다(Gonzalez-Fernandez & Daniels, 2008). 뇌졸중뿐만 아 니라 파킨슨병(Parkinson's disease), 근육위축가쪽경화증(amyotrophic lateral sclerosis), 알츠하이머병(Alzheimer's disease), 다발성경화증(multiple sclerosis), 뇌외상(head trauma), 뇌성마비(cerebral palsy) 등과 같은 신경학적 원인으로 인한 많은 장애가 삼 킴장애를 동반한다. 두경부종양 또한 심각한 삼킴장애를 초래할 수 있다.

이러한 질환뿐만 아니라 구강 및 인두, 후두, 식도의 기능에 영향을 미치는 어떠한 문제도 삼킴장애를 일으킬 수 있는데, 가령 구개열(cleft palate)이나 식도암과 같은 중대한 구조, 기능적 문제는 물론이고, 단순히 의치가 잘 맞지 않는 경우에도 삼킴장 애가 발생할 수 있다.

3) 삼킴장애의 증상

외부로 드러나는 삼킴장애의 가장 흔한 증상은 음식물을 삼킬 때 보이는 기침, 즉 흡인(aspiration)이다. 이는 기도로 침이나 다른 분비물, 음식물 등과 같은 이물질이 들어갔을 때 보이는 증상인데, 흡인이 삼키기 전에 나타나는지, 삼키는 도중에 나타 나는지 혹은 삼킨 후에 나타나는지에 따라 각기 다른 생리학적 원인의 메커니즘을 추측할 수 있다. 이는 삼킴장애의 평가 부문에서 다시 언급하기로 한다.

흡인이 일어날 경우, 대부분 기침이나 재채기를 해서 기도로부터 이물질을 제거하 려고 하는 것이 정상적인 반응이지만, 감각/운동 기능에 심한 손상이 있는 경우 외부 로 드러나는 아무런 반응을 보이지 않을 수도 있다. 이처럼 흡인이 발생하였는데도 외부적인 표시가 보이지 않는 경우를 무증상흡인(silent aspiration)이라고 한다. 무증 상흡인이 일어날 경우, 환자가 목을 가다듬는 등 불편감을 보이거나, 눈가에 눈물이 고이거나 혹은 발성을 시켰을 때 젖은 음성(wet voice)을 내는 등의 징후를 보이는 경우가 있으며, 이를 통해 간접적으로 무증상흡인을 찾아내기도 한다.

또한 원인 모를 체중 감소나 가래 등 인후두 부근의 분비물 증가, 가릉거리는 음성(gurgly voice)도 삼킴의 문제로 인한 것일 수 있다. 폐렴(pneumonia)이 자주 재발하는 경우도 삼킴장애를 의심해 봐야 한다. 흡인성 폐렴(aspiration pneumonia)은 삼킴장애의 가장 위험한 합병증으로, 환자를 사망에 이르게까지 한다.

2. 정상 삼킴의 해부 및 생리

1) 구조 및 기능

삼킴에 관련된 주된 영역은 구강, 인두, 후두, 식도다. 이와 같은 기관들은 대부분 말을 할 때도 똑같이 사용되는데, 삼킬 때는 보통 말 산출 시보다 더 강한 근육의 수축을 필요로 하고 더 큰 운동범위와 더 강한 압력이 요구된다. 앞의 제4장에서 습득한 지식들을 바탕으로 이러한 기관들의 삼킴에 관련된 기능을 살펴본다.

우선, 구강은 [그림 11-1]에서와 같이 앞쪽에서부터 보면 입술과 치아, 아래턱, 혀(혀끝, 혀날, 혀앞, 혀중앙, 혀뒤, 혀의 기저부), 구강바닥(mouth floor), 굳은입천장(hard palate), 여린입천장(soft palate), 목젖(uvula), 앞쪽/뒤쪽 구개활(anterior/posterior faucial arch)이 있다. 앞쪽/뒤쪽 구개활 사이에는 구개편도(palatine tonsil)가 있는데, 이는 구강구조 및 기능검사 시에 쉽게 눈에 띈다. 양 입술의 움직임은 주로 입술둘레근(orbicularis oris)에 의해 이루어지는데, 음식물이 구강 밖으로 흘러내리지 않도록 구강 내 음식물을 잘 보존해 준다. 입술/뺨과 치아/치조 사이에는 공간이 있는데, 앞쪽고랑(anterior sulcus) 그리고 양옆의 측면고랑(lateral sulcus)이다([그림 11-2] 참조). 삼킴장애가 있으면 이곳에 음식물이 고이거나 남아 있기도 한다.

혀는 말소리의 산출에도 매우 중요한 기능을 담당하지만 삼킴과정에도 음식물을 조작하거나 밀어 넘기는 데 중추적인 역할을 담당한다. 혀는 대부분이 근육으로 이루어져 있으며 기능에 따라 구강 부분과 인두 부분으로 나뉜다. 구강 부분의 혀(oral tongue)는 [그림 11-1]에서와 같이 혀끝에서부터 혀뒤(tongue back)까지이며, 인두 부분(pharyngeal portion)의 혀 혹은 혀의 기저부(tongue base)는 그 뒤 성곽유두(circumvallate papillae)에서부터 목뿔뼈(hyoid bone)까지 이어진다. 혀의 몸체가 목뿔뼈에 얹혀 있는 형태다. 구강 부분의 혀는 대뇌피질의 통제하에 삼킴의 구강단계에서 수의적인 운동을 한다. 반면, 인두 부분의 혀는 삼킴의 인두단계에서 주된 역할을 하며 뇌줄기(brainstem), 특히 숨뇌(medulla)에 있는 삼킴중추(swallow center)의 조절을 통해 불수의적으로 움직이나 일부는 수의적으로 통제가 가능하기도 하다.

구강바닥을 이루고 있는 것은 턱목뿔근(mylohyoid), 턱끝목뿔근(geniohyoid), 앞쪽두힘살근(anterior belly of digastric)으로 목뿔뼈를 앞쪽으로 아래턱과 연결하고 있다. 목뿔뼈를 뒤쪽바깥쪽(posteriolateral)으로 관자뼈(temporal bone)영역과 연결하는 것

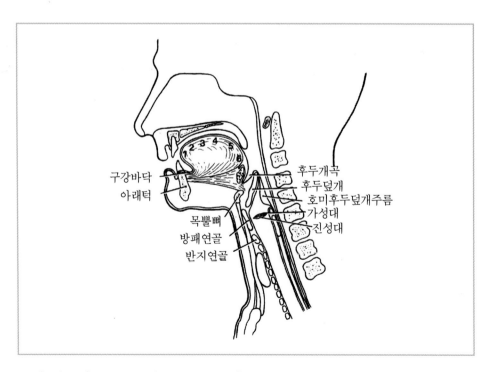

[그림 11-1] 중간시상단면(midsagital section)에서 본 삼킴의 해부학적 영역(Logemann, 1998)

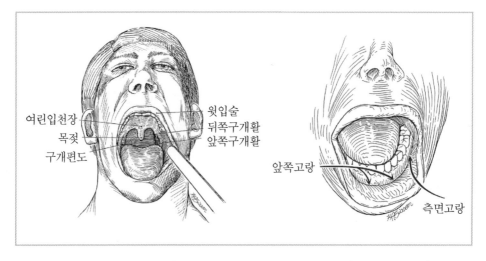

[그림 11-2] 구강 앞면에서 본 앞쪽구개활과 뒤쪽구개활, 구강고랑(Logemann, 1998)

은 뒤쪽두힘살근(posterior belly of digastric), 붓돌기목뿔근(stylohyoid)이다.

구강의 지붕 역할을 하는 것은 굳은입천장, 여린입천장이다. 여린입천장은 삼킬 때 음식물이 비강으로 올라가는 것을 막기 위해 연인두폐쇄(velopharyngeal closure)를 이루는데, 이때 입천장인두근(palatopharyngeus), 입천장올림근(levator palatal muscle), 상인두수축근(superior pharyngeal constrictor)이 함께 작용한다. 여린입천장의 끝 중앙 부분에는 목젖이 있고 양옆으로 앞쪽/뒤쪽 구개활이 있다([그림 11-2] 참조). 특히 앞쪽구개활은 삼킴반사에 매우 민감한 영역으로 알려져 있다.

인두의 구조는 상중하 인두 혹은 비강 쪽, 구강 쪽, 후두 쪽 인두 세 부분으로 나누어 설명한다. 인두를 형성하는 세 개의 인두수축근(pharyngeal constrictor)은 상부수축근, 중간수축근, 하부수축근인데([그림 11-3] 참조), 상부수축근의 아랫부분과 혀의 기저부는 혀인두근(glossopharyngeous muscle)으로 연결되어 있다. 이는 혀의 기저부의 수축과 함께 뒤쪽에 있는 인두벽이 앞으로 돌출되는 역할을 하게 된다. 하부수축근은 앞쪽으로는 후두의 방패연골 양옆으로 연결되며, 그 사이에 공간이 형성되는데, 이를 조롱박굴(pyriform sinus)이라고 한다. 인두영역에 있는 또 다른 주요 공

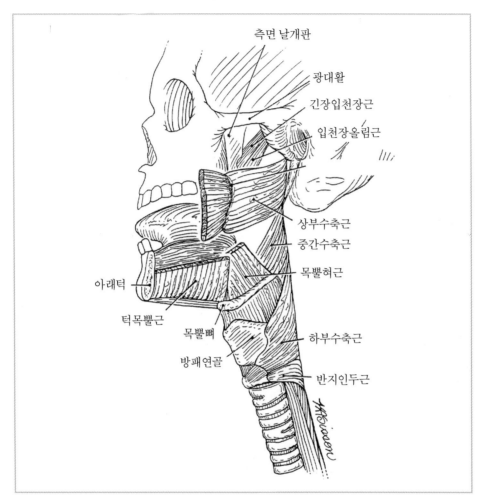

측면 날개판

광대활

긴장입천장근

입천장올림근

상부수축근

중간수축근

목뿔혀근

아래턱

턱목뿔근

목뿔뼈

방패연골

하부수축근

반지인두근

[그림 11-3] 인두수축근과 주변 근육(Logemann, 1998)

간은 혀의 기저부와 후두덮개(epiglottis)로 이어지는 공간인 후두개곡(valleculae)이
다([그림 11-1] 참조). 삼키기 전 이 공간들에 음식물이 흘러내려 고여 있거나 삼킴 후
음식 잔여물이 남아 있기도 한다. 조롱박굴의 아래쪽은 인두의 가장 끝부분을 형성
하고 있기도 한 반지인두근(cricopharyngeal muscle)인데, 이는 상식도조임근(Upper
Esophageal Sphincter: UES) 혹은 인두식도조임근(Pharyngoesophageal sphincter: PE)이

라고 알려져 있는 식도 입구의 밸브를 형성한다.

후두의 가장 위쪽은 후두덮개인데, 이는 목뿔후두덮개인대(hyoepiglottic ligament)에 의해 목뿔뼈에 연결되어 있다. 투시조영검사의 앞뒤 면에서 보면 후두개곡이 목뿔후두덮개인대를 가운데로 하여 양쪽으로 나뉘어 보인다. 호미후두덮개주름(aryepiglottic fold)은 후두덮개의 양측 가장자리에 붙어 있고, 아래쪽으로 내려오면서 호미연골(arytenoid)을 감싸고 후두안뜰(laryngeal vestibule)의 양쪽 벽을 형성한다. 후두는 삼키는 동안 3중으로 닫혀 기도를 보호하게 되는데 가장 위쪽으로는 후두덮개 영역에서 닫히고, 그 아래로 가성대영역에서 닫히며, 진성대는 기도로 들어가기 전의 마지막 관문이 된다.

식도는 23~25cm 정도 길이의 근육 튜브로 음식이 들어가기 전에는 오므라들어 있으며, 양끝은 조임근으로 이루어져 있다. 위쪽의 상식도조임근(UES)은 인두와 경계를 이루고 아래쪽 하식도조임근(Lower Esophageal Sphincter: LES)은 위장과 경계를 이루고 있다. 식도는 기도의 뒤쪽에 위치하며 하나의 벽을 공유하고 있다. 즉, 기도의 뒤쪽 벽이 식도의 앞쪽 벽이 되는 것이다.

삼킴과정에 관여하는 기관들을 튜브와 밸브의 메커니즘으로 설명하기도 하는데 (Logemann, 1998), 구강과 인두를 각각 가로 방향과 세로 방향의 튜브로 본다면 밸브들은 입술에서부터 혀, 연인두조임근, 혀의 기저부와 인두벽, 후두 그리고 반지인두조임근으로 이루어져 있다. 이러한 튜브와 밸브들이 모두 적절한 시기에 적절한 움직임을 보이며 작동해야 정상적인 삼킴이 이루어질 수 있다.

2) 정상 삼킴의 단계

정상적인 삼킴의 과정은 매우 빠르고 역동적인 일련의 움직임이지만 순서적으로 그 단계를 구강단계, 인두단계, 식도단계의 3단계 혹은 구강단계를 다시 구강준비단계와 구강단계로 나누고, 그다음 인두단계와 식도단계의 4단계로 나눈다.

(1) 구강준비단계

구강준비단계(oral preparatory stage)는 입안에 음식물이 들어온 다음 그 음식물을 씹거나 조작하여 삼킬 수 있는 상태가 되도록 준비하는 단계다. 이는 음식물의 특성이나 개인의 습성에 따라 달라질 수 있지만, 음식물이 입안에 들어오면 우선 입술은 음식물이 입 밖으로 흘러 나가지 않도록 닫힌 상태를 유지하며 코를 통해 숨을 쉰다. 씹기가 필요한 음식은 혀와 볼, 아래턱의 협응운동에 의해 부수어지고 침과 섞이게 된다.

씹기가 필요 없는 음식물의 경우, 여린입천장은 아래쪽으로 당겨져 구강과 인두를 분리시킨다. 그러나 씹는 동작이 활발하게 진행되는 동안은 여린입천장의 이러한 움직임이 보이지 않으며, 이때 음식물이 혀 뒤쪽으로 흘러내리는 미숙유출(premature falling)이 나타나는데, 이는 정상적인 현상이다(Palmer et al., 1992).

삼킬 준비가 된 음식물은 혀와 입천장 사이에 놓이게 되는데, 이때 혀의 가장자리는 치조(alveolus)에 밀착되며 가운데 놓인 음식물을 감싸게 된다. 그러나 모두 이러한 형태를 취하는 것은 아니다. 간혹 정상인들도 약 20% 정도는, 특히 액체의 경우 '혀로 감싸기(tipper)'의 형태가 아니라 혀의 앞부분과 구강바닥(floor of mouth)에 물고 있는, 즉 '담고 있기(dipper)'의 형태를 취하기도 한다(Dodds et al., 1989). 그러나 더 앞쪽으로 혀와 앞니 사이에 음식물을 물고 있는 것은 비정상적인 자세이며 종종 혀 밀어내기(tongue trust)의 삼킴패턴과 관련이 있다. 삼킬 때 혀가 앞쪽으로 움직이며 음식물을 입 밖으로 미는 혀 밀어내기는 뇌성마비 환자나 이마엽(frontal lobe)이 손상된 환자에게서 관찰되기도 한다.

(2) 구강난계

구강운반단계(oral transport stage)는 삼키기 위해 혀가 음식물을 앞에서부터 뒤로 밀어 넘기기 시작하는 순간부터 음식덩이의 앞부분이 앞쪽구개활을 통과하는 시점까지다. 보통 음식덩이의 앞부분이 앞쪽구개활에 닿으면 인두삼킴이 유발되는데, 노인의 경우는 좀 더 아랫부분, 즉 방사선촬영에서 보이는 바와 같이 혀의 기저부

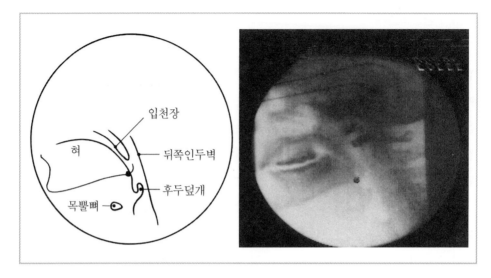

[그림 11-4] 검은 점이 혀의 기저부와 아래턱이 교차하는 지점을 나타내고 있음(Logemann, 1998)

(tongue base)와 아래턱의 밑 테두리가 만나는 지점([그림 11-4])에 닿았을 때 유발된다고 한다(Robbins et al., 1992). 이때 걸리는 시간을 구강통과시간(oral transit time)이라고 하며 보통 1~1.5초 정도다.

구강단계에서는 혀의 움직임이 매우 중요한데, 혀의 중간선(midline)이 앞에서부터 순차적으로 굳은입천장을 향해 밀어 올려지면서 음식물을 뒤쪽으로 보낸다. 이러한 혀의 움직임을 벗겨 내기(stripping action) 혹은 굴리기(rolling)로 표현하기도 한다.

(3) 인두단계

인두단계(pharyngeal stage)는 음식물이 앞쪽구개활 혹은 혀의 기저부와 아래턱의 밑 테두리가 만나는 지점을 통과하여 인두삼킴이 유발되는 시점부터 시작된다. 이때 연인두폐쇄(velopharyngeal closure)가 일어나 비강 쪽 통로를 막고, 목뿔뼈와 후두는 위쪽, 앞쪽으로 움직이며, 이와 함께 후두가 닫히고 반지인두근(cricopharyngeal muscle)은 열리며, 혀의 기저부는 뒤쪽으로, 인두벽은 앞쪽으로 움직여 맞닿은 후 아래쪽으로 수축해 가며 음식물을 식도로 밀어 넣는다.

인두삼킴이 유발된 시점에서부터 음식덩이가 반지인두이음부(cricopharyngeal juncture)를 통과하는 순간까지 소요되는 시간을 인두통과시간(pharyngeal transit time)이라고 하며 보통 1초 이내다. 그러나 음식물이 인두삼킴이 유발되어야 하는 지점에 도달하였음에도 불구하고 인두삼킴이 유발되지 않는 경우가 있다. 이렇게 지연되는 시간을 인두지연시간(pharyngeal delay time)이라고 한다. 즉, 인두지연시간은 음식물이 혀의 기저부와 아래턱이 교차하는 지점에 닿은 순간부터 인두삼킴이 유발되어 후두상승이 시작되는 순간까지다.

인두단계에서 음식물은 보통 후두개곡에서 양쪽으로 나뉘어 인두의 양옆을 따라 조롱박굴로 내려간다. 하지만 정상인 중 한쪽으로만 삼키는 사람도 있다. 두 갈래로 나뉜 음식물은 식도 입구에서 다시 만나며, 삼키고 난 다음에는 인두 안에 잔여물(residue)이 거의 남지 않는다.

(4) 식도단계

식도단계(esophageal stage)는 음식덩이가 식도로 들어가는 순간부터 위장으로 들어가는 순간까지이며, 이에 소요되는 시간을 식도통과시간(esophageal transit time)이라고 한다. 식도통과시간은 음식물에 따라 달라질 수 있으나 8~20초 정도다. 식도단계에서의 문제는 일반적인 삼킴치료방법을 통해서는 개선될 수 없는 경우가 대부분이기 때문에 보통 소화기내과 전문의에게 의뢰하게 된다. 그러나 최근 공기삼킴증(aerophagia), 위상부트림(supragastic belching) 환자에 대한 언어치료사의 역할이 강조되고 있다(Cigrang, et al., 2006; Hemmink et al., 2010; Katzka, 2013; 유서연 외, 2019).

위상부트림(supragastric belching), 공기삼킴증(aerophagia)은 위장 내부의 가스를 외부로 배출하기 위한 생리적 현상인 위트림(gastric belching)과는 달리 하나의 행동장애로 다루어지고 있다. 식도기능검사의 발달로 이러한 트림의 생리적 기전이 밝혀지고 있으며 치료법도 소개되고 있으나, 아직도 증상에 대한 이해 부족으로 많은 환자가 불편함을 겪고 있다. 과도한 트림은 환자의 일상생활에 심각한 지장을 초래하고 삶의 질을 저하시키는 원인이 된다.

최근 이러한 환자들에 대해 언어치료나 바이오피드백 등의 행동요법에 대한 효과가 보고되고 있다. 언어치료사의 역할은 검사단계에서부터 시작되기도 한다. 환자 면담 및 증상의 관찰뿐만 아니라 삼킴장애 환자들에게 사용되는 비디오투시조영검사를 통해 트림 시 인두 및 기도 입구의 움직임과 상부식도의 변화를 볼 수 있다. 또한 식도단계를 살펴보면서 트림이 발생하는 일련의 과정과 식도 내로의 공기 유입 및 움직임을 관찰할 수 있다. 검사 영상은 환자의 치료 시, 시각적 자료로 활용되기도 한다.

3) 신경계 조절

삼킴은 대뇌와 뇌줄기(brainstem), 뇌신경(cranial nerve) 그리고 각 기관의 근육들이 관여하는 복잡한 과정이다. 이러한 일련의 삼킴과정은 신경계에 의해서 조절된다. 정상적인 삼킴에는 구강 및 인두 내의 감각수용체에 의해 반사적으로 유발되는 요소와 자발적인 요소가 모두 있어야 한다. 혀가 음식덩이를 뒤로 밀어 넘기는 운동은 자발적인 요소이며 대뇌의 작용이다. 그러나 혀가 음식물을 밀어 넘길 때 구강 및 인두 영역에서 수용되는 감각정보는 다시 대뇌와 뇌줄기에 전달되며, 뇌줄기의 아랫부분에 있는 숨뇌(medulla)에서 이러한 정보를 모두 받아들여 확인하고 삼킴의 운동 패턴이 일어나도록 한다. 따라서 숨뇌는 삼킴의 중추라고도 할 수 있는데, 그 영역에 따라 다른 특성을 보이기도 한다(Kwon, Lee, & Kim, 2005).

우선 삼킴에 관여하는 뇌신경들을 살펴보면, V번 삼차신경(trigeminal nerve), VII번 안면신경(facial nerve), IX번 설인신경(glossopharyngeal nerve), X번 미주신경(vagus nerve), XII번 설하신경(hypoglossal nerve)이 있다. 삼킴에 관련하여 삼차신경은 얼굴과 구강의 감각에 관여하며, 씹기에 중요한 역할을 하는 근육의 운동을 담당한다. 안면신경은 입술의 움직임을 비롯한 얼굴근육의 움직임을 지배하고 혀 앞쪽 2/3의 맛감각을 뇌로 전달한다. 설인신경은 혀 뒤쪽 1/3의 맛과 감각, 인두영역의 감각을 담당하며 미주신경과 함께 삼킴반사를 유발하는 데 관여한다. 미주신경은 삼킴반사와 발성 등 후두의 움직임에 매우 중요한 역할을 하며, 흉부와 복부의 운동, 인두와 후두, 흉부, 복부의 감각에 관여한다. 설하신경은 주로 혀의 운동을 담당하는 신경이다.

4) 나이에 따른 변화

영·유아 및 아동의 경우, 두경부구조 간의 해부학적 관계는 성인과는 다소 차이가 있다. 우선 성인에 비해 양 볼에 지방이 많아 구강이 더 좁고 목뿔뼈와 후두의 위치가 더 높이 있는데, 후두가 거의 혀의 기저부 아래까지 올라가 있다. 따라서 기도를 더 잘 보호할 수 있으며 삼킬 때 성인에 비해 후두상승의 폭이 좁다. 성장함에 따라 아래턱이 아래로 그리고 앞쪽으로 자라나게 되면서 혀도 아래로 내려가 구강이 넓어진다. 또한 목뿔뼈와 후두도 아래로 이동하여 인두가 넓어진다.

노화에 따른 변화도 일어나는데, 후두의 연골들과 목뿔뼈의 골화(ossification)로 투시조영검사에서 더 검게 보이는 경우도 있다. 또한 목뼈 관절의 변화로 인두벽의 유연성이 저하될 수 있고 삼킴 후 구강과 인두에 잔여물이 다소 증가하기도 한다. 삼킴반사가 유발되는 지점에도 변화가 있는데, 앞에서 언급한 바와 같이 노인의 경우는 앞쪽구개활 부근이 아니라 좀 더 아래쪽으로 기저부(tongue base)와 아래턱의 밑 테두리가 만나는 지점([그림 11-4])에서 인두삼킴이 유발된다고 한다(Robbins et al., 1992). 또한 노인들은 후두와 목뿔뼈의 앞쪽, 위쪽 움직임의 최대치가 감소하고 움직임의 초과현상이 나타나지 않는 등 예비력이 감소하며, 음식물의 양이 증가하여도 반지인두근의 열림에 변화를 보이지 않아 유연성이 저히되는 것으로 나타났다(Logemann, 1998). 따라서 젊은이와 달리 노인이 되면 신체적 문제가 생겼을 때 삼킴장애가 발생할 가능성이 높아진다.

3. 삼킴장애의 평가

1) 선별검사

삼킴장애에 대한 선별검사의 목적은 삼킴장애의 고위험군 환자를 찾아내는 것이다. 이는 삼킴장애가 있는지를 알아내기 위한 간단한 평가로 이른 시간 내에 낮은 위험성과 적은 비용으로 이루어져야 한다. 검사는 환자의 병상이나 가정 혹은 학교에서 시행되는데, 환자가 삼킴장애의 증상이나 징후를 보이는지 관찰하고 필요한 정보를 수집하여, 그 이상의 평가를 필요로 하는 환자를 발견해 내는 것이 목적이다. 삼킴장애의 증상에 대해서는 앞에서 이미 설명하였는데, 그 외에 환자가 특정 음식을 이유 없이 거부하는 것도 무증상흡인을 의심해 볼 수 있는 근거가 된다. 또한 삼킴장애가 동반될 가능성이 매우 높은 질환인 경우는 선별검사를 거치지 않고 바로 진단검사에 들어가기도 한다. 선별검사는 삼킴장애의 유무에 대한 간접적인 증거를 찾는 것으로 장애의 생리학적 원인에 대한 자세한 정보는 얻을 수 없다.

2) 임상평가

임상평가는 삼킴장애의 진단과 치료계획을 위해 이루어지며, 우선 환자의 정보를 수집하는 것에서 시작된다. 보통 환자에 대한 의무 기록을 통해 진단명, 병력, 현재의 의학적 상태를 파악한다. 특히 환자의 언어 및 인지기능에 대한 정보나 호흡기능, 식사방법에 대해 잘 알아 둘 필요가 있다. 환자의 의식이 명료하지 못하다면 평가는 미루는 것이 바람직하다. 언어나 인지기능이 저하되어 있다면 평가나 치료 방법에 제한이 따를 수 있다.

환자에 대한 직접평가에서는, 우선 환자가 주로 호소하는 삼킴장애의 증상이 어떤 것인지, 그러한 문제가 발생하는 상황 등에 대해 자세한 문진을 한다. 또한 호흡이 안정적인지, 분비물이 많지는 않는지 살펴본다. 그리고 구강 및 후두 기능에 대한 평가를 한다. 각 기관에 구개열과 같은 해부학적인 문제가 없는지 관찰하고 운동능력을 검사하는데, 이때 중요한 것은 각 기관의 근육강도 및 움직임의 속도와 범위, 그리고 정확성이다.

스스로 입을 벌릴 수 있는지, 교합반사(bite reflex)나 긴장교합(tonic bite) 같은 부적절한 반사는 없는지 확인하고, 어떠한 경우 유발되고 둔감화되는지 그 특성을 파악한다. 입술의 기능은 환자에게 입을 세게 다물게 하고 그 상태를 유지하거나 벌리려고 하는 힘에 저항할 수 있는지를 살펴본다. 또 환자에게 / ㅣ / 모음을 말할 때와 같이 입술을 양옆으로 최대한 넓게 벌리고, 그다음 /ㅜ/라고 할 때처럼 입술을 둥글게 오므리게 하며 움직임과 그 범위를 파악하고, 이것을 빠르게 반복하게 하여 속도를 평가한다. 입술파열음인 /파/를 빠르게 반복하게 하여 교대운동속도를 보기도 한다.

혀의 기능을 볼 때는, 환자에게 혀를 앞으로 길게 내밀도록 하여 충분한 움직임을 보이는지, 한쪽으로 쏠리지는 않는지(마비가 없는지) 살펴본다. 또한 혀끝을 입술 양옆 끝으로 빠르게 왔다 갔다 하게 하여 움직임의 속도 및 정확성을 평가하고, 혀로 입안에서 양쪽 볼을 바깥으로 밀도록 하거나, 양쪽 측면고랑에서 음식물을 빼는 흉내를 내도록 하여 움직임을 평가하기도 한다. 입천장에 붙은 음식물을 혀로 떼어 내는 흉내를 내보게 할 수도 있다. 또한 /타/를 빠르게 반복하여 교대운동속도를 보기도 한다. 혀 뒷부분의 기능을 보기 위해서는 혀를 최대한 뒤로 밀어 올리거나 /악/이라고 발음하듯이 올리고 몇 초간 유지하게 하며, /커/를 빠르게 반복하여 교대운동속도를 보기도 한다.

여린입천장의 기능은 환자가 입을 벌리고 크고 짧게 /ㅏ/ 소리를 반복할 때 관찰할 수 있다. 구개반사나 구역반사를 검사하기도 하지만 정상인의 경우도 이러한 반사가 감소되어 있거나 나타나지 않을 수 있다(Davies et al., 1995). 따라서 구개반사나 구역반사가 나타나지 않는다고 해서 이것이 삼킴장애를 뒷받침해 주는 증거자료가 되지는 못한다.

후두의 기능은 우선 음성의 크기나 질을 보아 평가할 수 있다. 음성의 크기가 감소되어 있다면 성대를 닫는 기능이 약할 수 있다. 또한 한쪽 성대가 마비된 경우 이중음성(diplophonia)이나 쉰 소리가 난다. 가릉거리는 음성은 흡인이나 침습(penetration) 혹은 잔여물(residue)과 관련이 있는 것으로 판단된다. 환자에게 직접 삼켜 보라고 지시를 하면서 임상가는 손가락을 차례대로 아래턱 밑의 근육 부분, 목뿔뼈 그리고 방패연골의 가장 돌출된 부분과 방패연골 아래에 대고 목뿔뼈와 후두의 위쪽, 앞쪽 움직임을 평가할 수 있다([그림 11-5] 참조). 음식물 없이 환자에게 침을 삼키도록 하는 마른삼킴(dry swallow)과 소량의 물을 이용하여 삼키도록(wet

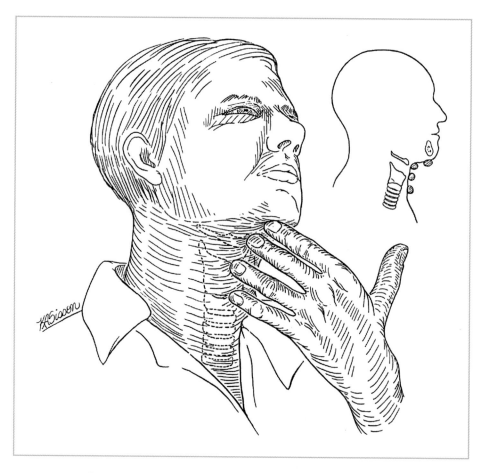

[그림 11-5] 임상평가에서의 올바른 손가락의 위치(Logemann, 1998)

swallow) 하고 목뿔-후두 움직임이 얼마나 즉각적으로 일어나는지 그리고 충분한 범위로 움직이는지를 평가하고, 삼킴 후 기침이나 젖은 음성(wet voice)과 같은 흡인의 징후를 보이지는 않는지 관찰한다. 젖은 음성을 알기 어렵다면 삼키기 전에 그리고 삼키고 나서 발성을 시켜 보고, 음질의 변화가 있는지를 관찰하는 것도 좋은 방법이다.

그러나 이러한 임상평가만으로 충분하지 않은 경우가 있다. 흡인을 보이는 환자 중 50~60% 정도가 무증상흡인을 보인다고 하는데(Logemann, 1998), 임상평가만으로는 무증상흡인을 확실하게 알아낼 방법이 없다. 숙련된 임상가라 할지라도 병상 임상검사에서 실제로 흡인이 되는 환자의 약 40% 정도를 찾아내지 못한다고 한다 (Linden & Siebebs, 1983; Splaingard, Hutchins, Sulton, & Chauhuri, 1988). 따라서 흡인이 의심되거나 인두단계에서의 문제가 있다고 판단되는 환자는 반드시 방사선촬영검사와 같이 흡인의 여부 및 인두단계의 생리학적 평가가 가능한 검사를 받도록 한다.

3) 기기적 평가

삼킴의 생리학적 평가를 위한 영상검사에는 초음파나 광섬유내시경삼킴검사 (Fiberoptic Endoscopic Examination for Swallow: FEES) 그리고 비디오투시조영검사 등이 있다. 초음파검사는 주로 혀의 움직임이나 삼킴의 구강단계평가에 국한되어 사용되며 인두는 볼 수가 없다. FEES는 내시경을 코를 통해 삽입하여 여린입천장 부근까지 내려간 위치에 둔다. 이 검사에서는 구강단계를 볼 수 없으나, 인두삼킴이 유발되기 전과 인두삼킴이 유발된 후 다시 이완 상태로 돌아간 다음의 인두와 후두의 모습을 관찰할 수 있다. FEES에서는 삼킴반사가 일어나는 순간을 볼 수 없다. 따라서 최근에는 FEES와 다음에 언급되는 비디오투시조영검사를 결합한 형태로 검사가 이루어지기도 한다.

삼킴의 과정을 평가하는 데 가장 많이 사용되는 영상검사는 비디오투시조영검사 (Video Fluoroscopic Study for Swallow)다. 이 검사는 환자에게 조영제가 섞인 다양한 농도나 양의 음식물을 삼키게 하면서 X-ray를 이용하여 투시되는 영상을 기록하는 것인데, 방사선 노출량이 상대적으로 적고, 영상을 녹화하여 검사 후 바로 몇 번이고 반복하여 볼 수가 있으며, 느린 동작으로 보거나 프레임별로 분석이 가능하다. 비디오투시조영검사 동안 흡인의 여부나 원인을 파악하고, 이에 대한 적절한 책략을 마련하여 검사 중에 직접 적용해 보면서 그 효과를 검증해 볼 수 있다.

(1) 비디오투시조영검사방법

검사는 일반적으로 측면촬영상(lateral view)에서 시작하는데 여기에서 흡인이 일어나는지와 대략적으로 흡인된 양, 흡인의 원인을 잘 파악할 수 있기 때문이다. 검사 중, 측면촬영상에 반드시 포함되어야 할 영역은 앞쪽으로는 입술, 뒤쪽으로는 인두벽, 위쪽으로는 입천장 그리고 아래쪽으로는 후두 및 식도의 윗부분이다([그림 11-6] 참조). 검사의 순서는 1ml이나 3ml 정도의 아주 적은 양의 액체에서 시작하는데, 액체에서 흡인이 잘될 수도 있지만 환자의 특성에 따라 다르기도 하며(Kwon, Lee, & Kim, 2005), 기도를 폐쇄시킬 위험성은 가장 적고, 무엇보다도 흡인의 원인을 파악하기에는 액체가 가장 좋기 때문이다(Logemann, 1998). 흡인이 없는 경우 점점 양을 늘

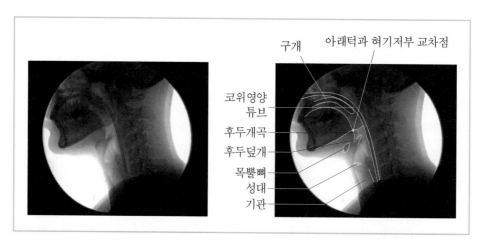

구개　　아래턱과 혀기저부 교차점

코위영양
튜브
후두개곡
후두덮개
목뿔뼈
성대
기관

[그림 11-6] 비디오투시조영검사 측면촬영상에서의 구강인두기관 및 코위영양튜브의 위치

러 가며, 마지막에는 평상시 마시던 것처럼 컵으로 액체를 마셔 보게 한다.

검사 중 어떤 양에서 흡인이 된다면, 검사를 일단 중지하고 더 많은 양으로 검사를 진행하지 않는다. 그리고 그 자리에서 흡인이 된 원인을 파악하고, 그 원인에 따라 이후에 설명될 치료방법 중 적합한 기법을 선택하여 같은 양으로 다시 한번 삼키도록 해 보는 시도치료(trial therapy)를 시행한다. 간단한 자세의 변경이나 적절한 보상 책략의 사용만으로 바로 극적인 변화를 가져올 수도 있다. 적용한 방법이 효과적이라면 다시 양을 늘려 가며 검사를 진행한다. 시도치료가 도입되는 순서는 먼저 자세 변경방법을 사용하고, 그다음 삼킴기법 그리고 농도의 변경을 시도해 보는데, 이는 환자의 편의를 우선적으로 고려해야 하기 때문이다(Logemann, 1993). 이렇게 액체에서 검사를 끝내면, 그다음은 꿀이나 죽, 과자 등 더 진한 농도의 음식으로 역시 적은 양부터 투여하며 검사를 해 나간다. 이후의 절차는 액체에서와 같다. 또한 필요한 경우 뒤-앞면촬영상(posterior-anterior view)을 얻는데, 이때 임상가는 구강과 인두, 후두의 구조 및 기능과 대칭성을 평가할 수 있다.

(2) 구강준비단계 및 구강단계의 평가

삼킴의 구강준비단계에서, 음식물이 입안에 들어오면 정상적으로 입술이 닫히고 그 상태를 유지해야 한다. 그렇지 못한 경우 음식물이 구강 앞쪽으로 흘러내린다. 그런 다음, 씹거나 적절한 조작을 하여 음식물을 삼킬 수 있는 상태로 만들어야 하는데, 이러한 움직임에 문제가 없는지 살펴본다. 음식물이 입안 전체에 흩어져 버리거나 구강바닥에 고여 있거나, 앞쪽 혹은 측면고랑으로 들어간다면 혀와 볼 근육의 문제를 의심해 볼 수 있다. 액체나 씹을 필요가 없는 음식이라면 여린입천장이 아래로 내려와 구강 내 음식물이 인두로 흘러 들어가는 것을 막아 준다. 이러한 기능에 문제가 있다면 음식물은 인두로, 그리고 열려 있는 후두로 흘러 들어가 (미숙유출)흡인을 초래할 수 있다.

구강단계에서는 혀가 음식물을 밀어 넘겨 인두삼킴을 유발시키게 된다. 대뇌의 통제하에 자발적으로 일어나는 것이며, 따라서 중증의 치매환자와 같이 대뇌 전반에 걸쳐 문제가 있는 환자들은 간혹 음식물을 입안에 계속 물고 있기만 하며 전혀 밀어 넘기는 동작을 보이지 않는다. 혀운동에 문제가 있으면 구강통과시간이 길어지고 구강 내 잔여물이 관찰될 것이다. 혀 밀어내기와 같은 이상움직임이 관찰되는 것도 이 단계에서다. 파킨슨병 환자의 경우, 이 단계에서 혀의 앞뒤굴림운동(rolling motion)을 반복적으로 보이기도 한다.

(3) 인두단계의 평가

혀가 밀어 넘긴 음식물이 혀의 기저부와 아래턱의 밑 테두리가 교차하는 지점에 닿게 되면 인두삼킴이 유발되어야 한다. 그러나 인두삼킴이 일어나지 않고 그 상태로 오래 지연되면 인두로 흘러 들어간 음식물이 흡인될 위험성이 높아진다. 특히, 유동성이 강한 액체의 경우는 더 위험하다. 연인두폐쇄가 적절히 이루어지지 않으면 음식물이 코로 환류(backflow)되기도 하고, 인두수축에 문제가 있으면 음식물이 인두 위쪽으로 환류되거나 삼킴 후 인두벽에 잔여물이 남을 것이다. 혀의 기저부의 운동이 저하되었다면 삼킴 후에 후두개곡에 잔여물이 관찰될 것이고, 후두상승의 저하는 기도 윗부분이나 조롱박굴에 잔여물을 남게 할 것이다. 이러한 잔여물이 기도로 흘러들어 흡인이 되기도 한다. 후두상승이 이루어졌다고 해도 반지인두근의 이완작용에 문제가 있다면 식도 입구가 제대로 열리지 않아 음식물이 통과하는 데 문제가 생길 수 있다. 후두가 완전히 폐쇄되지 않는 경우도 흡인이 되는 원인이 될 수 있다.

(4) 식도단계의 평가

삼킴 후에 식도로 들어간 음식물이 인두로 다시 환류되는 경우가 있다. 이는 역류(reflux)나 이완불능증(achalasia), 종양, 협착과 같은 식도장애의 증상에서 비롯된 것이다. 또한 기관식도누공(tracheoesophageal fistula)이 생기면 식도로 들어간 음식물이 이 누공을 통해 기관으로 들어가게 된다. 최근 공기삼킴증이나 위상부트림 환자의 검사나 치료에 비디오투시조영검사가 이용되기도 한다. 진단은 보통 식도 임피던스검사를 통해 감별진단이 가능하다고 알려져 있다. 이러한 환자들의 비디오투시

표 11-1　비디오투시조영검사에서 관찰되는 삼킴장애 증상에 따른 원인

삼킴단계	증상	원인
구강 준비 단계	음식물이 구강 밖으로 흘러나옴	입술근육의 긴장도 저하로 입을 다물지 못함
	씹어야 하는 음식물이 혀 위에 그냥 얹혀 있거나 앞쪽 혹은 측면고랑으로 흘러 들어감	혀의 움직임이 제한적임
구강 단계	구강 이동 시간이 늦음	혀의 기능 저하
	앞쪽고랑에 음식물이 고임	아랫입술의 긴장도가 저하되었거나 혀 앞부분의 운동 저하
	측면고랑에 음식물이 고임	볼근육의 긴장도 저하
	음식물을 밀어 넘기기 위한 혀의 미세한 움직임은 여러 번 관찰되나 넘기지 못함	혀의 운동장애(가령, 파킨슨병)
	음식물의 일부가 혀의 기저부나 인두로 흘러내림	혀의 운동기능 저하
	음식물이 코로 환류됨	연인두의 상승이 늦거나 불충분함
	삼킨 다음, 음식물이 입천장이나 혀 위에 남아 있음	혀의 기능 저하
인두 단계	음식물이 후두개곡이나 조롱박굴에 한동안 얹혀 있다가 삼킴반사가 일어남	삼킴반사가 지연됨(delayed swallwing reflex)
	음식물이 후두개곡이나 조롱박굴에 얹혀진 채로 30초 이상 지나도 삼킴반사가 일어나지 않음	삼킴반사가 없음(absent swallowing reflex)
	삼킨 다음, 후두개곡과 조롱박굴에 잔여물이 남아 있음	인두수축력 저하 혀의 뒤쪽 당김운동 저하 후두상승의 저하
	삼킨 다음, 인두벽이 코팅됨	인두수축력 저하
	삼킨 다음, 조롱박굴에 잔여물이 남음	후두상승의 저하 반지인두근 기능 저하
	삼킨 다음, 후두 입구에 남아 있던 음식물이 기도로 흘러 들어감	후두상승의 저하

출처: Logemann (1998).

조영검사 영상을 통해 식도 내에서 공기의 유입이나 움직임을 관찰하고, 이를 환자의 치료에 시각자료로 활용할 수 있다(유서연, 김가희, 안지용, 정기욱, 권미선, 2019).

4) 결과의 정리

검사 후에 임상가는 삼킴장애가 있는지와 그 특성을 기술하고 환자에게 적절한 식사방법에 대한 권고 사항을 제안한다. 또한 환자의 삼킴장애 특성에 맞는 치료계획을 수립하고 수행한다. 보고서에는 흡인이나 잔여물에 대한 해부학적·생리학적 원인과, 이러한 증상을 감소시키거나 제거하기 위해 시도된 중재와 그 결과가 어떠했는지 기술한다. 그러한 시도를 할 수 없었다면 그 이유를 밝혀야 한다.

식사방법을 결정할 때, 보통 삼키는 데 너무 오랜 시간을 소요하거나 흡인이 된다면 그 농도와 양의 음식물 섭취를 제한하기도 한다. 만약 흡인을 보였다고 해도 시도 치료에서 효과적으로 흡인을 제거할 수 있었다면 그 방법으로 먹도록 권고한다. 그러나 삼킴장애가 너무 심해서 구강식사로는 충분한 영양이나 수분이 공급되지 못할 경우, 비구강식사법을 권고한다. 비구강식사방법은 입으로 먹지 않고 튜브를 통해 음식물을 체내에 공급하는 것인데, 코에서 식도를 통해 위장으로 튜브를 삽입하는 코위영양관식사(nasogastric feeding), 배 바깥쪽에 구멍을 만들고 튜브를 위장으로 넣는 피부경유내시경위창냄술(percutaneous endoscopic gastrostomy) 그리고 배 바깥쪽에 구멍을 만들고 튜브를 창자로 도달하게 하는 빈창자창냄술(jejunostomy) 등이 있다.

4. 삼킴장애의 치료

삼킴장애 환자에게 치료를 시작할지 및 어떤 치료방법을 적용할지는 환자의 의학적 진단 및 검사 결과에 근거하여 결정한다. 만약 환자가 1~2주 내에 회복될 것 같고, 합병증이 없으며, 자세변경과 같은 간단한 보상책략을 사용하여 식사를 하는 데

지장이 없다면, 별도의 치료 없이 간단한 교육만 시행할 수도 있다. 대부분은 검사에 나타난 문제에 근거하여 치료 프로그램을 만드는데, 가령 혀근육이 약화되어 음식물을 조절하는 데 문제가 있다면 혀근육을 강화시키는 운동을, 후두의 상승운동이 저하되어 흡인이 일어난다면 후두상승을 돕는 치료를 실시할 것이며, 경우에 따라 삼킴기법의 절차를 익히는 것을 통해 특정 생리학적 측면을 자발적으로 조절하기도 한다. 그러나 치매환자라면 복잡한 절차나 지시에 따라야 하는 방법은 적용하지 않을 것이다.

치료방법은 그 특성에 따라 유형을 분류하기도 하는데, 음식물을 직접 삼키게 하면서 치료를 하는 직접치료와, 환자의 침으로만 삼키는 훈련을 하거나 필요한 운동 조절을 강화시키는 등의 간접치료로 나누기도 한다. 혹은 보상책략과 치료기법으로 나누기도 하는데, 보상책략은 환자의 삼킴장애의 생리학적 원인을 제거하기 위한 것은 아니며 증세를 변화시키고자 하는 데 초점을 둔다. 치료기법은 기능의 향상을 위한 훈련 등을 통하여 삼킴생리를 변화시키기 위한 것이다. 그러나 보상책략을 사용해도 삼킴기능이 점차 향상되어 가는 것이 보통이므로, 이러한 분류기준에 문제점이 제기되기도 한다.

1) 보상책략

자세변경은 가장 많이 사용되는 방법 중의 하나다. 하지만 모든 환자에게 효과적인 자세란 없으며 장애 특성에 맞게 적절한 자세를 선택하여 적용해야 한다. 즉, 삼킴장애의 원인이 인두삼킴반사가 지연되어 나타나는 것이라면 턱을 내린 자세(chin tuck position)가 효과적일 것이나, 반면 혀가 전혀 움직이지 않아 음식물을 밀어 넘기는 데 문제가 있는 환자라면 오히려 삼킬 때 턱을 올려서(chin up position) 음식물이 넘어가도록 도와주는 방법을 사용하도록 할 수도 있다. 턱을 내리면 후두개곡의 공간을 넓혀 주고 음식물이 인두강으로 흘러내려 가는 속도를 늦추어 주는 효과가 있다. 반면, 턱을 올리는 자세는 중력을 이용하여 음식물을 인두강으로 흘러내리게 한다. 단, 턱을 올리는 자세를 이용하고자 할 때는 반드시 인두단계의 삼킴 및 성대 폐쇄기능이 보존되어 있는지 체크해야 한다. 인두 및 후두 기능이 저하된 환자에게 턱을 올리는 자세를 사용하면 흡인의 위험성이 매우 높다. 머리돌리기(head rotation)는 한쪽 인두에 문제가 있을 때 손상이 있는 쪽으로 머리를 돌려서 그쪽 인두를 막음으로써 음식물이 정상적인 인두 쪽으로 가도록 하는 방법이다. 머리기울이기(head tilt)는 환자가 한쪽 구강과 인두에 모두 문제가 있는 경우에 기능이 좋은 쪽으로 머리를 기울이는 방법인데, 이렇게 하면 중력의 영향으로 음식물이 머리를 기울인 쪽으로 흘러내려 가게 된다(Hardy & Robinson, 1999).

음식의 양이나 농도를 바꾸면 증상이 완화되기도 하는데, 일반적으로 많은 양보다 적은 양에서 그리고 액체보다는 진한 농도의 음식에서 흡인이 감소하는 경우가 많지만 항상 그러한 것은 아니다. 환자에 따라서는 양이 많아지면 인두삼킴이 더 잘 유발되는 경우도 있다. 또한 숨뇌에 손상이 있는 환자의 경우, 농도가 진할수록 잔여물이 증가하여 더 많이 흡인되기도 한다(Kwon, Lee, & Kim, 2005).

음식물의 조작방법을 바꾸는 것도 효과적일 수 있는데, 가령 음식물을 입에 물고 있기만 하고 전혀 반응을 보이지 않는 환자에게 과자조각과 같이 씹어야 하는 것을 입에 넣어 주면 자연스럽게 씹는 동작이 유발되고, 씹는 동안 음식물이 혀의 기저부를 타고 흘러내려 인두삼킴반사가 일어나는 것을 볼 수 있다. 그러나 이 모든 보상책략방법들은 투시조영검사에서 흡인이 없는 것을 확인한 후에 시행하는 것이 안전하다.

2) 치료기법

구강운동기능을 향상시키기 위해 여러 방법이 사용되는데, 가장 많은 환자가 어려움을 보이는 것은 혀운동 측면이다. 혀는 음식물을 조작하거나 음식물을 혀와 입천장 사이에 놓고 둘러싸거나 밀어 넘기는 등 다양한 움직임을 보이는데, 이때 필요한 근육의 강도와 운동조절능력, 운동범위에 훈련의 초점이 맞추어진다. 가령, 혀를 최

표 11-2 삼킴장애에 사용되는 치료기법

삼킴기법	목표	절차
혀고정삼키기 (tongue-hold swallow)	혀의 기저부와 인두근 육운동 기능 향상	① 혀를 앞니 사이에 가볍게 문다. ② 그 상태에서 침을 삼키게 한다.
노력삼킴 (effortful swallow)	혀의 기저부와 인두근 육운동 기능 향상	힘껏 쥐어짜듯이 세게 삼킨다.
온도-촉각자극법 (thermal-tactile stimulation)	삼킴반사를 촉진시킴	① 환자에게 입을 벌리게 한다. ② 후두경의 뒷부분을 앞쪽구개활에 밀착시키고 위아래로 마사지한다. ③ 다른 편의 앞쪽구개활도 같은 방법으로 마사 지한다. ④ 바로 환자에게 삼키도록 한다.
고개올리기운동 (head raising exercise)	반지인두근 기능 향상	① 똑바로 천장을 보고 눕게 한다. ② 고개를 들고 발가락을 본다. ③ 그 상태를 일정 시간 유지한다.
멘델슨법 (Mendelsohn's maneuver)	후두상승범위와 지속 시간 향상	① 삼킬 때 목에 손을 대고 후두가 올라가는 것을 확인시킨다. ② 삼킬 때 후두가 올라가면 근육으로 그것을 꽉 조여 3초 이상 유지시킨다.
성문위삼킴 (supraglottic swallow)	삼키기 전과 삼키는 동안 성대를 닫음	① 숨을 크게 들이마시고 그대로 숨을 참는다. ② 숨을 참은 상태에서 삼킨다. ③ 삼키자마자 바로 기침을 한다.
최대성문위삼킴 (super-spuraglottic swallow)	삼키기 전과 삼키는 동안 성대를 닫음	① 숨을 크게 들이마시고 그대로 숨을 참는다. ② 힘껏 아래로 누르듯이 하면서 가슴에 단단히 힘을 준다. ③ 그 상태에서 삼킨다. ④ 삼키자마자 바로 기침을 한다.

출처: Logemann (1998).

대한 멀리 내밀었다 다시 최대한 뒤쪽으로 당기거나, 최대한 혀를 위로 올리거나 양쪽 측면으로 멀리 밀게 하는 등의 혀운동을 하는데, 이는 삼킴뿐만 아니라 말명료도를 향상시키는 효과를 보인다(Logemann et al., 1997). 음식물을 직접적으로 조작하는 연습은 끈이나 막대로 연결된 거즈패드 등을 이용하기도 하는데, 임상가가 끈이나 막대 부분을 잡고 환자는 거즈패드 부분을 음식덩이와 같이 물고 있거나 입안 양쪽으로 왔다 갔다 하는 등의 연습을 한다.

혀의 기저부와 인두벽의 운동은 혀고정삼키기(tongue-hold swallow) 혹은 마사코법(Masako's maneuver)으로 알려진 방법이 가장 많이 쓰인다(Fujiu & Logemann, 1996). 혀가 앞쪽으로 고정된 상태에서 삼키면 혀의 기저부와 인두벽은 접촉을 이루기 위해 더 많은 근육운동이 필요하게 된다. 노력삼킴(effortful swallow)도 혀의 기저부와 인두근육의 운동에 도움이 될 것이다(Kahrilas, Lin, Logemann, Ergun & Facchini, 1993). 인두삼킴반사를 촉진시키기 위해서는 온도-촉각자극법(thermal-tactile stimulation)을 통해 앞쪽구개활에 감각자극을 높이는 방법이 사용된다. 고개올리기운동(head raising exercise) 혹은 셰이커운동(Shaker's exercise)은 반지인두근의 기능이 저하된 경우 사용된다(Shaker et al., 1997).

후두 움직임이 저하된 경우는 멘델슨법(Mendelsohn's maneuver)으로 후두상승의 범위와 지속시간을 증가시키거나 가성발성훈련을 사용하기도 하며, 후두폐쇄가 불완전한 경우는 성문압박(glottal attack)이나 발성의 강도를 높이는 방법과 같은 성대폐쇄훈련이 도움이 된다. 이때 파킨슨병 환자를 위해 고안된 음성치료법인 LSVT(Lee Silverman Voice Treatment)법이 사용되기도 한다. 성문위삼킴(supraglottic swallow)이나 최대성문위삼킴(super-supraglottic swallow)방법은 삼키기 전에 그리고 삼키는 동안 의도적으로 성대수준에서 기도를 닫아 흡인을 방지하는 방법이다. 이러한 삼킴기법에 대한 절차는 〈표 11-2〉에 요약되어 있다.

최근 전기자극(electrical stimulation) 치료법이 도입되어 활용되기도 하나, 그 효과에 대해서는 아직 논의가 이어지고 있다(Kiger, Brown, & Watkins, 2006; Logemann, 2007). 삼킴에 가장 좋은 치료법은 삼키는 것이라고 한다. 어떤 치료법이 다른 치료법보다 더 우월한지 그렇지 않은지는 치료방법에 따라 달라진다기보다는 그 치료법을 적용하는 환자의 특성에 따라 다르게 나타날 것이다. 가장 좋은 치료법은 환자의 증상에 알맞게 선택된 치료법을 올바르게 적용하는 것이라고 할 수 있다.

연구문제

1. 삼킴에 관여하는 신체의 구조를 나열하시오.

2. 삼킴을 관장하는 뇌구조와 기능 및 삼킴에 관여하는 뇌신경을 설명하시오.

3. 연령에 따른 삼킴기능의 변화에 대해 설명하시오.

4. 삼킴장애의 원인이 되는 질환과 그 특성을 설명하시오.

5. 삼킴장애를 의심해 봐야 할 징후 및 증상에는 어떠한 것들이 있는지 설명하시오.

6. 정상 삼킴의 각 단계 및 단계별로 나타날 수 있는 장애의 특성을 설명하시오.

7. 무증상흡인을 판별할 수 있는 방법을 설명하시오.

8. 삼킴장애의 평가방법 및 장단점을 설명하시오.

9. 삼킴장애의 치료에 사용되는 보상책략과 치료기법을 설명하시오.

10. 비구강식사법의 종류 및 특성을 설명하시오.

용어해설

광섬유내시경삼킴검사 (Fiberoptic Endoscopic Examination for Swallow: FEES)	유연한 내시경을 코로 삽입하여 여린입천장 부근에 두고 삼키게 하면서 평가함
구강운반단계 (oral transport stage)	삼키기 위해 혀가 음식물을 앞에서 뒤로 밀어 넘기기 시작하여 음식덩이의 앞부분이 앞쪽구개활 또는 방사선 측면촬영상에서 혀의 기저부와 아래턱의 밑 테두리가 교차하는 지점에 닿게 되는 단계
구강준비단계 (oral preparatory stage)	입안에 들어온 음식물을 적절히 조작하여 삼킬 수 있는 상태가 되도록 준비하는 단계

구강통과시간 (oral transit time)	혀가 음식물을 뒤로 밀어 넘기기 시작하는 순간부터 음식덩이의 앞부분이 방사선 측면촬영상에서 혀의 기저부와 아래턱의 밑 테두리가 교차하는 지점에 닿는 순간까지 소요되는 시간
기관식도누공 (tracheoesophageal fistula)	기관과 식도 사이에 있는 벽에 생긴 구멍
무증상흡인 (silent aspiration)	음식물이 흡인되어도 기침과 같은 흔히 보이는 반응을 보이지 않는 경우
미숙유출 (premature falling)	삼킬 준비가 되기 전에 구강에서 인두영역으로 흘러들어 온 음식물
비디오투시조영검사 (Video Fluoroscopic Study for Swallow: VFSS)	환자에게 조영제가 섞인 다양한 농도나 양의 음식물을 삼키게 하면서 X-ray를 이용하여 투시되는 영상을 기록하는 것
연인두폐쇄 (velopharyngeal closure)	여린입천장이 올라가고 인두벽이 가운데로 모이며 만나게 되면서 구강과 비강을 연결하는 통로를 닫음
위상부트림 (supragastric belching) (cf. 공기삼킴증 (aerophagia))	위장 내부의 공기가 빠져나가는 일반적 트림과 달리 공기가 식도를 통해 들어와 다시 식도를 통해 빠져나감. 과도하게 잦은 빈도로 나타나며 일부는 식도로 유입되기도 함
인두단계 (pharyngeal stage)	음식덩이의 앞부분이 앞쪽구개활 또는 방사선 측면촬영상에서 혀의 기저부와 아래턱의 밑 테두리가 교차하는 지점에 닿아 인두삼킴반사가 유발되고 음식덩이가 반지인두이음부를 통과하게 되는 단계
인두지연시간 (pharyngeal delay time)	음식물이 방사선 측면촬영상에서 혀의 기저부와 아래턱의 밑 테두리가 교차하는 지점에 닿는 순간부터 인두삼킴이 유발되어 후두상승이 시작되는 순간까지 소요되는 시간
인두통과시간 (pharyngeal transit time)	인두삼킴반사가 유발된 시점에서 음식물이 반지인두이음부를 통과하는 순간까지 소요되는 시간
잔여물(residue)	삼킴 후, 구강이나 인두 내에 남아 있는 음식물
젖은 음성(wet voice)	흡인이 일어난 경우, 후두로 들어간 이물질에 의해 나타나는 특정 음성
침습(penetration)	음식물이 기도로 들어갔지만 진성대(true vocal folds) 아래까지는 내려가지 않은 상태

환류(backflow)	음식물이 인두에서 비강으로 혹은 식도에서 인두로 다시 넘어오는 것
흡인(aspiration)	음식물이 기도로 들어가 진성대를 통과하여 그 아래로 내려간 상태
흡인성 폐렴 (aspiration pneumonia)	흡인이 원인이 되어 발생한 폐렴

참고문헌

유서연, 김가희, 안지용, 정기욱, 권미선(2019). 언어치료 후 호전된 위상부트림. *Korean Journal of Gastroenterology, 73*, 56-59.

Cigrang, J. A., Hunter, C. M., & Perterson, A. L. (2006). Behavioral treatment of chronic belching due to aerophagia in a normal adult. *Behavioral Modification, 30*, 341-351.

Davies, A. E., Kidd, D., Stone, S. P., & MacMahon, J. (1995). Pharyngeal sensation and gag reflex in healthy subjects. *Lancet, 354*, 487-488.

Dodds, W. J., Taylor, A. J., Stewart, E. T., Kern, M. K., Logemann, J. A., & Cook, I. J. (1989). Tipper and dipper types of oral swallows. *American Journal of Roentgenology, 153*, 1197-1199.

Fujiu, M., & Logemann, J. A. (1996). Effect of a tongue-holding maneuver on posterior pharyngeal wall movement during deglutition. *American Journal of Speech-Language Pathology, 5*, 23-30.

Gonzalez-Fernandez, M., & Daniels, S. K. (2008). Dysphagia in stroke and neurologic disease. *Physical Medicine and Rehabilitation Clinics of North America, 19*, 867-888.

Hardy, E., & Robinson, N. M. (1999). *Swallowing Disorders Treatment Manual*. AZ: Imaginart International Inc.

Hemmink G. J., Ten Cate L., Bredenoord A. J., Timmer R., Weusten B. L., Smout A. J. (2010). Speech therapy in patients with excessive supragastric belching - a pilot study. *Neurogastroenterology & Motility, 22*, 24-28.

Kahrilas, P. J., Lin, S., Logemann, J. A., Ergun, G. A., & Facchini, F. (1993). Deglutitive tongue action: Volume accommodation and bolus propulsion. *Gastroenterology, 104*, 152–162.

Katzka, D. A. (2013). Simple office-based behavior approach to patients with chronic belching. *Disease of the Esophagua, 26*, 570–573.

Kiger, M., Brown, C. S., & Watkins, L. (2006). Dysphagia management: an analysis of patient outcomes using VitalStim therapy compared to traditional swallow therapy. *Dysphagia, 21*, 243–253.

Kwon, M., Lee J. H., & Kim J. (2005). Dysphagia in unilateral medullary infarction: lateral vs medial lesions. *Neurology, 65*, 714–718.

Linden, P., & Siebens, A. (1983). Dysphagia: Predicting laryngeal penetration. *Archives of Physical and Medical Rehabilitation, 64*, 281–283.

Logemann, J. A. (1993). *Manual for the Videofluoroscopic Study of Swallowing*. Austin, TX: Pro-ED.

Logemann, J. A. (1998). *Evaluation and Treatment of Swallowing Disorders* (2nd ed.). Austin, TX: Pro-ED.

Logemann, J. A. (2007). The effect of VitalStim on clinical and research thinking in dysphagia. *Dysphagia, 22*, 11–12.

Logemann, J. A., Pauloski, B. R., Rademaker, A. W., & Colangelo, L. (1997). Speech and swallowing rehabiliation in head and neck cancer patient. *Oncology, 11*, 651–659.

Palmer, J. B., Rudin, N. J., Lara, G., & Crompton, A. W. (1992). Coordinationof mastication and swallowing. *Dysphagia, 7*, 187–200.

Robbins, J., Hamilton, J. W., Lof, G. L., & Kempter, G. B. (1992). Oropharyngeal swallowing in normal adults of different ages. *Gastroenterology, 103*, 823–829.

Shaker, R., Kern, M., Bardan, E., Taylor, A., Stewart, E. T., Hoffmann, R. G., Arndorfer, R. C., Hofmann, C., & Bonnevier, J. (1997). Augmentation of deflutitive upper esophageal sphincter opening in the elderly by exercise. *American Journal of Physiology, 272*, G1518–1522.

Splaingard, M. L., Hutchins, B., Sulton, L. D., & Chauhuri, G. (1988). Aspiration in rehabilitation patients: Videofluoroscopy vs. bedside clinical assessment. *Archives of Physical and Medical Rehabilitation, 69*, 637–640.

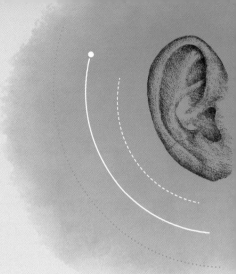

제12장

청각장애

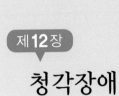

청각장애는 청각기관에 이상이 생겼을 때 발생하는 장애로, 청력장애와 평형장애로 구분할 수 있다. 이 장에서는 의사소통장애를 유발하는 청각장애를 이해하기 위해 청력의 평가 및 청각재활에 대하여 간단히 설명하였다. 청각장애는 쉽게 평가할 수 있는 장애가 아니어서 단 하나의 검사로 완전히 분석하기는 어렵다. 따라서 여러 가지 검사를 종합하여 분석하는 방법(test battery)을 사용한다. 이 장에서는 청각기관의 구조와 기능, 청각장애의 정도와 유형을 판단할 수 있는 여러 가지 청각검사법 중 대표적 주관적과 객관적 검사, 청각장애로 발생할 수 있는 영유아와 아동을 위한 청각재활과 보청기, 인공와우의 구조와 작동 원리 및 대표적인 적용 기술과 적합방법에 대하여 간략히 요약하였다. 의사소통장애를 공부하는 학생들이 청각장애를 이해하는 데 도움이 되길 바란다.

1. 청각기관의 구조와 기능

1) 외이

외이(外耳, outer ear)는 고막의 바깥쪽에 위치하는 기관을 의미하며, 이개와 외이도로 구성되어 있다.

(1) 이개

이개(耳介, auricle)는 육안으로 관찰이 가능하고 많은 사람이 '귀'라고 지칭하는 부분이다. 이개는 탄성연골로 구성되어 얇은 피부와 연골막으로 덮여 있다. 이개의 외측 둘레를 이륜(helix)이라 하고, 이와 평행한 내측 융기를 대이륜(antihelix)이라 한다. 또 대이륜 내측의 함몰된 부분을 갑개(concha)라고 하는데, 갑개는 이륜각(crus of helix)에 의해 이개정(cavum concha)과 이개강(cymba concha)으로 나뉜다. 이개의 가장 아랫부분은 귓볼(ear lobe)이라 한다([그림 12-1] 참조).

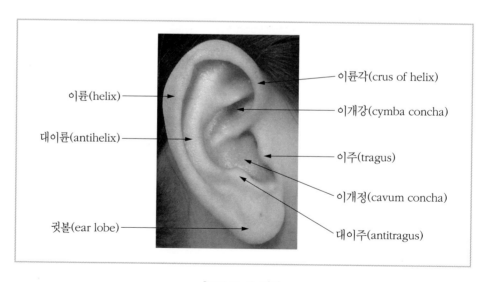

[그림 12-1] 이개

이개는 사람마다 형태와 크기가 다르며 소리를 듣는 과정에서의 역할은 크지 않다. 주로 음파를 모으는 집음관 역할을 하며 방향감각을 인지하는 데 도움을 준다.

(2) 외이도

외이도(外耳道, external auditory canal)는 이개정에서 고막에 이르는 'S'자형 관으로, 정상 성인의 경우 그 길이는 25~35mm이고 지름은 7~9mm이며 고막의 보호작용과 이개에서 모인 음파를 고막 쪽으로 도입하는 역할을 한다. 외이도는 그 형성 기질에 따라 바깥쪽 1/3은 연골부, 안쪽 2/3는 골부라고 한다. 연골부의 피부에서 지방성 황갈색의 액체가 분비되어 귀지(cerumen)를 형성한다. 귀지는 말을 하거나 음식물을 삼킬 때 턱이 움직여 외이도의 형태가 변형되면서 자연스럽게 방출되지만 때로는 외이도에 쌓이기도 한다. 이러한 귀지와 모낭(hair follicles)은 외부에서 작은 곤충이나 이물질이 귀 안, 특히 골부 쪽으로 들어오지 못하도록 보호하는 역할을 한다. 그러나 어린이의 외이도는 성인의 외이도보다 짧고 굴곡이 없는 직선형이며 골부의 형성이 미진하여 외부의 이물질이나 세균의 침입이 비교적 쉽다([그림 12-2] 참조).

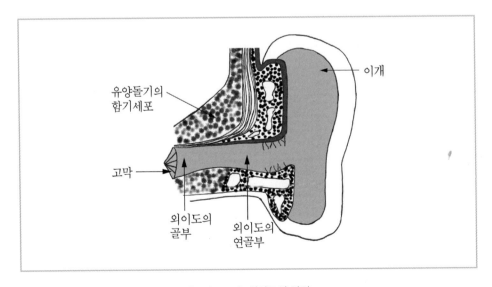

[그림 12-2] 외이도의 단면

외이도는 음파에 대해 한쪽이 폐쇄된 공명관으로서 정상인의 경우 음압을 2,000~4,000Hz에서 약 15~20dB 정도 증강시키는데, 이를 공명효과라고 한다. 이러한 공명효과의 주파수는 공명관인 외이도의 길이에 따라 달라진다. 그 이유는 전체 외이도의 4배 되는 길이가 공명주파수의 파장이고, 주파수와 파장이 반비례하기 때문이다. 따라서 외이도의 길이가 길면 공명주파수는 낮아지고, 길이가 짧으면 공명주파수는 높아진다.

2) 중이

중이(中耳, middle ear)는 측두골 내에 위치하며 크게 고막과 고실로 구분되고, 고실에 내재한 이소골, 이내근, 이관 등을 지칭한다.

(1) 고막

고막(鼓膜, tympanic membrane/eardrum)은 외이도와 고실 사이에 위치하는 얇은 막으로 가로 9~10mm, 세로 8~9mm 크기에, 약 0.1mm의 두께로 타원형이다. 또 무게는 14mg으로 반투명의 진주양회백색(pearl-gray) 또는 담홍색 색조를 띠며, 음파를 잘 흡수하기 위한 원뿔 모양을 하고 있다. 구조상으로는 약해 보이지만 매우 강하고 탄력적이어서 평균 약 1.6×10^6dynes/cm2 정도의 압력(198dB SPL)이 가해질 때 파열된다(Weber & Lawrence, 1954).

고막의 상부는 이완부(pars flaccida)라 하고, 그 아랫부분은 긴장부(pars tensa)라 한다. 이완부는 긴장부보다 얇게 보이는데, 그중 측두골의 인부(squama)와 붙어 있는 삼각형의 부분을 고막절흔(Rivinus notch)이라고 한다. 고막은 조직학적으로 세 층으로 형성되어 있다. 바깥쪽의 상피는 외이도 피부의 연장으로 피부층(cutaneous lining)으로 되어 있고, 고실측은 고실 점막의 연장으로 점막층(mucous lining)으로 되어 있으며, 그 사이는 탄력섬유의 결체조직(fibrous layor)층으로 형성되어 있다.

이경검사 시 건강한 고막은 광추(光錐, cone of light)를 보이며, 내측으로 약간 함몰

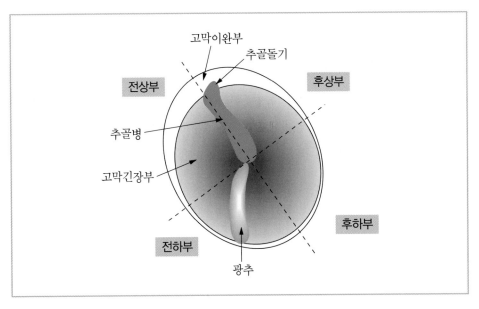

[그림 12-3] 고막의 각부 명칭

된 모습을 하고 있다. 또한 가장 많이 함몰된 고막중심부의 제(臍, umbo)와 제에 부착한 추골병도 관찰할 수 있다. 고막은 중이를 외부에서 보호하는 방어벽인 동시에 전달된 음파의 진동을 충실히 이소골로 전달하는 진동체 역할을 한다([그림 12-3] 참조).

(2) 고실

고실(鼓室, tympanic cavity/tympanum) 혹은 중이강(middle ear cavity)은 외이와 내이 사이의 측두골에 위치하는 공기강이며 점막으로 덮여 있다. 폭은 2~4mm로 좁고 불규칙적이며, 길이는 15mm로 부피가 약 2~3cm인 직육면체 모양이다. 상하, 전후 및 내외의 6개의 벽으로 이루어져 있다. 위치에 따라 윗부분을 상고실(epitympanum), 중간 부분을 중고실(mesotympanum), 아랫부분을 하고실(hypotympanum)로 분류한다.

상하 벽은 고실상와의 천장과 하와의 저부로, 양쪽 모두 얇은 골판으로 구성되며, 이 중 하와는 경정맥구(jugular bulb)와도 경계하고 있다. 전벽에는 고막장근(鼓膜張筋, tensor tympani muscle)의 건이 부착되어 있는 시상돌기(匙狀突起, cochleariform process)와 이관의 고실구(鼓室口)가 위치하며, 후벽에는 추체융기(pyramidal eminence)에서 등골근(stapedius muscle)의 건이 나와 등골의 목 부위에 부착되어 있다. 또한 침골의 일부가 닿아 있고 유양동구(aditus ad antrum)에 의하여 유양동(mastoid antrum)과 연결되어 있다. 유양동은 유양함기세포(mastoid air cell)와 교통하므로, 고실은 간접적으로 유양함기세포와 교통하는 셈이다. 외벽은 대부분이 고막이고 내벽은 내이와 경계하며, 내벽 중앙부에는 와우관의 기저회전이 자리한 외측으로 융기된 갑각융기(岬角隆起, promontory)가, 그 후상방에는 등골의 족판이 연결되는 난원창(卵圓窓, oval window)이, 후하방에는 정원창(正圓窓, round window)이 있다.

(3) 이소골

고실 내에는 이소골(耳小骨, auditory ossicles)이라는 세 개의 뼈, 즉 추골(槌骨, malleus), 침골(砧骨, incus), 등골(鐙骨, stapes)이 서로 연골접합으로 연쇄를 이루어 고막에서 난원창까지 연결되어 있다. 이들은 소리의 진동을 내이의 림프액에 효과적으로 전달하고, 강한 소리자극으로부터 내이를 보호하는 역할을 한다.

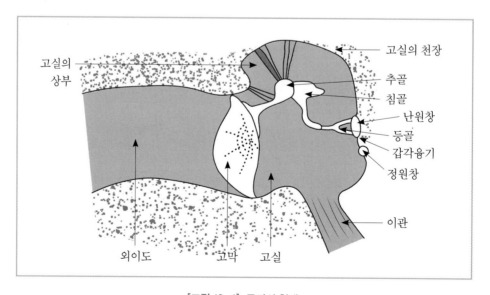

[그림 12-4] 중이의 형태

이소골 중 가장 외부에 위치한 추골은 길이 7.5~8.0mm로 세 개의 뼈 중 가장 크며, 고막과 침골을 연결한다. 고막에 연결된 손잡이 부분인 추골병(槌骨柄, handle of malleus)이 이경검사 시 관찰된다. 침골은 추골과 등골을 연결하는 가운데 뼈로 크기도 중간이다. 등골은 신체 중 가장 작은 뼈로서 전체 높이는 약 3.3mm고, 등골족판(footplate)이 내이의 난원창에 연결되어 소리를 내이로 전달한다([그림 12-4] 참조).

(4) 이내근

이소골 연쇄에는 두 개의 이내근(auditory muscles)이 추골과 등골에 각각 부착되어 있는데, 이들은 강한 소리에 반사적으로 수축함으로써 내이를 보호한다. 두 근육 중 더 긴 고막장근은 약 25mm의 길이로, 추골병에 부착되고 삼차신경(trigeminal/fifth cranial nerve)의 지배를 받는다. 이 근육이 수축하면 추골을 전측, 내측으로 당겨서 고막을 더 긴장하게 한다. 또 두 근육 중 반사적으로 수축하는 역할이 더 강하고, 신체 중 가장 작은 근육인 등골근은 약 6mm로 짧고 더 두꺼우며, 안면신경(facial/seventh cranial nerve)의 지배를 받는다. 이 근육의 수축으로 등골은 후방으로 당겨져서 고막을 팽륭시켜 큰소리로부터 내이를 보호한다.

이를 음향반사(音響反射, acoustic reflex) 혹은 등골근반사(燈骨筋反射, stapedial reflex)라고 하는데, 두 개의 이내근이 정상 청력의 경우 70~100dB HL 정도의 큰 소리에 수축하기 때문에 나타나는 현상이다.

(5) 이관

이관(耳管, auditory tube) 혹은 유스타키오관(Eustachian tube)은 고실의 전벽에서 시작하여 내하선방으로 내려가서 코인두강 외측벽에 연결된다. 전체 길이는 35~38mm로 크게 골부, 연골부, 막부, 그리고 골부와 연골부의 접합부를 형성하는 협부의 네 부분으로 나뉜다. 골부는 고실 쪽, 연골부는 비인두강 쪽에 자리하며, 연골부는 보통 폐쇄되어 음식물을 삼키거나 하품 등의 구개운동으로 공기가 고실로 도입되어 고막 내외의 기압을 평형으로 유지하게 된다. 이 외에도 고실 내에서 발생하는 병적 분비물의 배설로와 고실의 환기로 역할을 한다. 아동의 이관은 성인에 비해 지름이 넓고, 전체적인 길이는 짧으며, 수평적으로 위치한다. 아동은 이러한 구조적 특성과 이관 중 협부 형성이 미진하여 기능을 제대로 수행하지 못하므로 비강과 상기도 염증이 중이로 파급되기 쉽다.

(6) 중이의 저항 조절

외이도로 도입된 소리는 중이를 거쳐 내이에 도달한 후, 내이의 림프액을 진동시킨다. 만일, 중이가 없다면 소리 에너지는 저밀도이고 저저항의 공기 매개체에서 고밀도이며, 고저항인 액체 매개체로 직접 전도되어 대부분의 에너지가 반사되어 소실된다. 중이는 이렇게 서로 다른 음향 저항을 조절하기 위한 소리 강도 변환기로 작용한다. 즉, 중이가 소리를 효율적으로 증강시켜 내이에 전달하므로 소실되는 소리 에너지를 보충하는 작용을 한다. 중이는 구조적으로 이러한 역할을 수행할 수 있도록 되어 있는데, 다음의 세 가지 방법으로 소리의 강도를 증강시킨다.

- 고막의 유효 면적과 등골족판의 비율이 17 대 1인 면적의 차이가 주는 효과다. 이 면적 차이로 상대적으로 더 넓은 고막에서 도입된 소리 에너지는 훨씬 강한 에너지로 좁은 면적, 즉 등골족판에 집중되어 난원창에 전달된다. 이것이 저항을 조절하는 요소 중 가장 비중이 크다([그림 12-5] (A) 참조).
- 이소골 중 추골과 침골의 길이 차이에 의한 지렛대효과를 들 수 있다. 소리의 강도

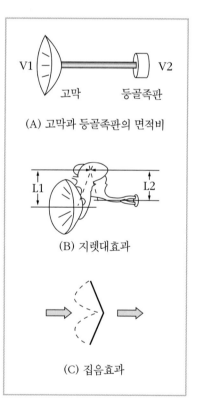

(A) 고막과 등골족판의 면적비

(B) 지렛대효과

(C) 집음효과

[그림 12-5] 중이의 저항 조절

는 길이가 더 긴 추골에서 짧은 침골로 전달될 때 지렛대효과 때문에 더 증강된 소리 에너지로 변환한다([그림 12-5] (B) 참조).

• 미미한 영향을 주는 세 번째 요소는 고막의 원추형 모양 때문에 발생하는 집음 효과다([그림 12-5] (C) 참조).

이러한 방법들로 소리의 압력은 고막보다 약 30dB 정도 증강되어 내이의 림프액으로 전달되는 첫 번째 관문인 난원창에 전달된다.

3) 내이

내이(內耳, inner ear)는 측두골의 추체부에 위치하며, 그 구조와 형태가 복잡하여 미로(迷路, labyrinth)라고 부른다. 형태상으로는 내부의 막미로(membraneous labyrinth)와 이를 둘러싼 골미로(bony labyrinth)로 구분되며, 기능상으로 평형감각을 담당하는 전정미로부(vestibular labyrinth)와 청각을 담당하는 와우미로부(cochlear labyrinth)로도

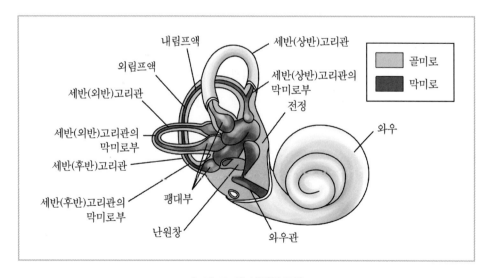

[그림 12-6] 내이의 모양

분류된다. 더 나아가 전정미로부는 전정(vestibule)과 세반고리관(semicircular canal)으로 와우미로부는 와우(cochlea)로 세분할 수 있다([그림 12-6] 참조).

　내이는 혈액 대신 림프액으로 영양을 공급받는데, 막미로에는 내림프액(endolymph)이, 골미로에는 외림프액(perilymph)이 흐른다. 내이는 두 개의 기능을 담당하는 청각기관과 평형기관으로 서로 분리되어 있는 것 같지만, 하나의 관으로 형성되어 있으므로 구조적으로나 생리적으로 서로 연결되어 있다. 그러므로 청각 및 평형 기능의 손상은 그 결과가 동시에 나타나기 쉬워 평가를 연결하여 실시한다.

(1) 전정부

　전정(前庭, vestibule)은 직경이 약 4mm로 와우미로와 세반고리관 사이의 중앙부에 위치하며, 골미로 내부의 막미로에 서로 직각으로 위치한 난형낭(卵形囊, utricle)과 구형낭(球形囊, saccule)으로 구성된다. 각 낭의 내부에는 감각신경상피로 이루어진 평형반(平衡班, maccule)이 있으며, 여기에 전정신경섬유의 종말부가 분포하여 평형감각을 담당한다.

　세반고리관은 전정의 후상방에 위치하고 세 개의 반원 모양으로 구성된다. 이들의 골미로와 막미로 부분은 동일한 모습을 하고 있다. 세 개의 반고리관은 수평으로 위치한 외반고리관(lateral semicircular canal)과 후방에 위치한 후반고리관(posterior semicircualr canal), 상방에 위치한 상반고리관(superior semicircular canal)으로 구분되는데, 이들은 서로 직각으로 공간에 위치한다. 각 반고리관의 한쪽 끝에는 부풀어 오른 팽대부(膨大部, ampulla)가 있고, 그 내부에는 팽대부릉(膨大部稜, crista ampullaris)이라는 감각기관에 전정신경섬유가 닿아 있어 평형반과 같이 평형감각을 담당한다.

(2) 와우미로

　달팽이의 형태를 닮아 명명된 와우의 와우미로부(cochlear labyrinth)는 2.5회전을 한다. 이는 기저회전(基底回轉, basal turn), 중간회전(中間回轉, middle turn), 첨단회전(尖端回轉, apical turn)으로 구분된다. 또 외림프액이 흐르는 골미로 부분, 즉 겉 부분은 등골의 족판이 부착된 난원창 뒤의 전정계(前庭階, scala vestibuli)와 정원창에서 시작되는 고실계(鼓室階, scala tympani)로 구분된다. 이들은 와우의 첨단부(apical end)에 위치한 헬리코트리마(helicotrema)라는 작은 구멍으로 교통한다.

와우의 안쪽이며 막미로인 와우관(蝸牛管, scala media/cochlear duct)은 위치 때문에 중간계(scala media)라고도 불리며, 전정계와는 레이즈너막(Reissner's membrane/vestibular membrane)으로, 고실계와는 기저막(基底膜, basilar membrane)으로 분리된다. 와우관 외측벽 바깥쪽에는 와우관을 지탱하는 나선인대(螺旋靭帶, spiral ligament)가 위치하고, 그 안쪽 와우관 내에는 산소와 영양을 공급하고 내림프액을 생성하는 기관인 혈관조(血管條, stria vascularis)가 있다

와우관은 뼈로 구성된 와우축(modiolus)을 중심으로 하여 그 외부에 휘감겨져 있는데, 이 뼈축에서 갑상 모양의 나선판(spiral lamina)이 나와 기저막 저부의 내측 일부를 형성하며 청신경섬유를 전달한다. 기저막 위에 와우미로의 핵심 부위인 코르티기관(organ of Corti)이라는 감각수용기가 있다.

코르티기관에는 주세포간(柱細胞桿, rods of Corti)에 의해 코르티터널(Corti tunnel)이 형성되고, 그 안으로 외림프액과 유사한 코르티림프가 있다. 주세포간 내측에는 한 줄로 배열된 내모세포(內毛細胞, inner hair cell)가, 그 외측에는 3~4줄로 배열된 외모세포(外毛細胞, outer hair cell)가 있으며, 이들 모세포는 여러 가지 지주세포(예: Deiter, Hensen, Claudius)로 둘러싸여 있다. 한 개의 와우에 약 3,000개의 내모세포와 약 12,000~15,000개의 외모세포가 존재한다. 모세포의 윗부분에는 감각모세포인 스테레오실리아(stereocilia)가 있으며, 그 위를 젤 같은 개막(tectorial membrane)이 덮고 있다. 내외모세포 중 외모세포의 스테레오실리아만 개막에 닿아 묻혀 있다([그림 12-7] 참조).

소리의 저항조절효과로 응집된 소리 에너지가 등골의 족판을 통해 난원창을 내측으로 밀면, 와우의 기저회전 끝 쪽의 외림프액이 움직이기 시작하여 파동을 일으키고, 이것이 와우의 첨단부 쪽으로 전파된다. 이 외림프액의 파동은 정원창을 외측, 즉 중이 쪽으로 밀어낸다. 전정계의 파동은 레이즈너막과 와우관 내의 내림프액을

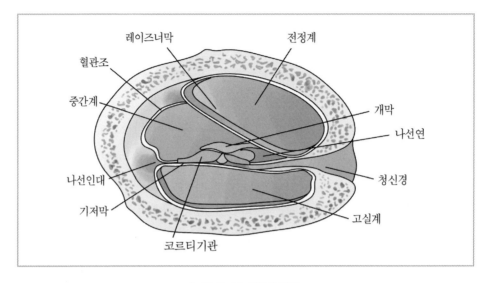

레이즈너막

전정계

혈관조

중간계

개막

나선연

청신경

나선인대

기저막

고실계

코르티기관

[그림 12-7] 와우의 단면

통하여 기저막으로 전달되어 유사한 양상의 파동으로 진행파를 형성한다. 이 진행
파는 기저막을 위아래로 움직여 모세포를 움직이고 스테레오실리아를 구부러지게
한다. 이러한 스테레오실리아의 움직임은 화학적 이온을 방출하고 신경전달의 기본
에너지인 신경전기 에너지를 창출하여 청신경으로 전달된다.

4) 내이신경 및 중추경로

한 개의 와우에는 약 30,000개의 구심성 신경섬유(求心神經纖維, afferent cochear
nerve fiber)와 약 1,800개의 원심성 신경섬유(遠心神經纖維, efferent cochlear nerve
fiber)가 분포되어 있다. 각 내모세포에는 약 20개의 구심성 신경섬유가 공급되어 있
고, 대부분의 원심성 신경섬유는 외모세포에 닿아 있다. 각 원심성 신경섬유는 10개
의 외모세포로 분포되어 있는데, 외모세포 대 원심성 신경섬유의 비율은 1 대 10이
다(Martin & Clark, 2009).

구심성 신경섬유는 와우축을 지나 내이도 내에 청신경 분지를 형성하여 중추경로

로 들어간다. 내이도를 지난 1차 신경섬유 중 일부는 와우핵 중 배측핵(背側核, dorsal cochlear nucleus)으로, 다른 일부는 복측핵(腹側核, ventral cochlear nucleus)으로 진행한다. 와우핵을 떠난 2차 신경섬유 중 일부는 같은 쪽으로, 다른 일부는 반대쪽으로 교차한다. 중추신경 진행 도중에 이러한 신경섬유의 교차는 여러 곳에서 나타나는데, 이러한 교차현상 때문에 한쪽 귀에 전달된 소리가 동시에 반대쪽 귀에도 전달된다. 중계된 2차 섬유 중 일부는 상올리브핵(superior olivary complex)에 연결되어 3차 신경섬유가 되며, 다른 일부는 2차 섬유 그대로 중뇌에 위치한 하구(下丘, inferior colliculus)에 연결된다. 이어서 3, 4차 신경섬유가 되어 시상위(視床位, thalamus level)에 있는 내측슬상체(內側膝狀體, medial geniculate body)에 연결된다. 4, 5차 신경섬유는 상측두회전(上側頭回轉, superior temporal gyrus)의 배면에 위치한 최후 청각인지 수용기인 피질청각야(皮質廳覺野, cortical auditory area/Heschl's area)로 상행한다.

　Rasmussen이 1960년에 발견한 원심성 신경경로의 역할은 아직 확실히 밝혀지지 않았으나, 청신경의 홍분과 억제 등에 관여하는 것으로 알려져 있다. 그 경로는 대뇌 피질청각야(大腦皮質廳覺野, cortical auditory area)에서 시작하여 뇌의 여러 부분에서 종결되지만 대부분은 상올리브핵(superior olivary complex)을 거쳐 와우로 하행한다.

2. 청력의 측정 및 평가

　청력평가는 청력손실의 유무를 판별하고, 청력손실이 있을 경우 그 정도와 유형을 확인하여 청력손실의 진단, 치료 및 재활의 기본적인 자료를 제공하는 데 그 목적이 있다. 청력평가방법은 크게 두 가지로 나뉘는데, 피검사의 능동적 참여가 필요한 주관적 방법과 피검자의 참여가 필요치 않은 객관적 방법이 있다.

1) 주관적 청력검사법

(1) 순음청력검사

순음청력검사(pure-tone audiometry)는 방음실에서 청력검사기(audiometer)로 실시하며, 각 검사 주파수에서 자극음을 여러 차례 준 후 피검자가 약 50% 정도 반응하는 가장 작은 소리의 강도이다. 이를 청력역치(hearing threshold)라 하며, 이 청력역치를 청력도(audiogram)에 기록한다. 청력도의 가로축은 고저를 나타내는 주파수를 의미하며 단위는(Hertz, Hz)이다. 세로축은 소리의 강약을 나타내는 강도를 의미하며 단위는 데시벨 청력 수준(deciBel Hearing Level: dB HL)이다([그림 12-8] 참조). 각 검사 결과는 국제적으로 통용되는 기호로 청력도의 적절한 공간에 표기한다. 일반적으로 빨간색은 오른쪽 귀의 역치를, 파란색은 왼쪽 귀의 역치를 나타내며, 그 외의

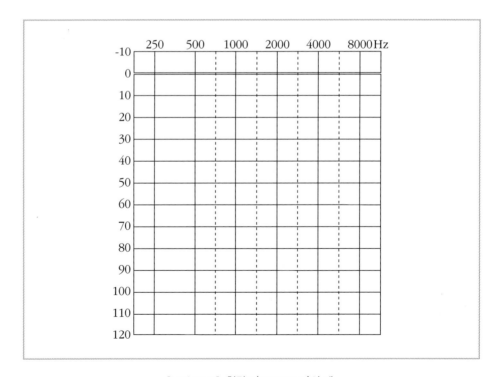

[그림 12-8] 청력도(audiogram)의 예

표 12-1 청력도에 표시하는 기호

검사 종류 ＼ 귀	오른쪽	왼쪽
기도청력검사	○	×
차폐된 기도청력검사	△	□
골도청력검사	<	>
차폐된 골도청력검사	[	]

※각 기호에 화살표를 붙이면 청력기기 한계치에서도 반응이 없음을 뜻한다.

기록은 검은색을 사용한다(〈표 12-1〉 참조).

검사는 좋은 쪽 귀부터 실시하며, 두 귀에 청력 차이가 없다면 오른쪽 귀부터 실시한다. 주파수는 1kHz에서 시작하여 한 옥타브단계로 보통 2, 4, 8, 0.5, 0.25kHz 순으로 시행하지만, 고주파수 청력손실이 의심되면 0.5, 0.25, 2, 4, 8kHz 순으로 시행한다. 그러나 인접한 옥타브 사이의 검사 결과가 20dB 이상 차이가 나면 반 옥타브, 즉 0.75, 1.5, 3, 6kHz에서도 검사를 해야 한다.

역치란 소리를 들을 수 있는 가장 낮은 강도를 말하며, 역치를 찾을 때 일반적으로 수정상승법을 사용한다. 주파수마다 검사음의 강도를 30dB HL에서 시작하여 처음 들을 때까지 20dB 간격으로 증가하거나 감소하여 검사를 시작할 레벨을 정하고, 그 후 들으면 10dB 작게, 못 들으면 5dB씩 크게 하면서 반응을 관찰한다. 이러한 검사 과정을 시행하여 세 번 중 두 번 반응하는 가장 낮은 강도를 찾아 이를 역치로 결정한다(Martin & Clark, 2009).

기도청력검사　　기도청력검사(air conduction audiometry)는 수정상승법을 사용하여 헤드폰이나 인서트폰(insertphone)을 이개나 외이도에 착용시킨 후 검사한다. 청각의 모든 경로인 외이, 중이, 내이 및 중추청신경의 청각능력을 총괄적으로 검사하여 역치를 결정하므로, 전체 경로 중 어느 한 곳에 이상이 있어도 비정상 청력으로 나타난다. 기도청력검사의 결과로 주파수별 기도역치는 청력손실의 정도를 평가하고, 여

표 12-2 평균순음역치(PTA)로 평가하는 청력손실의 정도

청력손실 정도	청력역치
정상	15dB HL 이하 (normal)
미도	16~25 (slight HL)
경도	26~40 (mild)
중도	41~55 (moderate)
중고도	56~70 (moderately severe)
고도	71~90 (severe)
심도	91 이상 (profound)

러 가지 주파수 중 어음이해에 가장 중요한 0.5, 1, 2kHz 역치를 평균 내어 평균순음 역치(Puretone Threshold Average: PTA)를 산출하여 평가한다(〈표 12-2〉 참조).

두 귀 청력의 차이가 양이감쇠(Interaural Attenuation: IA)값 이상 차이가 나면 나쁜 쪽 귀를 검사할 때 좋은 쪽 귀의 불필요한 반응을 없애기 위해 좋은 쪽 귀를 차폐한 다. IA값은 청력이 나쁜 쪽 귀를 검사할 때, 좋은 쪽 귀로 큰 소리가 넘어가면서 적어 지는 소리의 양을 뜻한다. IA값은 헤드폰은 40~50dB, 인서트폰은 50~60dB을 기준 으로 한다(Katz, 2015). 차폐음은 협대역소음(narrow-band noise)을 사용하고, 차폐음 의 강도는 최소치(검사 귀 역치-IA + 비검사 귀의 기도 · 골도 역치차)와 최대치(검사 귀 골도역치+IA)를 구하여 그 범위를 벗어나지 않도록 하여야 한다.

골도청력검사   골도청력검사(bone conduction audiometry)는 골진동체(bone vibrator)를 유양돌기 부위에 밀착시킨 후 순음검사절차를 그대로 적용하는데, 검사 주파수는 0.25 혹은 0.5kHz에서 4kHz까지이다. 골도청력검사의 원리는 진동체로 두개골을 진동시켜 두개골에 내재한 내이의 반응을 보는 것이다. 두개골은 진동체 에 의해 오른쪽이나 왼쪽으로 분리되어 진동되지 않으므로 진동체의 부착 위치가 두 개골의 어느 부위든 상관없이 양측 내이가 동시에 반응한다. 만일, 양측 내이의 청 력역치 간 차이가 있을 경우, 진동체를 나쁜 쪽 귀에 부착시켜도 양측 내이가 동시에

반응하여 좋은 쪽 귀 역치가 기록된다.

골도검사는 외이나 중이를 거치지 않고 내이를 직접 자극하여 역치를 나타내므로 외이나 중이가 비정상이라도 내이에 이상이 없으면 정상으로 나타난다. 그러므로 기도·골도 역치차(Air-Bone Gap: ABG)의 존재 유무가 외이나 중이의 이상 유무를 판정하는 결정적인 단서가 된다. 기도·골도 역치차가 10dB을 초과하면 정상범위를 벗어나므로 외이나 중이에 이상이 있는 것으로 판정한다. 이때 골도검사의 원리에서 언급한 대로 골도의 역치가 어느 쪽 내이의 반응인지 판단할 수 없으므로 검사하지 않는 귀의 반응을 차폐하여야 한다.

골도검사 귀의 차폐음은 비검사 귀의 기도로 헤드폰을 통해 전달되는데, 이때 헤드폰이 외이도를 막아 일시적으로 소리가 더 잘 들리는 폐쇄효과(Occlusion Effect :OE)가 나타난다. 이 폐쇄효과는 주로 중저주파수에서 나타나며 0.25와 0.5kHz에서는 15dB 정도, 1kHz에서는 10dB 정도의 청력이 증강한다. 따라서 골도검사를 위해 차폐를 할 경우 증강된 청력만큼 더 크게 차폐를 해 주어야 한다. 효과적인 차폐를 위해서는 역시 협대역소음을 사용하며, 차폐음의 최소치(검사 귀 골도역치＋OE 혹은 비검사 귀 ABG)와 최대치(검사 귀 골도역치＋IA)를 벗어나지 않도록 유의하여야 한다.

청력도의 해석　　청력손실 정도는 기도역치를 기준으로 하며, 청력손실의 유형은 기도·골도 역치 관계로 판단할 수 있다(〈표 12-3〉 참조). 정상적인 청각기관의 청력도(audiogram)는 모두 25dB 미만에 청력검사 결과가 표기되는 경우다. 청력손실의 유형은 소리의 전도기관인 외이나 중이의 이상으로 나타나는 전음성난청(conductive

표 12-3 기도·골도 역치와 청력손실의 유형

		기도역치	
		정상	비정상
골도 역치	정상	정상 청력(No ABG)	전음성난청(No ABG)
	비정상	불가능	감각신경성난청(No ABG) 혼합성난청(ABG)

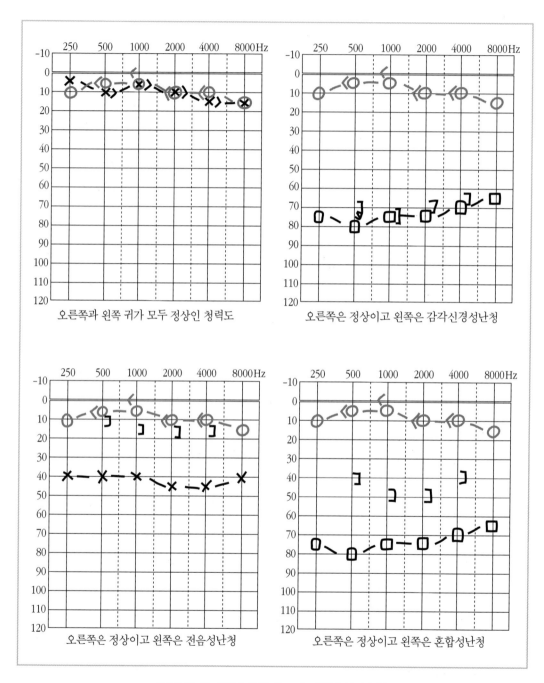

오른쪽과 왼쪽 귀가 모두 정상인 청력도

오른쪽은 정상이고 왼쪽은 감각신경성난청

오른쪽은 정상이고 왼쪽은 전음성난청

오른쪽은 정상이고 왼쪽은 혼합성난청

[그림 12-9] 청력도의 형태로 보는 청력손실의 유형

hearing loss), 소리의 감음기관인 내이나 그 이후 중추경로의 이상으로 나타나는 감각신경성난청(sensorineural hearing loss, SNHL), 전도와 감음기관에 복합적인 이상으로 나타나는 혼합성난청(mixed hearing loss)으로 분류할 수 있다([그림 12-9] 참조).

전음성난청으로 분류되는 가장 흔한 질병은 중이염이며, 보통 10dB보다 큰 기도·골도 역치차를 보인다. 감각신경성난청은 선천성, 노인성, 소음성난청 등이 대표적이며 보통 기도·골도 역치차가 10dB 미만이다. 혼합성난청은 전음성난청과 감각신경성난청의 요소를 모두 포함하고 있으며 10dB보다 큰 기도·골도 역치차를 보인다(대한청각학회, 2017).

(2) 어음청각검사

어음청각검사(speech audiometry)는 일상생활의 의사소통능력을 측정하기 위해 사용하는 검사법이다. 이 중 어음인지역치(Speech Recognition Threshold: SRT) 검사는 PTA와 비교하여 검사신뢰도를 확인하고, 단어인지도(Word Recognition Score: WRS) 검사의 기초자료로도 사용한다. 또한 단어인지도와 문장인지도(Sentence Recognition Score: SRS) 검사는 듣기에 가장 적절한 강도에서 단어 또는 문장을 인지하는 정도를 백분율로 측정하여 청능평가, 보청기 및 인공와우의 적합평가, 청능재활의 평가와 계획, 중추청각처리장애의 판별 등에 필요한 정보를 제공한다. 최근 어음청각검사법의 표준화 연구(이정학 외, 2010)를 바탕으로 기존 규격을 국제기준에 부합하도록 개정하여, 연구와 임상에서 개인 간, 기관 간, 나아가서는 국가 간의 비교도 가능하게 되었다(기술표준원, 2009).

어음인지역치검사　　두 음절로 강세가 같은 낱말인 표준화된 상강격 낱말(spondee word), 예를 들면 '신발' '달걀' '편지' 등을 사용하여 피검자가 검사 말소리의 50%를 따라 하는 소리의 강도를 역치로 정한다. 양측 귀의 청력손실에 차이가 있을 경우 더 좋은 귀를 먼저 검사하며, 검사 전 피검자에게 간단한 설명을 해 주고 검사할 단어를 미리 알려 주도록 한다. 검사할 단어 10개 정도를 선정하여 충분히 들을 수 있는 소리의 강도, 즉 평균 기도역치보다 20~25dB 더 큰 소리에서 미리 들려준 후 순음검사절차에 따라 검사한다. 차폐는 기도청력검사에 준한다.

순음검사상 세 개의 주파수(0.5, 1, 2kHz)나 두 개의 주파수(앞의 세 개 중 청력이 좋은 주파수 두 개)의 평균역치와 어음인지역치의 차이가 10dB보다 이내이면 청력검사의 신뢰도가 좋은 것으로 이해한다. 어음인지역치검사의 목적은 청력검사의 신뢰도를 구축하고 단어인지도검사의 기준 수치를 정하며, 어린이나 검사하기 어려운 환자에게 다른 검사보다 먼저 시행하여 평균청력을 예측하는 데 있다. 검사어표는 표준화하여 개발된 한국표준 이음절어표(Korean Standard-Bisyllabic Word Lists: KS-BWL)를 사용한다(조수진 외, 2008). 또한 만 13세 이상을 위한 일반용, 만 6~12세를 위한 학령기용, 만 3~5세를 위해 그림으로 제시되는 학령전기용이 개발되어 연령대에 적합한 검사가 가능하다.

단어인지도 및 문장인지도검사   검사 단어와 문장은 표준화된 단음절어와 문장으로, 예를 들어 단어는 '귀' '산' '옷' '들' 등이고, 문장은 '엄마와 제과점에 가서 케이크를 샀어요.' '친구 이름이 뭐야?' 등 실질적으로 일상생활에서 사용되는 단어와 문장으로 구성되어 있다. 검사의 강도는 어음인지역치보다 30~40dB 더 큰 소리에서 검사하거나 쾌적수준(Most Comfortable Loudness: MCL)에서 검사한다. 피검자가 정확히 들은 검사 단어나 문장의 수를 백분율로 표시하며, 80% 이상은 정상, 61~79%는 보통, 59% 이하는 저조로 판정한다. 충분한 가청영역인 어음인지역치상에서 하는 검사이므로 거의 모든 경우에 비검사 귀의 차폐가 요구된다. 차폐음의 정도는 보통 검사음에서 20dB 감소시켜 어음잡음(speech noise)이나 백색잡음(white noise)을 이용한다. 검사어표는 한국표준 단음절어표(Korean Standard-Monosyllabic Word Lists: KS-MWL)와 한국표준 문장표(Korean Standard-Sentence Lists: KS-SL)를 사용한다(김진숙 외, 2008; 신현욱 외, 2009; 장현숙 외 2008). 또한 만 13세 이상을 위한 일반용, 만 6~12세를 위한 학령기용, 만 3~5세를 위해 그림으로 제시되는 학령전기용이 개발되어 연령대에 적합한 검사가 가능하다.

(3) 기타 검사

음차검사(tuning-fork test)는 청력검사기가 준비된 곳에서는 거의 사용하지 않으나 간편한 선별검사로 이용이 가능하다. 여러 가지 주파수별로 길이와 두께가 다른 음차를 손이나 다른 딱딱한 물체로 진동시켜 앞이마 가운데, 유양돌기 또는 이개에 대고 청력을 검사하는 선별검사다. 방법으로 Weber, Schwabach, Rinne, Bing 등의 검사법이 있는데, 모두 기도와 골도의 특성을 이용하여 검사한다.

그 외 손상 부위 변별검사법으로 감각신경성난청을 미로 내의 손상으로 인한 감각성난청과 후미로 부위, 즉 청신경 부위에 손상이 있는 신경성난청으로 분류하여 변별하는 검사를 시행할 수 있다. 예로, 양이교대음평형(Alternate Binaural Loudness Balance: ABLB), 미세증가감성지수(Short Increment Sensitivity Index: SISI), 청각피로(Tone Decay: TD) 검사 등이 있다.

2) 객관적 청력검사법

(1) 이미턴스검사

이미턴스(immittance)는 고막에서 측정되는 두 가지 대조적 성격의 저항(impedance)과 수용(admittance) 에너지를 동시에 지칭하는 복합어다. 객관적 청력검사방법 중 하나이며, 검사는 외이도 입구에서 소리자극을 주고 고막에서 반사되어 돌아오는 에너지를 분석하여, 고막과 중이 구조물의 저항과 수용 에너지를 측정함으로써 중이 혹은 내이의 상태를 간접적으로 분석할 수 있다. 이미턴스검사의 종류는 고막운동성(tympanometry) 검사, 음향반사역치(Acoustic Reflex Threshold: ART) 검사, 음향반사피로(Acoustic Reflex Decay: ARD) 검사 등이 있다.

고막운동성검사는 고막과 중이의 상태를 진단하는 데 이용한다. 검사방법은 고무 재질의 삽입물로 외이도를 완전히 차단하고 저주파수(220/226Hz 혹은 660/668Hz)의 85dB SPL 검사음을 지속적으로 주고, 압력을 +200 / +400mmH2O에서 −200/−600mmH2O로 변화시키면서 고막에서 반사되는 에너지를 외이도에서 측정하는 방법이다. 외이도의 용적과 고막 및 중이 구조물의 상태를 진단하는 데 이용한다. 검사 결과는 형태에 따라 다섯 가지로 해석하는데, A형은 정상 고막운동의 형태로 정상 청력이나 감각신경성난청에서 나타나는 모습이고, B형은 꼭짓점이 없는 수평형으로 중이 내에 액체가 있을 경우나 고막이 천공되었을 때 나타나는 모습이고, C형은 이관의 기능 불량 등으로 중이 내부의 압력이 낮을 때 나타나며, As형은 고막의 움직임이 둔화될 때, 그리고 Ad형은 고막의 움직임이 비정상적으로 커질 때 나타나는 모습이다. 음향반사역치와 음향반사피로검사는 청력역치를 측정하거나 감각신경성난청이 있을 때, 감각성 혹은 미로성과 신경성 혹은 후미로성을 변별하는 데 유용하게 사용될 수 있다([그림 12-10] 참조).

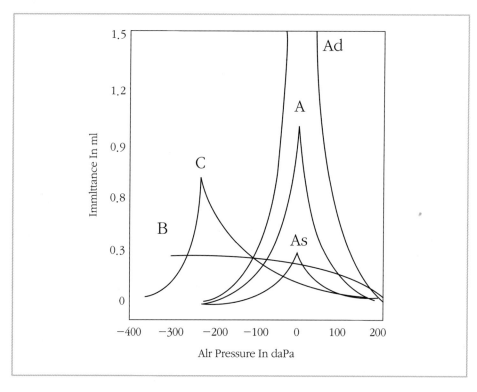

[그림 12-10] 고막운동성검사에서 나타나는 다섯 가지 고막운동의 형태

(2) 이음향방사검사

이음향방사(OtoAcoustic Emission: OAE)는 음향자극에 의해 혹은 스스로 와우관의 외유모세포에서 자발적으로 발생하는 약 −20~20dB SPL의 적은 음향 에너지를 말한다. 보통 귀로는 거의 들을 수 없는 OAE는 중이와 외이를 거쳐 방사되는데, 이를 외이도에서 측정하여 청력을 간접적으로 추정할 수 있다. 이음향방사검사는 크게 자발이음향방사(Spontaneous OtoAcoustic Emission: SOAE)와 유발이음향방사(Evoked OtoAcoustic Emission: EOAE)로 분류된다. 자발이음향방사는 정상인의 약 70% 정도에서 존재하므로, 거의 모든 정상인에게 나타나는 유발이음향방사를 임상적으로 사용한다. 유발이음향방사는 주파수 정보는 부족하지만 정상과 비정상을 선별하는 클릭유발이음향방사(Transient Evoked OtoAcoustic Emission: TEOAE), 주파수별 청력 상태를 분석할 수 있는 변조이음향방사(Distortion Product OtoAcoustic Emission: DPOAE) 등을 포함한다(Hall III, 2015).

(3) 청성유발전위검사

청성유발전위(Auditory Evoked Potentials: AEP) 검사는 소리자극을 준 후 머리에 부착된 전극을 통해 청신경계에서 발생된 유발전위를 측정하는 방법이다. 청성유발전위의 유형은 자극음의 종류와 발생기전 및 측정방법에 따라 다양한데, 가장 많이 사용되고 있는 것은 청성뇌간반응(Auditory Brainstem Response: ABR)으로 뇌간유발반응(Brainstem Evoked Response Audiometry: BERA)이라고도 한다. 정상 청각기관에서는 음향자극 후 보통 5~10ms에 관찰되고, 발생기전은 뇌간(brainstem)으로 알려져 있다. 정상 청력의 경우 역치상 약 60dB 이상의 충분히 큰 소리에서 약 5~7개의 양성반응이 마치 산 모양으로 일정한 반응 기간 내에 발생하므로 로마 숫자를 써서 순차적으로 I번에서 V번 혹은 VII번 파로 표기한다. 검사 결과는 잠복기, 진폭, 파형 등을 분석하여 해석하는데, 검사방법이나 결과분석법에 따라 해석이 다를 수 있으므로 주의하여야 한다. 이 검사의 대표적인 두 가지 임상적 응용 분야는 신생아나 유·소아 혹은 의식불명 환자의 청력 추정과 청각신경병의 진단이다. 전자는 주로 V번 파의 진폭과 파형에 근거하여 청력역치를 추정하며, 청력손실의 유형을 파악하는 데도 사용될 수 있고, 후자는 각 파의 절대 및 파간 잠복기, 진폭 및 파형을 보고 판단한다 (김진숙, 2005).

최근에는 청력 추정의 목적으로 청성뇌간반응을 보완할 수 있는 청성지속반응 (Auditory Steady-State Response: ASSR)을 측정하는 장비가 상용화되어 연구와 임상에서 사용되고 있다. 청성지속반응은 순음의 진폭과 주파수를 변조한 변조음을 자극음으로 사용한다. 청성지속반응은 주파수 특이적인 청력역치를 제공하고, 변조주파수가 70Hz 이상일 경우 수면에 영향을 받지 않는다. 최대 자극 강도가 120dB HL 이상으로 출력한계가 높아 청성뇌간반응으로 검사할 수 없었던 고도 및 심도의 난청평가에 유용하다. 측정방식이 자동화되어 검사가 간편하다는 장점이 있으나, 정상 청력과 경도난청일 경우 일관된 반응이 나타나지 않고 청각신경병증을 확인할 수 없어 단독으로 사용되기보다는 기존의 청성뇌간반응이나 이음향방사검사 등과 함께 보조적으로 사용하는 것이 바람직하다(Hall III, 2015).

3. 청능재활

청력손실의 원인이 외이나 중이에 있다면 의학적 치료가 가능하고 그에 따른 청력 회복도 기대할 수 있다. 그러나 청력손실이 내이의 손상에 기인한다면 의학적 치료로 청력기능을 회복하기는 거의 불가능하다. 이러한 경우에는 손상된 청력을 인위적으로 보강해 주는 청능재활이 필요하다(김영욱, 2007). 엄격히 분류하면 선천적으로 청력손실이 있을 경우에 시행되는 청각자활(aural habilitation)과 후천적으로 청력손실이 발생하였을 경우에 시행되는 청각재활(aural rehabilitation)로 나뉘지만, 일반적으로 두 가지 경우를 통합하여 청능재활이라고 한다. 청능재활의 궁극적 목적은 원활한 의사소통이다. 이러한 목적을 달성하기 위한 방법으로는 상담 및 교육, 청능훈련, 독화훈련 등이 있다.

일반적으로 청능재활은 대뇌의 언어인지처리과정을 반영하여 종합적(synthetic) 접근법과 분석적(analytic) 접근법으로 분류된다. 종합적 접근법은 청자의 경험 등에 의한 내재언어를 중심으로 집행능력이 강조되며, 단어나 문장이 인지의 기본 단위인 하향적(top-down) 정보처리방법을 활용한 접근법이다. 분석적 접근법은 청자가 수용하는 언어정보 중 핵심정보를 능동적으로 선택하여 상위 인지단계로 올려서 인지하는, 기초적 기술이 강조된 상향적(bottom-up) 정보처리방법을 활용한 접근법이다. 언어의 처리과정이 이 두 가지 접근법의 정보처리과정으로 이루어지듯이 청각언어재활인 청능재활도 이 두 가지 접근법을 상호적으로 이용한다. 이러한 재활의 구체적인 방법은 성인과 아동 간에 상당한 차이가 있는데, 이 장에서는 주로 유·소아 및 아동에 초점을 맞추어 기본적인 사항을 설명하고자 한다.

1) 상담

상담은 청력손실 유·소아의 재활에서 가장 중요한 역할을 할 뿐 아니라 강력한 재활의 일부가 된다. 처음 아동의 청각장애를 발견한 부모의 심리 상태는 마치 사랑하는 가족 중 한 사람이 죽었을 때와 흡사한 느낌을 갖게 된다. 왜냐하면 자녀에게 걸었던 희망과 꿈, 그리고 미래에 대한 기대감이 모두 상실되기 때문이다. 효과적인 상담을 하기 위해서는 부모의 심리 상태를 이해하고 이에 적절하게 대응하여야 한다. 초기 상담에서 설명하여야 할 것은 청력도의 해석, 아동이 들을 수 있는 소리와 들을 수 없는 소리에 대한 설명, 전음성과 감각신경성난청의 정도와 유형, 청능훈련, 보청기 및 인공와우의 종류와 효율성, 심리적인 지원 등이다.

청각장애 유·소아 및 아동과 관련된 상담은 주로 부모와 이루어지게 되고, 가족이 유·소아 및 아동의 청각장애를 받아들이고 극복하는 과정을 지원하게 된다. 자녀의 청각장애를 받아들이는 과정은 부정, 죄의식, 분노, 타협, 우울, 수용 등의 단계를 거치게 되므로, 상담에는 차분하고 배려 깊게 듣고 동감하는 태도가 필요하다. 특히 부모의 질문이 정보를 원하는 것인지 감정적 지지를 원하는 것인지 주의 깊게 들고 구별하여 상담하는 것이 중요하다.

2) 조기 청능재활 및 부모교육

미국 영아청각통합위원회(Joint Committee on Infant Hearing: JCIH, 2019)에서는 신생아의 청각선별검사와 청각장애의 진단 및 재활에 대하여 다학문적 접근의 효율성을 강조하며 다음과 같은 가이드라인을 제시하고 있다. 생후 1개월 이내에 청력에 대한 청각선별검사를 받고 이를 통과하지 못하였을 경우, 3개월 이내에 청각장애에 대한 정밀한 진단검사로 난청을 확인하여 청각장애가 확인될 경우 늦어도 6개월 이내에 재활을 시작하는 것이다. 특히 이 시기의 조기 청능재활은 청각전문가인 청능사(audioloist)에 의해서 실시되어야 한다고 강조하고 있다. 모든 신생아에게 실시하는 신생아청각선별검사는 전 세계적인 추세가 되고 있다. 우리나라도 보건복지부의 건강증진사업 중 하나로 신생아청각선별검사 시범사업이 2007년부터 시행되고 있다. 보건복지가족부는 2007년 전국의 16개 지역을 대상으로 실시한 1차 사업에서 청각선별검사가 선천성난청 여부를 결정하는 데 매우 중요한 역할을 하는 것을 확인하였다. 그에 따라 시범사업은 2008년에는 32개 지역으로 확대 시행하였고, 2018년부터 신생아청각선별검사는 건강보험 적용 대상이 되었다. 이러한 사업을 통해 우리나라도 미국 국립보건원(National Institute of Health: NIH, 1993)의 보도와 마찬가지로 중고도 선천성난청은 신생아 1,000명당 1~3명에게서 발생하고 있는 것으로 확인되었다. 선천성난청을 보인 신생아는 청각장애인으로 성장하고 언어장애도 동반하게 된다. 그러나 출생 직후 청각장애를 발견하고 보청기나 인공와우 등 청각보조기기를 사용하여 청능재활을 6개월 이전에 시작하면 언어 및 학습 장애가 최소화되어 정상에 가깝게 성장할 수 있으므로 조기 발견과 재활이 중요하다고 하였다(보건복지부 보도자료, 2008).

6개월 이전에 시작되어야 하는 조기 청능재활은 풍부한 듣기 환경을 조성하고 그에 따른 발성 촉진이 중요하다. 생후 2주에서 15개월까지를 영아(infant)라 하며 영아기(infancy)란 말은 라틴어의 'infans, 말을 하지 않는다'는 뜻에서 유래되었는데, 이 시기의 언어는 말보다는 발성으로 분류된다. 만 1세 미만에는 울음, 가성적 울음, 쿠잉, 옹알이와 같은 구어발달의 단계를 거치고, 다양한 발성을 통해 타인과 의사소통을 하며 무의미적 발성에서 의미적 발성으로 발달하게 되고, 모국어의 음운체계를 듣고 연습하게 된다. 따라서 적절한 전문가에 의해서 실시되어야 할 청능재활이 이 시기에 더욱 중요하다.

최근 국내 영유아의 청각 및 의사소통 행동을 간편히 점검할 수 있는 영유아 청각 및 의사소통 행동 체크리스트(Infant-Toddler Auditory & Communicative Behavioral Checklist: IT-ACBC)가 개발(박경연, 김진숙, 2016)되어 조기 청능재활이 필요한 영유아를 쉽게 선별하고, 해당 영유아의 청각 및 의사소통 행동의 발달 상태를 확인할 수 있게 되었다. 더욱이 한국어는 영어를 포함한 다른 외국어와 초기 발성 및 조음발달과정에 차이가 있고 우리나라는 독특한 전통의 육아법과 놀이가 있어, 이를 고려하여 개발된 영아의 청능재활(Korean Auditory, language, and cognitive Rehabilitation for Infants: KARI) 프로그램을 국내 조기 청능재활에 적용할 수 있다(김진숙, 윤지은, 2016; 유희순 외, 2019). KARI는 '국내 영아의 발성 및 조음발달(Korean Infant Vocal and Articulation Development: KIVAD) 목록' '단동십훈(檀童十訓)' '애착육아법' '짧고 재미있게 받아들이는 모델링(Short Fun Infant for Modeling: SFIM)' '청각구어법(Auditoty Verbal Therapy: AVT)' '부모·상담 및 교육 자료' 등을 중심으로 개발되어 현재 난청 영유아에게 적용되고 있다. 특히 이 시기에 강조되는 부모교육 자료가 체계적으로 제시되고 있는데 '우리 아이와 매일매일 어떻게 말할까요?'는 일상생활에서 영유아에게 청각언어자극을 제시하는 방법 16가지를 상황별—아침에 일어날 때, 기저귀 갈 때, 목욕 전후, 마사지할 때, 젖 먹일 때, 옷 입고 벗을 때, 아이에게 밥 먹일 때, 책 읽기, 공 가지고 놀기, 아기인형이나 곰인형 가지고 놀기, 퍼즐 가지고 놀기, 소꿉놀이, 놀이터(미끄럼틀. 그네)에서 놀기, 색깔찰흙 놀이, 빨래하기, 산책하기—로 제시하고 있다. 그 외 듣기와 초기 발성을 촉진하기 위한 우리 아이의 청각/언어 발달 촉진방법을 세 가지 상황, '아기에게 말할 때, 아기가 말하도록 할 때, 소리와 언어가 풍부한 환경을 조성할 때'로 분류하여 제시하고 있다.

3) 청능훈련

청능훈련(auditory training)은 인지에 기여하는 청각적 정보의 양을 증가시키기 위한 훈련이다. 청력손실 때문에 언어발달이 지체될 경우, 증폭기기를 착용한 후에도 자발적으로 언어의 정상적 발달을 기대하기는 어렵다. 그러므로 청능훈련을 통하여 수용된 언어를 표현언어로 승화시키도록 도와주는 것이 중요하다. 실제상황에서 수용과 표현훈련을 엄격히 분리하여 수행하기는 어렵지만, 청능훈련은 난청인의 언어의 수용능력을 극대화하는 데 그 목적이 있다.

청능훈련을 실시하는 방법으로는 시각적 단서 없이 청각적 단서로만(Auditory-Only: AO), 청각적 단서 없이 시각적 단서로만(Visual-Only: VO), 청각과 시각적 단서를 동시에 제시하며(Auditory-Visual: AV) 실시하는 방법 등이 있다. 이러한 세 가지 방법은 청력의 정도, 청각장애인의 나이, 청능훈련의 목적 및 계획, 평가절차 등에 따라 선택될 수 있다. 일반적인 훈련의 절차는 AV상황에서 AO상황으로 진전되어 가며, VO상황은 잔존청력이 전혀 존재하지 않는 경우 독순으로 응용하여 실시할 수 있다.

청능훈련에는 어떤 형식에 구애받지 않고 자연스러운 대화를 통해 일반적인 대화의 형식을 익히도록 유도하는 자연적 대화법, 주어진 주제나 환경에 따른 제한적 청각상황을 응용하여 앞으로 발생할 청각환경을 미리 예상할 수 있도록 유도하는 구조적 대화법, 그리고 주어진 특정 음소에 대한 집중적 훈련을 실시할 수 있는 듣기훈련법이 있다. 특히 듣기훈련법은 양측성 중·고도 이상의 난청아동이나 처음으로 증폭기기를 통해 소리를 접하는 아동에게 유용하다. 듣기훈련법은 소리에 대한 인식(awareness), 변별(discrimination), 확인(identification), 인지(recognition), 이해(comprehension)의 다섯 단계로 구분하여 실시한다.

4) 독화훈련

독화훈련도 크게 종합적 방법과 분석적 방법으로 나뉘는데, 아동에게는 분석적 방법이, 성인에게는 종합적 방법이 효과적인 것으로 보인다. 분석적 방법은 말 동작 형태의 감각적인 수용이나 시각적으로 구별되는 말소리를 인지하도록 한다. 시각적으로 동일한 자음과 그렇지 않은 자음을 비교하고 무의미한 음소의 수준에서 의미 있는 단어의 수준으로 단계를 높여 가며 실시한다. 조음의 위치와 방법을 이해시켜 정확한 독화의 정보를 습득하게 하고 시각적 정보를 잘 활용하기 위하여 청자가 화자의 입을 지속적으로 응시하도록 하는 응시훈련과, 변화된 주제나 소음상황에서 듣고자 하는 말·언어에 집중할 수 있도록 하는 집중훈련 등도 분석적 접근법에 포함된다.

종합적 방법은 문맥적 정보를 이용하여 시각적으로 구별되지 않는 의미적 개념을 구별하고 인지적 추적을 통해 의미 있는 추측을 하도록 도와준다. 종합적 접근법에는 몸짓과 얼굴 표정 읽기, 언어나 상황의 반복을 통해 적절한 예측하기, 청각적 특성인 단어의 길이, 강세, 억양 등으로 이해하기 등이 포함된다. 또한 성인의 경우 예측되는 전문적·사회적인 모임의 의사소통상황에 대비하여 문맥적이고 상식적인 정보를 습득하는 내용도 포함될 수 있다. 포괄적인 의미에서 독화란 화자의 얼굴과 몸의 움직임을 주시하고 특정 말·언어의 제시상황에서 주어진 정보를 사용하여 화자의 생각을 이해하는 능력이라고 할 수 있다(Kaplan, 1997).

4. 보청기와 인공와우

청각장애로 인한 청취력 저하를 보완할 수 있는 가장 보편적인 청각보조기기는 보청기(hearing aids)다. 1900년대 후반 디지털신호처리(Digital Signal Processing: DSP) 기술이 도입되면서 방향송화기, 소음 감쇄, 피드백 감소 및 주파수 압축기능 등이 보청기의 기능에 포함되기 시작하여 소음하 어음인지 및 음질 면에서 큰 개선을 이루었다. 또한 보청기의 증폭 기술과 더불어 무선 연결, 원격 지원, 이명(tinnitus) 관리, 인공지능 등의 기술이 보청기에 탑재되면서 타 음향기기와의 연결성을 포함하여 개인맞춤형 편의성을 제공하는 첨단기기로 진화하고 있다. 하지만 청각장애의 유형이 다양한 것처럼 보청기도 외형, 소리의 전달방식, 증폭방식, 수술 여부 등에 따라 다양한 종류가 존재하기 때문에 개인에게 적절한 보청기를 선택하기 위해서는 여러 요소를 고려해야 한다. 때로는 청력손실에 적합한 보청기를 처방하였지만 전혀 도움이 되지 않는 경우도 있고, 여러 가지 이유로 난청인이 보청기 착용을 거부할 수도 있다. 따라서 청각 상태뿐만 아니라 보청기의 음향적인 특성과 청각장애인의 심리사회적인 측면을 충분히 고려하여 개인에게 적합한 보청기를 처방하는 것이 바람직하다. 이 장에서는 보청기의 유형과 특성을 중심으로 보청기의 평가, 적합, 적응 및 확인 과정을 간단히 소개하고자 한다. 또한 특수 보청기의 한 형태인 인공와우(Cochlear Implant: CI)에 대해서도 간략히 요약하였다.

1) 보청기 유형

보청기를 구성하는 기본적인 요소는 음향 에너지를 전기 에너지로 바꾸어 주는 송화기(micro-phone), 전기 에너지를 증폭하는 증폭기(amplifier), 증폭된 전기 에너지를 다시 음향 에너지로 바꾸어 귀에 전달하는 수화기(receiver), 사용자가 증폭된 소리의 크기를 조절할 수 있도록 하는 음량조절기(volume control), 보청기가 작동하도록 에너지를 공급하는 전원공급장치, 그리고 보조장치로 이루어져 있다. 보청기의 종류는 보청기의 착용위치, 음전도방식, 신호처리방식 등에 따라 다음과 같이 분류할 수 있다(이정학, 이경원, 2019).

(1) 착용위치에 따른 분류

보청기를 착용하는 위치에 따라서 귀걸이(Behind-The-Ear: BTE) 보청기, 귓속(In-

The-Ear: ITE) 보청기 등으로 구분된다. 귓속 보청기는 외형과 출력이 가장 큰 갑개(concha) 보청기, 중간 정도인 외이도(In-The-Canal: ITC) 보청기, 아주 작은 고막(Completely-In-the-Canal: CIC) 보청기 등으로 구분된다([그림 12-11] 참조). 최근에는 귀걸이 보청기 형태 중 귀와 보청기가 닿는 면적이 적도록 개발한 개방형 귀걸이(Receiver-In-the-Canal: RIC) 보청기와 한 달간 귀에 삽입하여 사용할 수 있는 일회용(disposable) 보청기도 사용되고 있다.

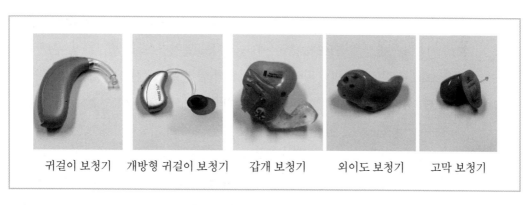

| 귀걸이 보청기 | 개방형 귀걸이 보청기 | 갑개 보청기 | 외이도 보청기 | 고막 보청기 |

[그림 12-11] 보청기 형태별 분류

(2) 신호처리방식에 따른 분류

보청기는 신호처리방식에 따라 증폭 및 조절 기능이 아날로그(analog) 방식인 아날로그 보청기, 증폭은 아날로그방식이고 조절은 디지털(digital) 방식인 프로그래머블(programmable) 보청기, 증폭 및 조절 기능이 모두 디지털방식인 디지털 보청기로 구분한다. 또한 증폭방식에 따라 선형(linear), 비선형(non-linear), 압축형(compression)으로 분류한다.

선형방식은 보청기의 출력이 입력과 동일 비율(1:1)로 증폭되다가 최대출력에 도달하면 정점절단(peak clipping)이 발생하는 것이고, 반면에 비선형방식은 입력과 출력의 비율이 다르다. 최대출력이 높을수록 소리의 질은 좋지만, 증폭음이 불쾌수준을 넘으면 불편을 초래하고, 소음성난청을 일으킬 수 있다. 또한 최대출력을 줄이면 이러한 단점은 보완되지만 큰 소리에서 정점절단이 발생하여 왜곡이 일어나기 쉽다. 압축형은 증폭과정에서 최대출력에 도달하기 전에 미리 정해 놓은 레벨까지는 선형으로 증폭되고, 그 후부터 입출력 비율이 줄어들어 정점절단이 나타나지 않게 된다. 이러한 방식을 '자동이득조절(Automatic Gain Control: AGC)'이라고도 하는데, 이는 큰 소리를 제한적으로 증폭시킨다(이정학 외 2014).

(3) 신호전달방식에 따른 분류

송화기에 입력된 신호는 증폭과정을 거친 후 수화기로 전달된다. 이때 증폭된 신호를 청감각수용기에 전달하는 방식에 따라 기도 보청기, 골도 보청기 및 무선 보청기 등으로 구분할 수 있다. 특히 디지털기술의 발전으로 무선 보청기에 디지털기술을 적용하여 휴대폰, 텔레비전, 라디오, 컴퓨터, 스마트워치 등과 연결하여 사용하거나, 양측 보청기를 무선 연결하여 사용하는 기술 적용이 가능해졌다.

(4) 복잡성에 따른 분류

보청기의 형태, 신호처리, 신호전달 및 조절 방식의 복잡성에 따라 일반형과 특수형으로 구분하기도 한다. 일반형 보청기는 일반적으로 가장 많이 사용하는 기도방식의 단일 보청기를 말한다. 특수형 보청기는 일반형보다 구조와 기능이 더 복잡한 특수기능의 보청기, 집단을 위한 증폭이나 개인용 보청기에 첨부적으로 쓰이는 청각보조기(Assistive Listening Devices: ALD), 의과적 시술을 필요로 하는 이식형 보청기 등을 포함한다.

이러한 특수형 보청기는 일반형 보청기보다 더 많은 효과를 볼 수 있는 고심도의 청력손실이나 양 귀에 차이가 많은 비대칭형 청력손실의 경우에 적용되며, 대부분 상당 기간의 청각재활이 필수적으로 요구된다(Dillon, 2012).

2) 특수형 보청기

(1) 주파수 압축 및 전위 보청기

주파수 압축(frequency compression) 보청기는 고주파수 대역에 잔존청력이 없거나 조금 남아 있어 증폭이 어려울 때, 입력되는 음성신호의 주파수를 비교적 잔존청력이 많이 남아 있는 저주파수대로 압축시켜 증폭시키는 원리를 이용한다. 주파수 전위(frequency transposition) 보청기는 고주파수 신호음을 가청영역으로 이동시키는 점에서 주파수 압축 보청기와 목적이 유사하나 목표 고주파수 대역의 에너지를 가청 범위 내 특정 주파수영역으로 이동시키는 방식이라는 점에서 차이가 있다. 두 보청기 모두 고도나 심도의 청력손실에 사용되지만 고주파수 청력은 거의 손실되고 저주파수영역에 청력이 남아 있을 때 더 효과적이다.

(2) FM 보청기

FM(Frequency Modulation) 보청기의 소리 전달방식은 일반 보청기에 FM 수화기를 탑재하고 FM 송신기가 탑재된 무선 송화기를 이용한다. 그러므로 청자와 화자 간의 거리에 상관없이 증폭량이 일정하고, 화자의 입과 송화기의 위치를 가깝게 하여 신호대잡음비(Signal-to-Noise Ratio: SNR)를 향상시키며, 주변 소음의 증폭을 억제할 수 있다. 고도 이상의 수평형 감각신경성난청에 주로 사용되고, 특히 아동의 경우 교육현장에서 선생님의 음성을 선별적으로 듣고 싶거나 청력손실로 인해 집중력이 떨어질 때 사용하면 효과가 크다.

(3) 적외선 보청기

적외선 보청기는 신호전달 매체로 적외선을 사용하며, 적외선 전달기를 화자 또는 TV 위에 놓고 사용하면 잡음이 없는 신호의 청취가 가능하다. 또한 교회, 극장, 강당 등의 공공집회 장소에서 집단을 위한 증폭에 효율적이다.

(4) 크로스 보청기

크로스(Contralateral Routing Of Signal: CROS) 보청기는 한쪽은 정상 또는 경도난청이고, 다른 한쪽은 심도나 농 상태의 감각신경성난청이어서 일반 보청기로 도움을 받을 수 없는 편측성 혹은 비대칭적 난청일 때 주로 사용한다. 소리 전달방식은 보청기의 내부장치 중 좋은 귀에는 수화기를, 나쁜 귀에는 송화기를 분리 장착하여 나쁜 귀에서 입력되는 소리신호를 좋은 귀로 우회하여 듣게 한다. 귀걸이 보청기나 갑개 보청기로 사용된다.

(5) 바이크로스 보청기

바이크로스(Bilateral CROS: BiCROS) 보청기는 한쪽은 중도에서 고도난청으로 일반 보청기로 도움을 받을 수 있지만, 다른 한쪽은 심도나 농 상태의 감각신경성난청이어서 일반 보청기로 도움을 받을 수 없는 비대칭적 난청일 때 사용한다. 소리 전달방식은 좋은 귀에는 일반 보청기를, 나쁜 귀에는 또 하나의 송화기를 장치하여, 나쁜 귀에서 입력되는 소리신호를 좋은 귀로 전달하고, 좋은 귀에서 직접 입력되는 소리와 함께 일반적인 증폭단계를 거쳐 수화기로 전달한다. 무선의 귀걸이 보청기나 유선 귓속 보청기 등으로 사용이 가능하다.

(6) 골도 보청기

골도 보청기는 전음성난청 혹은 기도청력역치가 경도인 혼합성난청일 경우에 사용한다. 특히 선천성 외이도폐쇄증으로 이개나 외이도에 보청기를 장착할 공간이 없거나, 만성 중이염일 때 유용하다. 소리 전달방식은 보청기의 구성 요소 중 골도형 수화기, 즉 골진동기를 이용하여 외이와 중이를 거치지 않고 건강한 와우를 기계적 진동으로 직접 자극한다. 골진동기의 형태는 헤드밴드를 이용하여 두개골을 직접 자극하거나, 안경 보청기로 유양돌기 부분을 자극하거나, 측두골이나 중이 구조물에 수술로 삽입하는 이식형 등이 있다.

(7) 인공와우

인공와우(Cochlear Implant: CI)는 시술을 통해 청신경에 전기자극을 직접 제공함으로써 손상되거나 상실된 와우 내 유모세포의 기능을 대행하는 전기적 장치로, 특수 보청기의 한 형태라고 할 수 있다. 일반 보청기로 도움이 되지 않는 양측성 심도의 감각신경성난청 혹은 농 상태인 난청인을 주 대상으로 한다. 방법은 정원창 쪽으로 고실계 내부에 전극을 삽입하여 소리자극을 받지 못하는 청신경을 전기 에너지로 직접 자극하는 것이다. 인공와우는 일반 보청기의 음향처리기술의 발달에 따라 지속적으로 발전하고 있으며, 외부장치도 상자형에서 귀걸이형으로 점진적으로 소형화되었다.

(8) 인공뇌간

인공뇌간(Auditory Brainstem Implant: ABI)은 양측 청신경의 이상으로 인해 인공와우의 시술이 불가능한 경우, 전극을 뇌간에 삽입하여 청신경을 직접 자극하는 장치로서 기본적인 구조는 CI와 유사하다. 유럽과 미국에서 시술하고 있으며, 어음인지력에서 상당한 향상을 보인 사례가 지속적으로 보고되고 있다. 최근 우리나라에서도 시술을 시작하였고, 점차 관심이 모이고 있는 분야이다.

(9) 인공중이

인공중이(Middle Ear Implant: MEI)는 경도에서 고도에 이르는 감각신경성난청, 외이나 중이에 이상이 있는 전음성 및 혼합성 난청인을 대상으로 시술할 수 있다. 현재는 주로 18세 이상의 성인을 대상으로 하고 있다. 인공중이의 음향처리기는 외부의 음향을 증폭하여 피부 속의 수신코일(receiver coil)로 전달해 주는 역할을 하며, 수신코일에서는 전달받은 전기신호를 진동체(transducer)로 전달한다. 또한 진동체는 이소골을 진동시키고, 이 진동으로 와우에서 음향을 감지하게 된다. 30여 년 전부터 연구가 이루어졌으며, 계속 관심을 끌고 있는 분야로서 우리나라에서도 연구개발이 진행되고 있다.

(10) 촉각 보청기

촉각 보청기(tactile aid)는 청각기관을 통해서 음향증폭효과를 얻을 수 없을 때 음향자극을 진동이나 전기로 변환하여 피부자극으로 신호를 인식하도록 도와주는 장치다. 청각장애인의 독화나 언어훈련의 보조기로 사용되어 왔으나 사용상의 불편함 때문에 최근에는 인공와우로 대체하는 경향이다. 그러나 의학적으로 인공와우의 시술이 불가능하거나 청신경종 수술 후, 시각-청각 중복장애의 경우에 고려할 수 있다. 기본구조는 송화기, 어음처리기 그리고 피부에 자극을 전달하는 촉각변환기(tactile transducer)로 구성되어 있다. 자극의 형태는 진동촉각(vibrotactile)이나 전기촉각(electrotactile)이 있지만 주로 진동촉각이 사용되고, 변환기는 손목, 팔, 흉부 등에 착용한다.

(11) 이명 보청기

귀울림을 의미하는 이명(tinnitus)은 난청과 동반되어 발생하는 보편적인 증상이다(Jastreboff, 1990). 예전에는 외부 소음을 활용해서 이명을 차단하는 이명차폐기(tinnitus masker)를 주로 사용하였으나, 최근에는 보청기 내 소프트웨어로 다양한 이명 케어 소리치료(sound therapy)를 진행할 수 있는 기능을 탑재한 보청기를 출시하고 있어 보청기 착용자가 다른 장비 사용 없이 이명 케어를 보청기를 통해 진행할 수 있다.

3) 보청기 적용 기술

(1) 광대역역동범위압축(Wide Dynamic Range Compression: WDRC)

광대역역동범위압축은 감각신경성난청인의 좁아진 역동범위 내에서 개선된 청취력을 제공하기 위한 비선형증폭방식의 기술이다(Souza & Turner, 1998). 보청기로 유입된 입력음을 보청기 착용자의 가청범위 안에서 청취하도록 증폭하는 방식으로 작은 입력음(50 dB Sound Pressure Level: SPL)은 증폭량을 크게 조절하고, 일반 대화음 레벨 입력음(65 dB SPL)은 중간 정도의 증폭량으로 조절하며, 큰 입력음(75 dB SPL 이상)은 적게 증폭하거나 거의 증폭하지 않도록 입력음을 조절하는 방식이다.

(2) 채널(channel)

채널은 보청기의 전극쌍 또는 주파수 대역을 의미한다(이정학 외 2014). 즉, 디지털 신호처리기의 숫자를 의미하는데 디지털신호처리기를 주파수 대역마다 1개씩 사용할 수도 있고, 2개 이상의 대역마다 1개씩 사용할 수도 있다. 채널의 수가 증가하면 주파수별 조절을 더 자유롭게 할 수 있으나, 채널마다 적합을 시도할 경우 시간이 오래 소요되는 단점도 존재한다. 제조사 및 보청기 종류에 따라 4~12채널부터 120채널까지 다양한 채널의 보청기가 출시되고 있으며, 디지털신호처리기술력의 향상에 따라 채널의 수는 지속적으로 증가하고 있는 추세이다.

(3) 방향 송화기(directional microphone)

송화기는 보청기로 유입된 음향신호를 전기신호로 변환하는 장치이다(이정학 외, 2014). 송화기는 출력에 있어서 선형(linear)적인 특성을 가진다. 송화기의 종류는 방향에 대한 민감도에 따라 크게 두 종류로 나눌 수 있다. 전방향 송화기(omni-directional microphone)는 모든 방향에 대해 동일한 민감도를 가진 송화기이다. 즉, 모든 방향에서 유입되는 입력음을 필터링(filtering)하지 않고 전기신호로 변환한다. 따라서 전방향 송화기는 모든 방향의 입력음을 전기신호로 변환할 수 있지만, 특정 방향에 소음이 존재하더라도 소음도 함께 변환하여 소음하 어음인지에서는 청취력 저하를 가져올 수도 있다. 방향성 송화기(directional microphone)는 특정 방향에 대해서 높은 민감도를 가지며, 그 외의 방향에 대해서는 필터링을 통해 입력음을 전기신호로 변환하지 않는다. 따라서 특정 방향에 소음이 존재하는 경우, 해당 방향의 입력음은 제거하고 나머지 방향에서 유입된 입력음만 변환할 수 있어 소음하 어음인지에서 청취력 향상에 기여할 수 있다. 이중 송화기를 탑재한 보청기는 전방향 송화기와 방향성 송화기를 모두 갖추고 외부 환경 변화에 맞추어 자동으로 각 송화기의 사용 비중을 조절하여 최적의 청취력을 유지하도록 도움을 준다.

(4) 소음 감소(noise reduction)

소음 감소 기능은 주변 소음의 증폭량을 줄여 신호음(주로 어음)의 청취력을 향상시키기 위한 기술이다. 과거에는 소음에 해당하는 주파수영역을 필터링하는 기술이 주로 적용되었으나, 디지털신호처리기술의 발전으로 여러 송화기를 활용하여 소음으로 판단되는 방향의 증폭량을 제어하거나, 보청기로 유입된 신호를 딥러닝(deep learning)하여 소음을 제거하는 기술 등이 개발되고 있다(Diehl et al., 2023).

(5) 피드백(feedback) 제어

피드백은 증폭된 출력음이 수화기를 통해 출력되는 과정에서 일부 소리가 송화기로 유입되어 재증폭된 되울림을 의미한다. 피드백은 보청기 착용자가 보청기 사용에 있어 불편함을 느끼는 요인이 될 수 있다. 과거에는 보청기의 환기구를 없애거나 작게 만드는 물리적인 방법을 주로 사용하였으나, 디지털신호처리기술의 발전으로 피드백이 발생할 때 역위상(reverse phase) 신호를 생성하여 피드백을 제거하는 기술이 주로 적용되고 있다(Chung, 2004).

(6) 무선기술(wireless technology)

보청기는 휴대폰, TV 및 타 음향기기와 결합을 통해 주변 소음의 영향을 최소화한 상태로 신호음의 청취가 가능한 다양한 무선기술을 탑재하고 있다. [그림 12-12]는 보청기 무선기술의 작동방식의 예시를 보여주고 있다. 보청기와 결합할 음향기기의 송화기가 신호를 수집하여 변환기로 보내면 음성신호는 전기신호로 변환된다. 변환된 전기신호가 주파수 변조(Frequency Modulation: FM) 또는 2.4GHz와 같은 특정 전파범위를 통해 보청기로 전달되면 보청기의 수신기가 전기신호를 음향신호로 재변환하여 보청기 착용자의 외이도로 전달한다.

주파수 변조방식은 변조신호를 보청기 착용자의 보청기로 직접 전달하는 방식으로, 장애물의 영향을 받지 않는 장점이 있으나 먼 거리의 신호전달에는 한계가 있다. 적외선방식은 신호를 적외선에 담아 전달하는 방식으로, 원거리 신호전달이 가능하

[그림 12-12] 보청기 무선기술의 신호 전송 예시

나 장애물의 영향을 받는 한계가 있다. 2.4GHz 방식은 오디오 신호를 한 장치에서 다른 장치로 무선으로 전송하는 블루투스의 한 방식으로, 지정된 장치들 간의 통신 시에 독점적인 대역폭을 가져 안정적인 신호전달이 가능한 장점이 있다. 900MHz 방식은 중계장치 없이 해당 음향기기에서 보청기의 수신기로 직접 신호를 보낼 수 있는 장점이 있으나 신호 전송 거리가 약 6미터로 다소 짧은 한계가 있다.

4) 보청기 평가, 적합, 적응 및 확인

보청기의 착용효과를 높이려면 전문적인 평가, 적합, 적응 및 확인 과정을 거쳐야 한다. 이러한 과정은 난청인의 특성에 따라 조금씩 다르다. 하지만 청각학이 발달한 미국, 유럽, 호주 등의 청각전문가가 시행하고 있는 일반적인 절차는 다음과 같다.

우선, 충분한 상담과 필요한 검사를 시행하여 보청기 착용 대상자 및 착용 귀를 선정한다. 그리고 보청기의 규격과 유형을 선택한 다음 귓본(ear impression)을 채취한다. 귓본에 맞게 보청기 또는 귀꽂이(earmold)가 제자되면 제 기능을 발휘하는지, 실제로 어느 정도 도움이 되는지를 확인하고 난청인의 귀에 알맞게 조절해 주기 위해 여러 가지 적합법을 사용한다. 특히 제작된 보청기를 난청인에게 조절해 주기 전에 실시하는 보청기성능검사는 간혹 발생할 수 있는 보청기의 결함을 미리 발견할 수 있으며, 보청기 착용 후 난청인이 보청기에 대한 불만을 호소할 때 보청기 조절의 기준이 되는 근거 자료로 이용할 수 있다. 또한 보청기성능검사는 청각재활의 방법, 순서 그리고 목표의 달성에 도움을 줄 수 있으며, 난청인의 입장에서도 청각전문가와 제품에 대해 신뢰감을 가질 수 있게 하는 중요한 과정이다.

보청기의 착용효과를 판단하는 기준은 음향·심리·사회적 측면에서 다양하지만, 기본적 평가는 주로 어음청각검사, 음량증가지각검사, 방향분별력검사, 설문지 등의 주관적 방법과 협조가 어려운 청각장애인을 대상으로 뇌파를 분석하는 객관적 방법을 사용한다. 하지만 유·소아나 정확한 검사가 어려운 청력손실자의 경우 일차적으로 적합한 후 청능훈련과 지속적인 평가를 통하여 최적이득과 최대출력을 확인해야 하며, 필요하면 재적합(refitting) 과정을 거쳐야 한다. 특히 노인성난청과 선천성난청의 경우는 주 1~2회의 청능치료를 3~6개월 동안 시행해야 보청기에 대한 만족도를 높일 수 있다(공혜경, 진인기, 2023).

5) 인공와우

(1) 인공와우의 구조

모델에 따라 차이는 있지만 기본적 구조는 [그림 12-13], 내부장치는 [그림 12-14]와 같다. 송화기는 보청기와 마찬가지로 음향 에너지를 전기 에너지로 변환하는 입력장치다. 음향처리기는 증폭기와 신호변환기의 역할을 동시에 하며 입력신호를 여러 방법으로 조작한다. 음향처리기에서 조절된 신호는 전달장치(transmitter)를 통하여 무선방식(Radio Frequency: RF)으로 피부 속에 있는 수신자극기(receiver-stimulator)로 전달되며, 수신자극기는 외부장치에서 전달받은 신호를 와우 내 전극으로 전달한다. 그리고 전극은 최종적으로 청신경을 직접 자극하는 역할을 한다.

(2) 인공와우 적합 개념과 준비 사항

송화기에서 입력된 음향정보를 음향처리기에서 여러 방식으로 조작하여, 중추신경계가 전기자극을 효과적으로 받아들이도록 조절하는 전반적인 과정을 인공와우

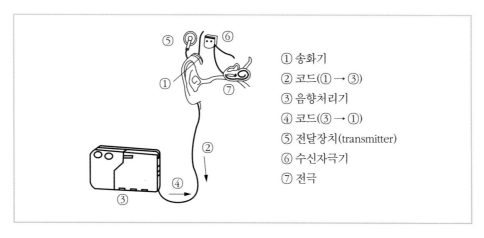

① 송화기
② 코드(① → ③)
③ 음향처리기
④ 코드(③ → ①)
⑤ 전달장치(transmitter)
⑥ 수신자극기
⑦ 전극

[그림 12-13] 인공와우의 기본구조

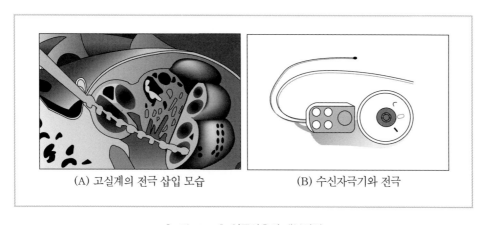

(A) 고실계의 전극 삽입 모습   (B) 수신자극기와 전극

[그림 12-14] 인공와우의 내부장치

의 맵핑, 적합 또는 프로그래밍이라고 한다. 일반적으로 전기자극에 대한 청각체계의 역동범위는 좁기 때문에 인공와우 적합과정에서도 일반 보청기와 마찬가지로 압축방식(compression system)을 적용한다. 따라서 청각전문가는 인공와우 모델에 따른 특성과 청지각이론에 대해 충분히 이해하고 있어야 한다(Cooper & Craddock, 2006).

인공와우의 최초 적합은 수술 후 상처의 치료 상태에 따라 2~6주 후에 실시한다.

또한 수술경과보고서, 수술 직후 방사선검사, 뇌파검사 등의 자료로 전극의 삽입 상태와 기본적인 기능을 확인한 후 성인과 아동의 특성을 반영하여 적합한다.

(3) 인공와우 적합과정

- 개별전극의 임피던스 원격측정(impedance telemetry): 수술 후 첫 적합을 시작하기 전 와우 내의 개별전극의 임피던스를 검사하여 인공와우의 기능을 점검한다. 임피던스는 ohm(V)으로 측정하며 전류의 흐름을 방해하는 저항값(voltage/current)인데, 이는 전선, 전극 또는 생체조직에 의하여 발생한다. 이런 저항값을 통해 열려 있거나(open) 혹은 단락(short)된 회로(circuit)를 파악할 수 있다.

- 음향역동범위(Acoustic Dynamic Range: ADR), 입력역동범위(Input Dynamic Range: IDR)의 선정: 음향역동범위는 제조사에 따라 다르나 전체적으로 20~80dB이며, 감도조절기(sensitivity control)를 이용하여 결정한다. 감도가 높으면 주변 및 환경소음을 포함한 작은 소리는 잘 들리고, 압축기능이 작은 소리에서 작동하므로 보통 대화 소리와 큰 소리를 구별할 수 있는 능력이 떨어진다. 반대로, 감도가 낮으면 작은 소리는 잘 안 들리지만 보통 소리와 큰 소리를 구별할 수 있는 능력은 향상된다. 최근 모델에는 자동감도조절기(Automatic Sensitivity Control: ASC)가 장착되어 시끄러운 청각환경에서 자동적으로 즉각 반응하여 신호대잡음비를 향상시킬 수 있다.

- 전기자극 형태(electric stimulation mode)의 선정: 전기자극은 활성/자극전극(active/stimulation electrode)과 중성/기준전극(indifferent/reference electrode) 사이에서 발생하는 전류를 사용하여 이루어진다. 이러한 한 쌍의 전극을 채널(channel)이라고 하며, 전극의 위치 및 사용법에 따라 전기자극 형태를 다음과 같이 구분한다. 첫째, 단극(monopolar: MP) 형태로서 활성전극은 와우 내(intracochlear)에, 기준전극은 와우 밖(extracochlear)에 위치하므로 자극범위가 넓어서 많은 청신경을 자극할 수 있고 자극속도도 빠르다. 그러나 와우 밖의 기준전극 때문에 와우 외의 구조물을 자극하는 부작용이 나타날 수 있다. 둘째, 양극

(bipolar: BP) 형태인데, 두 전극 모두 와우 내에 위치하며, 자극거리를 가깝거나 멀게 조절할 수 있다. 특히 MP 형태가 안면신경을 자극하면 BP 형태를 사용할 수 있다. 마지막으로, 공통접지(Common Ground: CG) 형태는 정해진 활성전극으로부터 다른 모든 전극으로 전류가 흐른다. 즉, 활성전극을 뺀 모든 전극이 기준전극이 된다. 이 형태는 와우 밖 전극을 사용하지 않으며, 전극의 자가점검으로 유용하게 쓰인다. 전기자극을 주면 각 채널에서 활성전극과 기준전극 사이에 전류가 흐르고 그곳에 위치한 청신경이 자극을 받게 된다. CI 적합에서 선택하는 전극은 활성전극이고 기준전극은 전기자극 형태에 따라서 자동으로 결정된다. 자극 형태를 바꾸면 전류수준이 달라지기 때문에 주의해야 한다.

• 어음처리기법의 선정: 음향처리방식은 인공와우 제조회사와 음향처리기 모델에 따라서 약간씩 차이가 있지만 보통 두 가지 이상의 처리방식을 사용하며, 청각 전문가가 그중에서 각 난청자에게 적절하다고 판단하는 방법을 선택한다. 인공와우에서 사용하는 기본적인 음향처리방식은 시간단서(temporal cues)를 강조하는 기법과 주파수단서(spectral cues)를 강조하는 기법으로 크게 구분할 수 있다.

① 시간단서를 강조하는 기법

- Continuous Interleaved Sampling(CIS) 기법: 음향자극의 빠른 시간적 변화 (temporal changes)에 근거하므로 다른 기법보다 채널숫자가 적어도 효과적으로 와우를 자극할 수 있고, 비교적 빠르게 정해진 속도(high fixed rates)로 전극을 순차적으로 자극한다. 단순하면서도 가장 효율적인 기법으로서 다른 기법의 기초가 되고 있다(Wilson, 2006; Wilson & Dorman, 2012). 22개의 채널까지 사용가능하지만 보통 10개 이하의 채널을 선택하여 고정 상태로 사용하며, 전극당 자극률(pulse rate)은 1,000pse(pulses per second per electrode) 정도이다. 대부분의 제조회사에서 기본적인 음향처리방식 중 하나로 CIS 기법을 포함하고 있으며, Med-El 사에서는 음악 및 소음 속 어음의 인지능력 향상에 도움을 주기 위해서 CIS 기법을 더욱 발전시킨 High Definition CIS(HDCIS) 기법과 Fine Structure

Processing (FSP) 기법을 개발하였다(Magnusson, 2011).

- HiRes 기법: 미국 Advanced Bionics에서 개발한 기법으로서 빠른 자극률 (2,800~5,600pse)과 전극쌍(pairs of electrodes)을 사용하는 것이 특징이다. 특히 전극쌍을 사용할 경우는 동시자극(simultaneous stimulation)을 병행하기 때문에 자극률이 더욱 빨라진다. HiRes 이전 버전의 음향처리기법에는 동시자극을 강조한 simultaneous analog stimulation(SAS), paired pulsatile sampler(PPS) [multiple pulsatile sampler(MPS)라고도 함] 등이 있으며, HiRes를 더욱 발전시켜 소음하 어음, 음악소리 또는 환경음의 인지능력 향상을 목표로 HiRes Fidelity 120 기법 등을 개발하였다.

② 주파수단서를 강조하는 기법

- N-of-M 기법: 음향신호가 입력되면 M개의 채널 중에서 에너지가 강한 N개의 채널을 선택하여 순차적(sequential), 즉 비동시적(non-simultaneous) 자극으로 처리하는 기법으로서 N개의 채널은 상대적으로 강한 에너지를 가진 주파수 대역을 포함하기 때문에 입력신호에 따라서 가변적이다. N-of-M 기법에서는 약 1,000Hz 이하의 주파수 대역에서는 선형분포(linear distribution)를 사용하고, 그 이상의 고주파수 대역에서는 비선형분포(non-linear distribution), 즉 로그분포 (logarithmic distribution)를 사용한다(Wilson, 2006).

- SPEAK 기법: N-of-M 의 변형으로서 호주의 Cochlear사 제품에 적용되었으며, 와우 내 전극(intracochlear electrode)과 와우의 위치에 따른 주파수 선택능력에 근거한다. 되도록 많은 수의 와우 내 전극을 사용하며, 약 1,850Hz 이하의 주파수 대역에서는 선형분포를 사용하고, 그 이상의 고주파수 대역에서는 로그분포를 사용한다(Wilson, 2006).

- Advanced Combination Encoder(ACE) 기법: 난청인의 어음인지능력을 더욱 향상시키고자 SPEAK 기법을 개선한 방식으로서 N-of-M 기법의 또 다른 변형이라고 할 수 있다. 이 기법에서는 약 1,300Hz 이하의 주파수 대역에서는 선형분

포를 사용하고, 그 이상의 고주파수 대역에서는 로그분포를 사용한다(Wilson, 2006). Cochlear사에서 ACE 기법을 더욱 발전시켜 환경음과 음악의 인지에도 더 많은 도움을 줄 수 있도록 Hi-ACE 기법을 개발하였다.

- 전기역치수준(electric threshold level: T-level)의 결정: 보통 낮은 자극단계에서 시작하여 두 번 반복하여 듣는 곳을 역치로 결정한다. 아동의 경우, 연령 및 지각능력에 따라 행동관찰청력검사법(Behavioral Observation Audiometry: BOA), 시각강화청력검사법(Visual Reinforcement Audiometry: VRA), 놀이검사법(Play Audiometry: PA) 등으로 실시한다.

- 전기최대쾌적수준(electric maximum comfortable level: C-level, M-level, C/M-level)의 결정: 인공와우에 잘 순응할 수 있도록, 아동의 경우 특히 초기에 조심스럽게, 즉 높지 않게 시작해서 점진적으로 조절해야 한다.

- 전극 간 전류수준조절: 각 채널의 T-level, C/M-level 또는 전기역동범위(Electric Dynamic Range: EDR), 출력역동범위(Outout Dynamic Range: ODR)가 20% 이상 차이가 나면 균형을 잡기 위해서 조절한다. 이는 성인과 아동 모두에게 어렵고 지루할 수 있는 작업이기 때문에 여러 차례 지속적 평가를 통해서 결정할 수 있다.

- 이득조절(gain control): T-level 및 C/M-level 결정 후, CI 내부기능으로서 전체 이득(global gain) 또는 채널별 이득(channel gain)을 이득조절기로 추가조절하는 과정이다. 최근 모델에는 자동이득조절기(Automatic Gain Control: AGC)가 장착되어 C/M-레벨에 도달하는 음향 에너지가 들어오면 이득조절기능이 자동으로 작동한다.

- 음량조절: CI 외부기능으로서 음량조절기로 최종 출력, 즉 난청인이 듣게 되는 전류수준을 조절한다.

- 비청각적 반응 또는 통증 유발 확인: 전기자극이 청각을 자극하지 않고 촉각이나 안면의 경련을 일으킬 수 있는데, 성인은 점검하기 쉽지만 아동의 경우는 쉽지 않다. 전기역동범위가 너무 좁거나 전극임피던스가 매우 높을 때 날 수 있다. 전

기자극 형태를 바꾸면 T-level과 C/M-level이 달라지므로 재조정하여야 한다.

(4) 인공와우기능검사

어음청각검사로 인공와우기능을 측정한다. 인공와우의 적합 상태는 지속적으로 유입되는 어음신호로 검사해서 500 ms 정도의 짧은 전기자극신호로 결정한 T와 C/M level이 불편하지 않은지 검사해야 한다. 또한 인공와우기능을 객관적으로 측정하기 위하여 신경반응 원격측정(Neural Response Telemetry: NRT), 신경반응 영상분석(Neural Response Imaging: NRI), 청신경반응 원격측정(Auditory nerve Response Telemetry: ART)을 사용한다. 이는 와우 내 전극을 통해서 자극된 청신경이 발생시킨 반응(eAEP) 중 초기반응인 복합활동전위(compound action potential)를 측정하여 표본화(sampling)와 증폭을 거쳐 역방향으로 음향처리기에 무선으로 전송함으로써 인공와우의 기능을 수술 중 또는 수술 후에 객관적으로 확인하는 방법이다. 등골근이 수축하는 최소의 전기자극수준으로서 수술 중 직접관찰을 통해서 확인하고, 수술 후에 이미턴스분석기(immittance analyzer)에 연결하여 간접적으로 측정할 수도 있는 전기등골근반사역치(electric Stapedius Reflex Threshold: eSRT)도 인공와우기능을 측정할 수 있다.

(5) 정기적 적합 및 지속적 관리

안정된 인공와우 착용을 위해 첫 6개월은 정기적 적합을 실시한다. 예를 들면, 첫 1~2개월은 매주 1~2회, 다음 2~3개월간은 2주에 1회, 다음부터는 월 1회 등이다. 시간이 지남에 따라 전극이 생체조직과 융합하는 과정에서 T-level과 C/M-level이 변화할 수 있으며, 특히 C/M-level이 높아져서 전기역동범위가 넓어지게 된다. 적합이 안정될 때까지는 정기적합 외에 매주 1~2회의 청능훈련을 지속적으로 받아야 순응 기간을 단축할 수 있다. 최근에는 인공와우와 반대 귀의 보청기를 동시에 사용하는 두 형태(bimodal)의 적합과 양이(bilateral) 인공와우의 적합방법이 관심을 끌고 있다. 선천성 난청아동의 경우는 적합이 어느 정도 안정된 후에 청능치료와 언어치료를 병행하면 효과적이다. 세계적으로 널리 사용하고 있는 세 회사의 대표적인 인

공와우 모델의 특성을 비교 분석하여 〈표 12-4〉에 요약하였다. 이 제품들은 모두
우리나라에서도 시술되고 있다.

표 12-4 인공와우의 특성 비교

제조사	Cochlear Ltd. Australia	Advanced Bionics Corp. U.S.A.	MED-EL Corp. Austria
미국 FDA 최초 승인	성인: 1985 아동: 1990	성인: 1996 아동: 1997	성인/아동: 2000
Sound Processor	Nucleus, Kanso	Naida, Neptune	Sonnet, Rondo
Sound Processing Strategy	Hi-ACE, ACE, SPEAK, CIS,	HiRes Fidelity 120, HiRes, CIS, MPS, SAS	FSP, HDCIS, CIS-, CIS N of M
Implant Housing	Titanium	Titanium	Titanium
Electrode No. Channel No.	22 22	16 16-120	24 12
Electrode mode	Monopolar	Monopolar Bipolar	Monopolar
MRI Compatibility	Magnet in place at 3.0 Tesla (some products)	Magnet in place at 3.0 Tesla (some products)	Magnet in place at 3.0 Tesla (some products)
eAEP Telemetry	Impedance, NRT	Impedance, NRI	Impedance, eSRT, ART
Fitting Software	Custom Sound	Sound Wave	Maestro

연구문제

1. 전음성, 감각신경성, 혼합성 난청의 차이를 설명하시오.

2. 어음청각검사의 종류와 검사방법 및 의의를 설명하시오.

3. 객관적 청력검사의 대표적인 세 가지 종류와 특성을 비교하여 설명하시오.

4. 청능훈련의 두 가지 기법, 즉 대화기법(자연적 대화법과 구조적 대화법)과 듣기훈련법을 구별하여 설명하시오.

5. 독화훈련의 종합적 방법과 분석적 방법을 비교 설명하시오.

6. 보청기의 유형을 형태, 신호처리방식, 신호전달방식, 복잡성에 따른 분류로 구분하여 설명하시오.

7. 보청기의 적용 기술에 대해 설명하시오.

8. 인공와우의 구조를 설명하시오.

9. 인공와우의 적합과정을 설명하시오.

용어해설

감각신경성난청(SensoriNeural Hearing Loss: SNHL)	소리의 감음기관인 내이나 그 이후 중추경로의 이상으로 나타나는 청력손실
감도조절기(sensitivity control)	인공와우의 송화기의 민감도를 조절하는 장치
귓본(Ear impression)	귀꽂이 또는 보청기 외형을 제작하기 위한 목적으로 외이도와 이개 부분의 모양을 본뜬 것
기도골도차 (Air-Bone Gap: ABG)	기도청력역치와 골도청력역치의 차이. 기도골도차가 10dB 이상이면 정상범위를 벗어난 상태로 봄. 즉, 외이나 중이에 이상이 있는 것으로 판정함
미세증가감성지수 (Short Increment Sensitivity Index: SISI)	20dB SL에서 제시된 순음자극에 대해 작은 차이(1dB)를 인지하는, 환자의 능력에 기초한 임상적인 방법. 높은 SISI 점수는 와우 병변 난청의 특징이다. 정상 청력인은 20dB SL에서 보통 SISI 점수가 낮음

소리치료(Sound therapy)	외부 소음을 사용하여 이명을 차폐하거나 이명에 대한 습관화(habituation)를 촉진하는 재활기법
수정상승법	효용성 측면에서 상승법과 하강법을 혼합한 형태. 실제 임상에서 가장 많이 사용함
양이감쇠 (Interaural Attenuation: IA)	신호음이 반대측 귀로 전달되면서 소리의 크기가 감소되는 현상. 검사 귀의 모든 소리가 비검사 귀로 전달되지 않고 두 귀 사이의 거리나 질량 때문에 신호음의 크기가 감소됨
양이교대음평형 (Alternate Binaural Loudness Balance: ABLB)	편측성난청에서 소리의 누가현상을 이용하여 와우병변과 후미로병변을 구분하기 위해 사용하는 전통적인 청각검사법
어음처리기(speech processor)	입력된 음향신호를 3차원, 즉 주파수, 진폭, 시간으로 분석하여 난청인이 듣기에 적절한 전기신호로 바꾸어 주는 장치
역동범위 (dynamic range)	역치(ThresholdT)부터 최대쾌적수준(Maximum Comfortable Level, MCL)까지의 범위
위상(phase)	소리를 정현파로 나타낼 때 한 개의 사이클을 방위각 360도를 기준으로 나타내는 것
음향반사역치(Acoustic Reflex Threshold: ART)	등골근의 수축이 나타나는 최소의 음향자극 강도 수준
음향반사피로(Acoustic Reflex Decay: ARD)	음향신호가 제시되는 동안에 등골근의 수축이 줄어드는 현상. 후미로병변이 있을 때 이러한 특징이 나타남
음향역동범위 (Acoustic Dynamic Range: ADR)	인공와우의 송화기에서 받아들이는 음향자극, 즉 입력음의 최소레벨과 최대레벨의 차이로서, 입력역동범위(Input Dynamic Range, IDR)라고도 함
이음향방사 (OtoAcoustic Emission: OAE)	음향자극에 의해서나 자생적으로 와우관의 외모세포에서 발생되는 약 −20~20dB SPL의 적은 음향 에너지
전기최대쾌적수준(electric maximum comfortable level: C-level, M-lovel, C/M-level)	채널당 허용된 최대의 전기적 자극 강도로 보청기의 최대출력(MPO)에 해당
전기역동범위(Electric Dynamic Range: EDR)	C/M-level과 T-level의 차이를 의미하며, 음향역동범위와 일치하지는 않음
전기역치 수준(electric threshold level: T-level)	소리를 듣기 위한 최저의 전기적 자극 강도를 의미하는 것으로, 청력 정도와 일치하지는 않음

전음성난청 (conductive hearing loss)	소리의 전도기관인 외이나 중이의 이상으로 나타나는 청력손실
정점절단 (Paek Clipping)	높은 입력음압 또는 이득에 의해 포화점 이상을 넘는 출력음압의 파형을 제거하는 것
주파수 변조 (Frequency Modulation, FM)	낮은 주파수를 높은 주파수에 싣는 방식의 신호 전송방식으로 주파수는 변하지만 진폭은 일정한 특징을 가짐
차폐(masking)	소음을 이용하여 검사음이 잘 들리지 않게 함으로써 가청역치가 올라가게 되는 현상
청각피로검사 (Tone Decay: TD)	청각적응(auditory adaptation)의 임상적 측정으로, 작은 소리를 60초 동안 계속 들을 수 있는 자극음의 진폭을 구함. 청력역치와 자극음의 차이가 30dB 이상이면 후미로병변을 의미함
청능재활	청능평가, 보청기·인공와우 적합, 청각 자활 및 재활을 포함하는 종합적인 행위
청력역치(hearing threshold)	순음 또는 말 자극에 약 50% 정도 반응하는 가장 약한 소리의 강도
청성유발전위검사(Auditory Evoked Potentials: AEP)	소리자극을 줄 때 청신경계에서 발생하는 전기 에너지로서 머리에 부착된 전극을 이용해서 측정할 수 있음
최대출력(Output Sound Pressure Level: OSPL, Saturation Sound Pressure Level: SSPL, the Maximum Power Output: MPO)	큰 소리(90dB SPL) 입력에 대한 보청기 최대 볼륨에서의 출력
평균순음역치(Puretone Threshold Average: PTA)	일반적으로 여러 검사 주파수 중 0.5, 1, 2kHz를 중심으로 한 평균 역치값
폐쇄효과 (Occlusion Effect: OE)	외이도를 막아 일시적으로 소리가 더 잘 들리는 현상. 보통 1kHz 이하의 저주파수에서 음압이 10~15dB 정도 상승
혼합성난청(mixed hearing loss)	전도와 감음기관에 복합적인 이상으로 나타나는 청력손실

참고문헌

공혜경, 진인기(2023). Survey of Auditory Training Awareness for Hearing Professionals and Elderly Individuals Using Hearing Aids. *Audiology and Speech Research, 19*(2), 116-140.

기술표준원(2009). 음향학 — 청력검사방법 — 제3부: 어음청각검사. **한국표준규격, KSI-ISO-8253-3.** 지식경제부.

김영욱(2007). **청각장애아동교육의 이해.** 서울: 학지사.

김진숙(2005). Stacked ABR의 원리. **청능재활,** 1(1), 1-7.

김진숙, 윤지은(2016). 영아의 조기 청능재활 프로그램 개발. *Audiology and Speech Research, 12*(0), 41-46.

김진숙, 임덕환, 홍하나, 신현욱, 이기도, 홍빛나, 이정학(2008). 한국표준 일반용 단음절어표 개발. **청능재활,** 4(2), 126-140.

대한청각학회(2017). **청각검사지침.** 서울: 학지사.

박경연, 김진숙(2016). 영유아 청각 및 의사소통 행동 체크리스트 개발 연구. *Audiology and Speech Research, 12*(2), 65-73.

신현욱, 홍하나, 이기도, 김진숙(2009). 한국표준 학령전기용 단음절어표의 재정렬. **청능재활,** 5(1), 20-31.

유희순, 김도균, 김진숙(2019). 청각장애영유아의 청각언어인지재활(KARI)을 이용한 조기중재 효과 연구. *Audiology and Speech Research, 15*(2), 119-134.

이정학, 이경원(2019). **보청기평가 및 적합.** 서울: 학지사.

이정학, 이경원, 이재희, 방정화(2014). **청각학용어집.** 서울: 학지사

이정학, 조수진, 김진숙, 장현숙, 임덕환, 이경원, 김형종(2010). **어음청각검사.** 서울: 학지사.

장현숙, 이정학, 임덕환, 이경원, 전아름, 정은조(2008). 문장인지검사를 위한 한국표준 문장표 개발. **청능재활,** 4(2), 161-177.

조수진, 임덕환, 이경원, 한희경, 이정학(2008). 어음인지역치검사를 위한 한국표준 일반용 이음절어표 개발. **청능재활,** 4(1), 28-36.

Chung, K. (2004). Challenges and recent developments in hearing aids. Part I. Speech understanding in noise, microphone technologies and noise reduction algorithms. *Trends in amplification, 8*(3), 83-124.

Cooper, H. R., & Craddock L. C. (2006). *Cochlear Implants: A practical guide*. London: Whurr Publishers.

Diehl, P. U., Singer, Y., Zilly, H., Schönfeld, U., Meyer-Rachner, P., Berry, M., Sprekeler, H., Sprengel, E., Pudszuhn, A. & Hofmann, V. M. (2023). Restoring speech intelligibility for hearing aid users with deep learning. *Scientific Reports, 13*(1), 2719.

Dillon, H. (2012). *Hearing Aids*. New York, NY: Thieme Medical Publishers.

Hall III, J. W. (2015). *eHandbook of Auditory Evoked Responses: Principles, Procedures & Protocols*.

Jastreboff, P. J. (1990). Phantom auditory perception (tinnitus): Mechanismsof generation and perception. *Neuroscience Research, 8*(4), 221-254.

Joint Committee on Infant Hearing (JCIH). (2019).Year 2019 Position Statement: Principles and Guidelines for Early Hearing Detection and Intervention Programs. *The Journal of Early Hearing And Detecyion, 4*(2), 1-44

Kaplan, H. (1997). Speech reading. *Seminars in Hearing, 18*(2), 129-140.

Katz, J. (2015). *Handbook of clinical audiology* (7th ed.). Balimore, MD: Lippincott Williams and Wilkins.

Magnusson, L. (2011). Comparison of the fine structure processing (FSP) strategy and the CIS strategy used in the MED-EL cochlear implant system: Speech intelligibility and music sound quality. *International Journal of Audiology, 50*, 279-287.

Martin, F. N., & Clark, J. G. (2009). *Introduction to audiology* (10th ed.). Boston, MA: Allyn and Bacon.

Souza, P. E. & Turner, C. W. (1998). Multichannel compression, temporal cues, and audibility. *Journal of Speech, Language, and Hearing Research, 41*(2), 315-326.

Wilson, B. S. & Dorman, M. F. (2012). Signal processing strategies for cochlear implants. In M. J. Ruckenstein (Ed.). *Cochlear Implants and Other Implantable Hearing Devices* (pp. 51-84). San Diego: Plural Publishing.

Wilson, B. S. (2006). Signal processing strategies. In H. R. Cooper & L. C. Craddock (Eds.). *Cochlear Implants* (2nd ed., pp. 21-69). London: Whurr publishers.

제13장

청각장애 언어재활

 ·· INTRODUCTION TO COMMUNICATION DISORDERS

청각장애는 태내에 있을 때부터 노인기에 이르기까지 우리의 전 생애에 걸쳐 발생한다. 신생아 1,000명 중 1~3명은 언어발달을 위해 특별한 도움을 받아야 하는 수준의 청력손실을 갖고 태어나며, 청력에 문제가 없던 사람도 나이가 들면 자연스럽게 청력에 문제가 생겨 65세 이상의 노인 중 70% 이상은 어느 정도의 청력손실을 갖고 있는 것으로 추정된다(NIDCD, 2010).

아기부터 노인에 이르기까지 소리를 잘 듣지 못한다는 것은 여러 가지 어려움을 초래한다. 그중에서도 의사소통의 관점에서 가장 문제가 되는 것은, 출생 시부터 선천적으로 소리를 듣지 못하는 아동이다. 아기들은 특별히 말을 가르치지 않아도 어른들이 하는 말을 들으며 자연스럽게 말을 배운다. 그러나 태어나면서부터 소리를 전혀 듣지 못하거나, 큰 소리만 들을 수 있는 선천성 청각장애아동은 자연스럽게 언어를 습득하는 것이 어렵다. 이들은 말을 하는 데 필요한 조음기관, 발성기관, 나아가 신경계와 언어중추에 문제가 없어도 말소리 자극을 못 받게 되어 말을 배울 기회를 잃게 된다.

이렇게 구어습득이 어려운 청각장애인은 의사소통양식으로 시각적 언어인 수어를 사용하기도 한다. 이 장에서는 청각장애인이 사용하는 다양한 의사소통양식을 살펴보고, 청각장애인의 말과 언어가 어떤 특성을 보이는지, 또한 각 연령대별로 청각장애인의 언어재활에서 다루어져야 할 것은 무엇인지 살펴보기로 한다.

1. 청각장애인의 의사소통

특수교육이나 언어치료, 또는 장애 관련 분야에 있지 않은 사람들은 청각장애의 실제에 대해서 잘 알지 못하거나 때로는 잘못 생각하는 경우들이 있다. 일반인의 잘못된 인식 중 몇 가지를 소개하면 다음과 같다(Scheetz, 2014).

청각장애인은 소리를 전혀 듣지 못한다.
청각장애인도 보청기를 쓰면 말소리를 들을 수 있다.
청각장애인은 말을 못한다.
모든 청각장애인은 수어[1]를 할 줄 안다.

청각장애인이 소리를 듣지 못하는 정도는 매우 다양하다. 작은 말소리만 듣지 못하는 사람부터 비행기가 이륙하는 큰 소리에 겨우 반응하는 사람까지 다양하다. 청각장애인이라 하여도 소리를 전혀 듣지 못하는 경우는 많지 않고, 대부분은 잔존청력을 갖고 있다. 또한 시력이 나쁜 사람이 안경을 쓰면 잘 볼 수 있는 것처럼 청각장애인도 보청기를 쓰면 말소리를 잘 들을 수 있을 것이라고 생각하는 사람이 많다. 그러나 보청기가 필요한 정도의 청력손실을 유발하는 감각신경성난청은 말소리를 분석하고 이해하는 것을 어렵게 한다. 따라서 소리를 크게 하는 것이 주 기능인 보청기로는 말소리를 명료하게 듣기에 한계가 있다.

의사소통양식의 면에서 수어가 청각장애인이 사용하는 언어라는 것을 알고 있는 사람들은 자연스럽게 청각장애인은 말을 못하고, 또 모든 청각장애인은 수어를 안다고 생각한다. 그러나 수어를 배울 기회가 없었던 청각장애인은 수어를 알지 못한다. 오히려 태어나면서부터 소리를 듣지 못해도 조기진단과 조기중재를 통해 말을 하는

---

1) 수화가 익숙하나 수화언어가 독립된 언어라는 의미에서 수어를 사용한다.

청각장애인이 점차 많아지고 있다.

선천성 청각장애아동이라도 조기에 청각장애를 발견하고 최적의 보청기나 인공 와우를 사용하며 언어재활을 통해 말을 배우도록 하는 것이 현재 청각장애 언어재활의 일반적인 목표이다. 이는 신생아청각선별검사와 조기중재 프로그램의 확산으로 전 세계적으로 그 어느 때보다 실현 가능한 목표가 되고 있다. 그러나 만일 어떤 청각장애인에게 말 이외에 다른 의사소통양식, 예를 들어 수어가 더 효율적이고 도움이 된다면 언어재활의 목표는 구어만을 고집하지 않는다. 청각장애인의 언어재활에서 무엇보다 중요한 것은, 그 사람의 관점에서 가장 도움이 되는 의사소통수단을 갖게 하는 것이기 때문이다.

2. 청각장애인의 의사소통양식

소리를 듣는 데 문제가 없는 사람의 주된 의사소통양식은 상대방의 말을 듣고 자신의 의사를 말로 표현하는 구어이다. 그러나 청각에 제약이 있는 청각장애인의 경우에는 구어만으로 의사소통을 하는 것이 어려울 수 있어 다른 감각의 도움을 받는 다양한 의사소통양식을 사용한다.

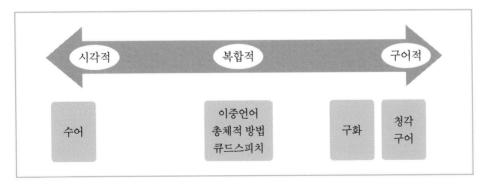

[그림 13-1] 청각장애인의 의사소통양식

1) 구어적 방법

잔존청력을 최대한 활용하여 구어로 의사소통을 하는 대표적인 방법으로, 구화법 (Auditory Oral Approach)과 청각구어법(Auditory Verbal Approach)이 있다. 두 방법 모두 듣기를 기반으로 구어를 수용하고 산출하는 의사소통양식이다. 따라서 잘 듣는 것이 중요하므로 청각장애를 조기에 발견하여 보청기나 인공와우로 보다 잘 듣는 것이 필수이다. 조기중재의 기본인 부모의 참여와 가정지도도 공통적으로 강조되고 있는 요소이다. 두 방법의 차이는 구화법에서는 특수학교를 포함한 다양한 교육환경과 구조화된 중재방법을 지지하나, 청각구어법에서는 완전 통합과 정상발달과정에 기초한 접근을 추구한다.

구화법에서는 잔존청력을 활용한 듣기뿐 아니라 입 모양과 얼굴 표정 등의 시각적인 단서인 독화(speech reading)를 동시에 사용한다. 독화만으로 의사소통을 하는 것은 한계가 있다. 왜냐하면 의미를 나누는 가장 작은 말소리의 단위인 음소 (phoneme) 중에는 시각적으로 같은 입 모양으로 묶이는 소리들이 있고, 입 모양의 변화를 볼 수 있는 속도에 한계가 있기 때문이다. 예를 들어, 우리말의 /ㅁ, ㅂ, ㅍ/는 독립된 음소로, '말' '발' '팔'은 완전히 다른 단어이다. 그러나 /ㅁ, ㅂ, ㅍ/는 입 모양이 동일한 같은 독화소(viseme)이기 때문에 소리를 듣지 않고 독화만으로는 이 세 단어를 구분하기가 어렵다. 구화법에서는 제한된 소리자극을 보완하는 방법으로 독화를 함께한다. 그러나 현재는 구화법에서도 점차 독화의 비중을 줄여 듣기 의존도를 높이고 있다(Beattie, 2006).

청각구어법은 듣기를 통해 정상 언어발달과정과 같이 말을 배우는 것을 기본 원칙으로 하며, 신생아청각선별검사의 확산과 인공와우의 발달로 심도 난청아동이라 하여도 말소리를 들을 수 있는 가능성이 생기며 주목을 받게 되었다. 현재 청각구어 접근법의 전문가교육과 자격증 관리는 미국에 본부를 두고 있는 A. G. Bell 협회에서 이루어지고 있다.

청각구어법에 따른 중재는 기본적으로 가족중심 모델을 따른다. 따라서 전문가

중심의 일반적인 언어치료 환경과 다르게 부모가 중재에 참여하며 중요한 역할을 한다.

2) 시각적 방법

미국수어(American Sign Language: ASL)나 한국수어는 독립된 언어로 인정을 받는 시각적 언어이다. 한국수어는 2016년 「한국수화언어법」의 공표로 농인의 언어로 인정을 받게 되었다. 또 다른 시각적 언어는 구어의 체계를 따르며 수화(sign)를 사용하는 방법으로 영어대응수화(Signed English)가 여기에 해당된다.

수어는 삼차원 공간에서 시각적인 방법을 사용하여 정보를 전달한다. 손의 모양이나 움직임과 같은 수지적 방법과, 얼굴 표정 등의 비수지적 방법을 함께 사용하여 의사소통을 한다. 수어는 단순히 구어를 차례대로 손짓으로 옮기는 것이 아니라, 독자적인 어순과 문법체계를 사용하여 의사소통을 하는 독립적인 언어체계이다. 수어는 음성으로 청각을 통해 정보를 전달하는 구어와 달리 삼차원 공간에서 시각적인 방법을 사용하여 정보를 전달한다. 구어는 말소리와 단어들이 선형으로 순차적으로 제시되는 반면, 수어는 수화와 부가적인 정보가 시각적으로 동시에 제시된다. 수어로 메시지를 전달하기 위해 수화자는 전달하고자 하는 메시지의 시각적 이미지를 구축한 후 수화의 형태, 순서, 실행에 대한 규칙을 따라 메시지를 전달한다. 시각적 언어인 수어는 국제 공통이 아니며, 국가마다 다르고, 구어의 방언처럼 지방마다 약간의 차이도 존재한다.

지문자는 철자 하나하나에 손동작을 연결시켜서 이를 표현하는 방법이다. 지문자만으로 의사소통을 하는 것은 한계가 있는데, 이는 일반적인 말속도를 따라가려면 초당 12개의 철자를 표시해야 하며, 실제로 불가능하기 때문이다. 지문자로는 보통 말속도의 40% 정도만을 전달할 수 있는 것으로 알려져 있다(Bornstein, 1974).

3) 통합적 방법

구어적인 방법과 시각적인 방법을 함께 사용하는 것으로, 큐드스피치(Cued speech), 이중언어(Bilingual), 동시의사소통(Simultaneously communication), 토탈커뮤니케이션(Total communication) 등의 방법이 있다.

큐드스피치는 독화로 구분이 안 되는 말소리에 손 단서를 주어 의사소통을 돕는다. 예를 들어, 영어 큐드스피치에서 입모양이 다른 /d, p, ch/는 동일한 손 단서를 사용한다. 반면 입 모양이 같은 /b, m, p/는 서로 다른 손 단서로 표현한다. 화자가 말을 하면서 큐드스피치의 손 단서를 사용하면, 청각장애인 청자는 독화로 구분이 안 되는 음소들을 시각적인 단서를 보고 구분할 수 있다. 큐드스피치는 한 개의 철자에 하나의 손 동작을 부여하는 지문자에 비해 속도가 빠르므로 구어 대화를 따라갈 가능성이 커진다.

이중언어 접근은 시각적 언어인 수어를 독립된 언어로 인정하고 수어와 구어를 함께 사용하는 것으로, 건청인이 모국어와 외국어를 능숙하게 사용하는 것과 같은 개념이다. 이때 시각적 언어는 수어이며, 구어대응수화의 사용은 이중언어 접근에 해당되지 않는다. 이에 비해 동시의사소통은 구어를 하며 그에 맞추어 시각적 의사소통양식을 사용하는 것으로, 이때 사용하는 시각적인 방법은 구어대응수화이다. 토탈커뮤니케이션은 특정한 의사소통양식이라기보다는 모든 방법을 사용하여 청각장애학생의 의사소통을 돕는다는 개념이다(Scheetz, 2014).

3. 청각장애인의 말과 언어 특성

중복장애를 갖고 있는 경우가 아니라면 청각장애인은 말소리를 산출하는 발성기관, 조음기관, 언어중추 등에 기질적인 문제를 갖고 있지 않다. 그러나 태어나면서부터 소리를 잘 듣지 못하거나, 또는 말을 배운 후에 청각장애가 발생했어도 그 기간이 오래 지속되면 말과 언어에 문제가 생긴다.

음성을 조절하고 정확하게 발음을 하기 위해서는 다른 사람의 말소리뿐 아니라 자신의 말소리를 듣고 조절하는 청각적 피드백이 중요하며, 언어를 습득하고 발달시키기 위해 청각적 피드백은 가장 효율적이고 필수적인 통로이다. 따라서 청각적 피드백의 손상 정도와 지속 기간에 따라 청각장애인의 말소리와 언어발달은 영향을 받는다. 그러나 현재 조기진단, 조기중재, 인공와우이식이 확산되면서 선천성 심도 청각장애가 있어도 청각장애인의 말과 언어 특성이라고 언급했던 특성들을 보이지 않는 경우들을 현장에서 만나게 된다. 이 장에서는 전형적인 심도 청각장애인의 말소리와, 언어 특성과, 인공와우를 사용하는 사람들의 결과를 나누어 소개한다.

1) 말소리

음성은 음도, 강도, 음질에 대한 평가가 기본이며, 초분절적인 요소인 말의 빠르기, 운율 등에 대한 평가가 더해진다. 심도 청각장애인의 음성은 건청인보다 높은 음도와 강한 강도를 보이는 것으로 알려져 있다. 음도는 청지각적으로 '높다' 또는 '낮다'라고 평가할 수도 있으나, 객관적인 방법으로 기본 주파수를 측정하여 평가한다. 일반적으로 성인 여성 목소리의 기본 주파수는 220Hz, 남성은 110Hz 정도이나, 남성 청각장애인의 기본 주파수는 여성의 음도보다 높게 보고되기도 한다. 음성의 강도는 일반인보다 크며, 음질은 탁하고, 긴장감이 있고, 쥐어짜는 듯한 소리를 낸다.

음질평가에서 흥미로운 연구는 일반적으로 음질에 이상이 있을 때 문제가 되는 jitter나 shimmer 값이 청각장애인의 경우에 정상범주로 나오는 경우이다. 이는 jitter와 shimmer 값의 이상이 성대의 규칙적인 진동이 방해를 받을 때 발생한다는 것과 연관하여 설명할 수 있다. 청각장애인의 경우, 음질 이상은 후두의 해부학적이거나 기질적인 원인에서 발생하는 것이 아님을 추정케 한다(윤미선, 2016).

음질에서 보이는 또 다른 특징은 공명의 이상이다. 일반적으로 공명문제가 있을 때, 과다비성과 과소비성은 동시에 나타나지 않는다. 그러나 청각장애인은 과다

[그림 13-2] 청각장애인의 음성 특성

비성이 일반적이기는 하나, 특징적으로 두 가지를 함께 보이기도 한다. 비음측정기 (Nasometer)로 비음도를 측정해 보면 비강음으로 구성된 문단을 읽을 때는 평균보다 비음도가 낮게 나와 과소비성이, 구강음으로 구성된 문단은 평균 비음도보다 높아 과 다비성을 보이기도 한다. 이는 청각장애인의 공명 이상이 구조적인 원인이 아니라, 구강음과 비강음을 구분 짓기 위해 공기 통로를 조정하는 연인두의 개폐가 적절하게 이루어지지 않아 두 가지 모두 문제를 보이기 때문이다(Ysunza & Vazquez, 1993).

청각장애인은 건청인보다 말속도가 느리며 중간중간의 쉼 특성에서 건청인과 차 이를 보인다. 문장 안의 쉼 빈도와 길이가 길고 때로는 한 어절 안에서도 쉼이 나타 나기도 한다. 또한 일정한 톤의 단조로운 억양을 사용하고 의문문이나 평서문 등 문 장의 종류에 따라 적절한 억양을 사용하지 못한다(윤미선, 2016).

2) 조음/음운

조음음운장애를 말할 때 모음은 발달적으로도 자음에 비해 일찍 습득되고 오류도 적기 때문에 자음을 중심으로 이야기한다. 그러나 청각장애인은 모음에서도 오류를 보인다. 모음에서의 오류는 각 모음의 특성을 살리지 못하고 혀를 중간 위치에 두어 모두 비슷한 소리로 산출하는 중립화(neutralization)가 대표적이다. 이중모음을 단모음화한다거나 모음을 평균보다 길게 발음하는 오류들이 나타난다.

자음에서 가장 오류를 보이는 말소리는 치조마찰음 계열의 소리들이다. 마찰음은 발달적으로 늦게 습득되는 음소이고, 조음장애아동에서도 빈번하게 오류가 나타나는 소리이다. 청각장애인이 보이는 /s/ 소리의 오류는 이러한 발달적인 오류와는 기전이 조금 다르다. 일반적인 감각신경성난청에서, 고주파수 소리부터 듣기가 어려워진다. 치조마찰음은 말소리 가운데 가장 높은 주파수 범위에 있는 음소들이므로 청각장애인은 이들 소리를 잘 듣지 못할 확률이 높고, 이 소리들을 정확히 발음하는 것이 어려워진다(Tye-Murray, 2009).

또 다른 특징으로 비강음과 구강음을 혼동하여 조음한다. 비강음은 주파수 대역은 낮으나 구강음에 비해 에너지가 적어 듣기가 어려워, 조음위치가 같은 구강음과 변별이 어렵다. 예를 들어, /말-발/, /몸-봄/과 같은 최소대립쌍의 단어짝은 듣고 구분하기도 어렵고 발음도 오류가 많다.

청각장애인의 조음음운오류 특성 중 또 하나는 비슷한 수준의 조음오류가 있는 조음장애인에 비해 말명료도가 낮다는 점이다. 화자의 말을 듣고 청자가 이해하는 정도를 의미하는 말명료도에 가장 영향을 주는 요인은 자음정확도와 같은 분절음의 정확도이다. 그런데 같은 수준의 자음정확도를 보이는 청각장애인과 기능적 조음장애인의 말을 비교해 보면, 청자는 청각장애인의 말을 이해하기가 훨씬 어렵다. 청각장애인은 발음문제 외에도 음성이나 운율 등의 초분절적인 요소에서도 어려움을 갖고 있고, 이는 조음문제와 결합하여 말명료도를 낮추는 요인으로 작용한다(이성은 외, 2010).

3) 언어발달

청력손실은 아동의 언어발달에 결정적으로 영향을 준다. 언어를 이미 습득한 성인은 청력손실이 발생했을 때 시간이 지나면 음성이나 조음 문제를 보일 수 있으나,

이미 습득한 언어능력을 잃어버리는 것은 아니다. 그러나 언어습득 전에 청력손실이 발생했을 때는 언어습득 자체뿐 아니라 이후 언어발달이 어려워진다.

언어는 음운론, 의미론, 형태론, 구문론, 화용론으로 하위 영역을 나눈다. 청각장애인은 전 영역에서 어려움을 보일 수 있다. 먼저, 음운론은 말소리에 대한 규칙으로, 아기는 신생아기부터 또는 어머니 뱃속에 있을 때부터 시작해서 주변 사람들의 말소리를 듣고 모국어의 말소리규칙들을 익힌다. 청각장애아동은 듣기에 제한이 있으므로 음운규칙을 자연스럽게 익히는 기회를 갖지 못하며 음운인식 과제에 대한 수행력도 낮은 것으로 보고된다. 의미론 측면에서 청각장애아동의 전체적인 어휘습득량은 건청아동을 따라가지 못하며, 질적으로도 차이를 보인다. 청각장애아동의 어휘는 내용어의 비중이 높고, 관용적 표현이나 다중 의미의 어휘, 심상어휘에 대한 이해와 사용이 부족한 것으로 알려져 있다(Paul, 2009). 형태론과 구문론은 각각 단어와 문장에 관한 문법규칙으로, 청각장애아동은 어려움을 보인다. 화용론은 언어의 사용에 관한 규칙으로, 상대방에 따라 적절한 어휘와 어법을 선택하는가, 대화를 포함한 담화에 얼마나 능동적으로 참여하고 주제를 이끌어 가는가 등이 포함된다. 청각장애아동 중에는 어휘능력으로 평가하는 공식적인 언어검사에서는 또래와 같은 언어연령을 보이지만 다른 하위 영역의 언어발달은 어려움을 보이는 경우들이 있다. 따라서 청각장애아동의 언어평가는 언어의 한 가지 영역이 아니라 다양한 영역의 검사 결과를 종합하는 것이 필요하다.

청각장애아동의 언어발달 지연은 학령기에 이르러 문해능력의 부족으로 이어진다. 청각장애아동은 읽기에 영향을 주는 요인으로 알려져 있는 음운인식, 읽기 유창성, 텍스트의 이해에서 모두 어려움을 보이므로 문해능력이 또래에 비해 떨어지게 된다(Scheetz, 2014).

4) 인공와우 사용자의 언어 특성

청각적 피드백의 부족이 청각장애인의 음성과 언어 문제의 원인이라면, 인공와우

이식으로 소리를 더 잘 듣게 된 사람은 이러한 문제들이 해결될 것이라는 가정이 가능하다. 연구 결과는 이러한 가정이 맞다는 증거를 보여 주기도 하나, 때로는 제한되고 한정된 결과를 보여 주기도 한다.

(1) 말소리발달

청각적 피드백의 부족이 청각장애인의 음성 이상의 원인이므로, 인공와우이식으로 소리를 더 잘 듣게 하여 원인 요인을 없앴다면 음성 이상은 해결될 것이라는 가정이 가능하다. 그러나 불행히도 인공와우로 소리를 잘 듣게 되어도 이미 농음성(deaf voice)을 지닌 사람의 음성문제가 완전히 해결되지는 않는다.

인공와우이식 후 말소리 특성은 정상부터 이상까지 다양하게 나타난다. 음성 특성을 보면 인공와우를 받은 나이가 중요한 변수이다. 농으로 지낸 기간이 길면 길수록 농음성의 특성을 보이고, 인공와우이식으로 소리를 잘 듣게 되어도 음성에서는 제한적인 변화만이 가능하다. 이는 우리의 음성이 단시간에 완성되는 것이 아니고, 어린 시절부터 자신과 주변의 말소리를 들으며 성숙해 가는 과정에서 발성기관을 조절(tuning)하고, 자동화하고, 우리 몸이 이를 기억하고 자동화하기 때문이다. 소리를 듣지 못하는 기간이 지속되면서 발성기관은 왜곡된 음성을 산출하는 데에 적응하고 굳어진다. 따라서 이후에 청각자극이 들어와도 청각장애인의 음성은 왜곡된 특성을 그대로 보이게 된다(윤미선, 2016).

조기에 인공와우이식을 받고 재활을 받은 아동의 음성은 음도, 강도, 음색, 공명의 집단 평균이 또래아동과 통계적으로 유의한 차이가 없는 것으로 나타난다. 그러나 이들 연구에서도 정상범위를 넘어서는 아동들이 있으며, 인공와우와 이식을 받은 나이 등이 중요한 변수로 작용한다(윤미선, 최은아, 성영주a, 2013; 윤미선, 최은아, 성영주 b, 2013; Nguyen et al., 2008).

(2) 언어발달

인공와우를 사용하는 아동의 언어발달에서 가장 중요한 요인은 인공와우이식의 나이로 알려져 있다. 또한 양쪽 귀로 듣는 이점을 얻기 위해 양이이식이 일반화되고 있다. 이렇게 어린 나이에 양쪽 귀에 인공와우를 이식받고 적절한 중재를 받은 아동의 언어발달수준은 일반발달을 따라갈 가능성이 커진다. 실제로 12개월 이하에 첫 번째 이식을 받은 아동의 유아기 언어능력이 또래 건청아동과 같은 수준에 도달한다는 사례들이 보고되었다(May-Mederake & Shehata-Dieler, 2013).

인공와우가 선천성 청각장애아동에게 상용화되기 시작한 것은 1990년대 이후이고 21세기에 들어와서 확산되었으므로, 인공와우이식을 받은 아동이 청소년으로 성장하면서 장기간 인공와우를 사용한 청소년기 언어에 대한 관심도 높아졌다. 북미지역에 거주하고 인공와우를 10년 이상 사용하고 있는 112명의 청소년을 대상으로 한 연구에 따르면, 연구 대상 청소년의 약 70%는 언어성 지능검사, 언어 내용, 수용과 표현어휘 검사에서 또래 평균과 같은 수준에 있었다(Geers & Sedey, 2011). 또한 인공와우이식 전에 농으로 지낸 기간, 비언어성 지능, 가족의 사회경제적 수준, 단기기억 등이 언어수준에 영향을 주는 요인으로 나타났다.

선천성 청각장애아동도 조기진단을 통해 청각장애를 발견하고 인공와우를 어린 시기에 이식받고 적절한 조기중재를 받은 경우, 일반언어발달수준에 도달할 수 있다는 기대를 갖게 한다. 그러나 모든 아동이 인공와우이식 후 일반발달수준의 언어능력을 갖게 되는 것은 아니고, 구어를 통한 의사소통에 어려움이 있는 사람들이 계속 존재하며, 이들에 대한 다각적이고 계속적인 중재가 필요하다(Scheetz, 2014).

4. 청각장애인의 언어재활

1) 영유아의 언어재활

선천성 청각장애아동의 언어발달에 대한 관심과 연구는 여러 분야에서 이루어져 왔다. 선천성 청각장애아동의 언어습득에 대한 관심은, 먼저 과연 이들이 언어를 습

득하는 과정이 건청아동의 언어습득과정과 동일한 것인가에서 출발한다. 일부 학자
는 청각장애아동이 보이는 언어발달 양상과 특이한 특성 등을 토대로, 이들의 언어
습득과정은 근본적으로 건청아동의 것과 다를 수밖에 없다고 주장했다. 그러나 또
다른 학자들은 청각적 자극의 입력을 통한 언어습득이라는 통로의 제한과 차단이 있
어 시기와 양상이 차이가 있기는 하나, 이들의 언어습득과정은 건청아동과 다르지
않다고 주장한다(Cole & Flexer, 2007). 후자의 주장을 따른다면, 청각장애아동의 언어
발달이 지연되고 특이한 양상을 보이는 것은 청각적 자극 입력의 제한 때문이며, 따
라서 언어습득 시기에 이것이 해결된다면 청각장애아동도 정상적인 언어습득과정
을 거칠 것이라는 가정이 가능하다. 이러한 가정은 실제로 조기진단을 받고 조기중
재를 받은 인공와우아동의 경우에서 확인이 되고 있다. 신생아선별검사를 통해 조
기에 청각장애 진단을 받고 인공와우이식 수술을 받은 아동은 건청아동의 언어발달
과정에 빠른 시간에 도달하였으며, 이들의 음운발달 양상이나 언어발달 양상은 건청
아동의 발달과정과 유사하게 진행되는 것으로 나타난다(Nicholas & Geers, 2006). 인
공와우와 같은 기술적 발달 및 청각장애 조기진단의 확산과 더불어 청각장애아동 조
기중재의 필요성과 중요성은 그 어느 때보다 강조되고 있다.

(1) 조기진단과 조기중재

청각장애아동의 언어발달을 위해 조기진단은 매우 중요하다. 그러나 조기에 진
단을 받는 것만으로는 인공와우이식아동이 유아기에 보여 주는 언어능력을 예측할
수 없으므로 조기진단 이후 조기중재의 필요성이 중시되고 있다(Nicholas & Geers,
2006). 즉, 조기진단을 받아도 조기에 적절한 중재를 받지 못한 청각장애아동은 언
어발달에서 어려움을 겪을 수 있다는 의미이다. 따라서 신생아청각선별검사를 통해
조기에 청력손실 여부를 발견하고, 바로 언어발달을 위한 중재를 시작하여야 한다.

〈표 13-1〉에서 청각장애아동의 조기중재를 위한 대표적인 해외 프로그램을 소개
한다. 조기중재 프로그램에서 공통적으로 강조하고 있는 것은 '가족중심'이며, 다수
의 프로그램들은 조기중재전문가가 아동의 가정을 찾아 아동에게 친숙한 환경에서

가족과 함께 조기중재를 진행한다. 이는 조기중재 대상 아동의 연령이 0~3세로 어리고, 이들에게 필요한 언어자극은 주 1~2회, 1~2시간 전문가와 함께하는 것으로는 부족하며, 하루 종일 함께 지내는 가족을 통해 지속적으로 제공되어야 하기 때문이다. 청각장애아동의 조기중재는 주로 언어재활사나 특수교사가 담당한다.

표 13-1 **청각장애아동을 위한 해외 조기중재 프로그램**

프로그램	특징
CID cid.edu/families-and-children/family-center/	미국 세인트루이스에 위치한 CID(Central Institue for the Deaf)는 0~3세 아동을 위한 프로그램뿐 아니라 아동의 발달연령에 맞춘 과정들이 마련되어 있다. 현재 Joanne Parrish Knight Family Center에서 진행되는 0~3세 프로그램은 각 아동과 가족의 요구에 맞추어 가정방문의 횟수나 방법 등을 탄력적으로 진행한다. 센터의 전문가가 가정을 방문하여 보청기나 인공와우 사용법을 교육하고, 가족이 겪는 심리적 어려움에 대한 도움과 가정에서 청각장애아동의 언어발달을 위해 도와줄 수 있는 방법을 교육하며, 동시에 부모와 아동은 센터를 방문하여 종합적인 청력검사를 받을 수 있다. 부모는 센터에서 진행하는 정기적인 부모교육 프로그램에 참여한다.
CHIP www.csdb.org/programs-services/outreach-programs-3/early-education-services/colorado-home-intervention-programchip/	CHIP(Colorado Home Intervention Program)은 미국 콜로라도 대학교의 프로그램으로 시작해서 현재에 이른다. CHIP 프로그램에서는 0~3세 청각장애영유아의 가정을 조기중재전문가가 방문하여 중재를 제공한다. CHIP은 청각장애영아의 가정이 위치한 곳에서 45분 이내의 지역에 조기중재전문가를 배치하는 것을 목적으로 한다. 조기중재전문가는 대부분 지역사회의 특수교사나 언어치료사로, 이들은 청각장애 조기중재에 대한 교육을 받고 활동하고 있다. CHIP의 조기중재전문가는 월 4회 가정방문이 기본이며 한 번 방문 시 1시간에서 1시간 반 정도의 시간을 보낸다. 이들의 중재에는 가족을 중심으로 정상발달, 청각장애 및 최신 기술에 대한 정보를 제공하고 청각장애아동의 언어발달을 위해 부모가 도움을 주는 방법에 대한 안내와 지도가 포함된다.

Hear & Say Center www. hearandsaycentre. com.au	Hear & Say Center는 호주 시드니를 중심으로 6개의 센터가 있으며 청각구어법을 기본으로 0~18개월까지의 청각장애아동을 대상으로 조기중재 프로그램을 진행한다. 조기중재 프로그램은 아동이 보청기나 인공와우를 사용해야 하는 수준의 영구적 청각장애 진단을 받는 순간부터 아동과 부모에게 서비스를 제공한다. 조기중재 프로그램에서 하는 일은, 첫째, 아동의 발달을 지속적으로 평가하는 것으로 개별화 교육계획(Individual Education Plan: IEP)을 적어도 일 년에 두 차례 세운다. IEP는 부모의 참여 아래, 부모의 의견을 반영하여 작성하고 각 발달영역별로 단계별 목표를 설정한다. 단계별 목표는 정상발달과정을 토대로 수립되어 있는 커리큘럼에 따른다. 평가영역에는 아동의 언어, 말, 인지, 사회성, 정서에 대한 발달이 포함된다.
SKY-HI www.skihi.org	SKI-HI 프로그램은 0~5세 청각장애아동이 자연스런 환경에서 언어를 배울 수 있도록 돕는 프로그램으로, 미국 유타대학에서 개발되었다. SKI-HI는 0~5세 청각장애아동을 위한 가족중심의 종합적인 프로그램으로, 각 영역별 주제에 대해 부모가 알기 쉽게 정보를 제공한다. 특히 0~12개월 아동, 의사소통방법, 증폭장치, 부모와 아동의 상호작용에 대해서는 개별적으로 다루고 있다. SKI-HI 프로그램을 진행하는 사람은 청각장애아동의 교육에 3년 이상의 경험이 있는 현장전문가로서 6일간의 특별교육과정을 이수한다. 이들은 청각장애아동의 가정을 방문하여 SKI-HI 교재의 지시에 따라 아동을 평가하고 평가 결과를 토대로 아동에게 필요한 활동이 부모를 통해 이루어지도록 한다.

(2) 청각구어법

청각장애아동의 조기중재에서 가장 주목을 받고 있는 의사소통양식은 청각구어법이며, 청각구어치료(Auditory Verbal Therapy), 청각구어중재(Auditory Verbal Intervention), 청각구어실제(Auditory Verbal Practice)를 통해 이루어진다. 이들 용어는 내용상 서로 다른 것이기보다는 접근하는 관점에 따른 용어 차이로 보는 것이 맞다.

청각구어실제는 가족중심의 중재방법으로, 언어재활사는 부모가 아동의 언어발달을 촉진하는 활동을 잘할 수 있도록 부모에게 정보를 제공하고 이끄는 역할을 한다. 따라서 청각구어실제의 중재 시간에는 부모가 항상 같이 있어야 하며, 만일 아동을 돌보는 사람이 부모가 아니고 다른 사람이라면 그 사람을 중재 시간에 참여시킨다. 청각구어법은 일반 건청아동의 언어발달과정을 기본으로 하고 있다. 따라서 일반아동의 언어발달의 기본이 되는 부모와의 상호작용과 언어자극이 전제가 된다.

청각장애아동의 40%는 청각문제 외에 다른 문제가 있는 중복장애아동으로 알려져 있으며, 이들은 조기진단과 조기중재에도 불구하고 듣기와 언어발달이 매우 제한적이다. 이러한 아동이 듣기를 통해 정상 언어발달을 목표로 하는 청각구어중재의 대상으로 과연 적합한지 의문이 제기된다. 이 경우라면 아동에게 적합한 전략과 원칙을 적용하면서 아동의 수준에 적절한 목표를 제시하는 것으로 청각구어중재를 적용한다. 그것이 가족중심으로 개별화된 서비스를 제공하는 청각구어법의 정신이기도 하다.

청각구어법의 기본이 되는 10가지 원칙은 〈표 13-2〉와 같다. 원칙 1과 2는 조기진단과 조기중재의 필요성과 최신 기기를 사용하여 아동에게 최적화된 듣기를 제공해야 한다는 점을 말한다. 원칙 3부터 8까지는 언어발달을 위해 부모를 지도하고 안내하는 사항으로, 10개의 원칙 중 6개가 청각장애아동의 부모 지원에 대한 사항이다. 원칙 9는 지속적인 평가와 평가를 기반으로 증거기반 실제를 행함을 의미한다. 마지막 원칙 10에서 청각구어법에서는 가능한 한 청각장애아동들이 일반 학교에 통합되어 건청아동과 같이 교육을 받는 것을 권장한다. 청각구어중재에서 임상가와 부모는 아동의 언어발달을 위해 협력하는 파트너이며, 실제로 아동의 언어발달을 촉진하는 중심은 임상가가 아니라 부모이다. 이는 정상적인 언어발달과정을 토대로 했을 때, 아동이 언어를 습득하기 위해서는 일주일에 한두 시간 만나는 임상가가 아니라 부모, 또는 대부분의 시간을 함께 보내는 사람을 통해 듣기와 언어자극이 주어져야 하기 때문이다.

표 13-2	청각구어법의 10가지 원칙
1	신생아, 영아, 유아 및 어린 아동들의 청력손실의 조기진단을 장려하고, 진단 이후 즉각 청각적 관리와 청각구어치료를 시작한다.
2	청각자극으로 인한 이득을 최대한으로 얻을 수 있도록, 즉각 평가와 적절한 최신 청각보조기술을 사용하는 것을 장려한다.
3	아동들이 구어를 발달시키기 위한 주된 감각 양식으로 듣기를 사용하는 것을 돕도록 부모를 지도하고 안내한다.
4	부모가 적극적이고 일관된 개별 청각구어치료 회기에 참여하여 아동의 듣기와 구어발달을 위한 주된 촉진자가 되도록 지도하고 안내한다.
5	아동의 일상생활을 통해 구어를 습득할 수 있게 듣기를 지지하는 환경을 만들도록 부모를 지도하고 안내한다.
6	일상의 모든 영역에서 듣기와 구어를 통합하여 나갈 수 있게 아동을 돕도록 부모를 지도하고 안내한다.
7	듣기, 말하기, 언어, 인지, 의사소통에 있어서 자연스러운 발달적 패턴을 사용하도록 부모를 지도하고 안내한다.
8	아동이 듣기를 통해 구어를 스스로 자기감독할 수 있도록 부모를 지도하고 안내한다.
9	개별 청각구어치료계획을 개발하고 진전을 모니터링하며, 아동과 가족을 위해 계획이 효과적으로 이루어지는지 평가하기 위해 공식적·비공식적 진단평가를 지속적으로 시행한다.
10	유아기부터 지속적으로 적절한 서비스를 받으며, 건청 또래와 일반학교에서 교육받는 것을 장려한다.

출처: Rhodes & Duncan (2016).

원칙에 따른 청각구어중재의 주요 전략과 설명은 다음과 같다.

- 깨어 있는 동안 계속 듣기: 아동이 보청기나 인공와우를 아침부터 밤까지 계속 착용하고 소리를 들어서 뇌까지 이르는 청각 통로가 활성화되도록 한다.
- 가까이에서 말하기: 보청기나 인공와우는 마이크를 통해 소리가 전달되므로 거리가 조금만 멀어져도 말소리의 강도는 크게 감소하며, 큰 소리로 말하면 소리

의 왜곡이 생길 수 있다. 따라서 아동의 가까이에서 보통 크기의 소리로 말을
한다.

- 소음이 적은 듣기 환경: 조용한 곳에서 말소리를 잘 듣던 청각장애아동도 소음
이 있을 때는 듣기가 어렵다. 말을 배우는 과정에서는 소음이 적어서 신호음을
잘 들을 수 있는 듣기 환경을 조성해 준다.

- 듣기 먼저: 아동에게 자극을 제시할 때는 항상 청각적 자극을 먼저 주고, 시각적
자극을 나중에 준다. 시각적 자극이 먼저 제시될 경우 아동은 청각적 자극에 덜
집중할 수 있기 때문이다.

- 음향적 강조: 아동이 새로운 단어를 배우거나 잘 듣지 못하는 음소가 있을 때는
그 부분의 길이를 늘이거나 강도를 높여서 음향적으로 강조하여 들려준다.

- 말하기, 말하기, 또 말하기: 청각장애아동은 건청아동보다 더 많이 들었을 때 언
어를 습득할 수 있으므로 부모는 아동에게 언어자극을 많이 준다.

- 같은 생각하기: 아동이 관심을 기울이고 주의를 집중하고 있는 사물이나 사건
을 부모가 함께하고, 그에 대한 언어자극을 제공한다.

- 목소리의 가치: 아동이 발성을 하면 바로 반응하고 보상을 한다. 이를 통해 아
동이 목소리로 자신을 표현하려는 의도를 촉진한다.

청각구어중재는 인공와우이식의 확산을 통해 아동들이 어린 시절부터 소리를 보
다 잘 듣게 되면서 구어발달에 보다 효과적인 중재방법으로 인정을 받고 있다.

2) 학령기아동의 언어재활

청각장애아동의 학교생활은 일반학교의 일반학급이나 특수학급 또는 청각장애특
수학교에서 이루어진다. 교육부의 2016 특수교육연차보고서에 의하면 확인된 학령
기 청각장애아동은 3,401명으로, 이 중 74%의 아동은 일반학교에서, 25%는 특수학
교에서 교육을 받는 것으로 나타났다(교육부, 2016). 이렇게 대다수의 청각장애학생

이 일반학교에 다니고 있으나, 이들이 과연 물리적인 통합을 넘어 실질적인 통합이 되고 있는가는 확인이 필요하다.

청각장애아동이 학교생활을 수행하는 데는 여러 가지 어려움이 존재한다. 먼저, 청각장애아동들은 학령기를 시작하는 시점에서 어휘능력을 포함한 언어능력이 또래보다 뒤처질 수 있다. 이는 학업에 필수적인 문해능력의 저하를 가져오고, 학업수행력의 어려움으로 연결된다.

인공와우아동에 대한 결과는 보다 긍정적으로 나타난다. 여러 연구에서 다른 장애가 없고 청각장애만 있으면서 인공와우이식을 받은 아동의 학업능력이 건청 또래의 평균과 차이가 없는 것으로 보고되었다. 그러나 이 아동들의 경우에도 일반학교에서 통합교육을 받으면서 부가적인 도움을 받고 있었다. 프랑스의 학령기아동이 가장 많은 도움을 받는 것은 언어치료로, 8세에서 11세 아동의 100%, 12~15세 아동의 80%가 언어치료를 받고 있었다. 그다음은 개인지도 등의 교육 지원으로, 50% 이상의 학생이 지원을 받았다(Venail et al., 2010).

인공와우아동의 경우, 성공적인 학교생활에서 가장 중요한 요인은 구어 의사소통능력으로 나타난다. 또한 유치원 시기에 듣기능력과 언어능력이 좋았던 아동이 고등학교 시기에서도 학업과 언어수행력이 높은 것으로 보고되고 있어, 성공적인 학업수행력을 위해서 조기진단과 조기중재로 의사소통능력을 높이는 것이 필요함을 알 수 있다(Geers et al., 2011).

Park 등(2016)의 연구에서 보면 학업수행력은 평균인 인공와우 사용 아동들도 적응력과 사회성에서는 어려움을 겪고 있으며, 이는 의사소통의 어려움이 가장 큰 요인으로 지목된다. 따라서 학령기 청각장애아동은 단순히 언어능력에 대해서만이 아니라, 언어를 의사소통상황에서 적절히 사용하는 화용적인 측면을 고려한 언어재활이 필요하다.

3) 성인의 언어재활

언어재활을 필요로 하는 청각장애성인을 크게 두 집단으로 분류해 보면, 먼저 첫 번째는 어린 시절, 특히 언어발달 이전에 청력손실이 생긴 후 성장하여 성인이 된 그룹과, 성인기에 청력손실이 생긴 그룹이다. 전자는 듣기뿐 아니라 언어, 발음, 음성에서도 장애를 보일 수 있고 이에 대한 중재가 필요하다. 후자는 언어를 이미 습득한 후이므로 언어능력은 소유하고 있으나, 듣지 못하는 기간이 길어지면 발음이나 음성에 문제가 생길 수 있다.

성인의 언어재활에서 고려해야 할 요인은 연령이나 성별, 사회경제적 수준, 삶의 단계, 문화권, 청력손실의 정도, 직업 환경, 가정 내에서 의사소통의 필요성, 심리적 상태 등 다양하다(Tye-Murray, 2009). 성인에게는 가정뿐 아니라 직장이나 보다 큰 사회에서의 역할과 관계가 중요하다. 따라서 청각장애성인을 대상으로 하는 언어재활은 의사소통능력을 중심으로 사회경제적 요인과 환경을 고려하여 진행되어야 한다.

4) 청능훈련

청능훈련은 청각장애인이 소리를 듣고 인식하는 일련의 과정을 돕는다. 인공와우 이식으로 소리를 듣게 된 직후에는 말소리를 듣고 무슨 말소리인지 모르는 경우가 많다. 이런 경우, 청능훈련을 통해 소리를 듣는 연습을 한다. 청능훈련을 통해 소리를 듣는 청각역치 자체가 변화하는 것은 아니다. 청능훈련으로 소리에 보다 민감하게 반응할 수 있게 되어 청각역치가 좋게 나타날 수 있으나, 근본적으로 청력이 좋아지는 것은 아니라는 의미이다(Tye-Murray, 2009).

청능훈련은 청지각기술의 발달단계를 따른다. 첫째, 감지(detection)는 소리가 있고 없음을 아는 단계이고, 둘째, 변별(descrimination)은 소리가 같고 다름을 아는 단계이다. 셋째, 확인(identification)은 그 소리가 어떤 소리인지를 아는 단계이고, 넷째, 이해(comprehension)는 말소리의 의미를 이해하는 단계이다. 청능훈련은, 먼저 청각

4. 청각장애인의 언어재활   425

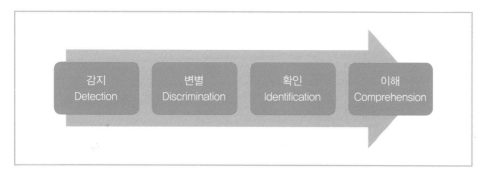

[그림 13-3] 청지각 기술의 발달단계

장애인의 청지각기술이 어느 단계에 있는지를 파악하는 것에서 출발한다. 그다음,
대상자의 언어와 일반 발달단계를 토대로 청지각기술의 다음 단계를 연습한다.

청능훈련의 구성 원칙은 청지각기술의 단계와 과제의 난이도에 따르며, 난이도는
쉬운 것에서 어려운 것으로 진행한다. 일반적으로 난이도에 영향을 주는 요인은 아
래와 같이 다양하다(Tye-Murray, 2009).

- 보기 유무: 보기가 있는 과제(closed set) vs. 보기가 없는 과제(open set)
- 보기의 수: 보기의 수가 적은 과제 vs. 보기의 수가 많은 과제
- 과제의 친숙도: 친숙한 내용이나 어휘 vs. 친숙하지 않은 내용이나 어휘
- 문맥: 문맥 정보가 제공된 과제 vs. 문맥 정보가 제공되지 않은 과제
- 소음: 소음이 있는 환경 vs. 소음이 없는 환경

연구문제

1. 청각장애와 언어발달의 관계를 설명하시오.

2. 청각장애인의 의사소통양식을 설명하시오.

3. 청각적 피드백의 부족으로 청각장애인의 말소리에 나타나는 특성은 무엇인지 설명하시오.

4. 인공와우이식을 받은 사람의 말과 언어는 어떠한지 설명하시오.

5. 청각장애영유아의 언어재활에서 조기진단과 조기중재가 중요한 이유는 무엇인지 설명하시오.

6. 조기중재 프로그램에서 가족을 중요시하는 이유는 무엇인지 설명하시오.

7. 청각구어중재의 주요 전략을 설명하시오.

8. 청지각기술의 발달단계를 설명하시오.

9. 청능훈련의 난이도에 영향을 주는 요인들은 무엇인지 설명하시오.

용어해설

구화법 (Auditory Oral Approach)	잔존청력과 독화 등의 시각적 단서를 함께 사용하여 구어를 함
독화(speech reading)	입 모양과 얼굴 표정을 통한 의사소통방법
수어(Sign Language)	손의 모양, 움직임, 얼굴 표정 등의 시각적인 상징을 이용하여 독자적인 언어체계를 갖고 있음
신생아청각선별검사 (Universal Newborn Hearing Screening)	청각선별검사를 통해 조기에 청각장애를 발견하고 조기중재로 연결하여 의사소통능력의 극대화를 목표로 함. 생후 1개월 이내에 선별검사를 실시하고, 생후 3개월 이내에 확진을 하며 생후 6개월 이내에 중재를 시작하는 것을 원칙으로 함
인공와우이식 (Cochlear Implant)	보청기로 소리를 듣기가 어려운 청각장애인에게 인공와우기기를 이식하고 전기자극을 주어 소리를 듣게 하는 방법
청각구어법 (Auditory Verbal Approach)	청각에 중점을 두어 최적의 보장구를 통해 소리를 듣게 하고 구어발달을 촉진하는 가족중심 접근법
청능훈련(Auditory training)	청각장애인이 소리를 듣고 보다 잘 인식하도록 돕는 과정

청지각 기술 (auditory perception skill)	청지각기술은 소리의 유무를 아는 감지, 같고 다름을 아는 변별, 어떤 소리인지 아는 확인, 의미를 아는 이해의 네 단계를 거쳐 발달함
큐드스피치(Cued Speech)	입 모양에 따른 손단서를 사용하여, 구어 의사소통을 보완함

참고문헌

교육부(2016). 2016 특수교육연차보고서. http://www.moe.go.kr/

윤미선(2016). 난청인의 음성치료. 대한후두음성언어의학회(편). 후두음성언어의학: 발성의 이해와 음성치료(2판). 서울: 범문에듀케이션.

윤미선, 최은아, 성영주a(2013). 인공와우이식아동과 건청아동의 음성 분석 비교. 말소리와 음성과학, 5(4), 71-78.

윤미선, 최은아, 성영주b(2013). 인공와우이식아동과 건청아동의 비음치 비교. 언어치료연구, 22(1), 299-310.

이성은, 김향희, 심현섭, 남정모, 최재영, 박은숙(2010). 청각장애성인의 청지각적 말 평가: 초분절적 요소, 말명료도, 말용인도를 중심으로. 언어청각장애연구, 15(4), 477-493.

AG Bell Association for the Deaf and Hard of Hearing. www.agbell.org.

Beattie, R. (2006). The oral methods and spoken language acquisition. In Spencer & Marschark(Eds.), *Advances in the spoken language development of deaf and hard of hearing children*. New York: Oxford University Press.

Bornstein, H. (1974). Signed English: A manual approach to English language and development. *Journal of Speech and Hearing Disorders, 3*, 330-343.

Cole, E., & Flexer, C. (2007). *Children with hearing loss: Developing listening and talking*. San Diego: Plural Publishing.

Geers, A., & Sedey, A. (2011). Language and verbal reasoning skills in adolescents with 10 or more years of cochlear implant experience. *Ear & Hearing, 32*, 39s-48s.

Geers, A., Strube, M., Tobey, E., Pisoni, D., & Moog, J. (2011). Epilogue: factors contributing to long-term outcomes of cochlear implantation in early childhood. *Ear &*

Hearing, 32(1S), 84S–92S.

May-Mederake, B., & Shehata-Dieler, W. (2013). A case study assessing the auditory and speech development of four children implanted with cochlear implants by the chronological age of 12 months. *Case Reports in Otolaryngology*, 1–10.

National Institute on Deafness and Other Communication Disorders (2010). Cochlear implants(fact sheet). www.nidcd.nih.gov/health/hearing/coch.htm.

Nguyen, L., Allegro, J., Low, A. et al. (2008). Effect of cochlear implantation on nasality in children. *Ear, Nose, Throat Journal. 87*(3), 138–140.

Nicholas, J. G., & Geers, A. (2006). Effects of early auditory experience on the spoken language of deaf children at 3 years of age. *Ear & Hearing, 27*(3), 286–298.

Park, M., Oh SH, Chang, SO., Kim, CS., & Lee, JH. (2016). Long-term functional and behavioral-emotional outcomes in children with early cochlear implants: Parental testimonies. *International Journal of Pediatric Otorhinolaryngology, 83*, 137–142.

Paul, P. (2009). *Language and deafness* (4th ed.). Boston: Jones & Bartlett.

Rhodes, R., & Duncan, J. (2016). 청각구어중재의 실제. (윤미선, 장선아, 박현옥, 이미숙 공역). 서울: 학지사.

Scheetz, N. (2014). 21세기의 농교육. (윤미선, 백유순 공역). 서울: 학지사.

Tye-Murray, N. (2009). *Foundation of aural rehabilitation: Children, adults, and their family members.* Clifton Park: Delmar.

Venail, F., Vieu, A., Artieres, F. Mondain, M., Uziel, A. (2010). Educational and employment achievements in prelingually deaf children who receive cochlear implants. *Arch Otolaryngology Head and Neck Surgery, 136*(4), 366–372

Ysunza, A., & Vazquez, M. (1993). Velopharyngeal sphincter physiology in deaf individuals. *Cleft palate Cranifacial Journal, 30*(2), 141–143.

제**14**장

보완대체의사소통

 ···

2014년에 국내에서 개봉된 영화 〈사랑에 대한 모든 것(The Theory of Everything)〉은 루게릭병 (Amyotrophic Lateral Sclerosis: ALS, Lou Gehrig disease)을 앓았던 물리학자 스티븐 호킹 박사의 삶을 다루고 있다. 루게릭병의 첫 전조증상부터 병이 점차 진행되면서 구어를 상실해 가는 과정까지 스티븐 호킹 박사와 그를 향한 가족의 이야기를 담고 있다. 이 영화에서는 1970년에 사용했던 E-tran(Eye-transfer) 과 이후 하이테크(high-tech) 기반의 AAC 기기를 소개하는 과정을 보여 주고 있는데, 영국영어를 사용하는 스티븐 호킹 박사와 가족이 AAC 기기에서 출력되는 미국영어 합성음을 듣고 느끼는 당황스러운 감정 표현도 잘 보여 주고 있다. 첫 목소리를 잃었을 때 당사자의 상실감, AAC 도구를 사용하여 대화를 시도했던 아내의 포기하지 않으려는 믿음 등 AAC 체계에 대한 시대적 배경과 사용자의 마음까지 살펴볼 수 있어서 언어병리 학 전공자에게는 더 없이 좋은 AAC 소개 영화이다.

스티븐 호킹 박사의 사례처럼, AAC란 일시적 또는 영구적으로 구어로 온전한 의사소통이 어려운 의사소통장애인에게 구어를 보완(augmented)하고 대체(alternative)하는 다양한 의사소통방법을 말한다. 국내에서는 1994년 뇌병변장애 학생을 위한 특수학교에서의 AAC 적용 사례가 처음 학술대회에서 소개되었으며, 이후 현재까지 언어재활 및 교육현장에서 AAC 체계가 활발하게 적용되고 있다. 이 장에서는 AAC의 기본 개념을 소개하고, 대상자의 능력에 맞는 AAC 체계 개발을 위한 기본적인 평가와 중재 과정을 소개하고자 한다.

1. 보완대체의사소통 개념

아직 첫 낱말이 출현하지 않은 어린 연령의 아동부터 심한 지적장애로 인해 수년간의 다양한 치료에도 불구하고 말로 의사소통이 불가능한 성인까지 언어치료기관을 찾는 대상과 문제의 정도는 다양하다. 치료 대상자의 가족이 바라는 최종 목표는 자녀가(또는 의사소통장애인 가족이) 자신이 원하고 바라는 것을 말로 표현할 수 있게 되는 것이라 할 수 있다. 하지만 다양한 원인으로 인해 구어 기반의 언어치료에도 불구하고 구어 산출이 불가능하거나, 일부 구어 모방이 가능하나 구어로 기능적인 의사소통이 불가능한 경우가 많다.

언어 및 의사소통 문제의 정도와 장애 유형에 따라 다르지만, 구어 산출 중심의 의사소통능력의 평가와 치료는 복합 의사소통장애인(communication complex needs)의 요구와 필요를 정확하게 다루는 데 어려움이 있어 구어가 제한된 의사소통장애인은 지속적으로 다양한 활동에의 참여가 제한되고 있다. 따라서 구어표현에 제한이 있는 의사소통장애인에게 구어를 포함하여 다양한 유형의 상징체계를 기반으로 하는 보완대체의사소통(Augmentative and Alternative Communication: AAC) 체계 적용이 필요하며, 많은 장애 유형에서 AAC 적용의 긍정적인 효과가 입증되고 있다.

1) 보완대체의사소통이란

보완대체의사소통이란 구어로 온전한 의사소통이 어려운 의사소통장애인에게 구어를 보완하고 대체하기 위한 다양한 체계를 지원하는 연구와 중재의 실제를 포함하는 용어이다. ASHA(2005)는 구어(spoken)와 문어(written) 의사소통을 포함하여 음성언어 산출 그리고/또는 이해의 장애를 보완하는 임상실제의 영역이라고 하였다. 개인의 일상생활의 기능을 향상시키기 위한 보조공학, 장치, 툴(tool), 전략(strategy)을 모두 포함하는 개념이다. 즉, AAC란 의사소통장애인의 의사소통을 위해 사용되는 다양한 도구와 중재 전략, 그리고 대화상대자가 의사소통장애인의 이해를 돕기 위해 사용되는 전략과 툴을 포함하는 넓은 범주의 개념이라 할 수 있다.

미국에서는 약 5백만 명, 전 세계에서는 9,700만 명이 AAC 체계의 혜택을 받을 수 있다고 추정하고 있다(Beukelman & Light, 2020). 국내에서 실시한 AAC 잠재 수요 예측 연구에 의하면, 지적장애, 뇌병변장애 및 자폐성장애를 포함하여 영유아기는 1,404명, 학령기 24,663명, 성인은 약 31만 3,690명으로 추정하고 있다. 즉, 지적장애인의 33.14%, 뇌병변장애인의 59.5%, 자폐성장애인의 50%가 AAC 적용이 필요하다고 보고 있다(성시연 외, 2013).

(1) AAC는 어떤 대상자에게 적용하면 좋은가?

AAC는 앞의 정의에서도 설명하였듯이 구어로 의사소통이 불가능하거나 제한된 의사소통장애인에게 적용할 수 있다. 여기에서 구어로 의사소통이 불가능한 경우는 ALS(Amyotrophic Lateral Sclerosis, Lou Gehrig disease) 환자와 후두암으로 인해 발성과 구어 발화가 불가능한 장애 유형을 포함하며, 일부 제한된 구어표현이 있으나 대화 상대자가 그 표현을 이해하기 어려워 성공적인 의사소통이 어려운 경우, 뇌성마비와 같이 명료하지 않은 발화로 정확한 의사소통이 어려운 경우를 포함하고 있다. AAC 체계 적용이 필요한 특정 장애 유형은 없으며 선천적 장애에 해당되는 자폐스펙트럼장애, 지적장애, 발달적 말실행증과 후천적 장애에 해당되는 뇌졸중, 외상성뇌손상(TBI), 근위축성측색경화증(ALS), 마비말장애 등 구어의 제한성과 의사소통의 어려움을 기준으로 AAC 체계를 적용할 수 있다. 구어표현의 발달단계가 한 낱말단계든 또는 문장의 단계든 구어로 주변 사람들과 온전히 의사소통이 어렵다면 보완적으로 AAC 체계를 적용할 수 있다. AAC 체계를 적용한 사례를 소개하면 다음과 같다.

사례 1

A는 2;6세 여아로, 뇌병변장애(경직성 양하지 마비) 및 언어장애 진단을 받았다. 재태기간 24주에 양막 파열로 인해 700g의 극소 저체중 미숙아로 태어난 A는 출생 이후 4개월 동안 신생아 인큐베이터에서 집중치료를 받았으며 선천적으로 후두연골이 형성되지 않아 기관 절개술과 기관지 확장술을 받았다. 2세에 후두연골 확장 수술을 받을 때까지 옹알이와 발성이 거의 이루어지지 않았다. 2;6세에 언어치료를 시작한 A는 보호자의 질문에 고개 끄덕이기와 젓기의 제스처로 반응할 수 있었다. SELSI 검사 결과 수용언어발달은 24개월 수준을 보이고 있고, 자유놀이상황에서 아동을 관찰한 결과 원하는 것이 있을 때 팔을 뻗어 잡으려고 하거나 고개 끄덕이기, 고개 젓기, 손 뻗기, 손가락으로 가리키기, 눈 응시하기, 흔들기의 제스처를 보이는 것으로 나타났다. 대화상대자가 "이거 좋아?"라고 질문을 하면 아동은 고개를 끄덕이거나 고개를 젓는 몸짓으로 대답하였고, 주로 보호자가 아동에게 '예/아니요' 질문하기를 기다렸다가 반응하는 대화가 주로 이루어져서, 아동은 먼저 의사소통을 시도하지 않고 매우 반응적이고 소극적인 태도를 보였다. 언어재활 환경에서 자신이 원하는 것을 자발적으로 먼저 선택할 수 있도록 기회를 제공하고, 다양한 의사소통기능을 표현할 수 있는 그림상징과 사진을 사용한 의사소통 판을 만들어 AAC 체계를 적용하였다.

사례 2

B는 3세 남아로, 미숙아로 태어났다. 유전자 검사 결과 모두 정상 소견을 받았으며 매우 외소한 체격이다. 아동은 좋아하는 물건의 이름을 들었을 때 쳐다보는 반응을 보이고 있다. SESLI 검사 결과 수용언어발달은 8개월 수준, 표현언어발달은 3개월 수준이다. 손으로 밀어서 거부하기 표현이 가능하나, 이 외의 의도적인 의사소통의 표현 빈도가 매우 낮다. AAC 체계 적용을 위해 초기 의사소통기능평가를 실시하였고 적절한 상징체계 유형 평가 그리고 시각 스케줄 적용과 토킹스위치 적용을 통해 의사소통의 의도성 향상을 목표로 다양한 상징체계를 적용하였다.

사례 3

C는 3;6세 남아로, 자폐스펙트럼장애 진단을 받았다. "어." 발성을 동반한 손가락으로 가리키기가 가능하며 주된 의사소통방법은 몸짓과 소리 지르기다. 수용어휘력검사 결과 3세 수준의 수용어휘능력을 보이고 있으며, 주 양육자 보고에 의하면 현재 표현할 수 있는 어휘는 "엄마." "네." "아니."로 제한되어 있다. "네."와 "아니요." 대답은 구어로 할 수 있도록 지속적으로 기회를 제공하고, 이 외의 상태나 동작을 표현하기 위해서는 그림상징이 탑재되어 있는 태블릿 PC 기반의 AAC 앱을 적용하였다.

사례 4

D는 특수학교 5학년에 재학 중인 11세 자폐스펙트럼장애 진단을 받은 남아이다. 수용언어발달은 비공식적으로 실시한 SELSI 검사 결과 21개월 수준으로 추정하고 있다. 자리에서 뛰기, 책상이나 바닥을 손으로 두드리기, 손 빨기의 행동을 보이고 있다. 다른 사람의 손을 잡아끌어 요구하기를 표현하고, 밀치기, 꼬집기의 행동으로 거부하기를 표현하고 있다. 이 아동에게 태블릿 PC 기반의 AAC 앱을 사용하여 그림상징으로 의사소통 시도하기, 요구하기, 거부하기 등의 의도를 그림상징을 선택하여 표현할 수 있게 지도하고 있다.

사례 5

E는 40세 지체장애, 지적장애, 모야모야병의 질환을 앓고 있다. 편마비가 있어 손을 움직이는 신체활동 참여에 어려움이 있으나 천천히 스스로 움직여 원하는 행동을 부분적으로 수행할 수 있다. 간단한 문장으로 표현 가능하나 낮은 명료도로 인해 대부분의 주변 사람들이 E의 말을 이해하기 어렵다. 거주하는 시설에서 시각 스케줄을 사용하여 자신의 일과를 관리하게 하고, 태블릿 PC 기반의 AAC 앱을 사용하여 자신이 원하는 것을 정확하게 표현할 수 있도록 지도하고 있다.

(2) AAC는 언제부터 시작하면 좋은가?

AAC 체계를 적용하기 위한 적절한 시기란 없다. 일상생활에서 성공적인 의사소통을 하기 위해서 어떤 것을 기다려야 할까? AAC란 구어의 낮은 명료도로 인해 주변 사람들이 대상자의 말을 이해하기 어려운 경우, 제한된 발화가 나타나는 아동에게도 구어를 보완하는 목적으로 적용할 수 있다. 즉, 구어 기반으로 언어치료를 실시하다가 구어발달의 예후가 나빠서 이후에 AAC 체계를 선택하는 것이 아니다. 매우 어린 연령의 아동에게 언어와 의사소통 발달을 촉진하는 전 과정에서 AAC를 사용할 수 있다.

"물 주세요."라는 구어표현을 유도하기 위해서 많은 치료사는 두 손을 모아 내밀거나, 물컵을 손가락으로 가리키는 행동을 모델링할 것이다. 이러한 모델링을 통해 아동은 두 손을 모아 내미는 행동(주세요 제스처)이나 손가락으로 가리키는(포인팅) 행동으로 자신이 원하는 것을 표현하는 방법을 배우게 된다. 이러한 과정은 모두 구어를 보완하거나 구어를 대체하는 방법이며, 이것을 AAC에서는 상징체계라고 한다. 구어를 보완할 수 있는 상징체계에는 다양한 유형이 있다.

AAC는 대상자의 연령을 기준으로 적용 시기를 결정하지 않는다. 대상자의 성공적인 상호작용과 의사소통능력 향상을 위해서 조기에 다양한 유형의 AAC 체계를 적용하는 것을 추천하고 있다. ASHA(2008)의 영유아 의사소통 중재 지침에 의하면, 언어치료사는 0~3세 영유아들에게 적절한 AAC 체계와 효과평가를 할 수 있는 지식을 갖추어야 한다고 제시하고 있다. 즉, 매우 어린 연령단계에서부터 AAC 체계를 적용할 수 있다.

(3) 태블릿 PC 기반의 AAC 앱 적용을 시도해 보았으나 대상자가 관심이 없다. AAC 체계를 적용하기 어려운 대상자일까?

AAC는 대상자의 능력에 맞는 AAC 체계를 개발하고 적용해야 한다. 2009년 태블릿 PC의 첫 등장으로 앱 기반의 AAC 체계가 가장 발전된 형태의 AAC 체계라고 보는 경향이 있는데, AAC 도구에는 다양한 유형이 있으며 기능이 좋은 것과 나쁜 것으로 분류되지 않는다. 의사소통 책, 의사소통 카드, 의사소통 보드와 같은 로우테크(low-tech)와 테크놀로지 기술 적용이 많은 하이테크(high-tech) 유형으로 나눌 수 있다. 여기서 로우테크는 기능이 낮은 것을 의미하는 것이 아니다. 대상자의 능력에 따라서 로우테크 적용이 더 적절할 수 있다. 따라서 태블릿 PC 사용에 어려움이 있다는 것은 대상자의 능력에 맞지 않은 체계일 수도 있다. 대상자의 능력에 맞는 AAC 체계를 개발하고 적용하기 위해서는 대상자 능력평가가 먼저 선행되어야 한다.

(4) 많은 보호자가 AAC 체계를 적용하는 것에 부정적이다. AAC 적용을
    어떻게 소개할 수 있을까?

ALS는 퇴행성 운동신경계의 질환으로 발병 이후 점차 구어를 상실하는 질병이다. ALS 환자의 가족 가운데 40% 정도는 AAC 체계 적용에 대하여 부정적으로 생각한다고 한다. 장애인 가족 가운데 일부는 별도의 의사소통 보조기기가 없어도 구어로 의사소통이 불가능한 환자와 의사소통이 잘되고 있다는 신념을 갖고 있다. 즉, 가족은 환자의 불편한 점을 바로 알 수 있으며, 원하는 것을 해결해 줄 수 있다는 것이다.

의사소통은 자신의 생각과 느낌을 상대방과 주고받는 과정이다. 따라서 의사소통 목적을 요구하기 이외에도 자신의 생각을 언급할 수 있어야 한다. 이에 성공적인 AAC 체계 적용을 위해 대화상대자교육을 강조하고 있다. 이후 AAC 평가와 중재에서도 설명하고 있지만, 대화상대자의 의사소통 스타일에 따라서 AAC 사용자의 언어 및 의사소통 능력을 촉진할 수도 있고, 수동적인 대화자로 만들 수도 있다. 가장 좋은 상호작용은 다른 사람을 통하지 않고 자기 자신이 원하는 것을 직접 선택하고 표현하는 것이다.

의사소통을 위해 우리 모두는 구어적인 방식과 비구어적인 방식을 모두 사용하고 있다. 나의 생각와 느낌을 정확하게 효과적으로(effective) 전달하고, 적절한 시간 내에서 효율적으로(efficient) 전달하며, 우리가 속한 사회적 관계에서 수용될 수 있는 다양한 소통방법을 배우는 것이 필요하다.

2. 보완대체의사소통 체계

1) AAC 어휘와 메시지

AAC 체계 적용 시 AAC 사용자를 위한 어휘 또는 메시지 선정과정은 매우 어려운 과정이다. 읽기와 쓰기가 가능한 AAC 사용자의 경우 자신이 전달하고자 하는 메시지 또는 자신에게 필요한 어휘를 스스로 선정하고, AAC 도구에 저장하고, 수정할 수 있다. 이들을 위해서는 의사소통 효율과 속도 향상이라는 측면에서 자주 사용되는 표현들은 빠르게 메시지가 출력될 수 있도록 저장하는 방법을 훈련하고(예: "안녕하세요." "고맙습니다."), 자주 사용되지는 않지만 신속하게 전달하거나 확인해야 하는 상황에서 사용할 수 있는 어휘(예: "휠체어가 이상한데 한번 확인해 주시겠습니까?")는 저장된 메시지를 쉽게 찾을 수 있도록 훈련해야 한다. 그러나 읽기와 쓰기가 불가능한 어린 연령의 아동 또는 초기 의사소통자의 경우, AAC 사용자가 다양한 환경에서 다양한 의사소통기능을 표현할 수 있도록 어휘와 메시지를 선정해야 한다. 언어치료사는 AAC 대상자의 의사소통 환경에 영향을 미칠 수 있는 연령, 성별, 장소, 직업 등의 요인을 고려하여 AAC 사용자에게 맞는 개별화된 어휘와 메시지를 선정할 수 있어야 한다.

일상생활에서 사용하는 어휘는 AAC 적용을 시작한 뒤에 언제 어디서든 항상 AAC 체계에 포함될 수 있도록 규칙적으로 어휘를 추가해야 한다. 다양한 개념을 포함하는 어휘(예: 사람, 동작, 사물, 장소, 사회적 언어, 관계개념어, 의문사 등), 각각의 아동에게 맞는 개별화된 어휘, 동기부여가 되고 재미있는 어휘, 기능적인 어휘, 발달적·문화적으로 적절한 어휘, 언어학습을 지원할 수 있는 어휘를 고려하여 선택하여야 한다.

AAC 체계에서 사용되는 어휘는 크게 발달어휘(developmental vocabulary), 상황어휘(coverage vocabulary), 핵심어휘(core vocabulary), 개인어휘(fringe vocabulary)로 분류할 수 있으며, 구체적인 설명은 다음과 같다.

(1) 발달어휘(developmental vocabulary)

발달어휘란 기능적인 목적보다는 언어의 의미영역, 구문능력의 발달을 촉진할 수 있는 어휘를 말한다. 따라서 어린 아동의 경우 또래 집단의 발달순서에 따른 어휘 목록을 참고하여 아이가 앞으로 습득해야 하는 발달어휘를 선정해야 한다. 전 읽기 (preliterate) 수준의 어린 연령의 아동, 또는 초기 의사소통자를 위한 AAC 적용 시 발달어휘를 선정하기 위하여 국내의 발달어휘 연구를 참고하여 선정할 수 있다. 초기 어휘 발달 시 아이들은 일상생활에서 자주 접하는 것, 구체적인 것, 이해하는 낱말, 현재-여기에서 일어나는 상황에서부터 어휘 개념을 습득하며, 품사를 기준으로 명사, 동사, 형용사, 부사 순서로 습득한다고 한다(김영태, 2014). 이희란 등(2009)의 초기 표현어휘발달 연구에 따르면, 18개월에는 소리와 장난감, 음식, 일상생활 그리고 사람과 관련된 표현어휘가 나타나고, 24개월 이후에 동사가 출현하기 시작하며, 30개월 무렵에는 동사와 형용사 표현이 비교적 많이 관찰되고, 특히 조사와 위치, 시간, 대명사 등과 같은 문법적 기능어가 출현하기 시작하는 것으로 나타났다. 36개월에는 연결하는 말(connectives)과 끝맺는 말, 조사 같은 문법 형태소도 다양하게 표현되고 있는 것으로 나타났다.

(2) 상황어휘(coverage vocabulary)

상황어휘란 의사소통을 위한 필수적인 메시지를 포함하며, 개인의 기본적인 의사소통 요구(needs)를 표현하는 기능적 목적을 가지는 어휘이다(김영태, 2014). 읽고 쓰기가 불가능한 전 읽기 수준의 어린 연령의 아동 또는 초기 의사소통자의 경우, 그들이 자주 필요로 하는 어휘가 아닐지라도 꼭 필요한 상황어휘를 선정할 수 있어야 한다. 예를 들어, "저는 지금 숨쉬기가 매우 어렵습니다."라는 메시지를 AAC 사용자가 자주 사용하지 않더라도, AAC 사용자에게는 매우 필수적인 메시지이기 때문에 상황어휘에 포함시켜야 한다(Beukelman & Light, 2020). 따라서 상황어휘는 한 개인의 의사소통 요구에 매우 의존적인 성격을 가진다. 따라서 식사하기, 옷 입기, 목욕하기, 놀이하기, 학교수업에 참여하기 상황에 따른 개인의 요구가 다를 수 있기 때문에 연령과 의사소통상황에 따른 어휘를 포함해야 한다.

(3) 핵심어휘(core vocabulary)

핵심어휘란 서로 다른 사람들이 다양한 환경에서 매우 일반적이면서 자주 사용되는 낱말을 말한다. 영어에서는 go, want, more와 같은 의미어와 it, that, is, a, the, to, can과 같은 기능어를 포함하고 있다(Beukelman & Light, 2020). 김영태와 박현주, 민홍기(2003)의 연구에서 나타난 우리말에서의 핵심어휘는 '하다' '되다' '이거' '여기'이며, 이영미와 김영태, 박은혜(2005)의 학교상황에서 학령기아동의 핵심어휘는 '하다' '나' '이거' '야' '너' '되다' '것' '안' '친구 이름' '있다' 등인 것으로 나타났다. 여러 사람이 자주 사용하는 기능적 요구 표현(예: "물." "화장실." 등)과 "안녕하세요?"와 같은 간단한 사회적 표현을 핵심어휘에 포함할지 여부에 대해서는 아직 합의가 이루어지지 않았지만, AAC 체계에서 핵심어휘의 개념은 연령, 성별, 장애 유무에 상관없이 일상생활에서 고빈도로 사용하는 어휘를 포함하는 것으로 보고 있다. 핵심어휘는 사용자가 의사소통을 더 쉽게 할 수 있도록 돕기 때문에 AAC 체계 개발 시 핵심어휘 선택은 매우 중요하다.

(4) 개인어휘(fringe vocabulary)

개인어휘는 특정 장소, 활동 및 개인과 관련된 어휘로, 한 개인이 고유하게 사용하거나 개인적 요구 및 흥미와 관련된 어휘를 말한다(김영태, 2014; Beukelman & Light, 2020). AAC 적용 대상자는 서로 다른 다양한 관심 주제를 가지고 있을 것이다. 예를 들어, 한 사람은 애완동물을 기르는 것에 관심이 있을 수 있고, 다른 사람은 스포츠나 정치적 주제에 관심이 있을 수도 있다. 애완동물을 기르는 사람의 경우 자신이 기르는 애완동물의 이름이 개인어휘에 해당될 수 있고, 특정 스포츠 주제(예: 축구)에 관심이 있는 사람은 특정 스포츠인의 이름이 개인어휘에 포함될 수 있다. 개인어휘에는 상호작용의 극대화를 위한 은어나 유행어도(예: 안물안궁)도 포함된다. 개인어휘는 AAC 사용자 인터뷰 또는 관찰을 통해 수집하거나, AAC 사용자를 잘 알고 있는 정보제공자(예: 보호자, 교사, 치료사) 추천(예: 체크리스트, 의사소통 다이어리)을 통해서도 선정할 수 있다.

2) 상징체계

우리 모두는 다양한 상징체계를 사용하여 의사소통하고 있다. 예를 들어, 우리가 커피숍에서 음료 메뉴를 정할 때 메뉴판에 있는 사진이나 일러스트를 참고하여 마시고 싶은 음료를 정하기도 한다. 또는 화장실이 어디인지 찾을 때 커피숍 벽에 있는 화장실 픽토그램을 확인하고 이동하기도 한다. 이처럼 우리 모두는 일상생활에서 사진과 일러스트를 활용한 상호작용을 활발히 하고 있다. 사물과 사건에 대한 개념이 이미지, 몸짓 등 시각적으로 표상화되어 의사소통을 보완하거나 대체하기 위해 사용되는 것을 상징(symbols)이라고 한다.

AAC는 선화(line drawing), 사진(photograph), 철자(alphabet), 몸짓(gesture) 등과 같은 다양한 유형의 상징체계를 사용하고 있으며, 상징체계의 다양한 형태를 기술하기 위하여 다양한 정의와 분류체계가 제시되고 있다(Schlosser & Sigafoos, 2002). 가장 일반적인 분류기준으로, 신체 부분 이외의 도구의 유무에 따라 도구적(aided) 상징과 비도구적(nonaided) 상징으로 나누는 방법이 있다. 특별한 도구가 필요 없이 신체의 일부분을 사용하는 발화, 발성, 몸짓, 얼굴 표정을 비도구적 상징체계라고 하고, 유형상징(tangible symbol), 표상적 상징(representational symbol), 추상적 상징(abstract symbol), 철자상징(orthography)과 같이 신체 부분 이외의 도구가 필요한 상징체계를 도구적 상징이라고 한다(Lloyd & Fuller, 1986). 표상적 상징은 2차원적인 그림과 사진 형태로 세시되고 노상성이라는 특징을 가지고 있어 현재까지 AAC 체계에서 많이 사용되는 상징체계이다(Beukelman & Light, 2020). 도구적 상징체계는 체계적인 도식적 구조(Schematic structure)를 따르기도 하며 언어 개념을 이미지화하는 데 일정한 규칙을 적용하고 있어, 상징을 빠르게 인식하거나 상징학습을 용이하게 하기 위해 도구적 상징체계가 개발되고 있다. 실제 사물(real object)은 "배고파요."의 메시지를 전달

표 14-1 상징체계 유형

	유형		설명
비도구적 상징 (unaided symbols)	말(speech)		물병을 보면서 "물."이라고 발화
	발성(vocalization)		물병을 가리키면서 "어."라고 발성
	몸짓(gesture)		고개 젓기, 손 들기, 동의를 표현하는 웃기, 안아 달라고 두 손 들기, 원하는 것 응시하기와 같이 신체 부위를 움직여서 표현
	수어체계(manual sign)		몸짓보다는 더 다양한 표현이 가능하고, 문법 요소까지 표현이 가능한 청각장애인을 위한 수어체계
도구적 상징 (aided symbols)	실제 사물 (real objects)		"밥 주세요."의 의미를 전달하기 위해 그릇 또는 숟가락을 사용
	부분 사물 (partial objects)		간식 시간을 나타내기 위해 우유팩이나 초콜릿 봉지를 일부를 사용
	미니어처 사물 (miniature objects)		"집에 가요."의 의미를 표현하기 위해 작은 학교 버스 모형을 사용
	사진 (photogragphs)		'엄마'의 의미를 표현하기 위해 엄마 사진을 사용
	그림 상징 (graphic symbol)	선화 (line drawings)	'사과'의 의미를 표현하기 위해 사과 그림을 사용(흑백 또는 컬러)
		사실적 그림상징 (realistic symbols)	선화보다는 더 사실적으로 그린 그림상징 (흑백 또는 컬러)
		상황 장면 그림상징 (scenes symbols)	사물, 인물, 사건이 장면화되어 제시되는 것(시각 장면형 디스플레이에서 사용되고 있음)
	로고(logo)		스타벅스 커피숍을 표현하기 위해 스타벅스 로고를 사용
	철자(orthography)		'사과'를 표현하기 위해 키보드 또는 점자 (braille)를 사용

하기 위해서 실제 숟가락을 사용하거나 간식 시간을 나타내는 의미로, 실제 우유팩을 사용하는 것처럼 AAC 체계에서 실제 크기의 사물을 사용하는 것을 말한다. 부분 사물(partial object)은 표현하고자 하는 메시지와 직접 또는 간접적으로 관련된 실제 사물의 일부분을 제시하여 사용하는 것을 말한다. 미니어처 사물(miniature object)은 실제 사물의 축소형 모형 상징으로, 실제 크기의 사물을 사용할 수 없는 집 모형과 자동차 모형 등이 대표적이다. 이와 같은 유형상징은 그림상징 인식이 어려운 저시력 또는 시각장애를 동반한 복합 의사소통장애인이 AAC 상징체계 적용 초기에 사용하는 경향이 있다. Thistle과 Wilkinson(2015)의 연구에 의하면, 많은 치료사가 AAC의 상징체계를 선택할 때 대상자의 인지능력을 가장 크게 고려하는 것으로 나타났다.

그림상징으로 대표적인 것은 미국 Mayer-Johnson에서 개발한 PCS(Picture Communication Symbol) 상징이다. PCS™ Classic은 현재 4,500개의 흑백과 컬러로 개발되었고, 지속적으로 상징이 개발되고 있다. Boardmaker 소프트웨어를 통해 PCS 상징 검색, 그림상징 수정, 저장되어 있는 사진 불러오기가 가능하여 의사소통 판을 제작하고 편집할 수 있다. PCS는 도상성이 높아 상징을 쉽게 인식할 수 있으며, 의미를 강조하는 부분은 검정색 화살표로 제시되었다. 동작을 나타내는 상징은 행동의 행위자와 행위의 구체적인 대상을 제시하는 특징이 있다. PCS™ persona는 현재 6,878개의 상징이 개발되었고, 10대 청소년 Dan & Daniel을 기본 설정 캐릭터화하여 청소년들이 선호할 수 있도록 재미있는 콘셉트로 제작되었다. PCS™ High Contrast는 약 1,450개의 그림상징이 저시력 또는 시각장애인을 위해 개발되었다. 색의 고도 대비(high contrast)를 사용하고, 묘사의 정도는 최소화하여 시각 문제가 있는 사람들의 그림상징 식별의 부담을 최소화할 수 있도록 개발되었다. 국내에서 개발된 상징체계에는 봄짓상징 손담(국립특수교육원, 2018), 한국형 보완대체의사소통 기본 상징체계집(박은혜 외, 2016), 위톡상징(국립특수교육원, 2021) 등이 있으며, 구체적인 내용은 다음과 같다.

(1) 몸짓상징 손담

구어발달이 어렵거나 매우 지체되는 중도·중복 장애아동은 그림상징이 탑재된 의사소통도구를 사용하는 데 어려움이 많다. 또한 시각중복장애아동은 그림상징을 인식하거나 도구를 조작하기 어렵다. 몸짓상징 손담은 이처럼 의사소통도구 사용이 어렵거나 시각적 자료의 접근에 어려움이 있는 장애아동을 위해 개발되었다. 일반적으로 수어를 사용하는 청각장애아동 중에는 지적장애나 자폐성장애를 가지고 있는 경우가 많은데, 수어 표현의 추상성이나 복잡성을 이해하고 표현하기 어렵기 때문에 단순화되고 보다 직관적인 표현이 가능하도록 몸짓상징 손담이 개발되었다(국립특수교육원, 2018). 몸짓상징 손담은 중도·중복 장애학생에게 필요성이 높다고 도출된 약 200개 정도 몸짓 표현을 중심으로 다양한 의사소통 의도와 내용을 표현하는 데 사용되도록 개발되었다.

(2) 한국형 보완대체의사소통 기본 상징체계집

한국형 음성 산출 의사소통 콘텐츠 및 시스템 프로토콜 개발과제 연구팀에서 국내의 문화와 한국어의 특징을 반영하여 어린 연령부터 성인까지의 연령을 포함하는 다양한 장애 유형이 사용할 수 있는 10,000여 개의 그림상징을 개발하였다. 초등학생 연령의 남자아이를 기본 캐릭터로 설정하여 사물과의 유사성, 의미의 전달성, 디자인의 심미성, 시각적 통일성 및 언어표현의 용이를 위한 컬러링 사용을 고려하여 제작하였으며, 언어재활사와 특수교사 10명을 대상으로 그림상징에 대한 타당도를 검증을 하여 개발하였다(박은혜 외, 2016; 연석정, 김영태, 박은혜, 2016).

컬러링에 대한 제작기준은, ① 기본 인물 설정에는 동일한 색깔을 적용하고, ② 어휘의미에 영향을 주지 않는 경우 회색(그레이)으로 처리하고, ③ 경고 또는 중요한 의미를 강조하기 위해서 빨간색 화살표, 빨간색 엑스 표시 또는 빨간색 동그라미를 제시하였고, ④ 고유의 색깔이 의미에 영향을 주는 경우(예: 딸기의 빨간색, 오렌지 주스의 주황색, 사이다 병의 녹색) 가이드라인을 무시하고 고유의 컬러링 방법을 사용하였다. 개발된 그림상징의 범주로는 가정, 학교, 지역사회를 포함한 다양한 환경에 적용이 가능한 그림상징을 개발하였고, 애완견 기르기, 종교생활, 대학생활 및 직장생활 등 특정 상황의 그림상징도 개발되어 있다.

연석정과 김영태, 박은혜(2016)가 취학 전 일반아동을 대상으로 명사, 동사, 형용사를 나타내는 KAAC Symbol 이름대기 과제를 통해 상징의 투명도에 대한 연구를 실시한 결과, 명사상징의 이름대기 정확도는 70% 이상으로 나타났으나 동사와 형용사의 상징 이름대기 정확도가 30~50% 사이로 나타나 명사가 동사와 형용사에 비해 상징 이름대기 정확도가 높은 것으로 나타났다. 현재 한국형 보완대체의사소통 기본 상징체계집의 상징 일부는 국내에서 개발된 '마이토키 스마트(Mytalkie Smart)' '스마트 AAC' 및 '나의 AAC 일반' 모바일 앱에 탑재되어 있다. 한국형 보완대체의사소통 기본 상징체계집의 의미범주별 예를 〈표 14-2〉에 제시하였다.

(3) 위톡상징(국립특수교육원, 2021)

위톡상징은 성인기 발달장애인을 위한 AAC 체계 개발에 필요한 그림상징으로 총 400여 개가 개발되어 있다. 발달장애인 당사자와 가족, 평생교육기관 및 관련 기관 종사자, 특수교사와 언어재활사를 대상으로 상징 개발의 요구를 반영하여 20대의 활발하고 적극적인 남녀를 기본 인물 콘셉트로 개발하였다. 불편함 호소, 인권침해 관련 표현, 건강 관련 표현, 지역사회시설 이용 표현, 직장생활, 데이트, 자기관리, 감염병 예방 표현, 온라인 및 SNS 표현을 포함하고 있다(국립특수교육원, 2021; 채수정 외, 2020). 위톡상징은 발달장애인 가족, 평생교육기관 및 관련 기관 종사자, 특수교사와 언어재활사를 대상으로 타당도 평가를 실시하였고, 발달장애인 당사자 10명을 대상으로 최종 검토 의견을 받아 개발되었다. 위톡상징의 의미범주별 예는 〈표 14-2〉에 제시하였다.

표 14-2 KAAC 상징과 위톡상징의 의미범주별 예

	KAAC 상징* 기본 콘셉트	KAAC 상징* 영유아용 콘셉트	위톡상징 성인 발달장애인 콘셉트
기본 인물			
음식	 우유	 사과	 반찬
상태	 더워요.	 배가 아파요.	 행복해요.
의문사	 어디예요?	 언제?	 누구세요?
행동	 밖에 나가고 싶어요.	 그만 먹을래요.	 설거지해요.

인사/ 사회어	안녕하세요.	만나서 반가워요.	먼저 퇴근하겠습니다.
긴급어	발이 휠체어에 끼었어요.	집에 전화해 주세요.	119에 전화해 주세요.

*저작권자의 허락을 받아 사용하였음.

3) AAC 도구

AAC 도구는 전자적인 기술 적용 정도에 따라서 로우테크(Low-tech)와 하이테크 (High-tech) 유형으로 구분할 수 있다. 로우테크는 전자적인 요소와 배터리를 필요로 하지 않는 도구로, 그림카드, 의사소통 앨범(포켓), 의사소통 책, 의사소통 지갑, 눈 응시 보드(E-tran) 등이 있다. 스위치형 기반의 단순 메시지를 음성으로 출력할 수 있 는 도구는 로우테크와 하이테크 중간에 해당된다고 하여 미들테크(middle-tech) 또 는 라이트테크(light-tech) 범주에 넣기도 한다. 하이테크 도구는 상징을 저장하고 검 색할 수 있는 전자적인 장치로 음성이 출력되는 음성 산출기기(Speech Generating Devices: SGDs)를 포함한다. 로우테크 기기 사용에서는 대화상대자의 역할이 중요하 여 AAC 사용자와 대화상대자 모두 AAC 체계에 집중한다는 장점이 있고, 하이테크 는 음성이 출력되어 AAC 사용자가 대화상대자와의 상호작용에 적극적으로 참여할 수 있게 해 준다는 장점이 있으며, 하이테크와 비교했을 때 로우테크가 기능이 떨어 지는 것을 의미하지는 않는다. AAC 사용자의 능력과 선호에 따라 다양한 도구 가운데 하나를 선택할 수도 있고, 장소와 상황에 따라서 서로 다른 유형의 도구를 사용할 수도 있다. AAC 도구의 유형의 예는 [그림 14-1]과 같다.

AAC 도구는, ① 여러 가지 목적으로 이용이 가능하고, ② 관심과 흥미를 불러일으킬 수 있으며, ③ 역동적이고, ④ 사용이 용이한 점을 고려하여 선택하는 것이 좋다. 여러 가지 목적으로 이용이 가능한 기기의 대표적인 것이 태블릿 PC 또는 스마트폰이다. 태블릿 PC 또는 스마트폰은 쉽게 들고 다닐 수 있으며 전화, 이메일, 문자, 인터넷 포털 검색, 미디어 재생, 영상 시청, 카메라 등 이미 다양한 목적으로 사용되고 있어, AAC 앱을 보다 광범위하고 유연하게 적용할 수 있는 커다란 잠재력을 가진 AAC 기기로 인기를 끌고 있다. 최근에는 위치추적기술을 활용해 특정 장소로 이동했을 때 해당 장소에서 필요한 AAC 보드가 자동 추천되는 앱 개발도 진행되고 있다(채수정 외, 2022). 또한 음성언어 인식을 기반으로 하는 AI 스피커를 AAC 보드에서도 작동이 가능하도록 지원하는 AAC 콘텐츠 개발도 이루어지고 있다(최미나 외, 2022).

Light와 Drager(2007)는 우선 어린 연령의 아동에게 AAC 체계 적용 시 고려해야 할 디자인 요소를 기능, 색, 외형/생김새, 출력, 개발화 요소로 나누어 제시하였다. 그림상징과 도구는 밝은 색감을 사용하고 개별화를 위해 색을 변경할 수 있어야 하며, 서로 다른 기능에 대해서는 다양한 색으로 구별이 가능하도록 해야 한다고 하였

| 의사소통 책 | 스위치형 | 태블릿 기반 앱 |

[그림 14-1] AAC 도구 유형의 예

출처: 국립특수교육원(2019)의 위톡상징.

다. 또한 피드백과 시각적 효과를 위한 빛의 사용도 고려해야 한다고 하였다.

Meder와 Wegner(2015)의 연구에 의하면, 의사소통장애아동 부모들을 대상으로 모바일 기기(예: iPad)와 AAC 앱에 대한 요구와 선호도를 설문조사한 결과 설문응답자의 34%가 기기에 대한 전문가들의 제언이 가장 도움이 된 것으로 나타났다. 어린 연령의 경우, AAC를 사용하는 것을 어려워할 수 있다. 따라서 아동이 쉽게 AAC 체계의 사용방법을 학습할 수 있도록 아동의 연령, 호기심 등을 고려해 AAC 체계를 구성해야 한다.

(1) AAC 디스플레이(Display)

디스플레이란 AAC 체계에서 상징과 아이콘의 배열 및 조직의 디자인을 말한다. 상징 또는 아이콘이 바둑판(또는 격자) 형태로 나열되어 있는 바둑판형 디스플레이(grid display), 실제 의사소통상황을 사진이나 장면 이미지로 제시된 시각 장면형 디스플레이(Visual scene)로 구분할 수 있다. 바둑판형 디스플레이에는 상징 위치가 변하지 않고 특정 위치에 고정되어 있는 고정형 디스플레이(Fixed display), 태블릿 PC 기반 AAC 애플리케이션에서 자동적으로 프로그램화되어 있어서 상징 선택에 따라 역동적으로 상징세트가 변하는 역동형 디스플레이(Dynamic display)가 있다. 어린 연령의 아동은 바둑판형 디스플레이를 이해하고 사용하는 데 어려움을 보인다고 한다. 따라서 AAC 체계에서 상징의 배열과 조직의 디자인은 사용자의 요구와 능력에 기반하여 선택해야 한다. 최근에는 영상을 기반으로 하는 디스플레이가 개발(예: GoVisual app, AR-AAC)되고 있어(박혜선, 연석정, 2019 참고), 기술의 발달과 함께 AAC 디스플레이가 다양화되고 있는 추세이다.

AAC 상징을 배열하는 데 있어서 언어 의미별로 서로 다른 색으로 상징을 코딩하여 의사소통의 효율성과 언어범주에 대한 이해를 높이는 방식의 피츠제럴드 키(Fitzgerald key)를 적용하기도 한다. Fitzgerald key는 1929년 청각장애학생에게 문법을 가르치기 위해 개발된 시각적 지원체계로, 시간이 지남에 따라 확장되고 발전되어 수정된 형태로 AAC 디스플레이 영역에 사용되고 있다(Thistle & Wilkinson, 2015).

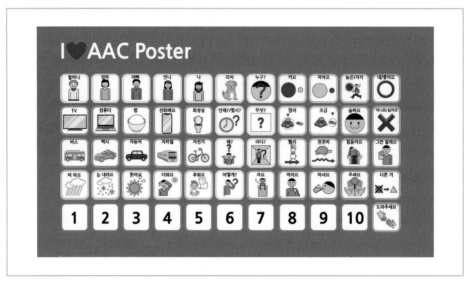

[그림 14-2] Fizgerald color coding을 적용한 의사소통 판의 예

명사, 동사, 부사, 형용사 등 문법적인 어휘범주를 색깔로 구분하여 제시하는 방법으로, 사람/대명사는 노란색, 명사는 주황색, 동사는 초록색, 부사는 파란색, 형용사는 하늘색, 사회어는 분홍색, 장소는 보라색, 기타는 흰색으로 코딩한다. 로우테크부터 하이테크 AAC 도구까지 모두에 적용이 가능하여 많은 프로그램에서 사용하고 있는 색코딩 방법이다([그림 14-2] 참조).

(2) 접근기법(access techniques)

AAC 도구를 작동하는 기법은 직접선택(Direct selection)과 스캐닝(Scanning) 기법이 있다. 직접선택은 대상자가 자신이 표현하고 싶은 그림상징을 손가락으로 먼 거리에서 가리키기(pointing), 또는 다른 신체 부위를 사용하여 가리키기, 스크린 화면 터치하기(touch)가 있다. 마우스 스틱, 헤드스틱, 아이 트래킹(eye tracking) 등과 같은 보조 도구를 사용하여 선택하는 방법을 포함한다(Beukelman & Light, 2020).

스캐닝 기법은 대화상대자의 도움을 받거나 음성출력 AAC 기기의 스캐닝 프로그

램을 사용하여 AAC 사용자가 선택하고자 하는 그림상징의 차례를 기다리다가, 원하
는 그림상징이 나타났을 경우 스위치 또는 사전에 정한 방법을 사용하여 그림상징이
선택되었음을 알리는 방법이다. 상징이 배열되는 방식에 따라 원형 스캐닝과 선형
스캐닝으로 구분할 수 있고, 배열된 상징의 행(row)과 열(column) 단위로 스캐닝이
이루어지는 집단-항목 스캐닝이 있다.

3. 보완대체의사소통 평가

AAC 평가는 AAC 체계를 적용하기 위한 AAC 사용자의 강점과 능력의 정보를 수
집하는 과정이다. 따라서 언어 및 의사소통 능력을 평가할 때는 동일 연령의 일반집
단과 능력을 비교하지 않으며(Lloyd, Fuller, & Arvidson, 1997), AAC 사용자가 할 수
있는 기능적인 능력에 초점을 두고 평가를 실시한다. 따라서 단 일회성의 평가로는
AAC 체계를 적용하려는 대상자의 능력을 완전히 파악하기 어려운 경우가 많아 여
러 번 그리고 지속적으로 평가가 이루어지며, 이 과정에서 다양한 AAC 도구를 시도
해 볼 수 있고 AAC 사용자의 강점과 잠재력을 확인할 수도 있다. 따라서 AAC 평가
는 특정 언어능력보다 일상생활에서 다양한 활동에의 참여를 기반한 의사소통 능력
에 더 중점을 둔다. AAC 체계 도구 작동과 사용을 위한 AAC 사용자의 신체, 운동 및
감각 능력을 포함하고, 의사소통이 이루어지는 환경과 의사소통 대화상대자를 포함
하여 평가를 진행한다. 따라서 AAC 사용자의 능력을 정확하게 평가하기 위해서는
AAC 팀구성을 통한 평가가 강조되고 있다.

Lloyd 와 동료들(1997)은 AAC 평가의 10가지 기본 원리를 제시하였다. ① 모든 사
람은 의사소통할 수 있으며 또한 의사소통한다. ② AAC 평가는 AAC 사용자와 가족
의 필요와 요구에 반응해야 한다. ③ AAC 평가는 AAC 사용자의 가족과 관련 전문
가로, 구성된 협력적 팀을 이루어 실시되어야 한다. ④ AAC 평가는 기능적이고 일
상생활에서 이루어지는 실제 활동에 초점을 두어야 한다. ⑤ 장애 자체가 아니라 장

애의 기능적인 측면에 초점을 두어야 한다. ⑥ AAC 사용자의 강점과 능력에 초점을 두어야 한다. ⑦ AAC 사용자의 능력에 맞는 AAC 체계 적용에 초점을 맞추어야 한다. ⑧ 간소화의 법칙을 지켜야 한다. 즉, 절약적인 방법을 통해 단순하고 간결한 원칙으로 진행해야 한다. ⑨ 평가는 지속적으로 진행되어야 한다, ⑩ AAC 평가를 통해 긍정적인 변화가 나타나야 한다.

AAC 평가는 AAC 사용자의 의사소통 필요와 요구를 살펴보는 것으로 시작한다. Dietz와 동료들(2012)의 연구에서 제시한 시나리오를 사용한 언어 및 의사소통 평가(Communication assessment using scenarios), 상징평가(Symbol assessment), 대체접근평가(Alternative access), 다양한 양식평가(Multimodal approach), AAC 교육(Instruction) 및 도구의 시범 적용(Device trials)의 내용을 중심으로 소개하고자 한다.

1) 초기 면담

AAC 평가에서 초기 면담은 다른 언어장애의 면담과정과 크게 다르지 않다. 대상자의 기본정보 수집을 시작으로, 아동의 경우 출생 전후 문제 여부, 신체발달, 운동발달, 정서 및 사회성 발달, 언어발달 순으로 발달력을 조사한다. 성인인 경우에는 그동안의 치료력, 학력, 주로 쓰는 언어와 직업 등의 정보를 조사한다.

언어능력의 경우, 구어로 표현할 수 있는 어휘 목록과 함께 몸짓, 손짓, 얼굴 표정 등 일상생활에서 주로 나타나는 의사소통방법에는 어떤 것이 있는지 조사한다. 초기 의사소통 발달단계에 있는 대상자는 의도적인 제스처 사용을 하지 못하기 때문에 불편한 것이 있을 때 얼굴을 찡그리거나 앉은 자세를 자주 고쳐 앉을 수 있다. 이처럼 대상자의 불편함과 편안함을 보호자가 알아차려야 할 경우, 면담에서 대상자의 상태를 알 수 있는 행동과 몸짓이 어떤 것이 있는지 조사하는 것도 필요하다.

초기 면담에서 의사소통-대화 환경을 관리하기 위해서는 의사소통이 주로 이루어지는 장소와 대화상대자에 대한 정보가 필요하므로, 자주 가는 곳과 그곳에 의사소통-대화가 이루어지는 대화상대자를 기록하도록 한다. 자폐스펙트럼장애의 경우에는 운동문제가 없다고 하더라도 청각과 시각의 감각문제를 동반하는 경우가 많기 때문에, 관련 전문가의 소견이나 협력 평가를 의뢰하여 대상자의 운동과 감각능력을 살펴보는 것이 필요하다. 뇌병변장애의 경우, 운동능력에 대한 평가 결과가 있는지 확인하여 기록하도록 한다.

현재 사용하고 있는 AAC 기기가 있다면 적게 하고, 가정과 학교(또는 직장생활 환경) 상황에서 어떠한 기기를 사용하고 있는지 확인한다. 기기의 운영 체제에 따라서 접근이 가능한 AAC 앱이 다르기 때문에, 윈도우, 안드로이드, iOS 등 사용하고 있는 태블릿 PC 또는 스마트폰의 정보를 확인한다. 김영태 등(2016)의 한국 보완대체의사소통 평가 및 프로토콜에 사례 면담지 예를 제공하고 있으니 이를 참고하여 작성하는 것도 한 방법이다. AAC 적용을 위한 초기 면담 대상자의 필요와 요구를 살펴볼 수 있는 주요 질문의 예는 〈표 14-3〉과 같다.

표 14-3 AAC 적용을 위한 초기 면담지의 주요 질문

면담 영역	주요 질문 내용
의사소통 표현 수단	• 대상자가 의사소통을 위해 표현할 수 있는 어휘는 무엇인가요? • 대상자가 의사소통을 위해 사용하는 몸짓(예: 손 흔들기, 손가락으로 가리키기, 고개 끄덕이기와 젓기)에는 어떤 것이 있나요? • 대상자가 의사소통을 위해 사용하는 기타 신체 움직임(예: 손 잡아끌기, 눈 응시, 힘주기 등)에는 어떤 것이 있나요? • 대상자가 의사소통을 위해 사용하는 상징체계(예: 사진, 그림 등)에는 어떤 것이 있나요?
의사소통-대화 환경	• 의사소통이 이루어지는 주요 장소(예: 집, 유치원/학교, 치료실, 병원 등)는 어디인가요? • 의사소통이 이루어지는 주요 대화상대자(예: 가족, 치료사, 교사 친구 등)는 누구인가요? • 의사소통은 주로 언제(예: 병원진료 예약할 때) 이루어지나요?
AAC 도구	• 현재 사용하고 있는 AAC 도구(로우테크, 하이테크)가 있나요? • 현재 사용 가능한(또는 소유하고 있는) 태블릿 PC(운영 체제 iOS 또는 android)의 종류는 무엇인가요?

2) 언어 및 의사소통 능력 평가

대상자의 현재 언어능력에 대한 기능적인(대상자가 할 수 있는 것) 프로파일을 얻는 것이 언어 및 의사소통 평가의 주목적이다(Beukelman & Light, 2020). AAC 적용이 필요한 사람들은 구어의 사용이 불가능하거나 제한되어 있다. 따라서 검사자의 지시에 대답을 해야 하는 공식적인 언어검사가 불가능한 경우가 많다. 보호자의 보고로 이루어지는 검사를 이용할 수 있지만, 체크리스트 형식의 검사는 어린 연령을 검사대상으로 하고 있어 학령기 전후의 아동에게 적용할 수 있는 검사도구가 제한되어 있다. 따라서 시나리오를 구성하여 자연스러운 의사소통상황에서 구어 이외에 몸짓, 제스처, 발성 등 표현할 수 있는 다양한 방법을 관찰하여 기록한다(Dietz et al., 2012). 대상자가 매일 반복되는 일상생활의 활동(예: 목욕하기, 식사하기, 옷 입기, 화장실 가기, 자동차 또는 버스 타기, TV 시청하기 등)은 언어 이해와 어휘 선택이 용이하며, 매일 연습할 수 있는 기회를 제공하기 때문에 더 빠르고 쉽게 다양한 의사소통능력을 표현할 수 있다. 따라서 일상생활에서 자주 발생할 수 있는 가상의 시나리오를 구성하여 대상자의 의사소통능력을 평가할 수 있다.

(1) 수용언어능력 평가

AAC 적용 대상자의 수용언어능력은 보호자 면담, 공식검사, 자연스러운 환경에서의 행동관찰, 그리고 보완적 단서 제공(augmented input) 평가를 통해 실시한다.

수용언어능력을 검사할 수 있는 공식적인 검사도구로 영·유아 언어발달검사(SELS)(김영태 외, 2014), 한국판 맥아더-베이츠 의사소통 발달 평가(K M-B CDI)(배소영, 곽금주, 2011), 수용 어휘력 검사(REVT-R)(김영태 외 2009), 취학 전 아동의 수용 및 표현언어발달 척도(PRES)(김영태, 성태제, 이윤경, 2003), 구문의미 해결력 검사(배소영 외, 2004) 등이 있다. 한국판 맥아더 베이츠 의사소통 발달 평가는 6개월에서 36개월의 어휘사용능력을 평가하는 검사도구로, 구어표현이 제한된 초기 의사소통자의 AAC 적용을 위한 발달적 중재목표를 선정하는 데 사용될 수 있다. 하지만 나이가 많은 초등학령기, 청소년 또는 성인의 경우에는 주의 깊게 사용하여야 한다.

수용언어검사의 경우, 주로 검사자의 지시문장을 듣고 손가락으로 가리키거나 행동수행을 하는 경우가 많으므로 운동능력의 문제가 없다면 검사방법 매뉴얼에 따라 진행하면 된다. 그러나 뇌병변장애인과 같이 검사지시를 이해하고 있어도 운동능력의 제약으로 검사지시를 따르지 못하는 경우, 검사도구의 수정을 통해서 검사를 진행할 수 있다. 예를 들어, 예/아니요 대답이 제스처(예: 고개 끄덕이기, 고개 젓기)로 가능한 경우에는 검사자가 검사문항의 선형적 스캐닝을 통해 검사 대상자로 하여금 신호를 보내도록 할 수 있으며, 스캐닝이 불가능한 경우 안구 마우스와 같은 보조기기 적용을 통해 검사를 진행할 수도 있다. 뇌병변장애인과 같이 운동능력에 제한이 있는 대상자 평가는 보조기기를 찾기 위한 운동 또는 감각능력 평가를 먼저 하는 것이 바람직하다.

수용언어검사에서 대상자가 칫솔의 어휘를 이해하지 못한다면, "치카치카"(소리단서) 또는 손으로 칫솔을 잡고 이를 닦는 행동(제스처의 단서)을 보여 주었을 때 칫솔의 어휘를 이해하는지 목표어휘에 대한 보완적인 단서(augmented input)를 제공하여 대상자의 잠재력을 찾는 것도 중요하다.

(2) 표현언어능력 평가

AAC 적용을 위한 평가 시 대부분의 대상자는 구어를 통한 표현이 불가능하거나 제한된 경우가 많다. 따라서 공식적인 표현언어검사를 실시할 수 없는 경우가 대부분이다. 보호자의 보고로 이루어지는 검사를 이용할 수 있지만, 대부분의 체크리스트 형식의 검사는 어린 연령을 대상으로 하고 있어 학령기 전후의 아동에게 적용할 경우에 공식적인 평가가 이루어지기 어렵다. 표현언어능력에 제한된 아동의 표현언어능력 평가는 구어 이외에 몸짓, 제스처, 발성으로 표현할 수 있는 능력을 중심으로 이루어진다.

의사소통 매트릭스(Communication Matrix)(Rowland & Fried-Oken, 2004)는 가족과 전문가가 초기 의사소통 발달단계에 있거나 말하기나 쓰기 이외의 의사소통 형식을 사용하는 사람의 의사소통 상태, 진행 상황 및 의사소통 요구을 쉽게 이해할 수 있도록 만든 웹 기반 의사소통능력 평가도구이다(https://communicationmatrix. org 참고). 요구하기, 거부하기, 사회적 상호작용에 참여하기, 정보 요구하기의 네 가지 의사소통기능을 7개의 의사소통 발달 수준에 따라 의사소통 전 의도적 행동(Pre-intentional behavior), 의도적 행동(Intentional behavior), 비관습적 의사소통(Unconventional communication), 관습적 의사소통(Conventional communication), 구체적 상징(Concrete symbols), 추상적 상징(Abstract symbols), 언어(Language)로 세분화하여 제시하고 있다.

(3) 어휘선정 방법

AAC 상징을 의사소통의 한 방법으로 사용하기 위해서는 아동에게 맞는 어휘의 선택이 중요하다. 언어 및 의사소통 평가 결과를 근거로 현재 아동의 언어 및 의사소통 능력의 강점을 파악하고 발달 수준에 맞는 어휘를 선정한다. 그리고 일상생활의 다양한 환경에서 AAC 체계를 사용하기 위하여 규칙적으로 어휘를 추가해야 한다. 다양한 개념을 포함하는 어휘(예: 사람, 동작, 사물, 장소, 사회적 언어, 관계개념어, 의문사 등), 대상자에게 개별화된 어휘, 동기부여가 되고 재미있는 어휘, 기능적인 어휘, 발달적·문화적으로 적절한 어휘 및 언어학습을 지원할 수 있는 어휘를 고려하여 선택하여야 한다.

AAC 체계에서 사용하게 될 어휘선정 방법의 예는 다음과 같다. 어휘를 선정할 때, 한 가지 방법을 사용하기보다 여러 가지 방법을 사용함으로써 상호 보완할 수 있도록 하는 것이 바람직하다.

① AAC 적용 대상자의 대화 또는 활동의 참여스타일 관찰

AAC 적용 대상자가 참여하고 있는 다양한 활동과 환경을 관찰하여, 그 환경에서 대상자의 의사소통 행동(몸짓, 표현어휘)뿐만 아니라 일반사람들이 어떻게 대화하는지 그들의 의사소통 행동을 관찰하고 기록한다. 이러한 기록을 통해 대상자가 어떻게 대화와 활동에 참여하고 있는지 파악할 수 있으며 어휘선정에 필요한 정보를 제공한다. Beukelman과 Light(2020)는 이러한 기록을 생태학적 · 환경적 목록 작성법(Ecological/Environmental Inventories)이라고 하였다.

② 선행연구와 어휘 목록 참고

기존 AAC 어휘 연구 또는 언어발달 연구에서 제시된 고빈도 표현어휘 목록을 참조하거나 범주별 어휘 목록(Categorical Inventory), 국내외 핵심어휘 목록(Core Vocabulary Lists)을 참조하여 어휘를 선정하는 방법이다. 해외에서는 성공적인 AAC 사용자의 어휘 목록과 다양한 AAC 사용자의 고빈도 어휘 목록이 제시되고 있으나 국내에서는 AAC 중재 사례 중심으로 AAC 사용자의 어휘가 보고되고 있으므로, 이를 참고하여 어휘를 선정할 수 있다. 박혜연과 연석정(2020)의 연구에 의하면, 복합의사소통장애아동의 보호자는 AAC 체계에 적용이 필요한 어휘로 '엄마' '아빠' '밥' '쉬'가 가장 높은 응답률을 보였다. 응답률이 가장 높은 의사소통 환경은 가정환경이었으며, 개인어휘를 통해 아동의 흥미나 관심, 참여활동, 신조어 등이 있는 것으로 나타났다. 이영미와 김영태, 박은혜(2005)는 학령기아동의 학교상황어휘를 조사하여 목록을 제시하였고, 이정은과 박은혜(2000)는 지체장애 AAC 사용자를 위한 지역사회 환경, 학교 환경, 가정환경에서의 핵심어휘를 개발하였다. 정세은(2009)은 비유창성 실어증 환자가 겪는 의사소통의 어려움을 조사하여 실어증 환자가 옷을 입고 벗는 상황, 화장실 이용 상황, 병원에서 증상 설명하기 상황, 식사하기, 목욕하기와 몸단장하기, 대/소변 조절하기, 이동하기, 감정 표현하기, 휴식 상황에서의 상황별 필수 어휘 목록을 제시하였다(〈표 14-4〉 참조).

③ 교과서 및 학습자료 참고

학령기아동의 경우 학습상황에서 사용하는 교과서나 학습자료집을 참조하여 AAC 사용자에게 필요한 어휘를 선정하는 방법이다.

④ 정보제공자 면담

AAC 사용자를 잘 알고 있는 정보제공자(부모, 배우자, 자녀, 교사, 또는 치료사) 인터뷰를 통해 AAC 사용자가 흥미 있어하는 주제와 참여하고 있는 활동, 의사소통이 이루어지는 장소나 사람에 대한 정보를 수집하고 이를 통해 어휘를 선정하는 방법이다.

⑤ 의사소통 다이어리 작성

의사소통 다이어리 작성은 AAC 사용자의 가족(부모, 또는 배우자) 또는 교사(특수교사, 치료사)가 생각하기에 AAC 사용자가 전달하고 싶어 하는 메시지를 상황별로 기록하거나, AAC 도구 사용 시 적절한 어휘가 없거나 부적절했던 경우를 기록하는 방법을 말한다. 의사소통 다이어리는 장소와 상황에서 대상자가 보인 행동을 적고 그 행동이 의미하는 메시지를 적는다. 이렇게 기록된 다이어리를 참고로 AAC 사용자에게 필요한 어휘를 지속적으로 추가하거나 수정할 수 있다.

⑥ 스크립트 활동

의사소통이 이루어지는 특정 상황(예: 커피 주문하기, 물건 사기, 전화 걸기)의 스트립트를 계획하여 어휘를 선정하는 방법이다.

표 14-4 비유창성 실어증 환자의 상황별 필수 어휘 목록

상황	필수 어휘
옷 입고 벗기	추워, 더워, 옷, 양말, 벗어, 입어, 바지, 신발, 팬티, 신어, 커, 작아, 얇아
화장실	화장실, (불)켜, (불)꺼
증상 설명하기	아파, 무릎, 어깨, 다리, 팔, 허리, 배, 머리, 저려, 가려워, 약, 열나, 쑤셔
식사하기	물, 밥, 목말라, 배고파, 뜨거워, 차가워, 맛있어, 많이, 조금, 과일, 국, 빵, 숟가락, 고기, 우유, 먹어, 마셔, 배불러, 매워, 과자, 김치, 생선, 주스, 찌개, 젓가락, 짜, 맛없어, 달아, 싱거워
목욕하기와 몸단장	로션, 수건, 휴지, 칫솔, 치약, 비누, 씻어, 닦아, 거울, 빗, 세수해, 더러워, 깨끗해

대소변 조절하기	소변, 대변, 쌌어
이동하기	휠체어, 문, (문)열어, 닫아, 일으켜 줘, 침대, 의자, 잡아 줘
감정 표현하기	괜찮아, 싫어, 좋아, 힘들어, 피곤해, 사랑해
휴식	TV, 안 들려, 이불, 베개, 누워, (TV)봐, (잠)자, 재미있어, 시끄러워

출처: 정세은(2009)의 연구에서 실어증 환자 보호자 70% 이상이 필요하다고 보고된 어휘를 요약하여 제시함.

3) 상징평가

(1) 상징 유형 선정

언어 및 의사소통 능력을 최대로 이끌기 위해서는 다양한 형태의 의사소통수단을 사용할 수 있다. 구어를 통한 의사소통을 할 수 있다고 해서 의사소통상황에서 구어만 사용하는 것은 아니다. 구어와 함께 몸짓, 얼굴 표정, 발성, 손짓 등 다양한 형태를 함께 사용하여 의사소통할 수 있다. AAC 체계를 개발하는 데 있어서 대상자 능력에 맞는 상징 유형이 어떤 것인지 평가한다.

어린 연령의 아동을 위한 그림상징체계 선정 시 아동의 선호도, 시각문제, 지능 등을 고려해야 하며, 의사소통기능이 제한되어 있는 경우 사용하는 상징체계의 수가 매우 제한되어 있으므로 아동의 선호도가 높은 상징체계 유형을 선택하는 것이 좋다. 하지만 지속적인 언어발달 촉진을 고려한다면 점차적으로 상징체계가 확장될 수 있는 체계적인 상징체계를 적용하는 것도 고려해야 한다.

(2) 그림상징 수행능력 평가

AAC 그림상징 수행능력을 평가할 수 있는 인쇄물 형태의 비전자시 평가도구로 TASP(Test of Aided-Communication Symbol Performance)(Bruno, 2010)가 있다. TASP는 PCS 그림상징을 사용하고 있으며 4개의 하위 검사(Symbol size and number, Grammatical encoding, Categorization, Syntactic performance)로 구성되어 각 검사에 필요한 평가 보드가 인쇄된 형태로 제공된다. 사용자 맞춤형 AAC 보드 설정을 위해서

필요한 검사이다. 그러나 하이테크(High-tech) 기반의 AAC 체계를 사용하는 대상자에게는 비전자식 그림상징 수행능력 평가도구의 결과를 그대로 적용하여 해석하는데 한계가 있다. 따라서 하이테크 기반의 AAC 보드 설정을 위해서는 환경이 유사한 하이테크 기반에서 AAC 그림상징 수행능력 평가 실시를 고려해야 한다.

안선영 등(2021)의 연구에서 개발한 웹기반 AAC 그림상징 수행능력 평가 시스템을 살펴보면 다음과 같다. AAC 그림상징 수행능력 평가 시스템 메인 화면은 회원 관리, 학생 관리, 평가 단계, 평가 기록, 사용법에 접근할 수 있도록 설계되어 있다. 평가 단계는 총 4가지로 구성하였으며, 각 단계 내부에는 세부 단계를 두었다. 1단계 [그림상징의 크기와 수]는 화면에 제시되는 그림상징의 수에 따라 '4판' '8판' '15판' '24판' '40판' '60판'의 총 6가지 세부 단계로 구성하였다. 2단계 [그림상징 부호화 능력 평가]는 [동작 부호화 능력 평가], [상태 부호화 능력 평가]의 총 2가지 세부 단계로 구성하였다. 3단계 [그림상징 범주화 능력 평가]는 [상위 범주화 능력 평가]와 [문법 범주화 능력 평가]의 총 2가지 세부 단계로 구성하였다. 4단계 [문장 표현하기]는 [2개의 그림상징 연결하기], [3개 그림상징 연결하기], [4개 그림상징 연결하기] 및 [대화하기 의사소통 판]의 총 4가지 세부 단계로 구성하였다.

상징의 크기와 수(Symbol size and Number)를 측정하는 검사는 AAC 사용자가 의사소통 판 또는 AAC 기기에서 선택할 수 있는 최대의 상징의 수를 체계적으로 평가하여, AAC 사용자에게 맞는 상징의 크기와 화면에 제시되거나 의사소통 판에 제시되는 상징의 개수를 결정할 수 있다. 이 검사에서는 AAC 사용자의 상징 이해능력 또는 어휘 이해능력을 평가하는 것이 아니므로 대상자가 이해하고 있는 명사상징으로 구성하여 실시해야 한다. 따라서 기존의 검사 툴에서 대상자가 이해하지 못하는 어휘개념이 있는 경우에는 대상자가 이해하고 있는 어휘로 수정하여 실시해야 한다.

문법 부호화 능력(Grammatical encoding) 검사는 동사, 형용사, 부사, 위치개념어 등 문법적으로 분류되는 다양한 상징 인식능력을 평가한다. 이 검사 또한 AAC 사용자의 문법능력에 대하여 평가하는 것이 아니므로 검사에 사용되는 상징은 고빈도 핵심어휘 중에 선택하여 실시하는 것이 좋으며, 이 검사를 통해 AAC 대상자의 그림상징 인식에 대한 강점과 약점을 파악하여 중재 시 목표 선정에 참고할 수 있는 자료를 얻을 수 있다.

그림상징 범주화 능력(Categorization Skill) 검사는 일반명사의 알맞은 상위범주를 찾는 능력을 평가한다. 예를 들어, 고양이 상징을 제시한 뒤에 교통, 음식, 옷, 동물 중에서 고양이가 속하는 것은 것을 찾도록 한다. 범주 구성은 과일, 동물, 옷 등의 의미적인 분류와, 동사, 명사, 형용사 등의 문법적인 범주로 나누어 검사할 수 있다. 본 검사를 통해 의사소통 판의 구성 시, 의미적인 범주로 디자인된 의사소통 판이 좋은지 또는 문법적인 범주로 구성되는 것이 좋은지 결정할 수 있다.

마지막으로, 구문능력(Syntactic performance) 검사는 상징을 선택 또는 상징을 나열하는 방법으로 짧은 문장을 만들 수 있는 능력을 측정한다. 본 검사는 검사자가 먼저 시범을 보인 후 모방하여 상징으로 문장 만들기, 검사자의 의문사 질문에 상징으로 대답하기, 그림을 제시하고 상징으로 묘사하기 과제 등으로 수정하여 평가할 수 있다. 본 검사 결과로 AAC 중재 전략과 목표를 선정하는 데 참고할 수 있는 정보를 얻을 수 있다.

4) AAC 도구의 시범 적용

사용자에게 맞는 AAC 도구를 선정하기 위하여 일상생활 속에서 다양한 도구를 사용하는 시범 기회를 갖는 것은 필요하다. 최근 태블릿 PC와 스마트폰의 대중화로 손쉽게 AAC 앱을 내려받을 수 있게 되었고, 국내에서도 한국어 기반의 AAC 애플리케이션 개발이 활발히 이루어지면서 고가의 비용을 지불하지 않아도 쉽게 AAC 프로그램을 사용할 수 있게 되었다(연석정, 2017a). 하지만 AAC 프로그램 중심의 적용은 종종 대상자에게 적합하지 않아 실패하는 경우가 발생하며, 성인을 대상으로 개발한 AAC 프로그램은 어린 연령의 사용자나 장애 정도가 심한 경우 AAC를 사용하는 데 어려움이 따른다. 따라서 AAC를 적용하려는 대상자에게 맞는 개별화된 AAC 체계를 선정할 수 있어야 한다.

Dietz와 동료들(2012)의 연구에 의하면, 대상자에 따라 다르지만 보통 두 번 이상의 회기에 다양한 AAC 도구를 가정과 치료실에서 시범 적용한다고 하였다. AAC 도구 대여 시스템이 발달한 미국에서는 도구를 대여하는 곳과 연계하여 대상자에게 적용 가능성이 높은 AAC 도구를 대여할 수 있다고 한다. 다양한 시범 적용을 통해 AAC 도구의 정확성과 효율성을 평가하여 대상자에게 가장 적합한 도구를 선정할 수 있다.

5) 접근방식 평가

뇌병변장애인 또는 ALS 환자와 같이 복잡한 신체적 장애가 있어 직접선택 접근방식이 불가능한 대상자가 메시지를 선택할 수 있는 대체 접근방법(Access method)을 찾기 위한 평가이다. 시력이 좋고 제한된 발화가 가능한 대상자인 경우 AAC 도구의 물리적 접근방식을 찾기 위해서 작업치료사 또는 물리치료사와의 협업이 필요하다. 헤드마우스와 아이트랙킹 사용을 시도해 보고, AAC 사용자가 가장 편안하게 사용하거나 효율적으로 사용할 수 있는 대체접근방식을 찾는다.

6) 다양한 양식평가

의사소통을 최대화하기 위하여 다양한 양식(multimodal approach)의 의사소통 체계를 사용할 수 있다(Dietz et al., 2012). AAC 체계 유형에는 상징체계의 유형에 따라 그림상징형과 글자형으로 분류될 수 있으며(연석정, 2017a), 로우테크 AAC 유형인 의사소통 판, 의사소통 책, 의사소통 지갑, 의사소통 목걸이, 의사소통 팔찌 형태의 다양한 유형으로 제작될 수 있다. 따라서 하나의 AAC 체계 유형만 지원하는 것이 아니라 다양한 유형으로 접근하여 다양한 상황에서 대상자에게 맞는 AAC 체계로 사용할 수 있도록 고려되어야 한다. 예를 들어, 발달장애아동이 의사소통상황에서 엄마의 주의를 끌기 위해 '엄마'의 말을 사용하고, 먹고 싶은 과자 사진을 손가락으로 가리키며 요구할 수 있고, 태블릿 PC 기반의 AAC 앱의 화면에서 초코우유 상징을 터치하여('초코우유 주세요.' 음성이 출력됨) 원하는 것을 표현할 수 있다. 즉, 다양한 양식(예: 말, 제스처, 얼굴 표정, AAC 앱)을 사용하여 의사소통할 수 있다.

7) AAC 교육

AAC 평가과정에서 AAC 교육이란 대상자와 가족에게 AAC 체계의 선택과 사용에 대한 전반적인 정보를 제공하는 과정을 말한다(Dietz et al., 2012). AAC 사용자와 가족은 AAC 평가에서 어떤 것으로 다루고 있는지, 무엇을 평가하고 있는지 이해하고 있어야 한다. 전통적인 구어 기반의 언어중재와 AAC 중재의 차이에 대한 정보를 제공해야 한다. AAC 사용자와 가족이 AAC에 대한 정확한 이해가 없다면 정확한 AAC 평가가 이루어질 수 없으며, 평가 이후에도 AAC 적용에 어려움이 따를 수 있다. 따라서 보호자에게 AAC 체계에 대한 전반적인 정보를 제공하는 것이 필요하다. 예를 들어, 퇴행성 질환의 성인 환자에게는 앞으로 의사소통문제가 어떻게 진행될 것이며, AAC 체계가 필요한 시기에 대하여 평가 이전에 설명하여야 한다. 자폐범주성장애 또는 지적장애를 동반한 아동의 경우에는 구어발달을 촉진하는 전략과 AAC 체계의 사용 목적, AAC 평가가 어떻게 이루어지는지, 일상생활에서의 AAC 사용방법과 지원에 대해 보호자에게 정보를 제공해야 한다. 고가의 비용이 요구되는 하이테크 AAC 도구 선택이 고려되면 도구 대여와 구매지원 신청방법에 대하여 보호자에게 설명하여야 한다.

4. 보완대체의사소통 중재

AAC 평가를 통해 대상자의 강점과 언어능력(linguistic competence), 작동능력(operational competence), 사회적 능력(social competence), 문제해결을 위한 전략능력

(strategic competence)에서의 강점과 수준을 확인했다면, AAC 체계를 적용하는 의미 있는 상황 선정을 시작으로 AAC 중재를 시작한다. Light와 동료들(2005)은 아동의 의사소통을 위한 의미 있는 상황으로, ① 상호작용 기능이 있는 상황, ② 대상자에게 동기부여가 되는 상황, ③ 의미 있고 익숙한 상황, ④ 자주 발생하는 상황, ⑤ 대상자와 가족에게 의미 있는 상황, ⑥ 효과가 강력해야 하며, 필요나 요구가 큰 상황을 고려해야 한다고 하였다.

모든 의사소통에는 목적이 있고 혼자서는 대화할 수 없으므로 상호작용이 많이 발생하는 상황을 찾는 것이 중요하다. 예를 들어, 치료사가 치료 대상 아동에게 질문에 대답하게만 하거나 치료사의 행동이나 소리를 따라 말하게 한다면 이러한 과정은 진정한 의미의 상호작용이라고 볼 수 없다. 상호작용이란 특정 목적을 가지고 의미 있는 메시지를 주고받는 대화의 과정이다. 따라서 진정한 의미의 기능성 있는 의사소통이 이루어지기 위해서는 상호작용이 가능한 상황을 확인하는 것이 무엇보다 중요하다.

대상자로 하여금 의사소통하려는 동기를 부여하기 위해서는 대상자가 좋아하는 것, 하고 싶은 것을 찾아야 한다. 어린 연령의 아동이라면 좋아하는 캐릭터(예: 뽀로로, 펭수 등)의 그림책이나 장난감을 통해 주의집중을 가능하게 하며, 지속적인 활동에의 참여를 유지하게 할 수 있다. 따라서 대상자가 좋아하고, 재미있어하며, 바라는 것을 찾아 의사소통하려는 동기를 유발해야 한다.

일상생활에서 자주 발생하는 상황은 언어치료실에서 가장 중요하게 고려하는 상황이다. 즉, 대상자가 매일 겪는 일상생활의 활동, 예를 들어 목욕하기, 식사하기, 옷 입기, 화장실 가기, 자동차 또는 버스 타기, TV 보기 등은 매일 반복적으로 이루어지는 활동들이다. 이렇게 반복되는 일상생활 속에서 이루어지는 의사소통은 언어 이해와 어휘 선택이 용이하고 매일 AAC 체계를 사용할 수 있는 기회를 제공하기 때문에, 더 빠르고 쉽게 다양한 의사소통능력을 표현할 수 있게 된다. 따라서 일상생활에서 자주 발생하는 상황을 AAC 적용상황으로 선정하는 것이 좋다

마지막으로, 의사소통의 효과가 강력해야 하며 필요와 요구가 큰 상황을 선정해야

한다. AAC를 처음 적용 시에, 샌드위치 만들기, 카나페 만들기, 김밥 만들기 등 요구하기가 주를 이루는 활동을 우선적으로 적용하는 경우가 많다. 이는 아동이 사물을 요구할 때마다 샌드위치, 카나페, 김밥이 만들어지므로 필요와 요구가 큰 상황이기 때문이다. 그러나 요구하기 이외에 다양한 의사소통기능을 습득할 수 있는 기회가 제한되어 있으므로 AAC 적용 초기에 요구하기 기능이 많이 포함되는 활동을 주로 한 뒤에 점차 다양한 기능을 표현할 수 있는 것으로 확장하는 것이 좋다.

Glennen과 DeCoste(1997)가 제시한 AAC 중재의 기본 원칙을 기반으로 중재과정을 설명하면 다음과 같다.

1) 생활연령을 고려한 AAC 중재

AAC 중재는 생활연령에 적절해야 한다. 예를 들어, 성인기 의사소통장애인에게 AAC 체계를 적용할 때 의사소통장애인의 인지능력과 언어능력이 초기 의사소통단계에 있다고 하더라도 생활연령을 고려한 활동에서의 참여에 기반하여 AAC 중재를 해야 한다. 김정아와 연석정(2019)의 연구에서는 시설 거주 성인 장애인을 대상으로, 지역사회 적응활동을 기반으로 하여 AAC 중재를 하였다. 미용실, 병원/약국, 영화관, 패스트푸드점 이용 시에 필요한 어휘와 그림상징을 선정하고 대상자의 운동능력에 맞는 상징을 배열하여 태블릿 PC 기반에서의 AAC 기기 활용 중재를 실시하였다. 이 연구에 참여한 시설 거주 장애인은 모두 38~48세의 성인 장애인이며 낮은 어휘능력을 보였으나, 성인기의 생활연령을 고려한 지역사회 참여활동에 중심을 두어 중재를 진행하였다.

2) 자연스러운 환경에서 AAC 중재

가능한 한 자연스러운 상황과 환경에서 대상자 AAC 중재를 실시해야 한다. 의사소통은 가정, 학교, 지역사회 등의 다양한 장소와 상황에서 이루어진다. 실제상황과 장소에서 AAC 중재를 실시할 수 있다면 가장 좋은 예일 것이다. 그러나 보통은 학교와 치료실 내 구조화된 활동 안에서 AAC 중재가 이루어진다. 이런 경우, 자연스러운 상황을 만드는 데 어려움이 있을 것이다. 하지만 역할놀이나 가상의 놀이를 통해서 AAC 체계 사용을 훈련할 수 있으며 치료실에서 배운 기술을 가정이나 다른 장소에서 연습해 볼 수 있도록 지도한다. 예를 들어, 색 이름을 상징으로 표현하기가 중재목표일 때, 여러 가지 색 가운데 목표색을 확인하는 활동보다는 화장실에서 이 닦기놀이상황에서 다양한 색의 칫솔 가운데 자신의 칫솔을 찾는 활동을 통해 목표색 그림상징 선택하기 훈련을 한다. 이후 가정에서도 실제 자신의 칫솔을 찾는 상황에서 AAC 체계를 사용할 수 있도록 훈련한다.

3) 의사소통은 실제 기술 사용을 강조한 AAC 중재

의사소통은 실제 기술 사용에 초점을 두고 중재해야 한다. 실제로 일어날 수 있는 상황 내에서 학습한 기술을 사용하는 훈련을 해야 한다. 실제상황이나 역할놀이상황에서 아동이 의사소통기술을 사용할 수 있도록 단서를 제공하고 피드백을 제공할 수 있어야 한다. "물이 마시고 싶을 때 여기 물 상징을 눌러 주세요."라고 말하는 대신에 실제상황에서 AAC 체계를 사용하는 방법을 중재해야 한다. 따라서 자연스러운 환경 안에서 다양한 의사소통기술을 사용할 수 있도록 중재해야 한다.

4) 대화상대자 중재

AAC 중재는 AAC 사용자뿐만 아니라 대화상대자 중재까지 포함해야 한다. 의사소통이란 내가 전달하고자 하는 생각과 느낌을 주변 사람들과 주고받는 역동적인 과정이다. 따라서 의사소통의 성공과 실패는 말하고자 하는 사람뿐만 아니라 말을 듣는 사람, 즉 의사소통 대화상대자(communication partner)에 의해서도 영향을 받는다. AAC 사용자는 가정, 학교, 직장, 지역사회에서 다양한 활동에 참여하며 다양한 대화

상대자를 대상으로 자신에게 요구되는 사회적 역할(친구, 학생, 배우자, 근로자)을 수행하게 된다. AAC 사용자는 자신이 사용하는 AAC 기기를 사용하여 메시지를 효과적(effective) 그리고 효율적(efficient)으로 전달하는 데 문제가 발생할 수 있으므로, 주변 사람들과 성공적인 의사소통을 위해서는 대화상대자의 역할이 매우 중요하다.

Kent-Walsh와 McNaughton(2005)은 의사소통 대화상대자란 AAC 사용자의 부모, 형제자매, 친구, 직장 동료와 같이 일차적(primarily) 사회적 관계가 있는 사람과, 교사, 의료진, 치료사, 사회복지사와 같이 교육적 · 치료적 또는 돌봄의 관계에 있는 사람이라고 하였다. 즉, AAC 사용자의 주변 생활권에 있으면서 AAC 사용자와 의사소통할 수 있는 모든 사람을 말한다. 따라서 AAC 사용자의 생활 환경이 다양해지고 확대될수록 가족 이외의 지역사회에서 만나게 되는 직원, 직장 상사 등 대화상대자는 다양해질 수 있다. Cumley와 Beukelman(1992)은 이러한 범주의 대화상대자를 촉진자(facilitator)라고 하여 의사소통의 기회를 제공하고 AAC 사용자의 의사소통능력을 촉진하는 사람들에 해당된다고 하였다.

AAC 사용자를 잘 아는 대화상대자는 개인어휘를 선정하는 데 있어서도 중요한 정보제공자의 역할을 한다(Morrow et al, 1993). 대화상대자의 의사소통 스타일에 따라서 AAC 사용자의 언어 및 의사소통 능력을 촉진할 수도 있고, 수동적인 대화자로 만들 수 있다. AAC 사용자와 의사소통하는 대부분의 대화상대자는 대화를 리드하고, AAC 사용자에게 '예/아니요' 대답을 유도하는 질문을 많이 사용하며, 대화 차례를 우세적으로 많이 차지하고, AAC 사용자가 대화를 시작할 기회를 거의 주지 않는다고 한다(Blackstone, 1999; Light, Collier, & Parnes, 1985). 이와 같은 문제점이 나타나면서 AAC의 성공적인 적용을 위해서는 대화상대자 역할의 중요성을 강조하고 있다.

Kent-Walsh와 동료들(Binger et al., 2008; Kent-Walsh, 2003; Iris Rosa-Lugo & Kent-Walsh, 2008)은 AAC를 사용하는 아동의 초기 언어능력과 의사소통능력을 촉진하기 위하여 의사소통 상대자를 훈련시키는 ImPAACT(Improving Partner Applications of Augmentative Communication Techniques Program)을 개발하였다. 이 프로그램을 보조원, 부모에게 훈련시킴으로써 AAC 사용자의 차례 지키기(trun-taking), 다양한 의

미관계의 확장과 같은 언어 및 의사소통 능력이 향상되었다고 보고하였는데, 다양한 의사소통 대화상대자를 고려한 훈련 프로그램이 지속적으로 개발되고 수정되어야 한다고 지적하였다. 부모나 교사 이외의 또래는 긍정적 사회적 상호작용을 위한 자연적인 자극을 제시하고 있어, 또래를 훈련하는 것뿐만 아니라 또래와 함께 그룹을 통해 아동의 상호작용능력을 촉진하는 연구도 함께 진행되고 있다(Ostrosky & Kaiser, 1995; Trembath et al., 2009; Nigam, & Wendt, 2010). 이와 같은 대화상대자 연구를 보면 대화상대자의 연령이 아동이거나 성인인 것에 관련 없이 대화상대자훈련이 AAC 사용자에게 의사소통 기회를 많이 제공한다는 이점이 있다.

5) AAC 팀 구성을 통한 협력적 AAC 중재

AAC 중재는 AAC 팀 접근으로 진행되어야 한다. AAC 팀은 의사소통장애인 당사자와 가족을 포함하여 언어재활사, 물리치료사, 작업치료사, 교사, 공학연구자 등 AAC 사용 당사자의 관련 전문가를 모두 포함한다. 언어재활사는 AAC 사용자의 수용 및 표현 언어와 의사소통능력을 평가하고, 사용자의 능력에 맞는 AAC 체계의 도구, 상징, 기법, 중재 전략을 찾을 수 있어야 한다. 또한 AAC 중재를 통한 사용자의 의사소통 중재를 관리하는 역할을 해야 한다. 물리치료사는 사용자의 이동도구, 움직임의 조절과 관련한 능력을 평가하고, 모든 환경에서 기능적 의사소통을 극대화할 수 있는 자세를 찾아 주어야 한다. 작업치료사는 매일 일상생활의 활동에 참여할 수 있는 대체접근방법을 찾아 주어야 한다.

현장에서 각 영역 간의 유기적인 협력 부족에 의해 서비스가 지연되거나 쉽게 종결되는 문제점이 발생하곤 한다. AAC 팀 기반으로 접근 시, 치료 대상자에 대한 전체 책임관리자가 없는 문제가 발생하기도 하고, 각 영역의 전문가 간에 의견을 표현하는 데서로가 갖게 되는 불편한 느낌으로 AAC 팀 접근에 만족스럽지 못한 결과가 나타나기도 한다. AAC 팀 접근이 잘 되기 위해서는 구조적 그리고 관계적인 체계가 기관 차원에서 구축되어야 하며, 전문가들 간의 역할과 서로의 영역에 대한 존중이 필요하다.

6) 통합접근을 통한 AAC 중재

가정, 학교, 지역사회 환경 안에서 통합적으로 AAC를 중재해야 한다. 학교 안에서의 예를 살펴보면, 학교 교과과정 내 학습자료에서 제공하는 정보가 AAC 체계와 통합되어야 하며, 지역사회시설 이용 시에도 AAC가 통합적으로 제시되어야 한다. 이와 관련해서 (사)한국지적발달장애인복지협회에서는 주민센터 민원 담당 공무원의 장애인 민원 응대를 위한 의사소통 도움 판 개발, 지적장애인과 경찰관을 위한 의사소통 지원 그림판 개발 등 병원, 대중교통, 정부 및 민간 서비스 기관 이용 시 발달장애인의 의사소통을 지원하기 위한 다양한 의사소통 보조도구 툴을 개발하여 제공하고 있다. 최근에는 발달장애인과 언어장애인의 사법접근권 강화를 위한 알기 쉬운 자료와 AAC 체계 개발에 대한 연구도 진행되고 있어, 사법 절차에서 장애인이 단순히 조력의 대상이 아닌 표현의 자유 및 자기결정권, 사법 절차적 기본권의 향유 주체로서 의사소통할 권리를 보장하기 위한 연구가 진행되고 있다. 언어치료실 환경에서 통합접근을 위해 사용할 수 있는 AAC 체계에는 시각 스케줄(visual schedule), 의사소통 여권(communication passport) 사용의 방법이 있다. 시각 스케줄은 회기 동안 이루어지는 활동의 순서를 제공하여 하나의 물건이 또 다른 것을 의미할 수 있다는 것을 소개하며, 다음에 일어날 일들에 대한 정보를 제공하는 방법이다. 한 활동에서 다음 활동으로의 전이를 돕기 때문에 활동의 전이가 어렵고 높은 예측 가능성을 필요로 하는 자폐범주성장애아동에게 적용하면 효과가 있다고 알려져 있다. 치료실 내에서 사용할 수 있는 활동 시각 스케줄 이외에 가정에서는 장소의 전이를 돕기 위한 장소 시각 스케줄을 사용할 수 있다. 의사소통 여권은 AAC 사용자를 소개하는 책이다. AAC 사용자 자신에 대한 소개로, 의료적 응급상황에 대비하기 위한 질병 정보를 제시하기도 하며, 나이, 보호자 연락처 등의 정보를 제공할 수도 있다. 또한 문제행동을 보이는 발달장애아동의 행동 지원을 위해 AAC 사용자가 좋아하는 것 또는 싫어하는 물건이나 상황에 대한 정보를 제시하여 문제행동을 지원하는 데에도 의사소통 여권을 활용할 수 있다.

맺음말

이 장에서는 구어를 보완하고 대체할 수 있는 AAC 체계에 대한 기본 개념과 대상자의 능력에 맞는 AAC 체계 개발을 위한 평가와 중재 과정을 살펴보았다. 대상자의 강점과 능력에 초점을 둔 평가를 실시해야 하며, 관련 전문가와의 협력적 접근을 통해 대상자가 일상생활에서 기능적이고 의미 있는 활동에 참여할 수 있도록 중재해야 한다.

현재 정보통신보조기기 사업(https://www.at4u.or.kr 참고)에 보급 제품으로 등록된 의사소통 보조기기 가운데, AAC 기기에는 마이토키 스마트[㈜리드스피커코리아], 보이스탭, 보이스탭 PRO[㈜샤크로], 위드톡[㈜펑키밍키], 키즈보이스스마트[㈜유비큐], 한뼘상황중심 AAC[㈜한뼘] 등이 있다(2023년 5월 기준). 안드로이드 OS 기반으로 개발되어 그림상징 또는 텍스트, 합성음 출력의 기능을 갖는 공통적인 특징 이외에 기기별로 예측기능, 디스플레이, 맞춤형 설정과 같은 차별화된 기능도 포함하고 있다. 디지털 테크놀로지의 발달로 새로운 기술을 적용한 다양한 AAC 체계가 개발되고 있어 언어치료사는 AAC 체계의 성공적인 적용을 위해서 대상자의 능력에 맞는 AAC 상징체계와 도구가 무엇인지 잘 알고 있어야 하겠다.

연구문제

1. 도구적 상징과 비도구적 상징체계를 설명하시오.
2. 로우테크와 하이테크 AAC 도구의 주요 특징을 비교하여 설명하시오.
3. AAC 체계 적용을 위한 대상자 능력 평가영역을 설명하시오.
4. AAC 체계 개발을 위한 어휘선정 방법을 설명하시오.
5. AAC 체계에서 사용하는 다양한 디스플레이의 특징을 설명하시오.
6. AAC 체계 적용을 위한 평가과정을 설명하시오.

참고문헌

국립특수교육원(2018). 중도 · 중복장애학생 의사소통을 위한 몸짓상징 「손담」. 국립특수교육원.

국립특수교육원(2021). 발달장애인을 위한 AAC 그림상징 400. 국립특수교육원.

김영태(2014). 아동언어장애의 진단 및 치료 (2판). 학지사.

김영태, 김경희, 윤혜련, 김환수(2003). 영 · 유아 언어발달 검사 (*Sequenced Language Scale for Infants: SELSI*). 서울장애인종합복지관.

김영태, 박은혜, 한선경, 구정아(2016). 한국 보완대체의사소통 평가 및 중재 프로그램. 학지사.

김영태, 박현주, 민홍기(2003). 보완 · 대체의사소통도구 개발을 위한 학령기아동 및 성인의 핵심어휘 조사. 언어청각장애연구. 8, 93-110.

김영태, 성태제, 이윤경(2003). 취학 전 아동의 수용언어 및 표현언어 척도 (*Preschool receptive-expressive language scale: PRES*). 서울종합장애인복지관.

김영태, 홍경훈, 김경희, 장혜성, 이주연(2009). 수용 · 표현 어휘력 검사 (*Receptive Expressive Vocabulary Test: REVT*). 학지사.

김정아, 연석정(2019). 시설 거주 지체장애인의 지역사회 적응활동을 활용한 AAC 중재 연구. 보완대체의사소통연구, 7(1), 153-171.

박은혜, 김영태, 홍기형, 연석정, 김경양, 임장현(2016). 이화-AAC 상징체계 개발 연구: 어휘 및 그래픽상징의 타당화. 보완대체의사소통연구, 4(2), 19-40.

박혜선, 연석정(2021). 증강현실 기반 AAC 애플리케이션의 사용자 경험 평가. 보완대체의사소통연구, 9(1), 89-119.

박혜연, 연석정(2020). 복합 의사소통장애아동의 AAC 핵심어휘와 개인어휘 특성. 보완대체의사소통연구, 8(2), 133-156.

배소영, 곽금주(2011). 맥아더-베이츠 의사소통 발달 평가 (*MacArthur-Bates Communicative Development Inventories; K M-B CDI*). 마인드프레스.

배소영, 임선숙, 이지희, 장혜성(2004). 구문의미 이해력 검사 (*KOSECT*). 서울장애인종합복지관.

성시연, 임장현, 김영태, 박은혜(2013). 보완대체의사소통 (AAC) 잠재 수요 예측 연구: 아동기 및 후천성 성인기 의사소통장애를 중심으로. 보완대체의사소통연구, 1(1), 1-24.

안서영, 정채은, 홍기형, 박설화, 연석정(2021). 웹기반 AAC 그림상징 수행능력 평가 시스템 개발. 보완대체의사소통연구, 9(2), 147-174.

연석정(2017a). 한국어 기반의 보완대체 의사소통 모바일 애플리케이션 분석 연구. 특수교육, 16(2), 81-109.

연석정(2017b). 언어재활 환경에서의 AAC 평가 사례 보고: 뇌병변 유아를 중심으로. 보완대체의사소통연구, 5(1), 125-150.

연석정, 김영태, 박은혜(2016). 이화-AAC 상징체계의 상징투명도와 명명일치도 특성 비교연구: 명사, 동사, 형용사를 중심으로. 보완대체의사소통연구, 4(1), 45-63.

이영미, 김영태, 박은혜(2005). 학령기아동의 학교상황 어휘 연구. 언어청각장애연구, 10(1), 134-152.

이정은, 박은혜(2000). 보완·대체의사소통 체계 적용을 위한 상황 중심 핵심어휘 개발 연구. 재활복지, 4(1), 96-122.

이희란, 장유경, 최유리, 이승복(2009). 한국 아동의 어휘습득: 초기 표현어휘의 특징. 언어치료연구, 18(3), 65-80.

정세은(2009). 중증 비유창실어증 환자를 위한 필수 산출 어휘. 연세대학교 대학원 석사학위논문.

채수정, 박경옥, 김경양, 연석정(2020). 중도 비구어장애인을 위한 AAC 어휘 및 그림상징 개발: 인권, 피해, 지역사회 의사소통상황을 중심으로. 지체중복건강장애연구 (구 중복·지체부자유아교육), 63(2), 119-140.

채수정, 연석정, 이희연(2022). 지역사회 위치·상황 기반 AAC 앱 콘텐츠 개발을 위한 현장전문가 경험 및 요구. 장애인평생교육복지연구, 8(1), 135-160.

최미나, 연석정, 홍기형, 채수정, 이희연(2022). 뇌병변장애인의 AI 스피커 명령어 요구조사. 보완대체의사소통연구, 10(1), 75-107.

American Speech-Language-Hearing Association(ASHA). (2005). Roles and responsibilities of speech-language pathologists with respect to augmentative and alternative communication: Position statement. Retrieved from www.asha.org.

American Speech-Language-Hearing Association(ASHA). (2008). Roles and responsibilities of speech-language pathologists in early intervention: Guidlelines. Retrieved from www.asha.org.

Beukelman, D. R. & Light, J. C. (2020). *Augmentative and alternative communication: Supporting children and adults with complex communication needs* (fifth Edition). Paul H. Brookes Publishing Co.

Binger, C., Kent-Walsh, J., Berens, J., DelCampo, S. & Rivera, D.(2008). Teaching Latino parents to support the multi-symbol message productions of their children who require AAC. *Augmentative and Alternative Communication, 24,* 323-338.

Blackstone, S. (1999). The Purpose of AAC assessment. *Augmentative and Communication News, 7,* 2-3.

Bruno, J. (2010). *Test of aided-communication symbol performance* (TASP). DynaVox Mayer-Johnson.

Cumley, G. D., & Beukelman, D. R. (1992, May). Roles and responsibilities of facilitators in augmentative and alternative communication. *In Seminars in Speech and Language* (Vol. 13, No. 02, pp. 111-119). © 1992 by Thieme Medical Publishers, Inc..

Dietz, A., Quach, W., Lund, S. K., & MCKeLvey, M. (2012). AAC assessment and clinical-decision making: the impact of experience. *Augmentative and Alternative Communication, 28*(3), 148-159.

Glennen, S. L., & DeCoste, D. C. (1997). Augmentative and alternative communication systems. *The Handbook of Augmentative and Alternative Communication,* 59-69.

Iris Rosa-Lugo, L., & Kent-Walsh, J. (2008). Effects of parent instruction on communicative turns of Latino children using augmentative and alternative communication during storybook reading. *Communication Disorders Quarterly, 30*(1), 49-61.

Kent-Walsh, J. E. (2003). *The effects of an educational assistant instructional program on the communicative turns of children who use augmentative and alternative communication during book reading activities.* Unpublished doctoral dissertation, Pennsylvania State University, University Park.

Kent-Walsh, J. & McNaughton, D. (2005). Communication partner instruction in AAC: Present practices and future directions. *Augmentative and Alternative Communication, 21,* 195-204.

Light, J., & Drager, K. (2007). AAC technologies for young children with complex communication needs: State of the science and future research directions. *Augmentative and Alternative Communication, 23*(3), 204-216.

Light, J., Collier, B., & Parnes, P. (1985). Communicative interaction between young nonspeaking physically disabled children and their primary caregivers: Part II- Communicative function. *Augmentative and Alternative Communication, 1*(3), 98-107.

Light, J., Drager, K., Curran, J., Hayes, H., Kristiansen, L., Lewis, W., May, H., Page, R., Panek, E., Pensdergast, S., & Witte, M. (2005, May). AAC interventions to maximize language development for young children. AAC-RERC Webcast. Retrieved from www.rerc-aac.psu.edu.

Lloyd, L., & Fuller, D. (1986). Toward an augmentative and alternative communication symbol taxonomy: A proposed superordinate classification. *Augmentative and Alternative Communication, 2*(4), 165-171.

Lloyd, L., Fuller, D., & Arvidson, H. (1997). Augmentative and alternative communication: A Handbook of principles and practice. Allyn & Bacon.

Meder, A. M., & Wegner, J. R. (2015). iPads, mobile technologies, and communication applications: a survey of family wants, needs, and preferences. *Augmentative and Alternative Communication, 31*(1), 27-36.

Morrow, D. R., Mirenda, P., Beukelman, D. R., & Yorkston, K. M. (1993). Vocabulary selection for augmentative communication systems: a comparison of three techniques. *American Journal of Speech-Language Pathology, 2*(2), 19-30.

Nigam, R., & Wendt, O. (2010). Peer-mediated naturalistic teaching, both with and without a speech-generating device, has transient effect on communicative behaviors in preschool children with autism spectrum disorders. *Evidence-Based Communication Assessment and Intervention, 4*(1), 27-31, DOI: 10.1080/17489530903374882

Ostrosky, M. M., & Kaiser, A. P. (1995). The effects of a peer-mediated intervention on the social communicative interactions between children with and without special needs. *Journal of Behavioral Education, 5*, 151-171.

Rowland, C., & Fried-Oken, M. (2004). Communication matrix. Oregon Health & Science University.

Schlosser, R., & Sigafoos, J.(2002). Selecting graphic symbols for an initial request lexicon: Integrative review. *Augmentative and Alternative Communication, 18*(2), 102-123.

Thistle, J. J., & Wilkinson, K. M.(2015). Building evidence-based practice in AAC display design for young children: current practices and future directions. *Augmentative and Alternative Communication, 31*(2), 124-136.

Trembath, D., Balandin, S., Togher, L., & Stancliffe, R. J. (2009). Peer-mediated teaching and augmentative and alternative communication for preschool-aged children with autism. *Journal of Intellectual and Developmental Disability, 34*(2), 173-186.

웹사이트

손담자료 (장애자녀 부모지원 종합시스템 온맘) https://www.nise.go.kr/onmam

위톡자료 (평생배움세상 국가장애인평생교육진흥센터) https://www.nise.go.kr/lifelong

한국보완대체의사소통학회 http://www.ksaac.or.kr

AAC 그림상징 수행능력 평가 시스템 http://symbol.ksaac.or.kr/SymbolEvaluation

Communication matrix https://communicationmatrix.org

KAAC symbols search http://symbol.ksaac.or.kr/searchsymbols

🍎 찾아보기

인명

Albert, M. L 180
Almeida, V. N. 174
Andrews, G. 247, 248, 251
Aronson, A. E. 184, 188, 291
Arvidson, H. 449

Baddley, A. 133
Bankson, N. 204, 213, 229
Barresi, B. 181
Bates, E. 40, 126
Beirne-Smith, M. 151
Bernstein Ratner, N. 248
Bernthal, J. A. 204, 213, 229
Beukelman, D. R. 431, 438, 448, 452, 465
Binger, C. 465
Bishop, D. M. V. 137
Blackstone, S. 465
Bloodstein, O. 244, 248, 252, 272

Bloom, L. 57
Boone, D. R. 96, 100, 293, 295, 318
Borden, G. J. 69, 79, 83, 85
Bornstein, H. 58
Brinton, B. 131
Bromfield, R. 152
Brown, J. R. 184, 188, 348
Brukner-Wertman, Y. 138
Bruner, J. 57
Brutten, G. H. 253, 266
Buhr, J. 129
Butler, K. G. 134

Caruso, A. J. 251
Catts, H. 135
Chamberlain, J. 149
Chauhuri, G. 339
Chomsky, N. 56, 57
Clark, A. R. 184

Collier, B. 465
Colton, R. H. 294, 297, 308
Conture, E. G. 272
Cumley, G. D. 465
Cutler, J. 265

Dahlsgaard, K. 126
Dale, P. 127
Darley, F. C. 184, 188, 265
Davies, A. E. 337
Davis, L. A. 180
DeMyer, M. K. 157
Denning, C. 149
Desmarais, C. 126
Dietz, A. 452
Dodds, W. J. 331
Drager, K. 446
Duffy, J. R. 183
Dworkin, J. P. 183

Edward, J. 129
Eisenberg, S. L. 135
El-Wahsh, S. 174
Ergun, G. A. 348
Erickson, R. 265
Evans, J. 133
Ewart 151

Facchini, F. 348
Fant, G. 76
Farrar, J. 42
Fex, S. 303
Fey, M. 135, 227
Fitzpatrick, P. M. 181
Flipsen, P. 229
Fourier, J. B. J. 67
Fried-Oken, M. 453
Fucci, D. J. 66, 84
Fujiki, M. 131
Fuller, D. 439, 449

Gierut, J. 229
Gilbert, J. H. V. 206
Glaze, L. E. 306
Gleason, J. B. 58
Glenn, C. 136
Golan, O. 138
Goodglass, H. 176
Gray, S. 293

Gregory, H. H. 275
Grossman, H. J. 149
Guitar, B. 244, 250, 275

Hardin-Jones, M. A. 104
Hardy, E. 346
Harris, K. S. 69, 79, 83, 248
Hart, K. I. 135
Hegde, M. N. 243
Helm, N. A. 180
Helm-Estabrooks, N. 181
Hesketh, L. 133
Honda, K. 73
Humphrey, K. 206
Hutchins, B. 339

Ingram, D. 130
Iris Rosa-Lugo, L. 465

Jenkins, J. J. 180
Jimenez-Pabon, E. 180
Johnson, W. 81, 252, 287
Jones, M. A. 179

Kaderavek, J. N. 57
Kahrilas, P. J. 348
Kaiser, A. P. 466
Kaplan, E. 176
Karnell, M. P. 104

Kent, R. D. 87
Kent-Walsh, J. 465
Kiger, M. 348
Kjelgaard, M. M. 157
Klaben, B. G. 306
Kleim, J. 179
Kolk, H. H. J. 252
Kwiatkowski, J. 131

Lahey, M. 57, 129
Laor, N. 138
Lass, N. J. 66, 84
Leonard, L. B. 128, 133
Light, J. C. 431, 439, 448, 465
Lin, S. 348
Linden, P. 339
Lloyd, L. 439, 449
Logemann, J. A. 327, 338, 339, 348

McFarlane, S. C. 96, 100, 295, 307
McGregor, K. K. 53, 58
McNaughton, D. 465
McNeil, M. R. 176
Meder, A. M. 447
Merrill, R. 293
Mirak, J. 127
Montgomery, J. 133

Morehead, D. 130

Morrison, D. 126

Morrow, D. R. 465

Murray, T. 310, 413

Nelson, N. W. 125, 134, 136

Nemeth, M. 129

Nigam, R. 466

Nippold, M. 135

Norbury, C. F. 137, 138

Ostrosky, M. M. 466

Owens, R. E. 56, 117, 152

Paden, E. P. 229

Painter, K. M. 58

Palmer, J. B. 331

Park, M. 58

Parnes, P. 465

Parsa, R. 293

Patton, J. R. 151

Paul, R. 126, 134, 136

Peterson-Falzone, S. J. 104

Polloway, E. A. 149

Porch, B. E. 176

Postma, A. 252

Prescott, T. E. 176

Radanovic, M. 174

Ramig, L. O. 293

Raphael, L. J. 69, 79, 83

Ratner, N. 58

Rescorla, L. 126, 127

Rice, M. L. 56, 129

Ridouane, R. 73

Riley, G. D. 262

Robbins, J. 332, 335

Roberts, J. 126

Rogers, S. 161

Rondal, J. A. 152

Rowland, C. 453

Roy, N. 293

Ryan, B. P. 274

Schlosser, R. 439

Schuell, H. 176, 180

Scott, C. M. 136

Shaker, R. 348

Shoemaker, D. 253

Shriberg, L. D. 131

Sigafoos, J. 439

Silliman, E. R. 134

Simkins, L. 243

Simpson, M. B. 184

Singh, L. 127

Smith, J. D. 149

Sparks, R. W. 180

Speaks, C. E. 65, 68

Splaingard, M. L. 339

Stampe, D. 229

Stanton, S. T. 180

Starkweather, C. W. 242, 251

Stein, N. 136

Stewart, C. 310

Stoel-Gammon, C. 207, 218

Sudhalter, V. 151

Sulton, L. D. 339

Sulzby, E. 57

Tager-Flusberg, H. 157

Tees, R. C. 206

Thal, D. 126

Thibeault, S. 293

Thistle, J. J. 441

Titze, R. I. 284, 288, 290

Tobias, S. 126

Toda, M. 73

Tomasello 42

Tomblin, J. B. 128, 135, 215, 216

Trembath, D. 466

Turkeltaub, P. E. 178

Tye-Murray, N. 424

Van Riper, C. 242, 245

Vellman, S. L. 207

Verdolini, K. 293

Von Berg, S. L. 293

Wall, M. 252
Wallach, G. P. 134
Watkins, L. 348
Wegner, J. R. 447
Weismer, S. E. 133
Weiss, B. 152
Weisz, J. 152
Wendt, O. 466
Werker, J. F. 206
Wexler, K. 129
Wilkinson, K. M. 441
Williams, A. L. 224, 229
Wilson, D. K. 296
Windsor, J. 136
Wolf-Schein, E. 151

Yairi, E. 245

Zemlin, W. R. 68, 84, 113, 288

강진숙 139
고도흥 71
고도흥 92, 102
곽금주 452
김광문 310
김미배 139
김선정 139

김성국 310
김수진 138, 139
김승국 248
김영란 139
김영태 129, 219, 438, 455
김영호 310
김유정 132
김정미 132, 134, 136
김향희 176, 186
김혜리 57

나덕렬 176

문현아 130
문형진 310
민홍기 438

박영신 57
박은혜 149, 438, 441, 455
박현주 438
박혜선 447
박혜숙 176
박혜연 455
배소영 39, 130, 209, 452
배희숙 57

서진원 310
성태제 452
신문자 219, 266

신영주 139
심현섭 216, 224, 266, 316

안선영 458
안성우 139
안승신 54
안지숙 130
양성오 139
연석정 442, 443, 447, 459
오소정 139
윤철수 138, 139
윤혜련 130, 132
이봉원 138, 139
이소현 149, 150, 151
이승복 57
이승환 52, 253
이영미 438, 455
이영숙 54
이영옥 54
이윤경 129, 452
이은주 266
이정미 130
이정은 455
이현정 130
이현진 57
이희란 437

정경희 130
정세은 455

정은희 139

채수정 443
최경순 130

최소영 130
최홍식 310, 316

홍원표 310

황민아 130
황보명 139
황상심 139

내용

ASA 154
APA 148, 154
AAC 도구 445
AAIDD 148
AAMR 149
Aerophone II 304
ALS 431, 435
alveolar sounds 106
anarthria 192
aphasia 166

basal ganglia 174
Blom-Singer 보조장치 313
BOTOX 치료법 310
brainstem 118

CA 153
CHIP 418
CID 418
Computerized Speech Lab 304

Consensus Auditory Perceptual
  Evaluation of Voice 303
crossed aphasia 175

denasality 291

epiglottic folds 97

false vocal folds 287
formal paraphasia 169

GRBAS 평정법 303

Hear & Say Center 419
hemispatial neglect 175

K-BNT 176

language age: LA 154
LSVT 348

misuse 293
myasthenia gravis 300

Nasometer II 304
literal paraphasia 169
nonverbal oral apraxia 182

oral apraxia 182

PCS 441
PCS^{TM} Classic 441
PCS^{TM} High Contrast 441
PCS^{TM} persona 441
phonation 284
phonemic 169

See-Scape TM 316
SKY-HI 419
subglottal pressure 288

TASP 457
The Multi-Dimensional Voice
    Program 304
thyroid cartilage 285
true vocal fold 287
T-unit 140

velar sounds 106
ventricular folds 287
vocal hygiene education 308

가로내호미근 99
가성대 287
감각신경성난청 373, 377, 385,
    388
감금증후군 192
감도조절기 394
감지 424
감폭현상 88
갑상연골 285
개인어휘 436, 438
결속장치 60
경사내호미근 99
경직형 마비말장애 189
경직형 발성장애 300
고개올리기운동 348
고급 문법기 53
고기능자폐 157
고정형 디스플레이 447

공동주목 161
공명 70
공명장애 314
과기능 실성증 295
과다비성 314
과소기능 실성증 295
과소비성 314
과잉일반화 60
관계분석 218
관자뼈 327
광섬유내시경삼킴검사 349
교차실어증 175
구 폐색장치 318
구강바닥 327
구강실행증 182
구강운반단계 331
구강준비단계 331
구강통과시간 332
구개거상기 318
구개파열 213
구개편도 326
구비강 누공 314
구어불능증 192
구어운동장애 213
구화법 408
굳은입천장 110, 236
귓본 391
근긴장성 발성장애 295
근무력증 300

근심교합 213
근육돌기 97, 286
근탄력성 288
기관식도누공 350
기능적 무성증 295
기능적 발성장애 295
기도 · 골도 역치차 368, 369, 371
기법 308
기본 문법 세련기 48
기본 문법 탐색기 44
기본 주파수 67, 88
기저핵 174
기질적 음성장애 297, 319
기침하기 310

난독증 140
날숨근육 94
날숨단계 93
낭종 297
낱말 226
낱말 급성장 60
낱말 조합기 42
낱말단계 39
낱말찾기 129
내적 수정가설 252
내호미근 98, 286
노력삼킴 347
농음성 415
높낮이 변화 286

뇌간 118
뇌반구 간 재조직 178
뇌반구 내 재조직 178
뇌성마비 214
뇌신경 334
뇌졸중 325
뇌줄기 327, 334

다문화가정아동 138
다운증후군 150
다중대립자질 234
단모음 202
단순언어장애 127
대뇌변연계 289
대뇌피질 116
대뇌피질하영역 118
대치 235
대화부담평가표 265
대화상대자 435
도구적 상징 439
도상성 439
도파민 299
독립분석 218
독화소 408
동기반 접근법 225
동시의사소통 410
동어반복증 193
되돌이후두신경 289
뒤반지호미근 286

뒤쪽두힘살근 328
들숨근육 94
들숨단계 93
디스플레이 447

라인케 부종 298
레트장애 156
로우테크 기법 316

마른삼킴 338
마사코법 348
마음이론 155
마찰음 81, 200
말늦은 아동 126
말더듬 수정법 272
말더듬 중증도 도구 262
말명료도 223
말불능증 192
말빠름증 243
말소리 198
말소리장애 210
말실행증 181
말용인도 223
말운동장애 181,213
말초신경계 119
맹관공명 315
머리가누기 309
머리돌리기 346

멘델슨법 348
멜로디억양치료법 180
명제발화 182
명칭실어증 167, 171
모국어자기장이론 88
모방 59
모음연장 과제 185
목 가다듬기 310
목뿔뼈 327
목뿔후두덮개인대 330
목젖 328
몸짓상징 손담 441, 442
무기음 201
무동성 함구증 192
무비성 291
무증상흡인 350
묵음구간 82
문장 205
미네소타 실어증 검사 176
미니어처 사물 441
미세증가감성지수 373
미숙유출 331, 350
미주신경 289, 320
미주신경핵 289
밀기접근법 309

바깥쪽반지호미근 98, 286
바둑판형 디스플레이 447
바이오피드백 접근법 235

반복연습 183
반삼킴 309
반지방패근 286
반지연골 285
반지인두근 103, 329
반지인두이음부 333
반지호미연골접합점 286
반향어 163
발달어휘 436, 437
발달적 비유창성 60
발성 284
발성기관 94
발성단계 191
발성시작시간 88
발성일탈 296
방사선치료 311
방패연골 285
방패호미근 286
백질 117
베르누이 효과 288
베르니케실어증 168
변별자질 235
변성기 가성 296
변연계 122
변형반향어 158
변환(전환성) 무성증 295
보상조음 213
보완대체의사소통 152, 430, 461
보툴리눔 독소 310

붓돌기목뿔근 328
브로카실어증 172
브로카영역 122
비강 291
비구강식사방법 344
비누출 314
비도구적 상징 439
비디오투시조영검사 350
비음 82, 200
비음도 315
비음치 315
빈창자창냄술 344
빠진 정보 추론 이해 과제 140

사례면담지 266
사물영구성 43
사실적 정보 이해 과제 140
사춘기 음성 297
사회적 능력 461
사회적 의사소통장애 137
삼킴장애 324
삼킴중추 327
상인두수측근 328
상치돌출 213
상향식 접근법 153
상황 전이 233
상황별 유창성평가 262
상황어휘 436, 437
생략 235

생리학적 접근법 306
생리학적 평가 304
생활연령 153
서로 다른 낱말 수 140
설구착증 212
설명담화 140
성곽유두 327
성대 287, 291
성대 결절 296
성대 고랑 298
성대 남용 습관의 제거법 308
성대 부종 298
성대 비대증 296
성대 오용 293
성대 유두종 297
성대 진동 284
성대 폴립 297
성대 휘어짐 298
성대과다접촉 307
성대돌기 286
성대마비 299
성대위생교육 308
성대행동 307
성문 286, 291
성문압박 348
성문위삼킴 348
성문하압력 288
셰이커운동 348
소뇌 119

소리치료 388
손가락조작 309
손가락조작접근법 311
수용 말더듬 274
수정상승법 367
숨뇌 327, 334
스캐닝 448
스트로보스코프 305
스펙트로그램 82
시각 스케줄 467
시각 장면형 디스플레이 447
시각동작치료 181
식도발성 300
식도발성법 313
식도통과시간 333
신경운동결함 213
신경학적 말더듬증 192
신경학적 음성장애 299
신경학적 함구증 192
신생아청각선별검사 426
실어증 166
실제 나이 153
실조형 마비말장애 189
심리언어기관 114
심리적 접근법 306
심화검사 221
씹기 308

아 발성하기 310

아동기 말소리장애 215
아동기 말실행증 214, 235
아동기 붕괴성장애 156
아동용 발음평가 220
아동태도검사표 266
아스퍼거증후군 160
앞쪽/뒤쪽 구개활 326
앞쪽고랑 326
앞쪽두힘살근 327
약체 X 증후군 151
양이감쇠 368
양이교대음평형 373
양측 호미연골에서 후두덮개까지
    연결하는 주름 97
양측성 성대내전마비 309
어음처리기 388
언어능력 461
언어발달수준의 나이 154
언어습득장치 60
언어연령 154
언어평가 414
언어표현 이전기 38
언어학습장애 133
여린입천장 72
여린입천장소리 106
역동범위 388, 393
역동형 디스플레이 447
역위상 390
역필터링 77

연골 95
연구개음 106
연기하기 258
연인두기능부전 314
연인두폐쇄 328, 332, 350
연축성 발성장애 300
열쇠낱말법 226
영상검사 339
영어대응수화 409
온도−촉각자극법 347
옹알이 205
왜곡 235
외전마비 309
우리말 조음−음운평가 수정판
    219
운동감각적 기법 226
운동과잉형 190
운동저하형 마비말장애 190
원심교합 213
웨스턴 실어증 검사 176
위상 69
위톡상징 441, 443
위후두신경 120, 289
유기음 201
유음 200
유장성 형성법 274
유창성장애 242
유형상징 439
윤상연골 285

음도 289
음성 과기능 293
음성 기본 주파수 289
음성 산출기기 445
음성 284
음성놀이 205
음성위생법 306
음성유지법 308
음성장애 284
음소 199
음소착어 169, 172
음운변동 접근법 229
음운변동 236
음운인식능력 134
음운자질 200
음운장애 211
음원필터이론 76
음절 199
음절성 발음 39
음절성 옹알이 단계 205
음향반사역치 374
음향반사피로 374
음향역동범위 394
음향학적 평가 304
의미-인지 모델 56
의미착어 168, 170
의사소통 다이어리 456
의사소통 대화상대자 464, 465
의사소통 여권 467

의사소통의도 40
의사소통중심법 231
이개교합 213
이름대기 129
이야기 문법 141
이완불능증 342
이완요법 310
이완형 마비말장애 189
이음 201
이음향방사 375
이음향방사검사 375
이중모음 203
이중언어 410
이중음성 338
이차행동 246
이해 425
인공와우이식 426
인공후두 306, 311
인대 285
인두 114
인두수축근
인두식도조임근
인두지연시간
인두통과시간
일반화
일화
입술둘레근육
입천장올림근
입천장인두근

잇몸
잇몸소리

자극반응도
자발 유창성 273
자발화 분석 220
자율신경계 289
자음정확도 221
자질 전이 233
자폐범주성장애 154
작동능력 461
작업기억 132
잔여물 350
재빠르게 연결 44
저기능자폐 157
적응행동 148, 163
전기역동범위 397, 398
전기역치수준 397
전기인공후두 300
전기자극 치료법 348
전기최대쾌적수준 397
전도실어증 170
전략능력 461
전반실어증 174
전음성난청 369, 371, 386
전이 233
전이구간 84
절충적 접근법 306
점근법 227

점진적 접근법 227
접촉성 궤양 297
정상 비유창성 253
정신장애 진단 및 통계 편람 163
정점절단 383, 384
젖은 음성 350
제한된 처리용량 132
조건−반사이론 253
조롱박굴 328
조음기관 72, 236
조음음운장애 211
조음장애 211
조음점 지시법 225
조음지시법 225
조절 유창성 273
주기법 229
주기파 67
주파수 67
주파수 변조 390, 391
주파수 변화율 320
중도 · 중복 장애아동 442
중립화 413
중추신경계 114
증상개선법 306
지문자 409
지연반향어 158
지적 기능성 148
지적장애 148
직접선택 448

진단착오이론 277
진성대 287
진폭 변화율 320

차폐 367, 368, 369, 372
참조적 의사소통 163
철자상징 439
첨가 222
첫 낱말 128
첫 낱말기 40
청각구어법 408, 426
청각구어실제 419
청각구어중재 419
청각구어치료 419
청각장애 211
청각적 자극 417
청각피로 검사 373
청능재활 371, 377, 378, 379
청력역치 366, 368, 374
청성유발전위 375
청성유발전위검사 375
청지각 기술 427
청취관 316
초기 말더듬 255
초음파 339
초피질감각실어증 170
초피질운동실어증 173
총 낱말 수 141
최대대립자질치료법 228

최대발성지속시간 290
최대성문위삼킴 348
최대출력 383, 384, 392
최소대립자질치료법 228
추상적 상징 439
치아 109
치조음 106
침습 350

코위영양관식사 344
큐드스피치 410

탈출행동 246
턱 109
턱끝목뿔근 327
턱목뿔근 327
텍스트 연결 추론 이해과제 141
토탈커뮤니케이션 410
통합접근법 275
투시조영검사 335

파열음 81, 200
파찰음 81, 200
파킨슨병 299
편측 상부운동신경세포마비장애 190
편측성 마비 299
편측성 성대내전마비 309
평균발화길이 141

평균순음역치 368
평음 201
폐렴 326
폐쇄효과 369
포괄적 유창성검사 266
포먼트 주파수 70, 71
표상적 상징 439
피부경유내시경위창냄술 344
피열연골 285
피질하실어증 174

하식도조임근 330
하이테크 445
하치돌출 213
하품-한숨기법 311
하향식 접근법 154
학습장애 133
한국수어 409
한국어 표준 그림조음음운검사 220

한국형 보완대체의사소통 기본 상징체계집 441, 442
한쪽 공간 무시증후군 175
핵심어휘 436, 438
핵심행동 245
혀 74, 326
혀고정삼키기 347
혀내밀기 212
혀뒤 327
혀의 기저부 327
혀인두근 328
호미연골 95, 122, 285
호미후두덮개주름 97, 330
호흡 290
호흡기관 92
혼합성난청 369, 371, 386
혼합초피질실어증 173
혼합형 마비말장애 190
확인 423
확장단계 205

환류 351
회피행동 246
효율적인 음성사용법 308
후두 285, 330
후두 내부 근육 99
후두 외부 근육 99
후두개곡 329
후두근육 97
후두덮개 329
후두안뜰 330
후두암 300, 306
후두연골 95, 96
후두염 298
후두외상 299
후두적출 306
후두횡격막 297
흡인 351
흡인성 폐렴 326
히스테리성 무성증 295

저자 소개

심현섭   이화여자대학교 대학원 언어병리학과 교수

권미선   울산대학교, 서울아산병원 신경과 교수

김수진   나사렛대학교 언어치료학과 교수

김영태   이화여자대학교 대학원 언어병리학과 교수

김정미   나사렛대학교 언어치료학과 교수

김진숙   한림대학교 언어청각학부 교수

김향희   연세대학교 의과대학 재활의학교실

　　　　 언어병리학 협동과정 교수

배소영   한림대학교 언어청각학부 교수

신문자   전 조선대학교 언어치료학과 교수

윤미선   나사렛대학교 언어치료학과 교수

윤혜련   윤 · 언어교육원 원장

연석정   인하대학교 상담심리대학원 언어병리전공 교수

진인기   한림대학교 언어청각학부 교수

의사소통장애의 이해(4판)

Introduction to Communication Disorders (4th ed.)

2005년 8월 20일 1판 1쇄 발행
2010년 4월 20일 1판 8쇄 발행
2010년 8월 20일 2판 1쇄 발행
2016년 3월 25일 2판 8쇄 발행
2017년 7월 20일 3판 1쇄 발행
2022년 1월 20일 3판 5쇄 발행
2024년 2월 25일 4판 1쇄 발행

지은이 • 심현섭 · 권미선 · 김수진 · 김영태 · 김정미 · 김진숙 · 김향희
　　　　배소영 · 신문자 · 윤미선 · 윤혜련 · 연석정 · 진인기
펴낸이 • 김진환
펴낸곳 • ㈜ **학지사**
　　　　04031 서울특별시 마포구 양화로 15길 20 마인드월드빌딩
대표전화 • 02-330-5114　　팩스 • 02-324-2345
등록번호 • 제313-2006-000265호

홈페이지 • http://www.hakjisa.co.kr
인스타그램 • https://www.instagram.com/hakjisabook

ISBN 978-89-997-3070-2　93370

정가 28,000원

출판미디어기업 **학지사**

간호보건의학출판 **학지사메디컬** www.hakjisamd.co.kr
심리검사연구소 **인싸이트** www.inpsyt.co.kr
학술논문서비스 **뉴논문** www.newnonmun.com
교육연수원 **카운피아** www.counpia.com
대학교재전자책플랫폼 **캠퍼스북** www.campusbook.co.kr